Aprender

Office 365/2019

con 100 ejercicios prácticos

Acceda a www.marcombo.info
para descargar gratis
el contenido adicional
complemento imprescindible de este libro

Código: **OFFICE365**

Aprender

Office 365/2019

con 100 ejercicios prácticos

Marcombo

Aprender Office 365/2019 con 100 ejercicios prácticos

www.marcombo.com

Diseño de la cubierta: ArteMio
Director de colección: Pablo Martínez Izurzu
Directora de producción: Mª Rosa Castillo Hidalgo
Maquetación: ArteMio
Correctora: Laura Seoane Sánchez-Majano

ISBN: 978-84-267-2790-9
D.L.: B-22248-2019

Impreso en Ulzama Digital
Printed in Spain

Presentación

APRENDER OFFICE 365/2019 CON 100 EJERCICIOS PRÁCTICOS

Los 100 capítulos que componen este libro realizan un recorrido por la suite de ofimática más conocida y utilizada: Office. Es evidente que, por motivos de espacio, en las páginas de este libro no encontrará un estudio exhaustivo de todas y cada una de las características de las aplicaciones que forman la suite. Nuestro objetivo, en esta ocasión, es otro: darle a conocer Word, Excel, Access, PowerPoint y Outlook, que tenga una primera toma de contacto y pueda decidir en todo momento para qué se utiliza cada una de estas aplicaciones.

Una vez finalizado este libro, el lector habrá adquirido esta toma de contacto y conocerá las acciones básicas (y no tan básicas) que puede realizar con cada uno de los programas. Como indicamos más adelante, Office 365 es la oportunidad de contar siempre con las últimas actualizaciones de la suite, por lo que el usuario podrá trabajar, incluso sin saberlo, con las funcionalidades y características más recientes. Nos gustaría que, cuando termine todos los ejercicios del libro, quiera saber más acerca de, si no todas, aquellas aplicaciones de la suite que más le puedan interesar.

A QUIÉN VA DIRIGIDO

A todo aquel que desee obtener una visión general acerca de qué es Office, de cuáles son sus aplicaciones y de qué puede hacer con ellas.

También está dirigido a aquellos que, tanto a nivel profesional como, y sobre todo, personal, ya hayan utilizado Office en alguna de sus versiones anteriores y sienta interés por conocer la nueva propuesta de Microsoft en una de las versiones más optimizada hasta el momento: la versión 365 de suscripción y su correspondiente versión de compra, la 2019.

LA FORMA DE APRENDER

Nuestra experiencia en el ámbito de la enseñanza nos ha llevado a diseñar este tipo de manual, en el que cada una de las funciones se ejercita mediante la realización de un ejercicio práctico. Dicho ejercicio se halla explicado paso a paso y pulsación a pulsación, a fin de no dejar ninguna duda en su proceso de ejecución. Además, lo hemos ilustrado con imágenes descriptivas de los pasos más importantes o de los resultados que deberían obtenerse y con recuadros IMPORTANTE que ofrecen información complementaria sobre los temas tratados en los ejercicios.

LOS ARCHIVOS NECESARIOS

En la parte inferior de la primera página del libro encontrará el código de acceso que le permitirá descargar de forma gratuita los contenidos adicionales en *www.marcombo.info.*

Cómo leer los libros “**Aprender...**”

El título de cada ejercicio expresa, sin lugar a dudas, en qué consiste este. De esta forma, si le interesa, puede acceder directamente a la acción que desea aprender o refrescar.

Puede seguir el ejercicio de forma gráfica y paso a paso. Los números colocados en las fotos le remiten a entradas en el cuerpo de texto.

El número a la derecha de la página le indica claramente en qué ejercicio se encuentra en todo momento.

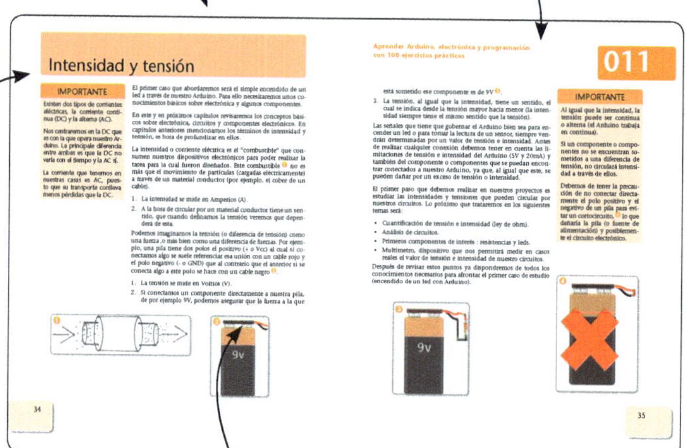

Los recuadros Importante incluyen acciones que deben hacerse para asegurarse de que realiza el ejercicio correctamente. También contienen información interesante a aprender, porque le facilitará su trabajo con el programa.

Los ejercicios se han escrito sistemáticamente, paso a paso, para que nunca se pierda durante su realización.

A la editorial Marcombo, por su confianza.

Índice

Índice

Office 365, 2019, online... Qué son y qué versión elegir

MICROSOFT, EN SU AFÁN POR OFRECER SIEMPRE los mejores productos y los mejores servicios, apuesta por una gama de tres modalidades de la suite de ofimática Office. Sin embargo, tantas ofertas pueden llegar a resultar un problema para el usuario final: ¿qué modalidad se adapta mejor a mis necesidades? ¿Vale la pena pagar el precio que impone la compañía por la suite? Estas son solo algunas de las preguntas que pueden surgir en el momento de decidir qué versión o modalidad elegir.

En este capítulo introductorio, el único teórico en este libro, trataremos de describir las diferencias que existen entre Office 365, Office 2019 y Office *online*. ¡Empecemos!

1. Office 365 es un servicio de suscripción. ¿Y esto qué significa? Sencillamente que, en lugar de pagar una única cuota y descargar la suite en el escritorio, como hemos venido haciendo todos hasta el momento, la compañía ofrece al usuario la posibilidad de pagar una cuota fija de forma mensual o anual. Microsoft ha preparado diferentes planes para suscribirse a Office 365, tanto a nivel doméstico o personal (Office 365 Hogar) como profesional. Usted elige. 1
2. Office 365 dispone de las principales aplicaciones de la suite: Word, PowerPoint, Excel y Outlook y, si usted instala la suite en PC, también Access y Publisher. Además, la suite proporciona otros servicios altamente recomendables, como OneDrive para almacenar archivos (1TB de espacio disponible) y trabajar en la nube, o Skype para realizar llamadas. 2

   Quizás se estará preguntando si el servicio de suscripción para Office 365 implica tener que trabajar constantemente conectado a Internet. La pregunta sería: ¿están todos estos programas "en la nube"? Y la respuesta es que no, que una vez realizada la suscripción, Microsoft le permite descargar la suite y usted la instalará de un modo rápido y sencillo (como veremos en el ejercicio siguiente) en su ordenador.
3. Otra de las características (o ventajas) que presenta la versión de suscripción de la suite es que usted no deberá preocuparse por buscar actualizaciones de las aplicaciones: la compañía lo hace por usted. Esto significa que siempre contará con la última y más segura versión de sus programas favoritos sin tener que pagar ni un euro más.

1

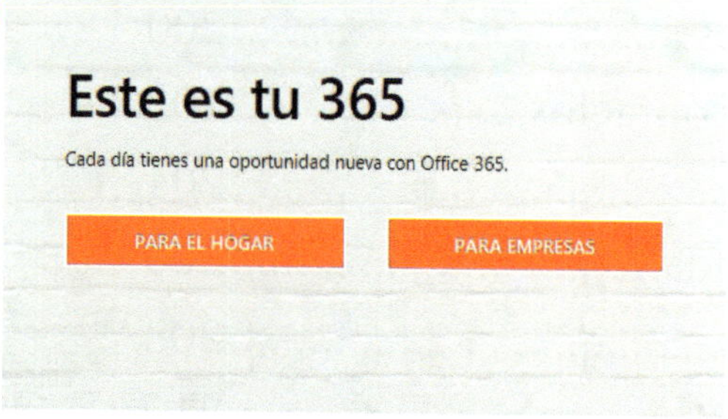

2

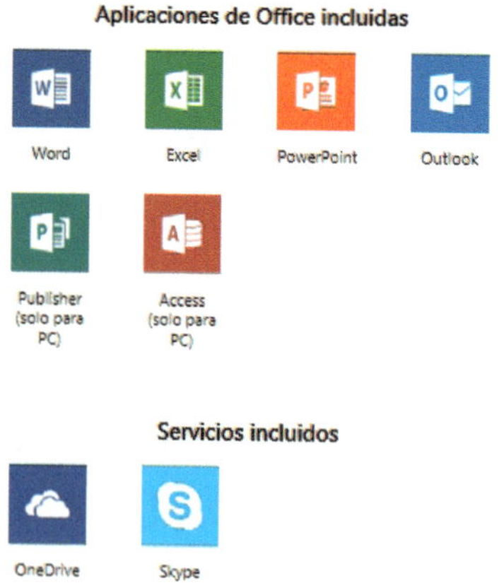

4. Si usted se decide por Office 365 en su modalidad personal, la denominada Hogar, sepa que tiene la posibilidad de compartir la suscripción con hasta seis miembros de su familia. Con ello, cada persona dispondrá de sus propios programas, su propia cuenta y sus propios espacios de almacenamiento. Formidable ¿no? Y no solo eso, también es posible instalar la suite en distintos dispositivos (PC, MAC, tabletas y teléfonos), para poder trabajar en cualquier momento y desde cualquier lugar.
5. No está nada mal ¿verdad? Veamos ahora las características de Office 2019. Podríamos decir que Office 2019, cuyo nombre completo y oficial es Office Hogar y Estudiantes 2019, es la versión clásica de la suite, en el sentido que el usuario realiza una compra única del producto. Con dicha compra, usted obtendrá algunas de las aplicaciones de Office (solo Word, Excel y PowerPoint) para instalar en un único equipo, el suyo. Sin embargo, no podrá contar con actualizaciones del producto, ni correcciones ni revisiones de seguridad: si dentro de unos años aparece una nueva versión de la suite, deberá adquirirla de nuevo, no podrá actualizarla. Tampoco dispondrá de 1TB como espacio de almacenamiento en la nube ni podrá compartir esta compra con los suyos.
6. Por último, y no por ello menos atractiva, Microsoft pone a disposición del usuario la versión *online* de la suite Office... ¡*online* y gratuita! Sí, sí, sin desembolsar ni un euro y solo con una cuenta gratuita de Microsoft, podrá trabajar *online* con tres de las aplicaciones más utilizadas: Word, Excel 3 y PowerPoint. Eso sí, aunque se trata de una versión nada despreciable, sobre todo por el hecho de que es gratuita, no podemos esperar encontrarnos con la versión íntegra de estas aplicaciones. Aun así, para aquellos que no necesiten trabajar con funciones muy avanzadas, sino para un uso básico de estas aplicaciones, la versión *online* de la suite puede resultar mas que suficiente.

Una vez descritas las principales características de las tres propuestas de Microsoft para Office, ahora le toca a usted decidir cuál es la que más le conviene según sus necesidades. Lo que sí resulta evidente es que la compañía apuesta por el servicio de suscripción, ya sea para dar un mejor servicio al usuario (las ventajas que ofrece respecto a la versión de compra del producto son evidentes) o para luchar contra la piratería.

3

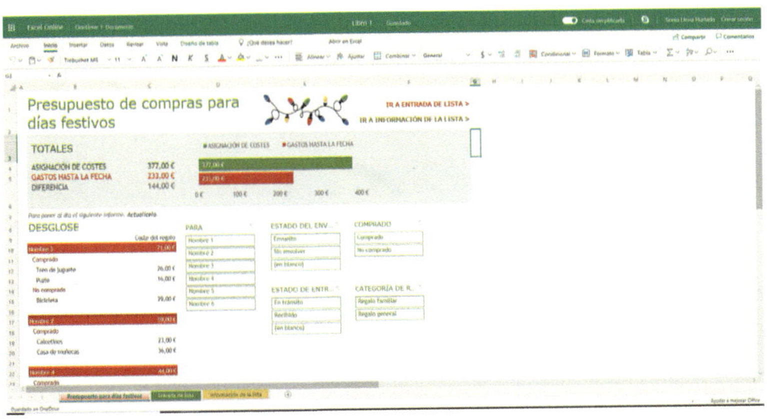

Iniciar sesión, descargar e instalar Office 365

IMPORTANTE

Algunos productos de Office 365 Hogar cuentan con una clave de producto, proporcionada tras la adquisición del plan elegido. Si usted dispone de una clave de producto, deberá acceder a la página de configuración de su cuenta Microsoft (office.com/setup) tras haber iniciado sesión. Una vez canjeada la clave de producto, su Office queda vinculado a su cuenta, por lo que ya puede seguir normalmente los pasos descritos en este ejercicio.

UNA VEZ HAYA DECIDIDO LA VERSIÓN DE OFFICE que más se adecua a sus necesidades y la haya adquirido, no espere más y pase al siguiente paso: la descarga e instalación del producto. Para ello, resulta imprescindible disponer de una cuenta Microsoft; esta cuenta es la puerta que le permitirá acceder a todo el contenido disponible en su plan de suscripción o de compra.

1. Para empezar, acceda a la siguiente dirección web: www.office.com.
2. En la página que se carga, deberá, en primer lugar, y tal como se indica, iniciar sesión con su cuenta Microsoft. Si todavía no dispone de una, tiene la opción de crearla fácilmente pulsando sobre el vínculo **Crear una cuenta nueva**. Si no, pulse en **Iniciar sesión** y escriba la información solicitada.
3. Una vez introducida esta información, se cargará una nueva página en la cual puede ver gráficamente todas las aplicaciones disponibles según el plan de Office adquirido. Junto a los iconos de estas aplicaciones, puede ver el vínculo **Instalar Office**. Pulse sobre él para proceder con la descarga del producto en su equipo. 1
4. En unos segundos, el paquete de aplicaciones se habrá descargado y estará listo para ser instalado. Por defecto, Office se instala en la versión de 64 bits. Sin embargo, si el instalador percibe que ya existe una versión de la suite de 32 bits, procederá a instalar de nuevo la versión de 32 bits. Para ello, según el navegador con el que esté trabajando, deberá ejecutar, instalar o guardar el instalador. Siga adelante teniendo en cuenta esta particularidad.

1

002

5. De inmediato la instalación se pone en marcha. ❷ El proceso puede durar unos minutos, no demasiados. Tenga paciencia y aguarde a que el proceso finalice.
6. Una vez finaliza la instalación, el mismo asistente así se lo indica con un cuadro y una pequeña animación que indica dónde puede encontrar las nuevas aplicaciones de Office en el equipo. Pulse **Cerrar** en este cuadro para dar por terminado, ahora sí, el proceso.
7. Llega el momento de comprobar que, efectivamente, ya disponemos de Office 365 instalado en nuestro equipo, listo para ser utilizado y sacarle el máximo rendimiento. Para ello, despliegue el menú de Inicio y desplácese por él; podrá ver que de él forman parte Word, Access, Excel, PowerPoint, Publisher, etc. ❸
8. Pulse sobre uno de los programas, el que prefiera, y compruebe cómo se abre sin problemas. ❹ A lo largo de este libro trataremos algunas de las características de estos programas.

Tenga en cuenta que, para realizar los ejercicios de este libro, hemos descargado e instalado Office 365 Hogar sobre Windows 10. Por esta razón, si usted ha optado por otra de las modalidades ofrecidas por Microsoft o trabaja habitualmente con Mac, sepa que los procesos descritos pueden variar ligeramente.

En el siguiente capítulo veremos cómo puede comprobar qué versión de Office se encuentra instalada en su equipo y otras opciones del producto.

IMPORTANTE

Si alguien ha compartido con usted una suscripción a Office 365, el proceso es prácticamente el mismo, aunque empezando desde una página distinta. Usted recibirá en su buzón de correo electrónico una invitación a compartir dicha suscripción, invitación que sencillamente deberá aceptar para poder empezar a disfrutar por completo de la suite de Microsoft.

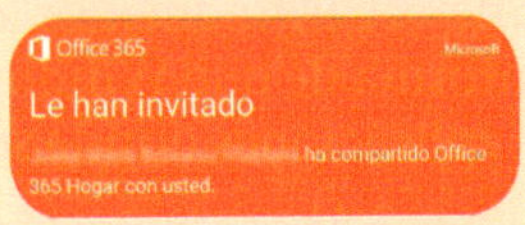

❷

❹

❸

Consultar la versión de Office instalada

SI POR ALGUNA RAZÓN NO RECUERDA, o no sabe, qué versión de Office se encuentra instalada en su equipo, no se preocupe: en este capítulo le mostraremos cómo acceder a esta información desde cualquiera de las aplicaciones que forman parte de la suite de Microsoft.

1. Para empezar, desde el menú de inicio de Windows, abra uno de los programas de Office, el que prefiera, puesto que los pasos que mostraremos en este ejercicio son válidos para todos ellos.
2. La versión 2019 o 365 de Office se abre mostrando la ventana principal, desde la cual se accede a los documentos de trabajo. En la parte inferior izquierda de esta ventana puede ver tres opciones: **Cuenta**, **Comentarios** y **Opciones**. Pulse sobre la primera de ellas. ❶
3. De este modo aparece la sección **Información del producto**, con todos los datos correspondientes a la versión de Office instalada en el equipo. ❷ Si, además, ha iniciado sesión, podrá ver la cuenta de Microsoft a la cual se encuentra vinculada la suite o el programa en cuestión. Si todavía no lo ha hecho, inicie sesión pulsando sobre el vínculo situado en la parte superior derecha de esta ventana.
4. Una vez introducidos los datos y antes de aceptar el proceso, aparece una ventana en la cual se informa de que Windows recordará estos datos de inicio de sesión para utilizarlos en sitios web y aplicaciones donde se requieran para facilitar su uso. Pulse en **Aceptar**.
5. ¿Lo ve? Ahora aparece el nombre de su cuenta en distintos puntos de esta ventana. Desde aquí, también puede controlar las actualizaciones de Office. Como ya hemos mencionado en el primer capítulo del libro, una de las grandes ventajas que presenta el plan de suscripción de la suite es no tener que preocuparse por las actualizaciones del producto; estas se llevan a cabo de forma automática, lo que garantiza que los programas de la suite siempre se encuentren en su versión más reciente. Si aun así usted desea deshabilitar esta opción, sencillamente pulse sobre el comando **Opciones de actualización** y haga clic en **Deshabilitar actualizaciones**. ❸

❶

❷

❸
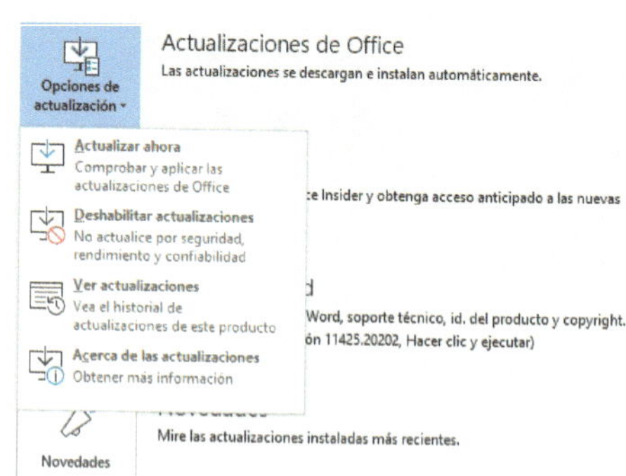

6. Otra de las grandes ventajas que ofrece el plan de suscripción de Office es la posibilidad de tener acceso antes que nadie a las nuevas versiones de los programas de la suite. Para ello, sencillamente debe unirse al programa **Office Insider** desde esta misma ventana, pulsando el botón del mismo nombre. Además de este acceso anticipado a las nuevas características y actualizaciones de la suite, el programa Office Insider le permite enviar comentarios directamente a Office, ponerse en contacto con la comunidad e, incluso, participar en las novedades. Ahora la opinión del usuario cuenta de verdad. Sin duda, una excelente oportunidad de formar parte de Office.
7. Si lo que le interesa es conocer la versión de bits instalada para Office, pulse sobre el comando **Acerca de [Nombre del programa]**. En efecto, en la parte superior de la ventana que se abre podrá ver, resaltado en color azul, la versión del programa y de número de bits. 4 Además, también podrá consultar en esta ventana el número de compilación y el tipo de instalación. Una vez haya consultado cuanto necesite de la versión de sus programas de Office, pulse sobre el botón **Aceptar** y regrese a la sección **Cuenta**.
8. Como última información destacable en esta misma sección, encontramos las novedades del programa abierto. La consulta de esta información resulta muy recomendable si desea sacarle el máximo rendimiento a la suite y, en particular, a sus programas de uso habitual. Si pulsa sobre el comando **Novedades**, se abre la aplicación mostrando las actualizaciones más recientes de la misma en un panel denominado, precisamente, **Novedades**. No dude en acceder a esta información en todos los programas de Office para estar al tanto de las funciones más recientes incluidas.

Como ha podido comprobar, toda la información del producto que ha adquirido está a su alcance. Si lo desea, ya puede cerrar el programa con el que ha realizado esta práctica pulsando sobre el botón de aspa de color rojo situado en el extremo superior derecho de la ventana.

4

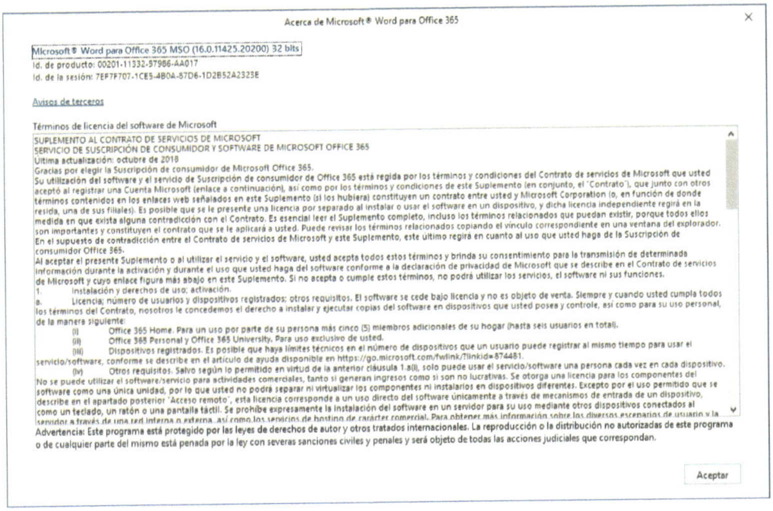

Compartir Office 365 Hogar con otros usuarios

IMPORTANTE

Debe saber que la última versión de Office no se puede instalar ni en Chromebooks ni en equipos con las versiones Vista y XP de Windows. Por esta razón, es muy importante asegurarse de que, antes de empezar la instalación de la suite, el equipo de la persona con la que va a compartir su suscripción cumple los requisitos del sistema.

LA SUSCRIPCIÓN A OFFICE 365 HOGAR no solo le permite a usted utilizar todos los programas y servicios que ofrece esta nueva versión de la suite, sino que los comparta con cinco miembros de su familia. Aquello que resulta más interesante es que las personas con las que comparta la suscripción podrán beneficiarse exactamente de los mismos productos y servicios que usted, sin ningún tipo de limitación ni coste adicional. Este servicio es exclusivo de la versión Hogar de Office 365: ni Office 365 Personal, ni Office 365 Universitarios ni cualquier otra categoría de la suite disponen de dicha característica.

1. Para compartir una suscripción de Office 365 Hogar con otro usuario, debe dirigirse a la sección **Compartir** de su cuenta de Microsoft. Por esta razón, empiece iniciando sesión en Office.com con la misma cuenta que utilizó en su momento para configurar la suscripción y, en la página de su cuenta, visualice la pestaña **Compartir**.
2. Si en esta página no puede ver la pestaña **Compartir**, puede ser por dos razones: la primera, que no sea el administrador de la cuenta de Office que está usando y segunda, que no tenga instalada la versión Hogar de Office 365, la única que puede ser compartida. Pulse la mencionada pestaña y, seguidamente, haga clic en la opción **Empezar a compartir**.
3. Se abrirá una nueva ventana denominada **Compartir Office**, desde la cual puede proceder de dos formas: enviando la invitación de la suscripción por correo electrónico o bien mediante un vínculo. Si opta por el primer método, sencillamente escriba la dirección de correo electrónico del destinatario que va a recibir la invitación y pulse **Invitar**. Si, por el contrario, prefiere enviarla en forma de vínculo, pulse sobre el botón **Copia** y pegue el vínculo en un nuevo mensaje de texto, instantáneo o cualquier otro tipo de mensaje.
4. Al recibir tanto el correo electrónico como el vínculo con la invitación, los destinatarios deberán pulsar sobre dicho vínculo o el botón de confirmación, en el caso del correo electrónico, e iniciar sesión con una cuenta de Microsoft, momento en el cual se agregarán directamente a su suscripción de Office. Si todavía no disponen de una cuenta de Microsoft, podrán crear una de forma gratuita cuando acepten la invitación. ¡Así de sencillo!

5. Como ya hemos indicado, puede realizar este proceso hasta un máximo de cinco veces. Resulta interesante saber que todas aquellas personas que cuenten con una suscripción compartida solo tendrán acceso a sus propios archivos; del mismo modo, usted no tendrá acceso a los archivos de aquellos con los que ha compartido su suscripción. Todos los documentos y la información sobre el uso de servicios continuarán siendo privados, como si estas personas hubieran adquirido su propia suscripción.
6. Aquellos que disfruten de una suscripción compartida obtendrán ❶:
   - La versión más recientes de Office para instalar en ordenadores u otros dispositivos.
   - 1 TB de almacenamiento propio y gratuito de OneDrive. Esto significa que no compartirán este espacio con usted ni con otras personas con quien también haya compartido su suscripción.
   - 60 minutos de Skype mensuales para llamadas gratuitas a teléfonos móviles en ocho países y a fijos en 60.
   - 50 GB de almacenamiento en el buzón de entrada de Outlook.com, el gestor de correo electrónico *online* de la suite Office.
7. Todas estas ventajas y características de Office 365 Hogar podrán ser utilizadas hasta que usted, como administrador de la suscripción, decida dejar de compartirla. Desde la página **Compartir** de su cuenta puede ver y administrar todas aquellas personas con las que ha compartido su suscripción. Para dejar de compartir una suscripción, sencillamente seleccione al suscriptor en la página **Compartir** y pulse sobre el vínculo **Dejar de compartir con esta persona**.

IMPORTANTE

Es importante tener en cuenta que solo aquellos usuarios que sean administradores de una suscripción podrán llevar a cabo este proceso. Es decir, si usted ya está disfrutando de un uso compartido de Office, no tendrá la posibilidad de compartir a su vez dicha suscripción. En este caso, en la página de su cuenta de Office no aparecerá la pestaña **Compartir**.

❶

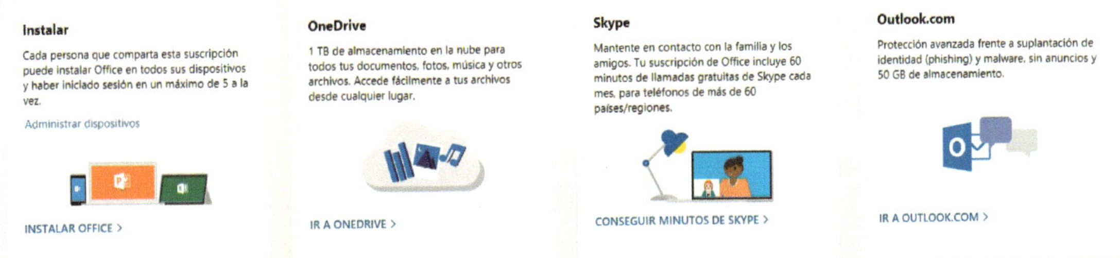

Instalar y utilizar Office 365 en otros dispositivos

IMPORTANTE

Es posible instalar las aplicaciones móviles de Office 365 en dispositivos Android, iPhone y iPad y teléfonos y tabletas Windows.

Por otro lado debe saber que no se pueden instalar las versiones de escritorio para Windows o Mac de Office 365 en un Chromebook y que, además, los dispositivos Blackberry, Nokia y otros solo admiten Office 365 para empresas o correo electrónico basado en Exchange.

SI USTED DISPONE DE UNA SUSCRIPCIÓN a Office 365 Hogar, o bien si alguien ha compartido una suscripción con usted, debe saber que puede instalar la última versión de Office en todos sus dispositivos e iniciar sesión en cinco a la vez. Estos dispositivos pueden ser PC o Mac, tabletas y móviles. Para ello, evidentemente solo necesitará su cuenta Microsoft.

1. En este capítulo le mostraremos cómo puede instalar y utilizar las aplicaciones móviles de Office 365 Hogar en varios dispositivos. Supongamos que usted ya dispone de la suite instalada en su ordenador principal y que ahora le iría muy bien disponer de ella en su *smartphone*. Para ello, según el dispositivo que tenga, deberá dirigirse a la tienda desde la cual suele realizar las descargas de sus aplicaciones y buscar **office 365**. ❶ (Para realizar esta práctica hemos utilizado un iPhone, aunque puede llevar a cabo el proceso con un dispositivo Android siguiendo los pasos oportunos para su descarga.)
2. Como verá, las aplicaciones deben descargarse por separado: Word, PowerPoint, Excel y OneNote. En este caso, hemos descargado PowerPoint, pero le instamos a que usted proceda con su aplicación favorita o aquella que más utilice. Cuando disponga de ella en su dispositivo ❷, ábrala.

❶

❷

❸

❹

3. En primer lugar, debe iniciar sesión con su cuenta Microsoft para poder disfrutar de toda la productividad de la aplicación en su móvil. Escriba el correo electrónico correspondiente a su cuenta y pulse en **Siguiente** 3; en la siguiente pantalla, introduzca la contraseña y pulse en **Iniciar sesión** 4.
4. Si las credenciales introducidas son correctas, es decir, pertenecen a una cuenta Microsoft, la app le informa de que el proceso de inicio de sesión ha terminado y ya puede empezar a trabajar con ella. 5 Pulse sobre el vínculo existente en esta pantalla (en PowerPoint, el vínculo es **Crear y editar documentos**) para acceder al área de trabajo. 6
5. Desde este momento ya puede disfrutar de las ventajas de trabajar en cualquier momento y en cualquier lugar de sus aplicaciones de Office favoritas. Proceda a descargar el resto de aplicaciones disponibles para su dispositivo. 7

5

6

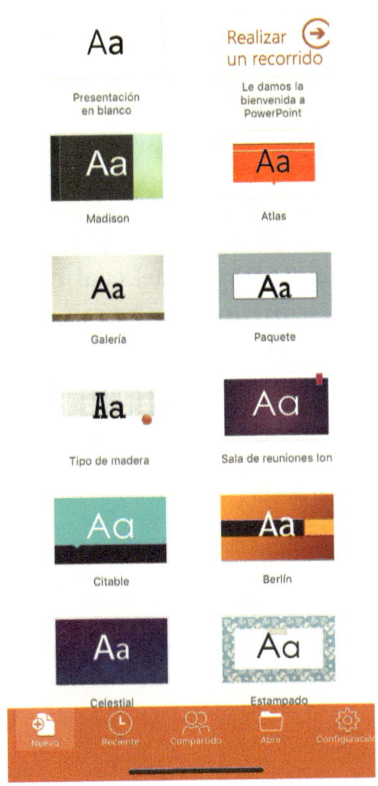

7

Conocer la interfaz común de las aplicaciones de Office

IMPORTANTE

El aspecto de la interfaz de Office es personalizable en cuanto al color. Para ello, deberá acceder a la sección **Cuenta** de la vista Backstage del programa. Aquí verá dos comandos: **Fondo de Office** y **Tema de Office**. Tanto en la versión 365 como en la 2019, se incluye un nuevo tema, denominado **Negro**, que proporciona mucha menos luminosidad, lo que nos permite tener cuidado con nuestra vista y, además, ahorrar batería en nuestros dispositivos.

LA INTERFAZ DE OFFICE 365 ESTÁ DISEÑADA para que el usuario encuentre todas las herramientas de un modo sencillo. Con respecto a su versión anterior, la 2016, los usuarios detectarán algunos cambios, sobre todo en el diseño de los distintos elementos que componen la interfaz de las aplicaciones. Los colores característicos de cada aplicación se manifiestan en gran parte de la interfaz.

1. En este ejercicio, veremos los elementos de la interfaz de las aplicaciones de Office comunes en toda la suite. Para ello, y como paso previo, le pedimos que abra cualquiera de dichas aplicaciones, la que usted prefiera (recuerde que encontrará todos los programas en el menú **Inicio** de Windows).
2. La primera ventana que aparece es la denominada **Backstage**, desde la cual se pueden llevar a cabo todas las acciones referentes a la gestión de archivos: crear, guardar, guardar como, exportar... En esta versión de la suite, la ventana **Backstage** ha cambiado ligeramente su aspecto. Haga clic sobre el elemento **Documento en blanco** 1 (**Libro en blanco**, **Presentación en blanco**...) para acceder a la interfaz del programa y crear, a la vez, un nuevo documento.
3. En la parte superior izquierda se sitúa la **Barra de herramientas de acceso rápido**, que muestra por defecto cinco comandos 2: **Autoguardado** (novedad en esta versión de la suite y del cual hablaremos en un ejercicio posterior), **Guardar**, **Deshacer**, **Repetir** y **Modo Mouse/táctil**. Si despliega este comando podrá cambiar la distribución de los elementos de la interfaz según si trabaja con el ratón o sobre una pantalla táctil.

1

2

4. Para gestionar el tamaño de la ventana del programa puede utilizar los comandos situados en el extremo opuesto al que ocupa la **Barra de herramientas de acceso rápido**. De izquierda a derecha, estos botones sirven para gestionar la **Cinta de opciones**, para minimizar la ventana, maximizarla o restaurarla y cerrarla. ❸ Haga clic en el tercer botón de este grupo para minimizar la ventana de la aplicación y, tras comprobar el cambio, vuelva a pulsar para restaurarla de nuevo.
5. El elemento en el cual se encuentran la **Barra de herramientas de acceso rápido** y el grupo de botones que acabamos de comentar es la **Barra de título**, y muestra siempre el nombre del documento activo y el de la aplicación que se está ejecutando.
6. La **Cinta de opciones**, el elemento situado debajo de la **Barra de título**, contiene todos los comandos y las opciones ejecutables en los programas. Como novedad en la versión 365 de Office, la **Cinta de opciones** ha eliminado todas las pestañas (aunque en este libro seguiremos refiriéndonos a ellas de este modo): ahora los elementos activos de esta cinta se muestran subrayados. También los iconos han cambiado ligeramente, pasando a ser más modernos y minimalistas. ❹ La **Cinta de opciones** puede contraerse. Para ello, pulse sobre el icono de punta de flecha situado en el extremo derecho de este elemento y, tras comprobar que ahora se muestran sólo las pestañas ❺, haga clic sobre una de ellas para restablecer los comandos y herramientas.
7. También puede minimizar o desanclar la **Cinta de opciones** pulsando la combinación de teclas **Ctrl + F1**. Debe tener en cuenta que, cuando trabaje sobre el documento activo con la cinta desanclada, esta volverá a contraerse. Para volver a anclarla en la interfaz del programa, pulse sobre el icono que muestra un pincho en la parte derecha.
8. El último elemento común es la **Barra de estado**, situada en la parte inferior de la interfaz. En ella se presentan datos acerca de aspectos concretos del documento activo y permite cambiar el modo de visualizarlo, así como aplicar un zoom. ❻
9. La **Cinta de opciones** se puede personalizar en cuanto a las pestañas y los comandos que en ella deben aparecer. Para ello, deberá acceder al cuadro de opciones del programa. Despliegue el menú **Archivo** y haga clic sobre el comando **Opciones**. Dentro de este cuadro, seleccione la categoría **Personalizar cinta de opciones** y cambie las opciones que desee.

❸

❹
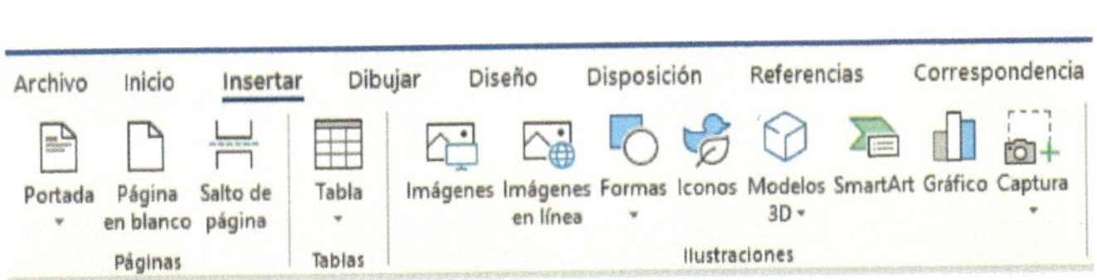

❻

❺
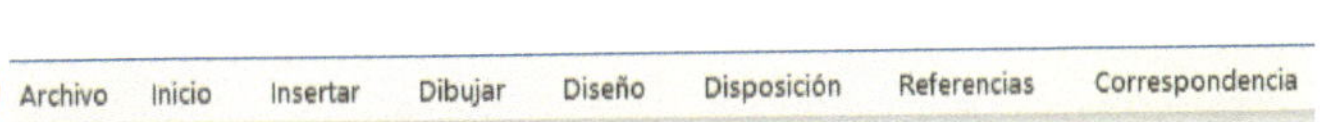

Office y OneDrive o cómo guardar archivos en la nube

IMPORTANTE

Aunque el almacenamiento en la nube con OneDrive no representa ninguna novedad en esta versión de la suite, sí lo es la función de autoguardado incluida en la interfaz de todos los programas de Office.

ONEDRIVE ES LA MEJOR FORMA de guardar todos los archivos de Office, acceder a ellos, compartirlos y editarlos desde cualquier lugar y en cualquier momento. OneDrive es el almacenamiento en la nube de Microsoft, un servicio que ha facilitado el trabajo a miles de usuarios desde su aparición en escena y, sobre todo, desde su vinculación directa con Office. Si es usted usuario de Office, ya sea por suscripción como por compra absoluta, sepa que dispone de este servicio y, en este y en los siguientes ejercicios, aprenderá a sacarle el máximo partido.

1. Para realizar este ejercicio, le instamos a que cree un nuevo documento en alguna de las aplicaciones de Office: un documento, una presentación o una hoja de cálculo. Una vez disponga del documento en pantalla, procederemos a guardarlo como haríamos si nos interesara almacenarlo en el disco duro de su ordenador. Así, despliegue el menú **Archivo** y pulse sobre el comando **Guardar como** (en este caso, y dado que todavía no hemos guardado el archivo, también puede pulsar en **Guardar** o en el icono pertinente de la **Barra de herramientas de acceso rápido**).
2. En la sección **Guardar como** aparecen una serie de opciones, la primera de las cuales es **OneDrive: Personal**. Pulse sobre ella. ❶
3. A la derecha se mostraría, si lo hubiera, el contenido actual de su espacio en OneDrive. Escriba un nombre para su nuevo archivo y pulse el botón **Guardar**. ❷

❶

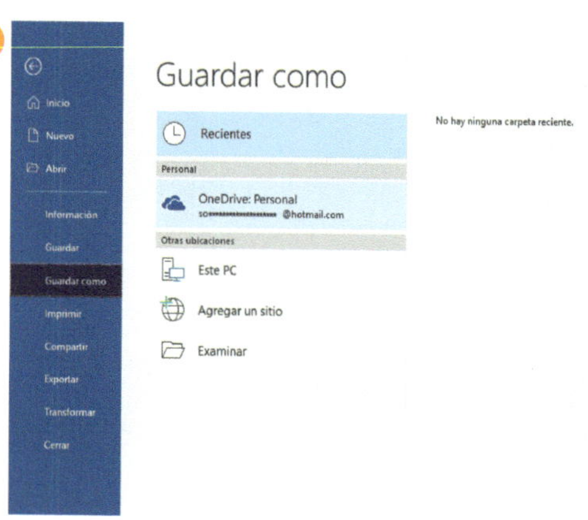

❷

007

4. El archivo se guarda automáticamente en la nube y el programa regresa al documento para que, si es necesario, pueda seguir trabajando con él. Además, observe lo que ha ocurrido en la **Barra de herramientas de acceso rápido**: se ha activado de forma automática la nueva función destacada de esta versión de Office: el **Autoguardado.** 3 Si usted lo desea, todos aquellos cambios que realice sobre este documento se guardarán automáticamente en la nube, en la misma ubicación que ha indicado anteriormente. Cómodo y sencillo, ¿verdad? Fíjese en que el icono **Guardar** de esta misma barra ha cambiado ligeramente su aspecto: ahora muestra también el símbolo de sincronización. Ahora bien, puede desactivar esta opción en cualquier momento, pulsando para ello sobre el botón deslizante de la opción.
5. En el ejercicio siguiente veremos cómo acceder a OneDrive y cómo visualizar el documento que hemos guardado en la nube. Sepa que dispone de 1 TB de espacio de almacenamiento sólo para usted y totalmente gratuito, mucho más que en versiones anteriores de la suite. Si aun así necesita más, puede ampliarlo mediante alguno de los planes disponibles. (Acceda a la sección **OneDrive** del sitio web de Office para consultar toda la información referente a los planes y precios). 4

IMPORTANTE

En el caso en que no hubiera iniciado sesión en Office previamente, en el momento de seleccionar OneDrive como destino para su almacenamiento, el programa le solicitaría los datos de inicio de sesión para poder llevar a cabo el proceso. En dicho caso, pulse el botón **Iniciar sesión** y siga los pasos indicados.

3

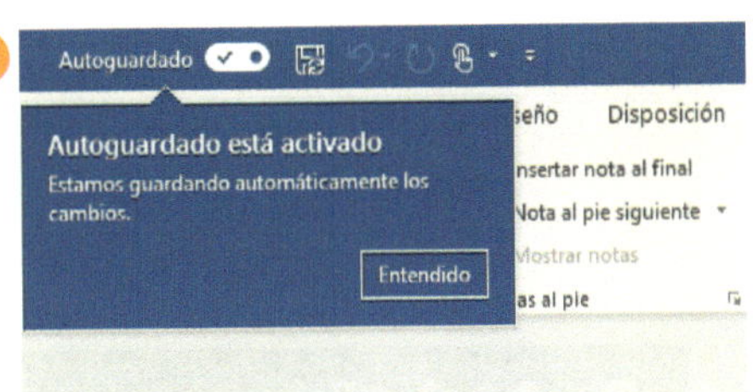

4

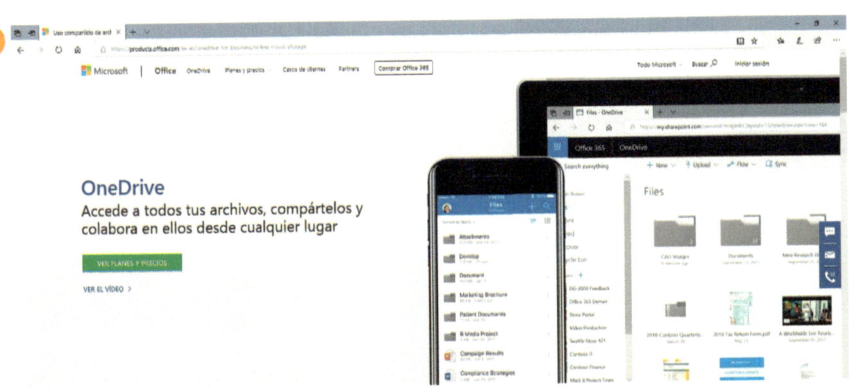

Visualizar y modificar documentos en OneDrive

IMPORTANTE

Puede ordenar el contenido de su OneDrive con el comando **Ordenar** situado en la parte superior derecha de la ventana, en la barra de herramientas. Desde aquí, también puede elegir cómo desea visualizar los archivos y las carpetas almacenadas.

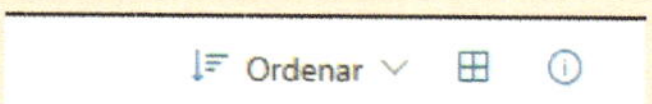

EL ALMACENAMIENTO DE CUALQUIER documento de Office en OneDrive nos permite actualmente poder trabajar en cualquier momento y en cualquier lugar, compartir nuestros archivos con otras personas y editarlos conjuntamente. El trabajo en equipo nunca ha sido tan sencillo. Todo aquello que se realice sobre un documento en la nube se cargará automáticamente la siguiente vez que disponga de una conexión a Internet.

1. En este ejercicio le mostraremos cómo acceder a OneDrive y cómo visualizar el documento cargado en el ejercicio anterior (que, por el momento, está en blanco). Abra su navegador web y acceda a **www.onedrive.com**.
2. Si usted está trabajando con algún programa de Office y ha iniciado sesión, al entrar en OneDrive se carga automáticamente todo cuanto haya guardado en este espacio: carpetas, archivos, fotos... Puede ver su nombre de usuario y la imagen vinculada a su cuenta de Office en la parte superior derecha de OneDrive. ❶ Si por el contrario todavía no ha iniciado sesión, se le solicitará que lo haga para poder llevar a cabo la sincronización de archivos. En la parte inferior izquierda de la ventana puede controlar el espacio de almacenamiento ocupado del total disponible, que, como recordará, es de 1 TB. ❷ Localice el documento que ha guardado en el ejercicio anterior y selecciónelo con un clic. ❸
3. De inmediato, el documento (en blanco) se abre en la aplicación web correspondiente (vea su nombre en la **Barra de título**). ❹ Como dijimos en la primera lección de este libro,

❶

❷

❹

❸

las aplicaciones web de Office sólo están disponibles, por el momento, para Word, Excel y PowerPoint, además de OneNote. Una vez abierto el documento, podemos visualizarlo y modificarlo en un entorno básico. Para comprobar que, efectivamente, los cambios se reflejarán también en la versión de escritorio del programa, escriba, por ejemplo, un título en este documento en blanco (o haga cualquier otra sencilla modificación). 5

4. El comando **Abrir en [programa]** que puede ver en la **Cinta de opciones** permite, como su nombre indica, abrir el documento en la aplicación de escritorio o, si usted estuviera trabajando desde otro dispositivo, en el correspondiente programa. También quizás se pregunte qué es el marcador vertical de color azul que aparece junto al cursor de edición. Este marcador tiene que ver directamente con la colaboración con otras personas sobre un documento, y hablaremos de ello en un ejercicio posterior. Si desea regresar a la ventana principal de OneDrive, donde se almacenan todos los archivos y carpetas, pulse sobre el vínculo **OneDrive** situado en la barra superior de esta ventana. A continuación, regrese a su aplicación de escritorio para comprobar cómo, efectivamente, el cambio realizado se refleja también en el documento original. 6
5. Para terminar, llevaremos a cabo el proceso contrario, es decir, escriba algo más en el documento o realice algún otro pequeño cambio.
6. Si ha mantenido la función de autoguardado activa, este cambio se guardará automáticamente. Compruébelo accediendo de nuevo a **onedrive.com**. 7

IMPORTANTE

Desde la parte izquierda de la barra de herramientas de OneDrive puede, por un lado, crear nuevos documentos y por otro, cargar o subir otros que tenga almacenados en su ordenador de escritorio o dispositivo. Si desea crear nuevos documentos de Office utilice el comando **Nuevo**. Puede generar documentos de Word, libros y encuestas de Excel, presentaciones de PowerPoint y notas de OneNote.

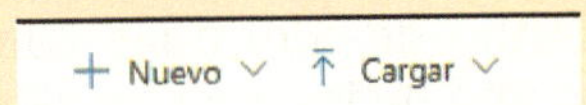

7

6

5
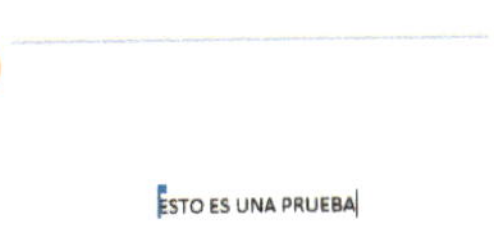

Trabajar conjuntamente sobre un documento

TRABAJAR EN LA NUBE CON ONEDRIVE y archivos de Office 365 o 2019 solo puede presentar ventajas y facilidades. Si ya hemos comentado anteriormente que utilizar el espacio en la nube para almacenar documentos nos permite trabajar con ellos en cualquier lugar y en cualquier momento, en este ejercicio veremos que también es posible compartir su edición con otras personas. ¿Se imagina una colaboración en tiempo real, en la que solo aquellas personas a las que usted haya invitado pueden editar al mismo tiempo y con comentarios un mismo documento? Se acabó el envío de archivos adjuntos para su edición por correo electrónico y el uso de memorias USB. OneDrive y Office 365 son los mejores aliados.

1. Para poder llevar a cabo este ejercicio, seguiremos trabajando con el documento generado en lecciones anteriores, que, como recordará, se encuentra guardado en OneDrive. Aunque podríamos empezar el ejercicio directamente en la nube, con el archivo abierto en la correspondiente aplicación web, iniciaremos el proceso desde nuestra aplicación de escritorio. De este modo podremos mostrarle la facilidad con que puede compartir sus documentos con otras personas con el fin de que puedan editarlos. Una vez disponga del archivo abierto, haga clic sobre el botón **Compartir**, situado en el extremo derecho de la **Cinta de opciones**. ❶
2. Antes de continuar, compruebe que la opción de autoguardado se mantiene activada, tal y como hicimos en un ejercicio anterior. De este modo nos aseguramos de que todos los cambios que realicemos en este documento se guardarán de forma automática en la nube. Al pulsar el botón **Compartir** se abre en la parte derecha de la ventana el panel del mismo nombre. En el campo **Invitar a personas**, usted deberá escribir o elegir de su libreta de direcciones la dirección de correo electrónico de la o las personas que desea que colaboren en el documento. ❷
3. Una vez introducida la dirección del destinatario, aparece un nuevo campo en la parte inferior en el cual usted puede indicar los permisos que tendrá este usuario sobre el archivo: edición o solo visualización. En este caso, y dado que lo que nos interesa es una colaboración compartida sobre el documento, mantenga la opción **Puede editar**, escriba si lo desea un breve texto para el destinatario y, cuando termine, haga clic en **Compartir**. ❸
4. El programa le informa de que se está realizando el envío por correo electrónico. El destinatario recibirá en su bandeja de entrada la invitación y deberá aceptarla para poder empezar a editar el documento. ❹ El nombre del usuario también pasará a formar parte del panel **Compartir**. En estos momentos, ambos pueden empezar la edición conjunta del documento. Resulta in-

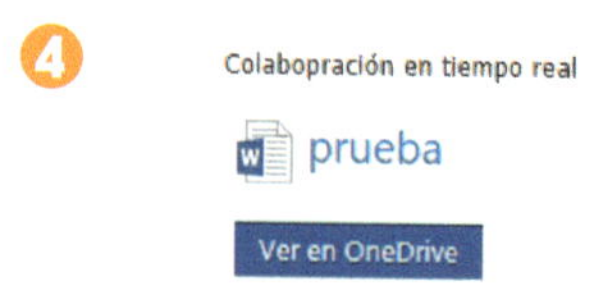

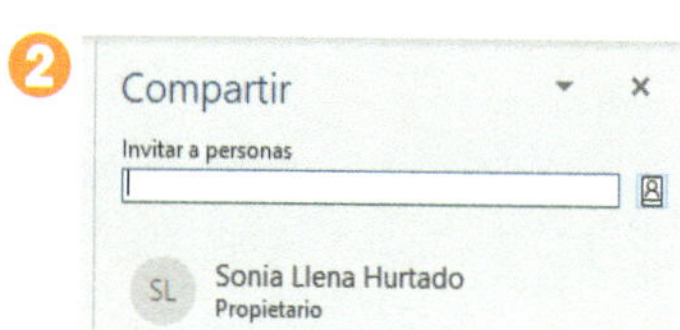

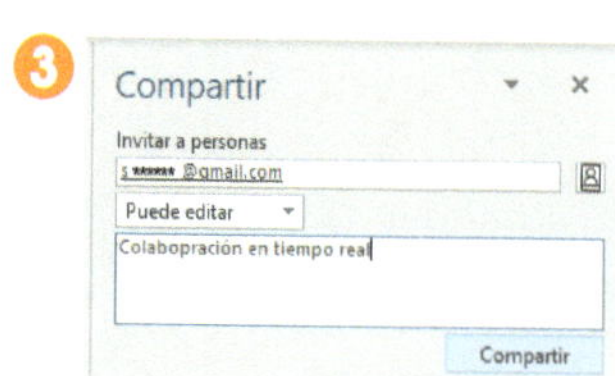

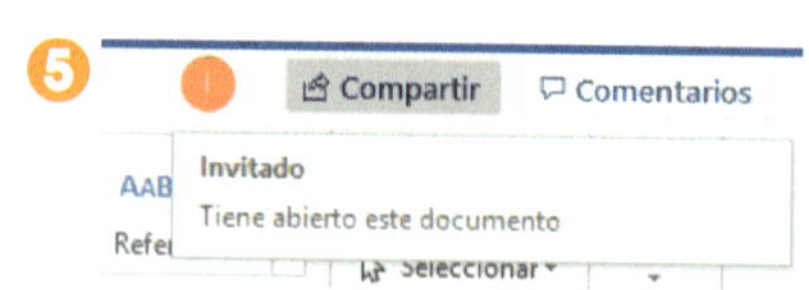

teresante e importante destacar que no es preciso que los usuarios que colaboren con usted en la edición de documentos trabajen con Office 365 o 2019. En caso de que no dispongan todavía de la última versión de las aplicaciones, podrán trabajar directamente sobre el archivo guardado en OneDrive. ¿Cómo podemos saber si la persona con la que hemos compartido el documento ha aceptado la invitación y está preparada para empezar la colaboración? Observando la **Barra de título** de nuestro programa de Office, en el cual, junto a nuestro nombre o el de la cuenta Office con que utilizamos la suite, aparece un círculo con una letra, según el nombre del destinatario. 5

5. Realice algún cambio, el que usted desee y espere a que la otra persona realice alguno más para ver cómo se perciben sobre nuestro documento. 6 En el documento se muestra un marcador que, al situar el puntero del ratón encima, nos permite ver qué colaborador ha realizado cada cambio. De igual manera, los otros usuarios, tanto si trabajan en sus aplicaciones de escritorio como en OneDrive directamente, también verán estos marcadores.
6. Además de esta edición simultánea, también puede resultar muy útil insertar comentarios a aquellos cambios realizados para justificarlos. Para activar los comentarios, haga clic sobre el comando **Comentarios**, situado a la derecha del comando **Compartir**, y elija la opción **Nuevo comentario**. 7
7. Vinculado al punto del documento en el cual se encuentra el cursor de edición, que será al que hará referencia el comentario, aparece el cuadro flotante en el cual usted puede escribir aquello que considere oportuno. 8 Una vez escrito, pulse la tecla **Retorno**.
8. El comentario aparecerá también en el documento de todas aquellas personas que estén colaborando en él y podrán, a su vez, responder. Si responden o añaden nuevos comentarios, usted también lo verá reflejado en su documento. 9
9. Los comentarios son, pues, una función que complementa la colaboración en tiempo real con documentos de Office guardados en OneDrive. ¿Qué hacer cuando ya no sea precisa esta colaboración entre varios usuarios, cuando el documento ya esté terminado o ya no sea necesaria la edición conjunta? Muy sencillo: en el panel **Compartir**, haga clic con el botón derecho del ratón sobre el colaborador; se abre un menú contextual con dos opciones: la primera elimina el usuario del panel y este ya no podrá seguir compartiendo el documento con usted y la segunda, cambia el permiso a solo lectura o visualización. Proceda como usted prefiera y dé así por terminado este ejercicio.

6
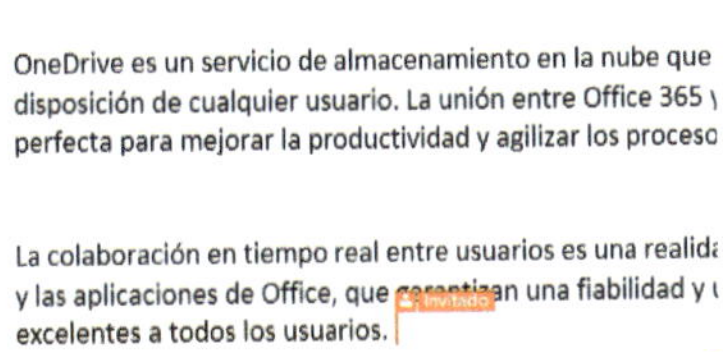

7
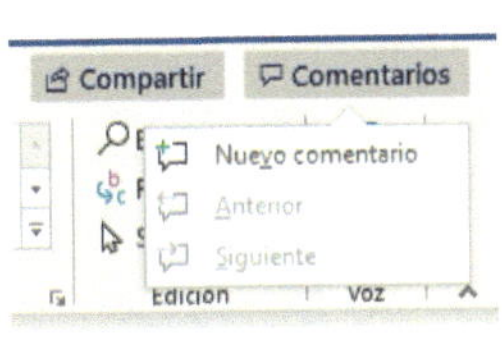

9
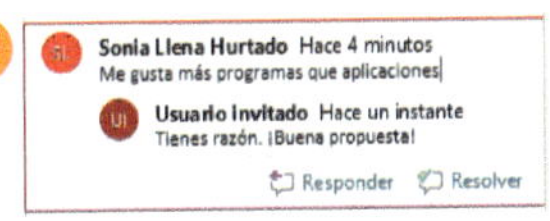

8
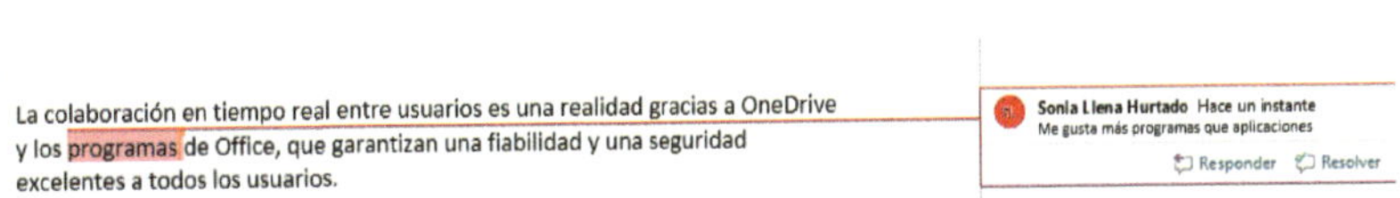

Modificar documentos desde cualquier dispositivo con OneDrive

IMPORTANTE

No nos cansaremos de recordarle que, gracias a su suscripción a Office 365, dispone de 1 Tb de espacio de almacenamiento en la nube. Quizás no sepa calcular a cuánto equivale esta gran cantidad de espacio. Pues ni más ni menos que a unas 300.000 fotos o a un millón de documentos aproximadamente. ¿Qué le parece? Ya puede empezar a trabajar, pues el espacio disponible en la nube no será en ningún caso una excusa para no hacerlo.

YA HEMOS PODIDO COMPROBAR QUE trabajar en la nube con OneDrive y Office mejora, y mucho, la productividad. Si en el ejercicio anterior hemos tenido la oportunidad de ver cómo trabajar conjuntamente en un documento gracias al uso de OneDrive, en esta ocasión iremos un poco más allá y veremos cómo podemos seguir trabajando en nuestros archivos desde cualquier lugar y en cualquier momento. Y todo ello, gracias a la instalación de OneDrive en nuestros *smartphones* o tabletas y el uso tanto de las aplicaciones web de Office como de las móviles (si lo necesita, recupere el ejercicio Instalar y utilizar Office 365 en otros dispositivos). Si se trata de sacar el máximo rendimiento a nuestro tiempo, no lo perdamos más y ¡empecemos!

1. En esta ocasión, le pediremos que descargue OneDrive desde la aplicación de compras (Apple Store o Google Play) de su dispositivo móvil. OneDrive es totalmente gratuito. 1 Una vez disponga de él, pulse sobre su icono para entrar.
2. Si es la primera vez que accede a OneDrive, deberá iniciar sesión en la aplicación con los datos de su cuenta de Office. 2 Si, por alguna razón, cosa poco probable, no dispone todavía de una cuenta de Office, no se preocupe puesto que puede suscribirse de forma independiente a OneDrive siguiendo el vínculo oportuno de esta primera pantalla. 3 Proceda introduciendo esta información en los campos disponibles y pulse en el icono de flecha para entrar en su espacio de almacenamiento.
3. Efectivamente, se carga el escritorio con todos sus archivos, entre los cuales, aquel con el que hemos estado trabajando en los ejercicios anteriores. 4 Veamos cómo podemos editar el documento desde su dispositivo móvil. Pulse sobre él.

2
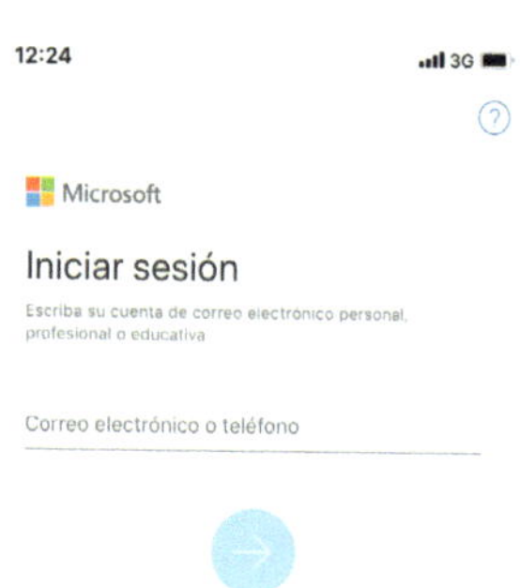

1

3
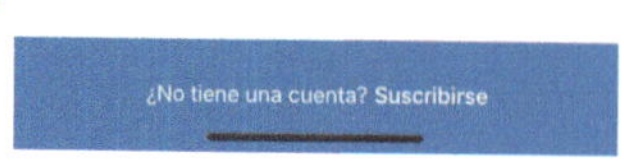

4
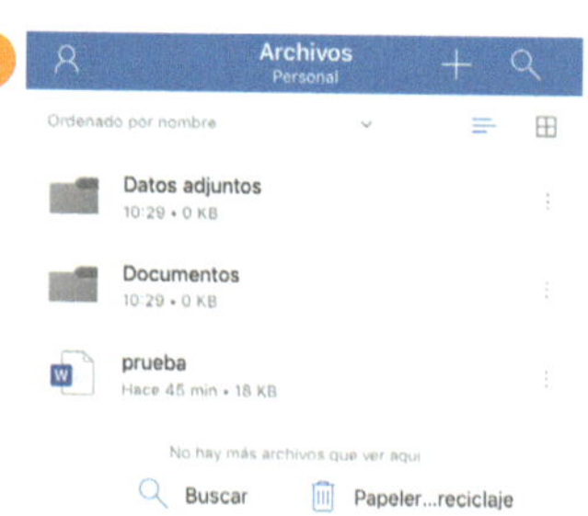

4. Si usted dispone de las aplicaciones de Office instaladas en este dispositivo, el archivo se abrirá con la que le corresponda. Pero si no dispone de ellas, no se preocupe: OneDrive las abrirá con la correspondiente aplicación *online* gratuita. En cualquier caso, y solo por el momento, el documento se abre en modo de lectura. Pruebe a realizar así algún cambio y verá que no es posible. Para poder trabajar sobre el documento, pulse sobre el icono del programa correspondiente, situado en la parte superior de la pantalla. 5
5. Ahora sí, puede hacer todo cuanto necesite en este documento. Toque el icono que muestra una letra A y un lápiz 6 para mostrar los comandos y las funciones principales de la aplicación abierta. 7 Le instamos a que realice algún cambio.
6. Resulta muy interesante saber que sea cual sea el lugar desde el cual modifique un documento almacenado en la nube, dicha modificación siempre será la versión más reciente. De este modo es totalmente seguro que todos los usuarios que colaboran con usted trabajan con la última y misma versión del archivo. Otra característica interesante de trabajar con OneDrive en su dispositivo móvil es que estos dispositivos siempre recuerdan el último punto editado. Esto significa que, cuando abra el documento, este se dirigirá automáticamente a la última modificación. Puede realizar esta comprobación accediendo ahora desde su ordenador al documento modificado.
7. Una función muy interesante de la app OneDrive es la posibilidad de digitalizar documentos y guardarlos directamente en la nube de forma totalmente segura. Para hacerlo, simplemente utilice el botón del escritorio de su aplicación, situado en la parte inferior central de esta pantalla. 8

IMPORTANTE

Si de algo puede presumir OneDrive es de ser la ubicación más segura para sus archivos. Con toda tranquilidad, usted puede elegir su espacio personal de almacenamiento en la nube para guardar todo aquello que necesite, puesto que OneDrive está cifrado con SSL. No se preocupe si pierde o se daña alguno de sus dispositivos, puesto que sus archivos, fotos y vídeos seguirán estando seguros en OneDrive.

7

5
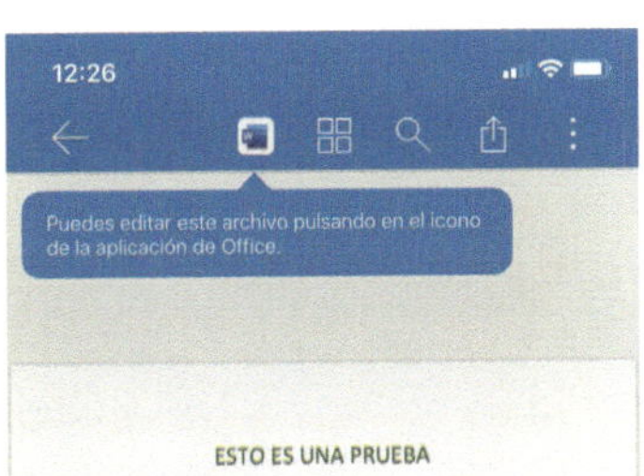

6
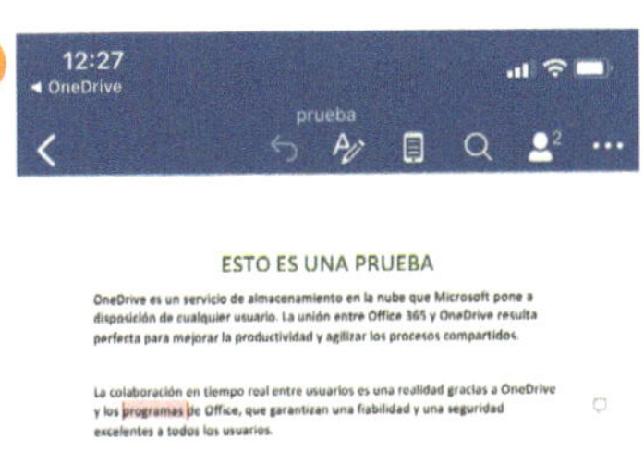

8
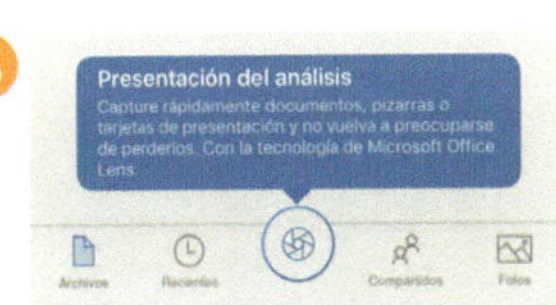

Dictar en Office

IMPORTANTE

El dictado es uno de los servicios inteligentes de Office. ¿En qué consisten estos servicios inteligentes? Ofrecen funciones avanzadas de la nube en las aplicaciones de Office para ayudar al usuario a ahorrar tiempo y producir mejores resultados.

Por esta razón, y solamente con el afán de mejorar este servicio, debe saber que los archivos de dictado se envían automáticamente a Microsoft. De esta forma, la compañía puede mejorar también los servicios de reconocimiento de voz.

SI ES USTED SUSCRIPTOR DE OFFICE 365 o usuario de Office *online*, debe saber que dispone de una de las funciones que se presentan como novedad en esta versión de la suite de Microsoft: el dictado. Ahora puede dejar de escribir y pasar a dictar todo cuanto necesite insertar en un documento. Así de sencillo. Sin embargo, previamente, deberá comprobar que disponga de un micrófono que funcione correctamente y que este se encuentre bien configurado.

1. En este ejercicio le mostraremos lo fácil que resulta introducir texto en un programa de Office sin necesidad de escribirlo desde el teclado, simplemente hablando. Para empezar, recupere el documento con el que hemos estado trabajando en los últimos ejercicios ❶ (si no dispone de él, no se preocupe, puesto que puede crear un documento en blanco y realizar la práctica sobre él).
2. La función **Dictar** funciona con tecnología Microsoft Speech services. Encontrará este comando en el extremo derecho de la **Cinta de opciones**, en la pestaña **Inicio**. Si no la ve, podría ser que la versión de Office con la que está trabajando no cuente con esta funcionalidad (recuerde que solo Office 365 por suscripción y Office *online* disponen de ella). Ahora es el momento de comprobar que el micrófono de su equipo o dispositivo funciona correctamente, elemento este imprescindible para realizar un buen dictado por voz. Para ello, acceda a la configuración de los elementos de sonido y siga los pasos correspondientes para el ajuste de su micrófono. ❷

❶

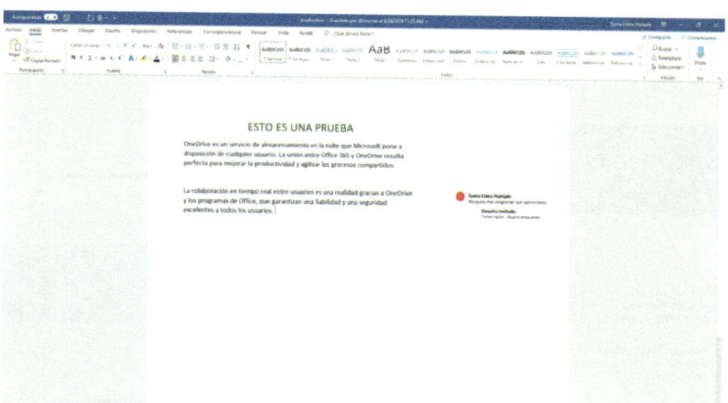

❷

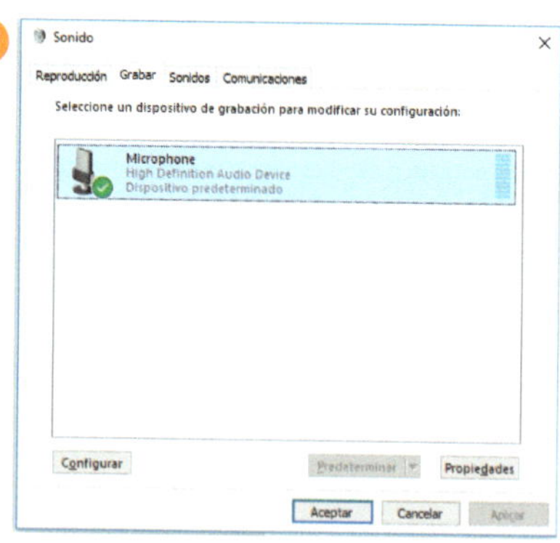

011

3. Una vez realizada esta comprobación, existe otro paso previo al uso de la función del dictado: la selección del idioma de reconocimiento. En el momento de la redacción de este libro, el dictado solo funciona por completo y correctamente en chino, inglés (de Estados Unidos y Canadá) y español (de España y México). Los responsables de la compañía aseguran que están trabajando para proporcionar otros idiomas de trabajo, como el alemán, el portugués, el francés o el italiano. Para seleccionar su idioma, despliegue el comando **Dictar** de la **Cinta de opciones** y pulse sobre la opción que necesite. 3
4. Ahora sí, ya está todo preparado para empezar el dictado. Despliegue el comando **Dictar** en la **Cinta de opciones** y haga clic sobre la opción del mismo nombre; verá que el icono que representa este comando muestra ahora un punto de color rojo, que indica que el dictado ha empezado. 4
5. Hable, pronuncie con un ritmo pausado la frase que desea insertar en su documento, y verá como esta se escribe al mismo tiempo a partir del punto en que se encontraba el cursor de edición. 5
6. Cuando necesite insertar un signo de puntuación, sencillamente diga el nombre de dicho signo: punto, coma, signo de interrogación, signo de exclamación, comillas de apertura... Incluso si desea agregar un nuevo párrafo al texto dictado puede hacerlo diciendo simplemente Nueva línea. 6
7. Cuando termine el dictado, pulse de nuevo sobre el comando **Dictar** para desactivarlo. Si durante unos segundos usted no dice nada, la función de dictado se desactiva automáticamente.

IMPORTANTE

En Windows 10, pulse son el botón derecho del ratón sobre el icono de sonido en la **Barra de tareas** para acceder al cuadro de configuración. En él, entre en **Grabación**, seleccione el micrófono o dispositivo de grabación que desee utilizar y pulse en **Configurar**. Si ya dispone de un micrófono instalado, desde esta misma sección puede realizar las pruebas.

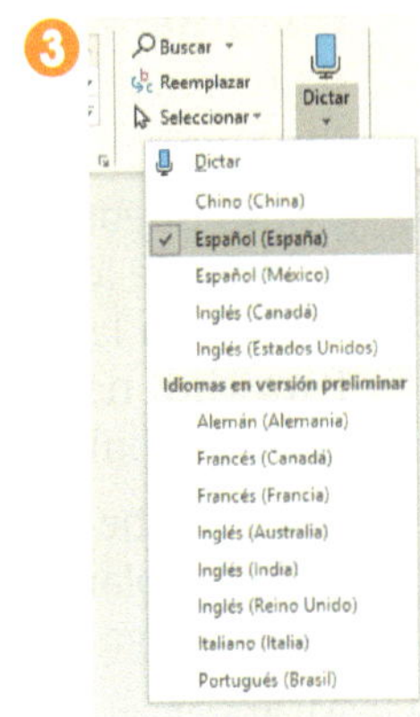

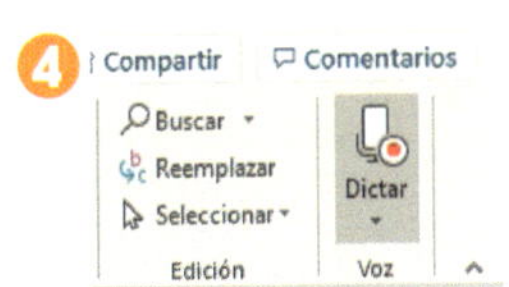

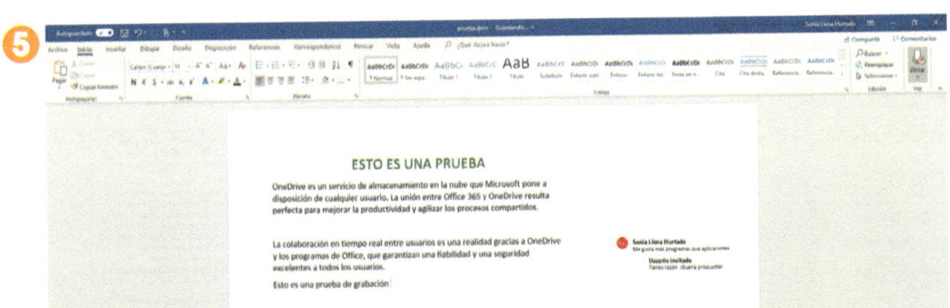

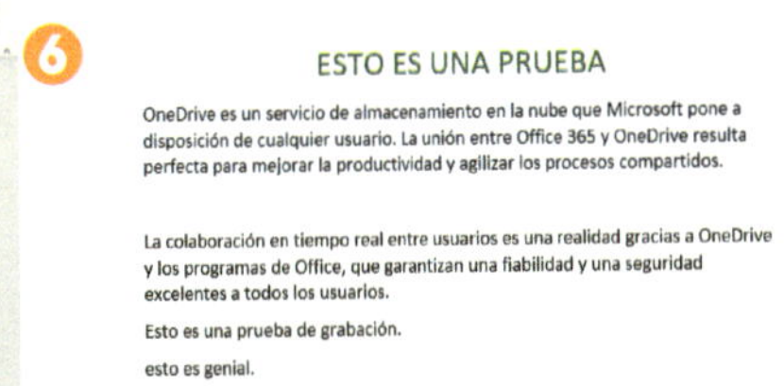

Word: Funciones básicas

MICROSOFT WORD ES, SIN DUDA ALGUNA, el procesador de textos por excelencia, el más utilizado y reconocido entre los usuarios. Si usted dispone de una suscripción a Office 365, cuenta también con esta excelente aplicación. ¿Para qué puede utilizar Word? Para crear documentos de texto con todo tipo de elementos, desde imágenes hasta vídeos, sonidos e iconos, tablas, vínculos e hipervínculos, tanto con fines personales como profesionales. Podría incluso crear un libro o un documento de un número de páginas considerable con una tabla de contenidos, cabeceras y pies de página, bibliografía... En su versión más reciente, Word presenta una serie de interesantes novedades, que iremos viendo poco a poco en los ejercicios dedicados a este gran procesador de textos.

1. En este bloque dedicado a Word 365 empezaremos mostrándole algunas de las funciones más básicas del programa. Sin embargo, nuestro objetivo es que conozca también algunas de las funcionalidades del programa que van un poco más allá de este uso más básico y, sobre todo, dar a conocer las novedades presentadas en esta versión. Aun así tenga en cuenta que, por una cuestión de espacio, no nos ha sido posible tratar todas y cada una de las opciones disponibles. Si necesita más, encontrará obras completas dedicadas a Microsoft Word en esta misma colección. Para llevar a cabo este ejercicio práctico, le recomendamos que abra el archivo titulado **documento1.docx**, incluido en la carpeta de material complementario, que puede descargar de forma gratuita con el código que encontrará en las primeras páginas de este libro. Cuando disponga de él, ábralo en Word 365.
2. Como puede ver, se trata de un sencillo texto de una sola página formado por diferentes párrafos (puede identificarlos porque entre ellos se aprecia una distancia mayor a la del interlineado, es decir, a la del espacio entre líneas). 1 Empezaremos insertando un título en el documento. Para ello, necesitamos crear una nueva línea. Haga clic al inicio de la primera línea del documento y pulse la tecla **Retorno** de su teclado.
3. Compruebe que el cursor de edición continúa al inicio de la misma línea; para situarla en la línea en blanco que acaba de crear, pulse la **tecla de dirección hacia arriba** de su teclado o bien haga clic al inicio de dicha línea.
4. Ahora sí, el cursor de edición está en el punto que nos interesa. Ya puede empezar a escribir. Inserte el término **Upcycling**. 2

1

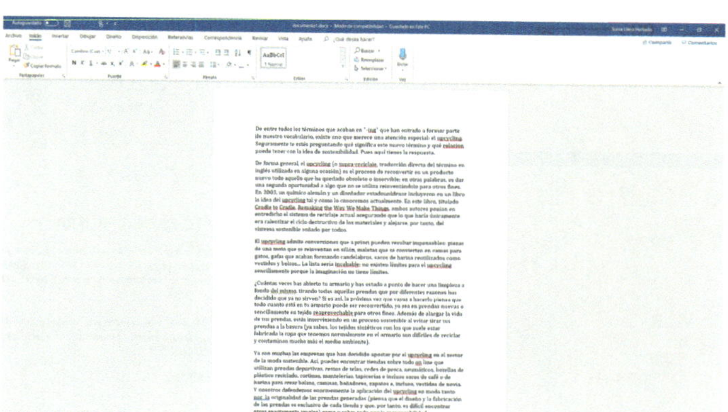

2

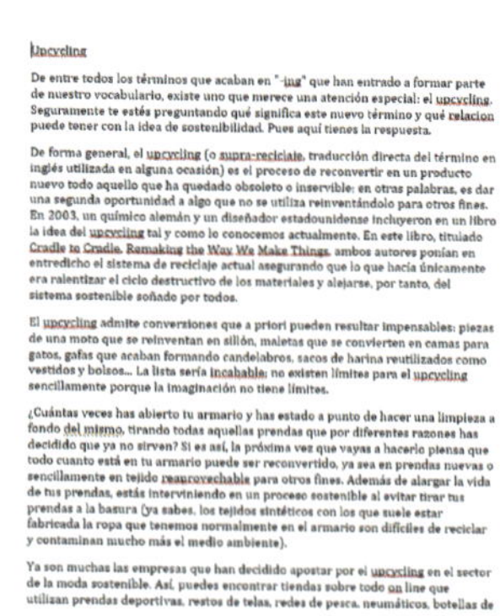

Upcycling

De entre todos los términos que acaban en "-ing" que han entrado a formar parte de nuestro vocabulario, existe uno que merece una atención especial: el upcycling. Seguramente te estés preguntando qué significa este nuevo término y qué relacion puede tener con la idea de sostenibilidad. Pues aquí tienes la respuesta.

De forma general, el upcycling (o supra-reciclaje, traducción directa del término en inglés utilizada en alguna ocasión) es el proceso de reconvertir en un producto nuevo todo aquello que ha quedado obsoleto o inservible: en otras palabras, es dar una segunda oportunidad a algo que no se utiliza reinventándolo para otros fines. En 2003, un químico alemán y un diseñador estadounidense incluyeron en un libro la idea del upcycling tal y como lo conocemos actualmente. En este libro, titulado Cradle to Cradle. Remaking the Way We Make Things, ambos autores ponían en entredicho el sistema de reciclaje actual asegurando que lo que hacía únicamente era ralentizar el ciclo destructivo de los materiales y alejarse, por tanto, del sistema sostenible soñado por todos.

El upcycling admite conversiones que a priori pueden resultar impensables: piezas de una moto que se reinventan en sillón, maletas que se convierten en camas para gatos, gafas que acaban formando candelabros, sacos de harina reutilizados como vestidos y bolsos... La lista sería incabable: no existen límites para el upcycling sencillamente porque la imaginación no tiene límites.

¿Cuántas veces has abierto tu armario y has estado a punto de hacer una limpieza a fondo del mismo, tirando todas aquellas prendas que por diferentes razones has decidido que ya no sirven? Si es así, la próxima vez que vayas a hacerlo piensa que todo cuanto está en tu armario puede ser reconvertido, ya sea en prendas nuevas o sencillamente en tejido reaprovechable para otros fines. Además de alargar la vida de tus prendas, estás interviniendo en un proceso sostenible al evitar tirar tus prendas a la basura (ya sabes, los tejidos sintéticos con los que suele estar fabricada la ropa que tenemos normalmente en el armario son difíciles de reciclar y contaminan mucho más el medio ambiente).

Ya son muchas las empresas que han decidido apostar por el upcycling en el sector de la moda sostenible. Así, puedes encontrar tiendas sobre todo on line que utilizan prendas deportivas, restos de telas, redes de pesca, neumáticos, botellas de

5. ¿Cómo destacamos este nuevo texto como título? Podemos aumentar su tamaño, aplicarle negritas e, incluso, modificar su color. Para realizar cualquiera de estas acciones, es preciso seleccionar el texto previamente. Para ello, haga doble clic sobre la palabra que acaba de insertar.
6. Todos los cambios relacionados con el formato se llevan a cabo desde la pestaña **Inicio** de la **Cinta de opciones**, o bien desde la **Barra de herramientas mini** que aparece al seleccionar un elemento de texto. Para aumentar su tamaño, despliegue el comando **Tamaño de fuente** situado junto al que muestra el tipo de letra actual y elija un valor mayor 3; pulse sobre el comando **Negrita**, que muestra una letra N, para aplicar este estilo al texto y asígnele también un nuevo color desde la paleta de colores del comando **Color de fuente**, que muestra una letra A subrayada. 4
7. También podríamos cambiar la alineación del texto, que puede ser a la izquierda, derecha, centrada o justificada. En este caso, pulse sobre el comando **Centrar**, situado en segundo lugar en la segunda fila de comandos del grupo de herramientas **Párrafo**, en la misma pestaña **Inicio.** 5
8. Vayamos ahora a realizar algún cambio sobre el resto del texto. Por ejemplo, podemos aplicarle una alineación justificada y aumentar ligeramente el interlineado. Para ello, si deseamos seleccionar todo el texto para poder aplicar el mismo formato de una sola vez, haga clic al inicio de la primera línea y, sin soltar el botón del ratón, arrastre hacia abajo, hasta situarse al final de la última frase. A continuación, pulse sobre el comando **Justificar**, el cuarto del grupo de elementos para la alineación.
9. El comando que permite aplicar o modificar un interlineado el texto es el que se encuentra justo a la derecha del que acaba de utilizar. Si pulsa la punta de flecha situada en dicho comando podrá ver las distintas posibilidades de interlineado predefinidas. 6
10. Si ahora se desplaza al final del documento con la tecla **AvPág** del teclado, por ejemplo, verá que se ha creado automáticamente una nueva página. Podríamos seguir modificando el formato de este sencillo texto pero, por razones obvias de espacio, dejaremos aquí este ejercicio. Le instamos a que continúe practicando y probando por su cuenta hasta que el texto tenga el aspecto que más le guste.

4
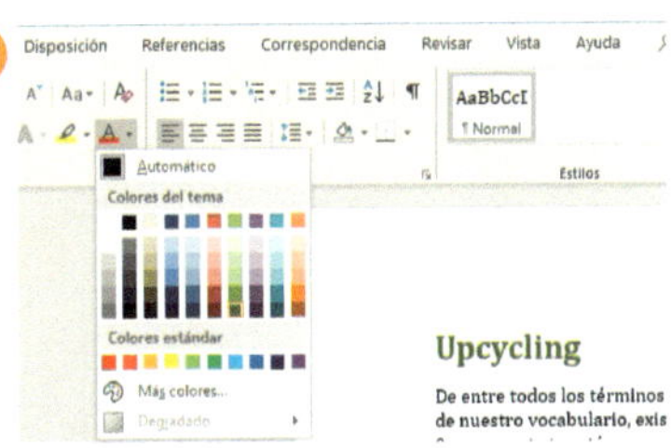

3
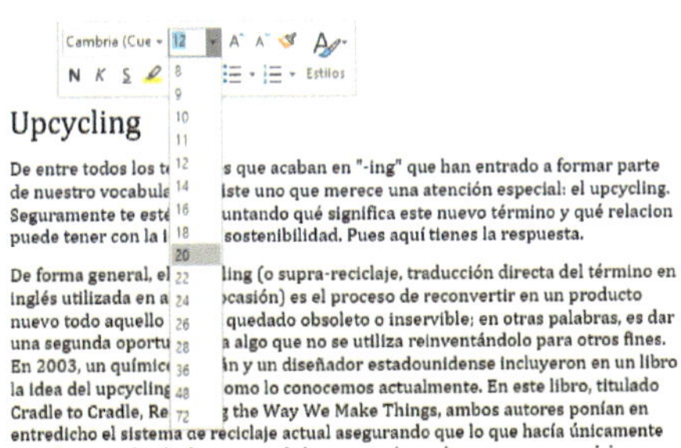

5

6
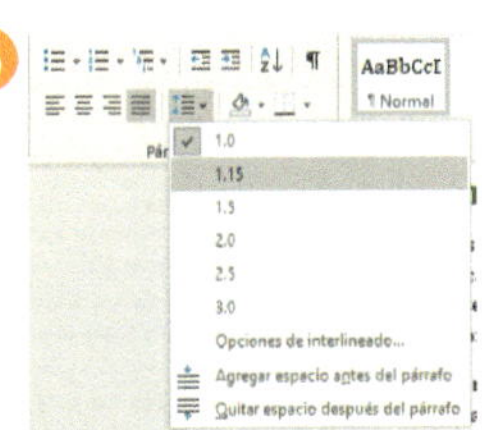

Aplicar estilos

LOS ESTILOS EN WORD SON CONJUNTOS de atributos de formato como, por ejemplo, fuente, tamaño de letra, sangría, etc., que reciben un nombre y se almacenan como un único elemento. Al asignar un estilo a un texto, todo este conjunto de atributos que lo conforman se aplica de forma automática.

1. En este ejercicio seguimos trabajando con el **documento1.docx** utilizado en el ejercicio anterior. Sin entonces aplicamos diferentes características de formato al texto, en esta ocasión aplicaremos a un párrafo un estilo. Para empezar, haga clic dos veces a la izquierda del primer párrafo del documento para seleccionarlo.
2. Ya sabe que un clic delante de una línea selecciona dicha línea completa, dos clics seleccionan todo el párrafo y tres clics, todo el texto. El grupo de herramientas **Estilos** de la **Cinta de opciones** muestra el estilo aplicado al fragmento seleccionado, que, como puede ver, se trata del predeterminado en Word denominado **Normal**. Pulse sobre el iniciador de panel de este grupo de herramientas. 1
3. Se abre de este modo el panel **Estilos**, que contiene todos los estilos predeterminados del programa. Efectivamente, el texto seleccionado cuenta con el estilo **Normal** aplicado. Sitúe el puntero del ratón sobre dicho estilo y compruebe las características de formato que lo forman. 2
4. A continuación, vamos a aplicar otro de los estilos predeterminados para, después, modificar algunas de sus características y personalizarlo. Sitúe el puntero sobre el estilo denominado **Referencia intensa** y, tras consultar las características de formato que contiene, haga clic sobre él para aplicarlo al texto seleccionado.
5. El estilo se ha aplicado. Como ve, ha cambiado el color, se han asignado atributos, como versalitas, al texto y se ha modificado el interlineado. Como hemos indicado anteriormente, vamos a cambiar algún aspecto de este estilo y lo guardaremos como un estilo personalizado. Para ello, sitúe el puntero del ratón sobre dicho estilo en el panel **Estilos**, haga clic en la punta de flecha que aparece y, en el menú que se despliega, pulse sobre la opción **Modificar**. 3

1

2

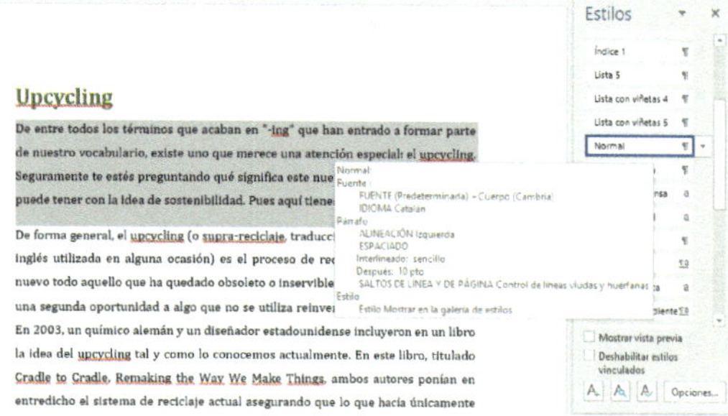

3

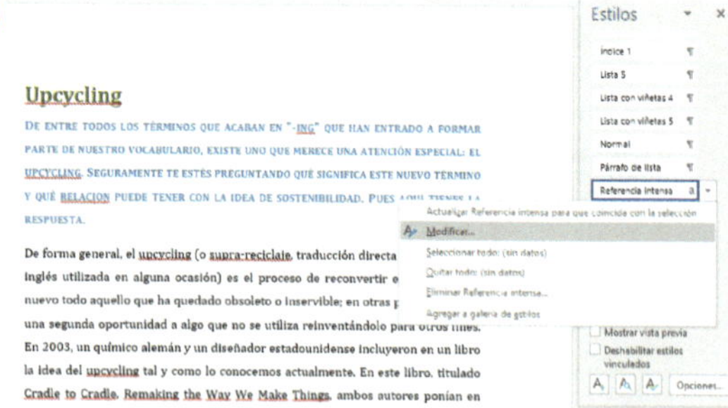

6. Cambiaremos solo un par de características del formato de este estilo, aunque usted puede completar el ejercicio con alguna modificación más. En el cuadro **Modificar estilo**, despliegue el campo que muestra el color azul y elija de la lista de colores el negro (puede ir comprobando los cambios en el campo de vista previa de este cuadro).
7. Compruebe que no todas las opciones de formato están disponibles; esto es debido a las propiedades del estilo seleccionado. Por ejemplo, no es posible asignar sangrías porque este estilo no las contempla. Desactive la negrita pulsando sobre el icono que muestra una N y, tras marcar la opción **Agregar a la galería de estilos**, pulse el botón **Aceptar**. 4
8. El párrafo seleccionado muestra ahora el conjunto de características del estilo modificado. Observe también que el estilo **Referencia intensa** aparece ahora en el grupo de herramientas **Estilos** de la **Cinta de opciones**. Antes de terminar, le mostraremos cómo crear un nuevo estilo. Para ello, haga clic sobre el primer icono situado en la parte inferior del panel **Estilos**, correspondiente al comando **Nuevo estilo**.
9. En el cuadro de diálogo **Crear nuevo estilo a partir del formato**, asigne un nombre en el campo **Nombre**, despliegue el campo **Tipo de estilo** y elija **Vinculado (párrafo y carácter)**.
10. De este modo, el programa tomará como base el estilo que acabamos de aplicar al párrafo. En este caso, sencillamente asignaremos una sangría y un atributo al texto, aunque si lo desea puede realizar algún cambio más. Pulse una vez sobre el icono **Sangría**, el última de la fila de iconos situados sobre la vista previa.
11. Después, despliegue el botón **Formato**, haga clic en **Fuente**, marque la opción **Versalitas** y pulse en **Aceptar**.
12. Por último, marque la opción **Actualizar automáticamente** y haga clic en **Aceptar** para cerrar el cuadro de propiedades.
13. ¿Cómo asignamos el nuevo estilo al texto? Seleccione de nuevo el primer párrafo del documento y, desde la **Cinta de opciones** o desde el panel **Estilos**, haga clic sobre el estilo que acaba de crear. ¡Así de sencillo! 5

4

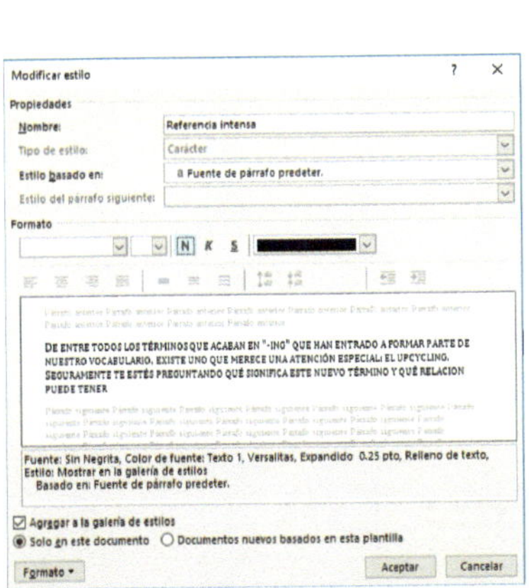

5

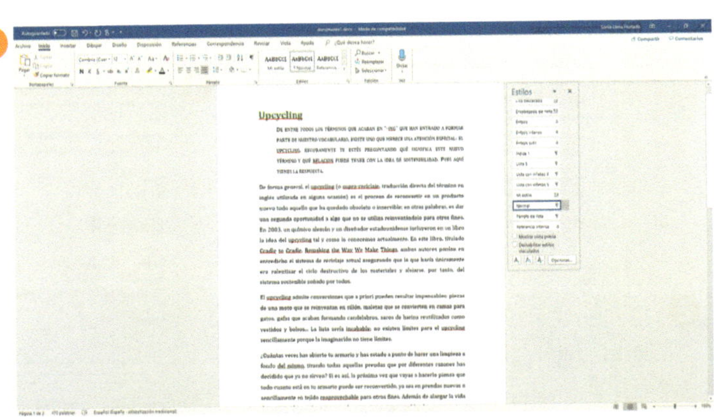

Crear tabulaciones

IMPORTANTE

Las tabulaciones pueden modificarse manualmente desde la regla horizontal o desde el cuadro de diálogo **Tabulaciones**, al que se accede desde el cuadro **Párrafo**.

DEFINIMOS TABULACIONES COMO LAS POSICIONES en la regla horizontal que se usan para alinear y ubicar el texto en una posición determinada de la página. Las tabulaciones se dividen en cuatro tipos según su alineación: izquierda, derecha, centrada y decimal. Su utilidad estriba en la capacidad de alinear en la misma posición elementos de filas distintas.

1. Para poder practicar con las tabulaciones, vamos a llevar a cabo previamente una pequeña modificación en nuestro **documento1.docx**. Copiaremos un nuevo fragmento de texto procedente de otro documento, titulado **documento2.docx** y que forma parte del material complementario de este libro. Cuando disponga de él, ábralo en Word, seleccione todo su contenido haciendo dos clics a la izquierda del párrafo existente y pulse la combinación de teclas **Ctrl + C**. Seguidamente, regrese al documento 1, sitúese al final del texto y pulse la combinación de teclas **Ctrl + V**. 1
2. Vamos a aplicar a este nuevo párrafo una serie de tabulaciones que nos permitirán separar el nombre de cada empresa de su página web y alinear todos los textos a una misma distancia. Primero estableceremos las características de la tabulación. Para ello, sitúe el cursor de edición al inicio de la primera línea, inicie el cuadro del grupo de herramientas **Párrafo** 2 y pulse el botón **Tabulaciones**. 3
3. Se abre así el cuadro **Tabulaciones**. En el campo **Posición** introduzca la cifra **2** y pulse el botón **Establecer**. 4

1

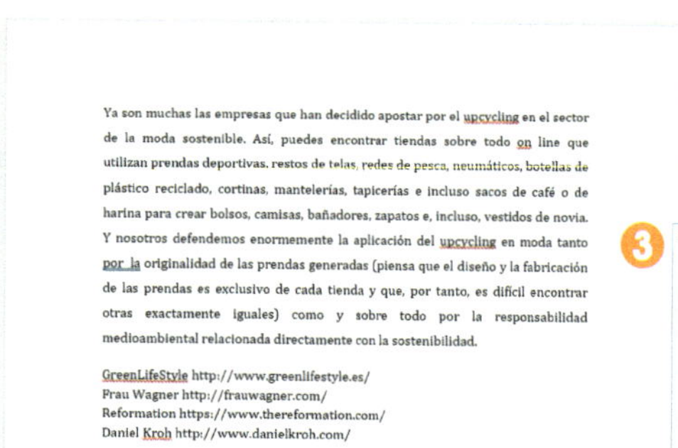

2

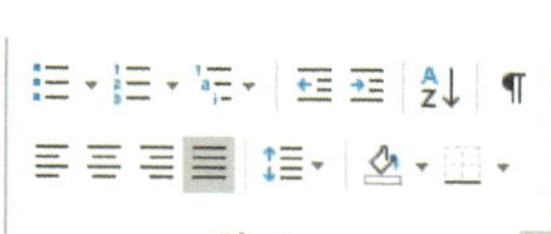

3

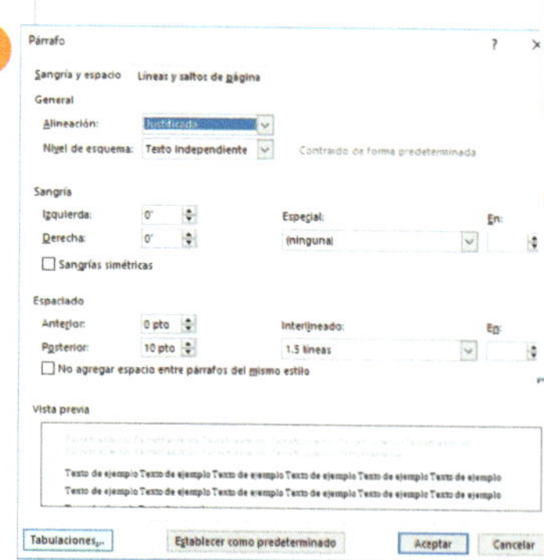

4

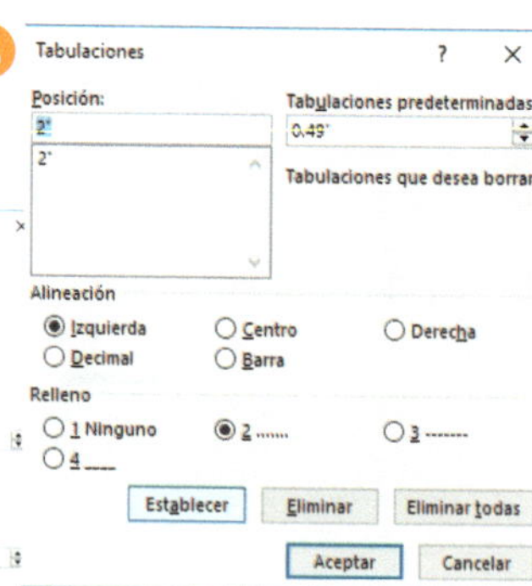

014

4. De este modo hemos fijado la posición de la tabulación. El siguiente paso consiste en fijar también la alineación. Por defecto, se encuentra establecida a la izquierda, opción que mantendremos en esta ocasión. Seleccione la opción **2** en la sección **Relleno** y, tras pulsar sobre el botón **Establecer**, haga clic sobre el botón **Aceptar**.
5. De esta forma, el espacio de la tabulación quedará relleno de puntos. Establecidos los parámetros de tabulación, veamos cómo se aplican al texto. Sitúe el cursor justo antes de la dirección web, en la primera línea, pulse la tecla **Tab** y compruebe que el texto se ha desplazado 2 centímetros, alineándose a la izquierda y rellenando el nuevo espacio con una línea de puntos. 5
6. Vamos a aplicar esta misma tabulación al resto de líneas del documento. Para ello, inserte una tabulación delante de la dirección web que aparece en cada línea. 6
7. Una vez asignada la tabulación, podemos modificarla tanto accediendo de nuevo al cuadro de tabulaciones como utilizando las marcas que han aparecido en la regla horizontal de la ventana de Word. ¿Cómo mostramos la regla horizontal? Acceda a la pestaña **Vista** de la **Cinta de opciones** y marque la opción **Regla** del grupo de herramientas **Mostrar**.
8. Efectivamente, en la regla horizontal puede ver una pequeña marca sobre el número **2**, que indica la tabulación existente. Haga clic sobre dicha marca y, sin soltar el botón del ratón, arrástrela a la izquierda o a la derecha, según desee aumentar o disminuir el espacio. 7

IMPORTANTE

Por defecto, la tecla **Tabulador** mueve el cursor 1,25 cm a lo largo del ancho de la página. Si lo desea, puede modificar este valor predeterminado desde el cuadro **Tabulaciones**.

5

GreenLifeStyle ....http://www.greenlifestyle.es/
Frau Wagner http://frauwagner.com/
Reformation https://www.thereformation.com/
Daniel Kroh http://www.danielkroh.com/

6

GreenLifeStyle ....http://www.greenlifestyle.es/
Frau Wagner ....http://frauwagner.com/
Reformation ....https://www.thereformation.com/
Daniel Kroh ....http://www.danielkroh.com/

7

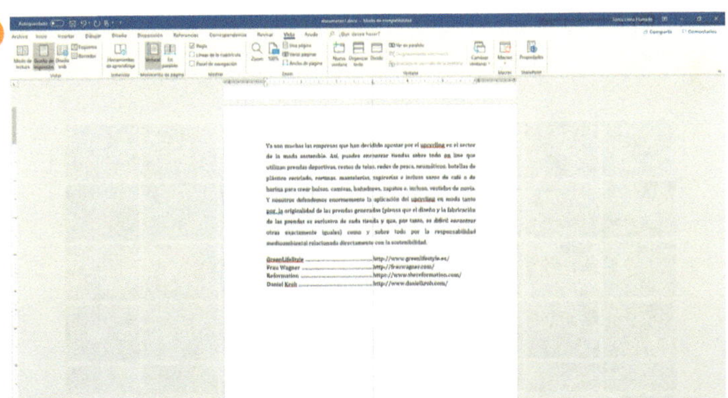

Insertar elementos visuales

WORD PERMITE INSERTAR, ADAPTAR Y EDITAR elementos visuales en nuestros documentos de texto con el fin de mejorarlos. El usuario puede insertar imágenes, vídeos, formas, iconos y gráficos 3D animados; estos dos últimos elementos son una novedad exclusiva en la versión 365 del procesador de textos de Microsoft.

1. Seguimos trabajando con nuestro **documento1.docx** para mostrarle cómo ilustrarlo con algunos elementos visuales. Como podrá comprobar, todos los procesos que describiremos tienen su punto de partida en la pestaña **Insertar**, por lo que haga clic sobre dicha pestaña.
2. Empezaremos con la inserción de una imagen en nuestro documento y veremos cómo adaptarla en el entorno del texto en que se encuentre. Haga clic al final de la primera línea del segundo párrafo para situar allí en cursor de edición.
3. En el grupo de herramientas **Ilustraciones** se concentran todos los elementos visuales que se pueden insertar en el documento. Como puede ver, existen dos opciones para agregar imágenes. La opción **Imágenes** toma como origen de la imagen que sea desea insertar una carpeta o ubicación de su ordenador, mientras que la opción **Imágenes en línea** presenta, como su nombre indica, colecciones de imágenes presentes en Internet. En esta ocasión, pulse sobre esta segunda opción.
4. Observe que el catálogo de imágenes disponibles se encuentran ordenadas por temas. ❶ Si lo desea, eche un vistazo al contenido de estas categorías, puesto que las imágenes son realmente espectaculares. Para seguir con el ejercicio, realizaremos una búsqueda. En el cuadro de búsqueda de la parte superior de este cuadro, escriba la palabra **upcycling** y pulse **Retorno** para acceder a los resultados; elija una de las imágenes disponibles, selecciónela y haga clic en **Insertar** para agregarla al documento actual.
5. La imagen, con sus dimensiones originales, se inserta en el punto en que se encontraba el cursor de edición. ❷ Vea cómo, a su vez, la **Cinta de opciones** pasa a mostrar nuevas opciones contenidas en la ficha contextual **Formato**. Las fichas contextuales dependen del elemento seleccionado en el documento y, en este caso, muestra comandos y funciones relativas a la edición de la imagen seleccionada. Antes de disminuir su tamaño, ajustaremos la imagen con

❶

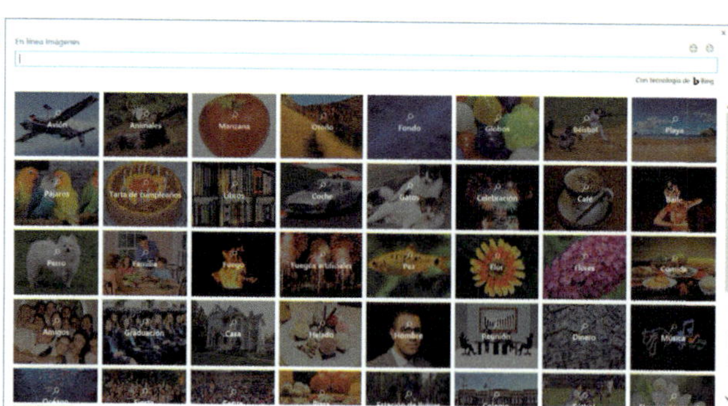

❷

respecto al texto que la rodea. Para ello, haga clic sobre el icono situado en la parte superior del borde derecho y, de las opciones de ajuste disponibles, pulse sobre la tercera de la primera fila de la sección **Con ajuste de texto**. ❸ Después, disminuya el tamaño de la imagen arrastrando los tiradores situados en sus cuatro vértices.

6. Veamos ahora una de las novedades que presenta Word de forma exclusiva para la versión 365: la inserción de iconos. Sitúe el cursor de edición delante del título del documento y despliegue el comando **Iconos** del grupo de herramientas **Ilustraciones**.
7. Word dispone también de un amplio catálogo de iconos organizados por categorías. Navegue atentamente por el cuadro **Insertar icono** y, cuando localice un elemento que le guste, haga doble clic sobre él para insertarlo en el documento. ❹
8. Además de los iconos, también es posible insertar formas variadas, como flechas, llamadas, formas geométricas... Despliegue el comando **Formas** del grupo de herramientas **Ilustraciones** para comprobar los diseños que el programa pone a su disposición.
9. Otra de las novedades que presenta Word con referencia a la inserción de elementos visuales es el uso de modelado tridimensional que, incluso, puede ser animado. Veamos qué modelos de este tipo están disponibles en el programa y cómo se insertan en el documento. Sin embargo, antes, y para disponer de más espacio libre, sitúese al final del texto pulsando la combinación de teclas **Ctrl + Fin**.
10. A continuación, haga clic en el comando **Modelos 3D** del grupo de herramientas **Ilustraciones** para abrir el catálogo de elementos en línea disponibles.
11. Los elementos que además de ser tridimensionales son animados muestran el icono de una persona corriendo. Haga clic, por ejemplo, sobre la colección **Todos los modelos animados** ❺ y elija el que más le guste.
12. El modelo se inserta en el documento. ❻ Tanto en los elementos animados como en los estáticos, usted puede utilizar el icono que aparece en el centro del modelo para girarlo y visualizarlo desde todas las perspectivas. Extraordinario, ¿verdad?

3

4

5

6
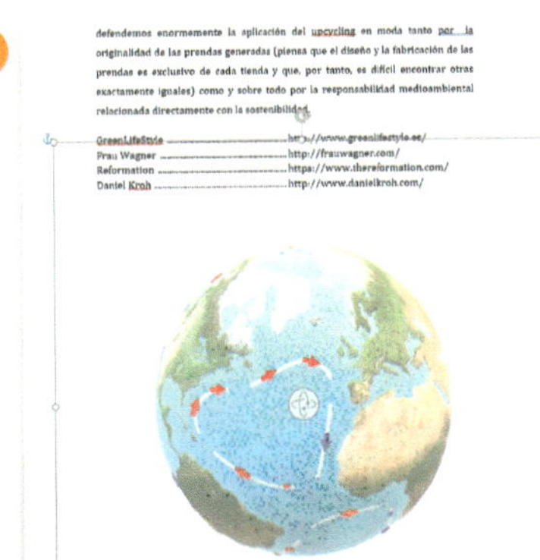

Crear listas con viñetas y numeración

ENTENDEMOS POR VIÑETAS LOS SÍMBOLOS que se insertan delante de cada elemento de una lista. La utilidad de la aplicación de viñetas y numeración radica en la presentación y configuración de listas de información en los documentos. Las viñetas se aplican cuando los elementos de la lista no siguen un orden establecido, mientras que la numeración, como su propio nombre indica, enumera los distintos elementos de una lista y se usa en listas ordenadas.

1. Seguimos trabajando con nuestro documento, sobre el cual, en un ejercicio anterior, practicamos con las tabulaciones. Para empezar, seleccione todo el contenido de la lista.
2. A continuación, en la pestaña **Inicio**, pulse sobre el comando **Viñetas**, el primero del grupo de herramientas **Párrafo** 1.
3. Al inicio de cada elemento de la lista se ha insertado la viñeta elegida, que hace de cada entrada algo más definido e identificable. 2 Con la lista todavía seleccionada, despliegue el comando **Viñetas** y haga clic sobre la opción **Definir nueva viñeta**.
4. En el cuadro **Definir nueva viñeta**, puede elegir entre utilizar como viñeta un símbolo o una imagen y, además, modificar el formato del elemento elegido. En este caso, seleccione la opción **Imagen**.
5. Se abre el cuadro **Insertar imágenes**, que nos permite seleccionar distintas ubicaciones desde las cuales elegir la imagen que deseamos utilizar: desde un archivo propio, desde la web tras una búsqueda de imágenes en Bing o desde su espacio en la nube OneDrive. Elija el proceso que prefiera, seleccione una imagen, pulse el botón **Insertar** y **Aceptar** en el cuadro **Definir nueva viñeta** 3, que como podrá comprobar ya muestra la imagen elegida. 4
6. También podemos utilizar símbolos como viñetas. Para ello, será necesario pulsar el botón **Símbolo** en el cuadro **Definir nueva viñeta** y seleccionar el símbolo deseado. Tenga en cuenta que una vez elegido el símbolo puede modificar su aspecto en cuanto al tamaño, el color y otros atributos. Para ello, deberá pulsar el botón **Fuente** del mismo cuadro.
7. Si, en lugar de utilizar viñetas, prefiere que su lista sea numerada, Word permite crear listas numéricas. El proceso es idéntico al de la creación de viñetas. Con el texto seleccionado, pulse el botón **Numeración** para insertar los números a la lista.

1

3
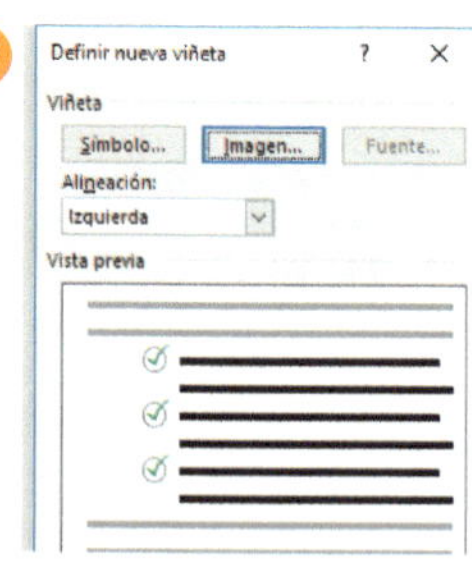

2

4
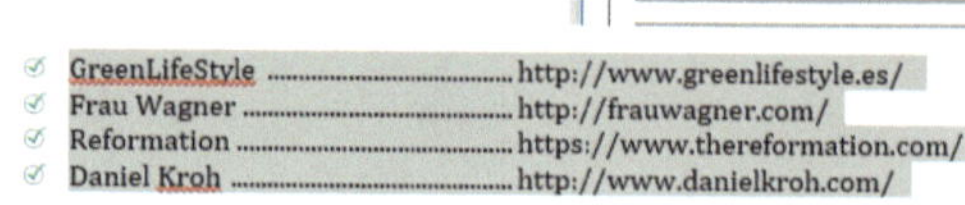

8. Si desea modificar el formato de los números de lista, despliegue el comando **Numeración**, pulse la opción **Definir nuevo formato de número**, seleccione el botón **Fuente** y cambie el formato a su gusto.
9. Si ahora decidiera añadir un nuevo elemento a la lista, este mostraría el siguiente número. Para comprobarlo, sitúese al final de la cuarta línea de la lista y pulse la tecla **Retorno**.
10. Efectivamente, el nuevo elemento sería el número 5. (5) Pero imagine que necesita que este nuevo elemento vuelva a empezar la numeración desde el principio, es decir, que sea el número 1. Veamos cómo lo hacemos. Con el cursor en el elemento deseado, despliegue el comando **Numeración** y elija esta vez la opción **Establecer valor de numeración**. (6)
11. En el cuadro del mismo nombre, mantenga la opción **Iniciar nueva lista** y cambie el valor existente en el campo **Establecer valor en por el número** por **1** (7); pulse en **Aceptar** y compruebe el resultado.
12. Efectivamente, la numeración vuelve a empezar. (8) Otra opción interesante cuando trabajamos con listas es el uso de las listas multinivel, es decir, distintos niveles de sangrías que permiten anidar listas dentro de otras listas. Con el cursor de edición en el último elemento de nuestra lista de ejemplo, pulse sobre el comando **Lista multinivel**, situado a la derecha del comando **Numeración**, y elija la opción **Cambiar nivel de lista**; en el submenú que se despliega, elija la segunda de las opciones (9) y compruebe el resultado.
13. Si lo que desea es, simplemente, crear un nuevo nivel en la lista sin cambiar el tipo de elemento que lo encabeza, puede pulsar la tecla **Tabulador** y el elemento se desplazará hacia la derecha.
14. Sepa que también puede modificar el formato de los elementos de la lista multinivel. Para ello, despliegue el comando **Lista multinivel** y elija el comando **Definir nueva lista multinivel**.
15. En el cuadro de diálogo que se abre puede cambiar cualquier aspecto de estos elementos. Realice los cambios que crea oportunos.

(5)
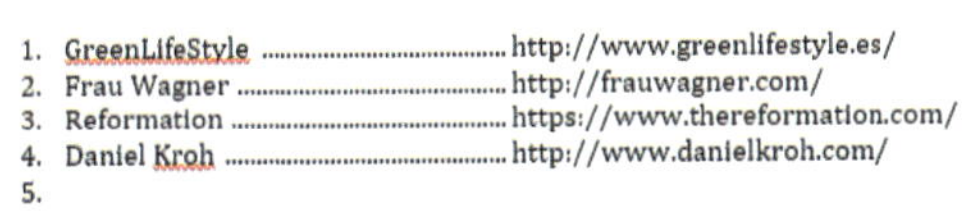

(6)

(8)
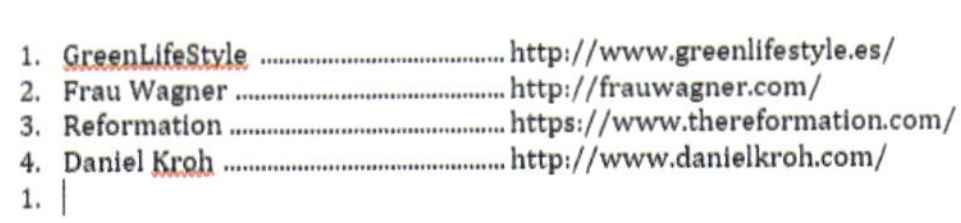

(7)
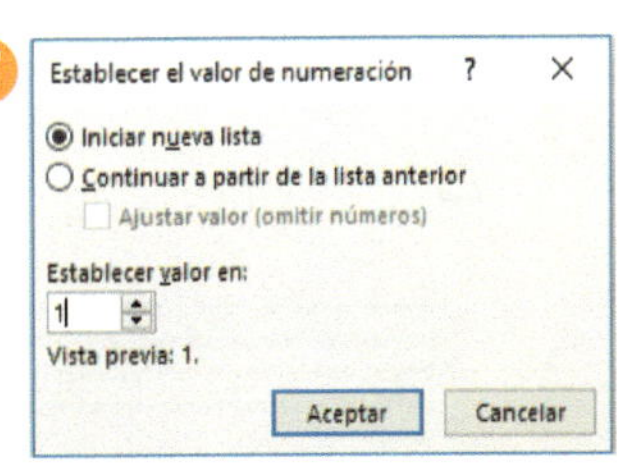

(9)
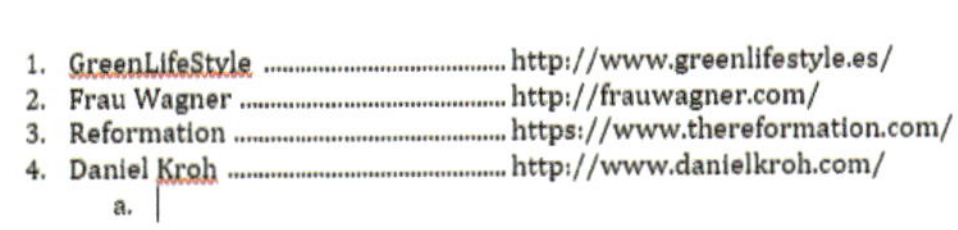

Usar WordArt y letras capitulares

WORDART ES UNA HERRAMIENTA O COMANDO DESTINADO A INSERTAR TEXTO decorativo, con objeto de mejorar el aspecto de los documentos. Esta sencilla y práctica herramienta sirve para crear títulos llamativos y originales. Por su parte, la letra capitular es la letra de gran tamaño que se sitúa al inicio de un párrafo para marcar que ese es, justamente, el principio y la primera letra. Sirve para dar un destacado principio a un documento, capítulo, etc.

1. Para empezar, seleccione el título de nuestro documento y céntrelo en la página (si no recuerda cómo hacerlo, recupere el ejercicio Word: Funciones básicas).
2. Con el título seleccionado, pulse en la pestaña **Insertar** y haga clic sobre el comando **WordArt**, ubicado dentro del grupo de herramientas **Texto.** 1
3. Se despliega el panel con distintos diseños WordArt. Seleccione el que más le guste haciendo clic sobre él.
4. El texto seleccionado adquiere el estilo elegido en el panel y queda incluido ahora en un cuadro de texto, como si fuera una imagen. Juegue con las opciones de ajuste de texto desde la etiqueta inteligente de este cuadro para que el primer párrafo del documento quede separado claramente del título 2.
5. En la ficha contextual **Herramientas de dibujo**, dentro de la pestaña **Formato**, es posible establecer las propiedades del texto WordArt. A modo de ejemplo de transformación, despliegue el comando **Efectos de texto**, representado por un icono con una A de borde resplandeciente, en el grupo de herramientas **Estilos de WordArt**.
6. Se despliega así un panel con los distintos efectos disponibles. Seleccione la opción **Transformar** y haga clic sobre el efecto que desee. 3
7. La utilización de la vista previa en directo permite ver cómo evoluciona la inserción de los distintos estilos de WordArt que puede insertar antes de aplicarlos definitivamente. Ahora, seleccione el comando **Relleno de texto**, identificado por una A sobre una línea de color negro, y elija uno de los colores de la paleta mostrada.

1

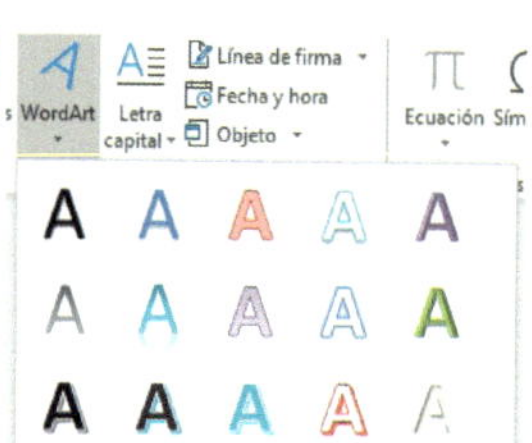

2

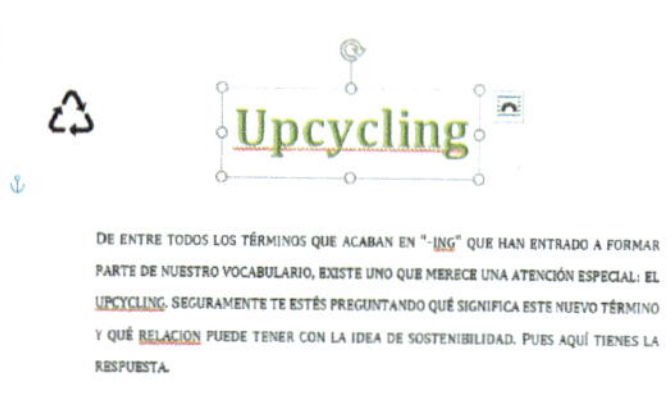

3

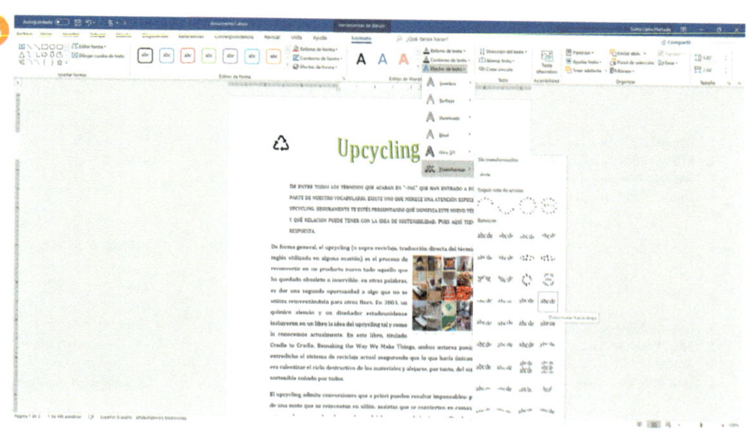

8. A continuación, despliegue el comando **Contorno de texto**, seleccione la opción **Grosor** y elija el valor que desee para confirmar una opción estética. 4
9. Le instamos a que siga modificando a su antojo las características del texto WordArt usando otros de los comandos disponibles (**Sombra**, **Reflexión** o **Iluminado**).
10. En la segunda parte de este ejercicio, aprenderá a insertar una letra capital al inicio de un párrafo y a modificar sus características. Para ello, antes devolveremos al primer párrafo de nuestro documento su aspecto inicial, es decir, le aplicaremos el mismo formato que al resto del documento. Para ello, utilizaremos la función **Copiar formato**, que, como verá, resulta muy fácil y rápida. Seleccione el segundo párrafo en su totalidad y, en la **Barra de herramientas mini**, pulse sobre el comando **Copiar formato**, que muestra una brocha; a continuación, seleccione el primer párrafo por completo y... ¡*voilà*! dicho párrafo cambia su formato.
11. Una vez hemos preparado el texto como nos interesa, sitúe el cursor al inicio del primer párrafo, pulse sobre la pestaña **Insertar**, despliegue el comando **Letra capital** y, de las tres opciones de inserción disponibles, elija la denominada **En texto**. 5
12. Observe que la primera letra del párrafo en que se encontraba el cursor aumenta de tamaño, y, siguiendo incorporada en el texto, está seleccionada como un objeto independiente. En el margen de la letra haga clic con el botón derecho del ratón y pulse la opción **Letra capital**.
13. El cuadro Letra capital permite modificar la posición de la letra capital respecto al texto, el estilo, la fuente, las líneas. El campo **Líneas que ocupa** define las líneas de texto que debe ocupar la letra capital en altura, y cuántas más letras ocupe, mayor será el tamaño. Deje establecido el valor **3**, y en el campo **Distancia desde el texto**, que indica el espacio entre texto y letra capital, introduzca el valor **0.2 cm**, pulsando a continuación el botón **Aceptar**.
14. La letra capitular ha cambiado según los criterios establecidos. Sepa que también podemos aplicar efectos a la letra capital, bordes y otras características de formato, como haría con cualquier otro texto, es decir, desde el grupo de herramientas **Fuente** de la pestaña **Inicio**.

4
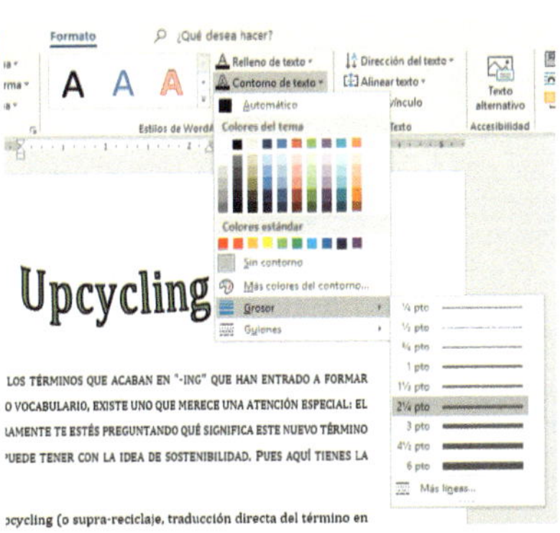

5
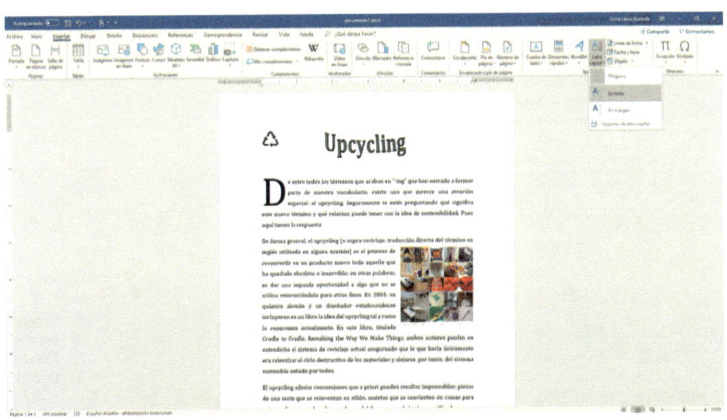

Insertar hipervínculos

UN HIPERVÍNCULO ES UN ENLACE QUE CONECTA DIRECTAMENTE con otro lugar de un mismo documento, con otro archivo o con un sitio web. Si el destino del hipervínculo es otro documento, no es necesario que este sea un documento de texto creado con Word, sino que puede ser otro tipo de archivo. De ser así, dicho archivo de destino se abrirá automáticamente con su aplicación de origen (si es que el usuario dispone de ella, evidentemente). Del mismo modo, los vínculos a un sitio web implican la apertura del navegador web predeterminado en el equipo.

1. En este ejercicio vincularemos diferentes partes del texto de nuestro documento a varios destinos: una página web a partir de una dirección existente, un sitio web a partir de un texto seleccionado y un punto concreto del documento. Para empezar, seleccione una de las direcciones web de la lista situada en la parte final de nuestro documento de trabajo.
2. A continuación, haga clic con el botón derecho del ratón sobre el texto seleccionado, pulse sobre el comando **Vínculo** y elija la opción **Insertar vínculo.** ❶
3. Se abre el cuadro de diálogo Insertar hipervínculo. En el campo **Texto**, puede ver el fragmento de texto seleccionado y sobre el cual se asignará el hipervínculo, mientras que en el campo **Dirección**, en la parte inferior del cuadro, puede ver, en este caso, el mismo texto, por tratarse de una dirección web. Pulse en **Aceptar** para crear directamente el hipervínculo. ❷
4. El texto vinculado se muestra ahora en color azul y subrayado. Para comprobar que realmente funciona, debemos utilizar la combinación de teclado y ratón. De hecho, al situar el puntero del ratón sobre el vínculo el programa nos indica el procedimiento para seguir el vínculo. ❸ Así, pulse la tecla **Control** y, sin soltarla, pulse sobre el hipervínculo.
5. Efectivamente, se abre su navegador web predeterminado mostrando la página de la dirección de destino. Regrese a Word para seguir con el ejercicio.
6. Vamos a continuar creando un nuevo hipervínculo a partir de una palabra, no de una dirección web. Para ello, sitúese al inicio del documento y seleccione la palabra **upcycling** que aparece en primer lugar en el primer párrafo.
7. En esta ocasión, sitúese en la pestaña Insertar de la **Cinta de opciones** y pulse sobre el comando **Vínculo**.

❷

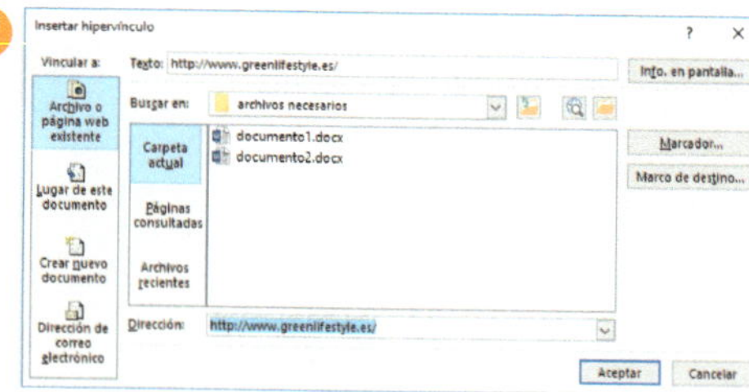

❶

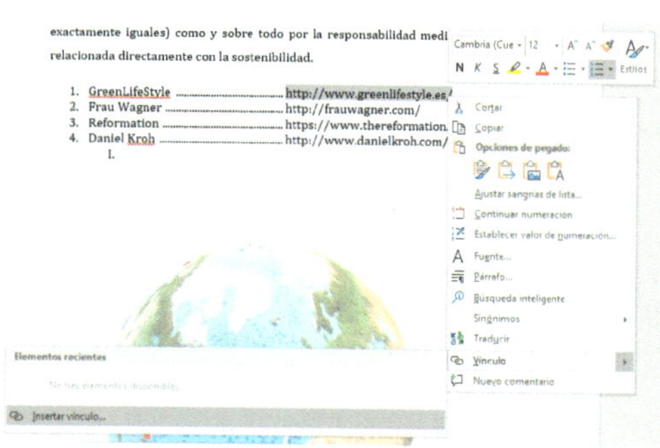

❸

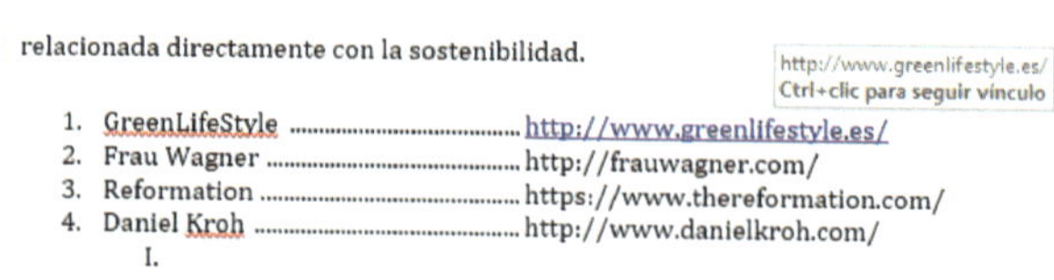

8. Se abre de nuevo el cuadro **Insertar hipervínculo**. Como puede comprobar, ahora el campo **Dirección** se encuentra vacío. Escriba en él la siguiente dirección: https://es.wikipedia.org/wiki/Suprarreciclaje y acepte el proceso. Compruebe que el vínculo funciona correctamente haciendo clic sobre él mientras mantiene pulsada la tecla **Control**. 4
9. Como última práctica con los hipervínculos le mostraremos cómo crear un vínculo que nos dirija a otra parte del documento actual. En concreto, haremos que al pulsar sobre una palabra esta nos lleve a la lista situada al final del documento. Para ello, será necesario generar un nuevo elemento, denominado marcador. Vamos allá. Seleccione la lista del final del documento, pulse en la pestaña **Insertar** y haga clic en el comando **Marcador** del grupo de herramientas **Vínculos**. 5
10. Se abre el cuadro **Marcador**, en el cual debemos asignar un nombre descriptivo al marcador. Escriba en el campo **Nombre** la palabra **lista** y pulse, en este orden, los botones **Agregar** 6, **Ir a** y **Cerrar**.
11. Aunque aparentemente no se percibe ningún cambio en el texto seleccionado, el marcador ha sido creado con éxito. Ahora, sencillamente debemos crear el hipervínculo que nos dirigirá a este marcador. Para ello, seleccione la palabra conversiones situada en la primera línea del tercer párrafo; a continuación elija uno de los dos procedimientos utilizados en este ejercicio para acceder al cuadro **Insertar hipervínculo**.
12. En el panel **Vincular a** de este cuadro, seleccione la opción **Lugar de este documento**.
13. El panel central se actualiza para mostrar las ubicaciones de destino posibles, entre las cuales se encuentra el marcador lista que acabamos de crear. Selecciónelo con un clic y pulse el botón **Aceptar** 7.
14. Ya solo nos queda comprobar si funciona correctamente. Siga el hipervínculo como hemos hecho en pasos anteriores 8 y compruebe cómo se dirige a la lista indicada.

7
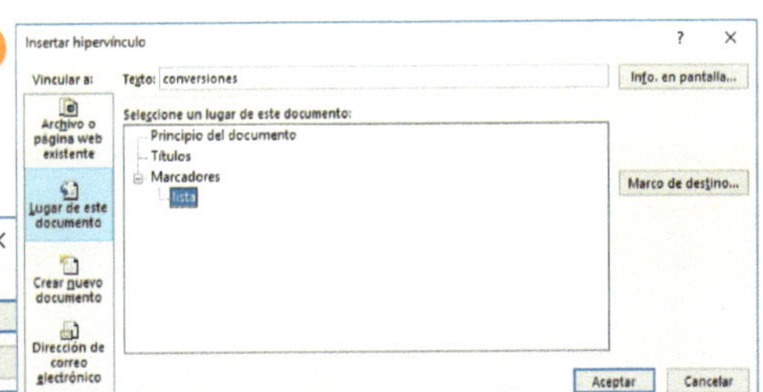

4
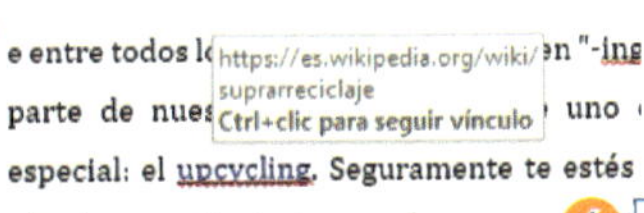

6
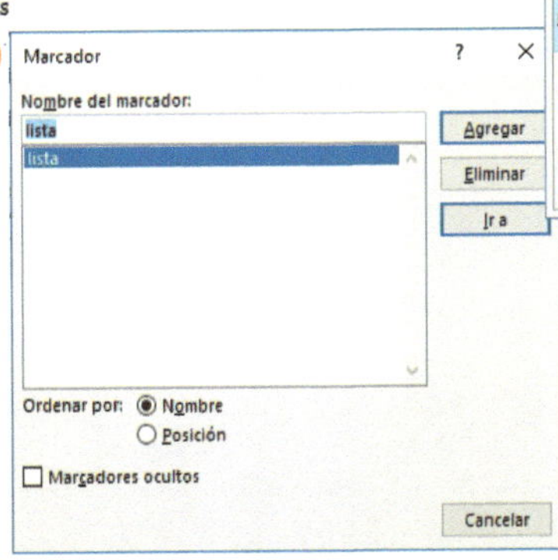

5
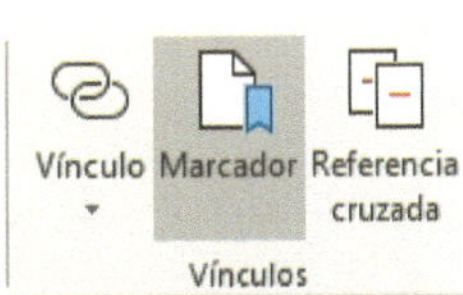

8
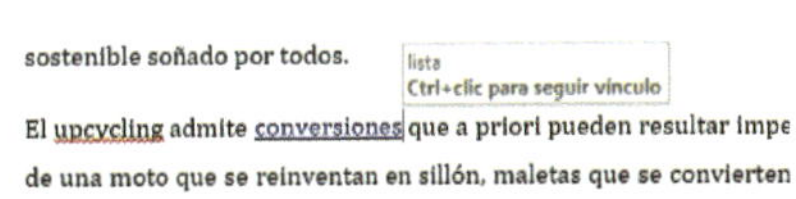

Insertar y digitalizar ecuaciones

WORD 365, ASÍ COMO EXCEL Y POWERPOINT, disponen de una fantástica funcionalidad mediante la cual es posible digitalizar en pantalla ecuaciones o fórmulas escritas a mano, tanto con un lápiz digital como con el ratón o incluso con el dedo, en el caso de trabajar con una tableta u otro dispositivo móvil. Respecto al trabajo con ecuaciones, la última versión de Word presenta una novedad: la inserción de ecuaciones de formato lineal. El formato lineal es una representación de un elemento matemático en una línea de documentos. Word admite dos formatos lineales para las matemáticas: Matemáticas Unicode y Matemáticas de LaTeX.

1. En este ejercicio aprenderá a digitalizar ecuaciones y conocerá qué posibilidades ofrece dicha funcionalidad. Empecemos. Cree un nuevo documento; para ello, pulse sobre la pestaña **Archivo** y haga clic sobre el comando **Nuevo** en la vista **Backstage**.
2. Seguidamente, pulse sobre la pestaña **Insertar** y despliegue el comando **Ecuación** pulsando sobre la punta de flecha situada en su icono, en la parte derecha de la **Cinta de opciones**. ❶
3. Se despliega así un listado de ecuaciones predeterminadas que, al seleccionarlas, se insertan de forma digitalizada en el punto del documento señalado. Al agregar una ecuación de este tipo, se carga la ficha contextual **Diseño**, desde la cual es posible modificar la ecuación, añadiendo nuevos elementos o cambiando los existentes. ❷
4. Sin embargo, ¿qué ocurre cuándo la ecuación o la fórmula que deseamos insertar no se encuentra en esta lista? En dicho caso, haga clic sobre la opción **Entrada de lápiz de ecuación** del comando **Ecuación**. ❸
5. Se abre una ventana en la cual usted podrá escribir sus fórmulas o expresiones matemáticas a mano alzada, ya sea con el ratón o con un lápiz digital. Pruébelo. Escriba en el espacio de color amarillo la siguiente expresión:

$$x = \frac{-b \pm \sqrt{b^2 - 4ac}}{2a}$$

❷

❶
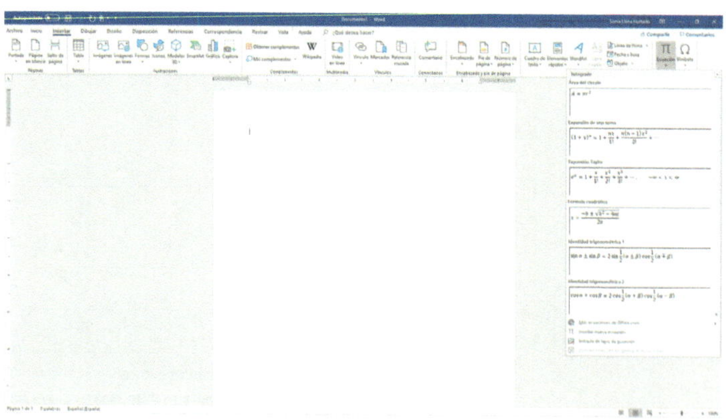

❸
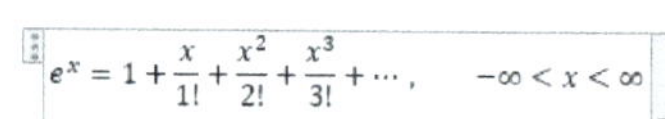

6. Su habilidad con el manejo del ratón o del lápiz digital facilitará más o menos al programa la identificación de cada una de las partes de la ecuación o expresión matemática. 4 En la parte inferior del cuadro puede ver los comandos que le permitirán borrar aquello que está escribiendo, seleccionarlo o corregirlo y eliminar todo el contenido del cuadro. Le instamos a que practique por su cuenta con estos comandos y con la introducción de nuevas fórmulas.
7. Una vez esté satisfecho con aquello que ha escrito y si la digitalización se ha realizado tal y como esperaba, puede pulsar el botón **Insertar** de este mismo cuadro para insertar la expresión en el documento. Hágalo y compruebe como, efectivamente, la fórmula se agrega en el punto en que se encontraba el cursor de edición. 5
8. Si lo desea puede almacenar en el programa la ecuación para poder utilizarla en otras ocasiones. Para ello, pulse en la punta de flecha situada en el extremo derecho de la ecuación insertada y elija la opción **Guardar como nueva ecuación**.
9. En el cuadro de diálogo que se abre, asigne un nombre a la ecuación y pulse el botón **Guardar**.
10. Como hemos indicado al inicio de este ejercicio, la versión actual de Word permite escribir o insertar ecuaciones en formato lineal. Para comprobarlo, en la pestaña **Insertar**, despliegue de nuevo el comando **Ecuaciones** y elija esta vez la opción **Insertar nueva ecuación**. 6
11. Aparece en el centro de la página un cuadro en el cual usted deberá escribir su ecuación, en este caso, en formato lineal. Mantenga la opción **Unicode** en el grupo de herramientas **Conversiones** de la ficha contextual **Diseño** y escriba desde su teclado la misma ecuación que hemos digitalizado en pasos anteriores. 7 Cuando lo necesite, utilice los símbolos disponibles en el grupo de herramientas **Símbolos** (por ejemplo, el símbolo de raíz cuadrada). 8

4
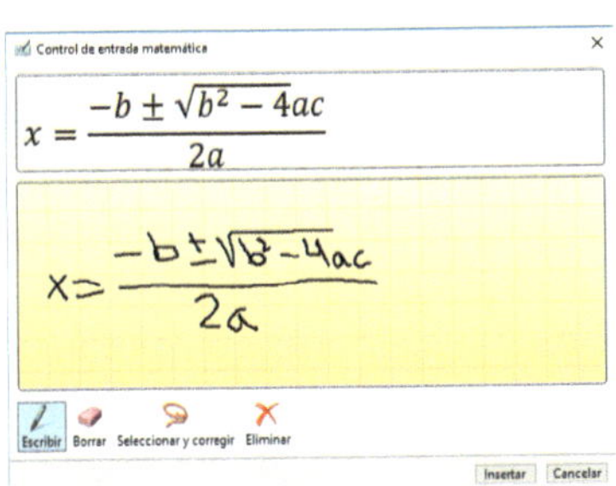

7

$x = (-b \pm \sqrt{(b^\wedge 2 - 4)\,ac})/2a$

6
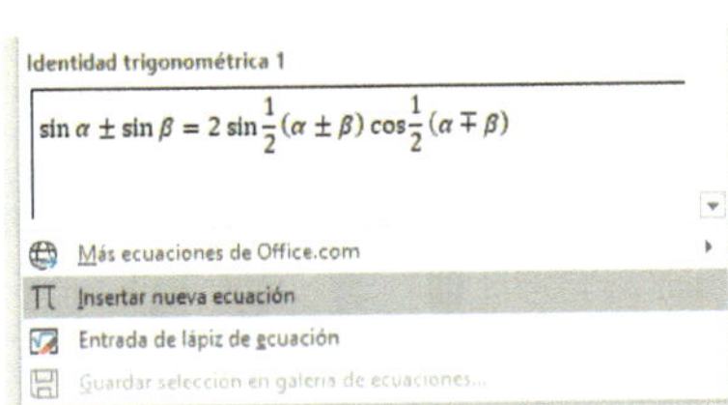

5
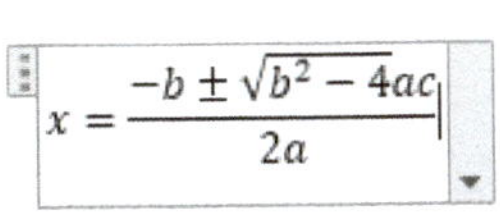

8
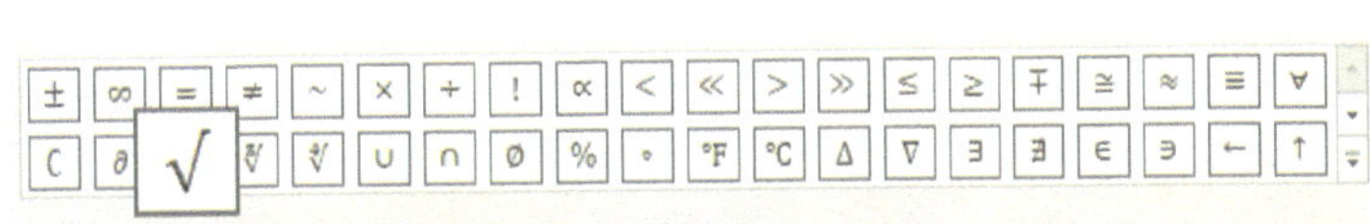

Dibujar y escribir con la entrada de lápiz

IMPORTANTE

Al trabajar en un dispositivo táctil, utilizar el dedo o un lápiz digital proporciona libertad, puesto que nos permite no tener que usar un teclado. Además de dibujar, escribir y resaltar, Word 365 le permite utiliza gestos naturales, como dibujar un círculo alrededor de un elemento para seleccionarlo o tacharlo para eliminarlo. Para ello, en la pestaña **Dibujar**, pulse sobre el comando **Editor para entradas de lápiz.**

WORD 365, ASÍ COMO EXCEL Y POWERPOINT, disponen de una función para dibujar y escribir en modo táctil. Aunque esta función en sí misma no representa ninguna novedad en esta versión de los principales programas de la suite, sí lo es su modo de uso y de inmediatez en cuanto a la disponibilidad. Tenga en cuenta que la función de entrada de lápiz solo tiene sentido al trabajar con un dispositivo con pantalla táctil y que estas características dependen de si dispone de una suscripción a Office 365.

1. En este ejercicio le mostraremos cómo utilizar el modo táctil en Word. Si el dispositivo que está utilizando dispone de pantalla táctil, la pestaña **Dibujar** se activa de forma automática y en ella verá el comando **Dibujar con gestos táctiles**, en el grupo de herramientas denominado **Herramientas.** ❶
2. Si no localiza este comando, es que su dispositivo no está preparado para escribir directamente en la pantalla. Otro aspecto a tener en cuenta es que deberá encontrarse en la vista **Diseño de impresión** si desea dibujar con la entrada de lápiz. Sepa que esta vista es la que se encuentra seleccionada por defecto: compruébelo en la **Barra de estado**, con los tres iconos situados a la izquierda de la barra de zoom. ❷ Si la pestaña **Dibujar** muestra el comando **Dibujar con gestos táctiles** pero aparece atenuado, diríjase a la pestaña **Vista** y cambie a la vista **Diseño de impresión.** ❸
3. El conjunto de lápices y otros utensilios de dibujo y escritura son personalizables, por lo que el siguiente paso será configurar su herramienta de dibujo en el grupo de herramientas **Lápices**, por ejemplo, en cuanto el grosor y el color de los mismos. Dispone de cinco opciones de grosor de pluma, que van de 0,25 a 3,5 mm. Despliegue el menú de opciones del

❶
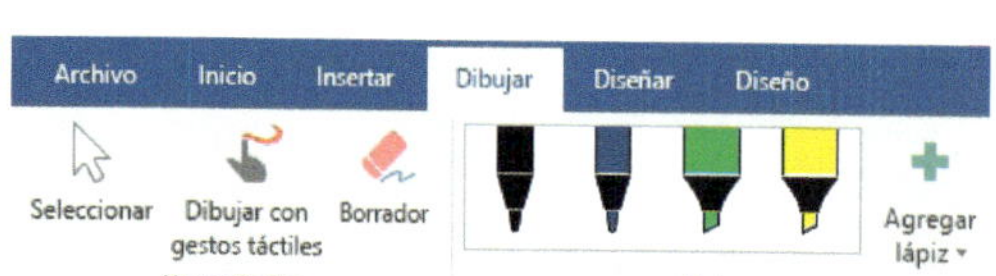

❷

❸
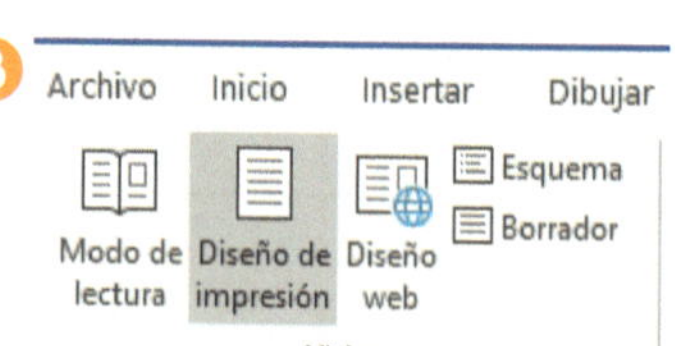

primer lápiz del cuadro **Lápices** y seleccione el grosor que usted desee; también puede utilizar los signos más o menos para dar mayor o menor grosor al lápiz. ❹

4. Una vez haya definido las características de su lápiz, puede elegir otra textura: de pluma o de rotulador de resaltado. Para ello, despliegue el comando **Agregar lápiz** y elija la opción que desee. ❺
5. Resulta interesante saber que, si elige la textura de lápiz mientras utilizando un lápiz digital admitido, puede obtener un efecto de "sombreado" inclinando el lápiz, como lo haría con un lápiz real. Una vez definido el formato de su escritura manuscrita, ya puede empezar a escribir. ❻
6. Una vez terminada la entrada, esta se comporta como cualquier otra forma u elemento con el que esté trabajando en Word. Esto significa que puede seleccionar esta forma para moverla o copiarla, cambiar su color, modificar su posición, entre otras acciones. Cuando termine, pulse el comando **Seleccionar objetos** de la pestaña **Dibujar**.
7. Otra interesante función relacionada con el dibujo o escritura manuscrita es la posibilidad de convertir el contenido manuscrito en una forma (como veremos en su momento, PowerPoint también permite convertir entradas manuscritas en texto). Para comprobarlo, vuelva a activar la entrada de lápiz y dibujo una forma (un círculo, un rectángulo...); a continuación, con la forma seleccionada, haga clic sobre el comando **Convertir entrada de lápiz en forma**. ❼

IMPORTANTE

Además de los cinco grosores para la punta del lápiz, sepa que dispone de 16 colores sólidos en el menú de opciones, pudiendo ampliar esta lista mediante la opción **Más colores**. Si lo prefiere, puede aplicar un efecto a la punta de su herramienta de escritura o dibujo. Dispone de ocho efectos, denominados arco iris, galaxia, lava, océano, oro dorado, oro, plata y bronce.

❹
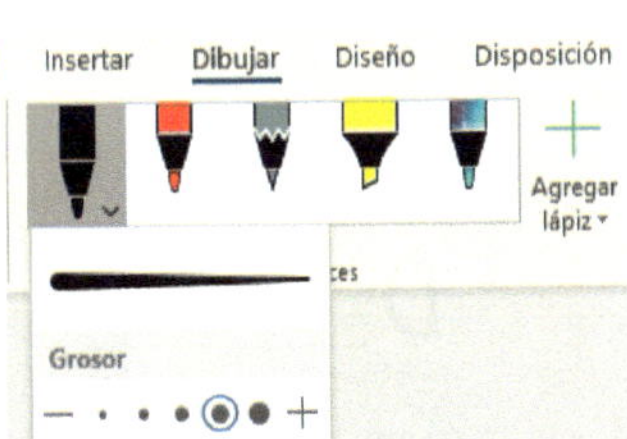

❺
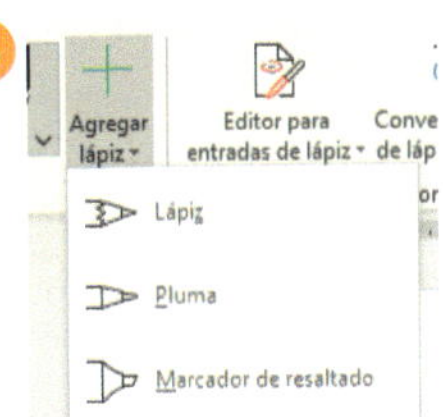

❻

❼
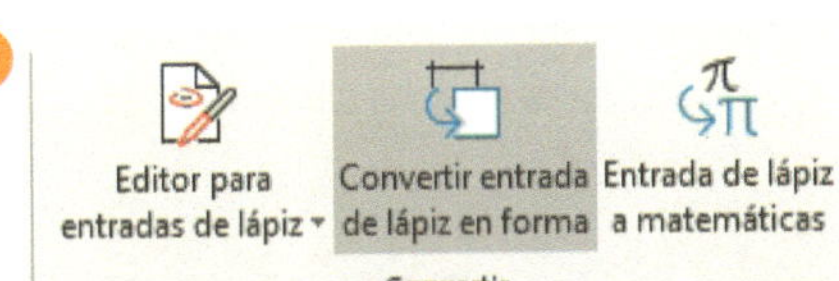

Trabajar con columnas

IMPORTANTE

Word permite crear hasta 11 columnas. Partiendo de esta base, puede aplicarlas manualmente o de forma predeterminada, como a usted más le plazca. Sólo debe tener en cuenta, si lo hace de forma manual, que en el cuadro de diálogo **Columnas** deberá definir el tamaño de ancho.

LAS COLUMNAS SON UN TIPO DE FORMATO que se aplica a documentos de tipo periodístico, a libros, a folletos, a boletines, etc. Por defecto, los documentos de Word se generan con una sola columna, pero ello no implica que no podamos modificar la cuantía de las mismas. En esta lección le mostraremos el proceso a seguir para trabajar con el comando Columnas.

1. Para poder llevar a cabo esta práctica, recupere el **documento1.docx**. Nuestro objetivo en esta ocasión es repartir su contenido en 2 columnas. Para ello, como es habitual prácticamente en cualquier proceso en Word, seleccione todo el texto, desde el primer párrafo hasta el último (deje fuera de la selección el título y la lista tabulada).
2. El comando que nos interesa en este caso se encuentra en la pestaña **Disposición**, por lo que debe situarse en dicha pestaña y pulsar sobre el comando **Columnas**, en el grupo de herramientas **Configurar página**. 1
3. De este modo se despliega un panel con las distintas opciones de columnas. Aplique al texto seleccionado el formato de dos columnas pulsando la opción **Dos** 2 y compruebe que, efectivamente, el texto se ha dividido en dos columnas. 3
4. Así de sencillo. Sin embargo, esta disposición es automática, con unos valores predeterminados en el programa. Por esta razón, es habitual tener que modificar estos valores para adaptarlos a nuestras necesidades. Veamos cómo hacerlo. Despliegue nuevamente el comando **Columnas** y seleccione la opción **Más columnas**.

1
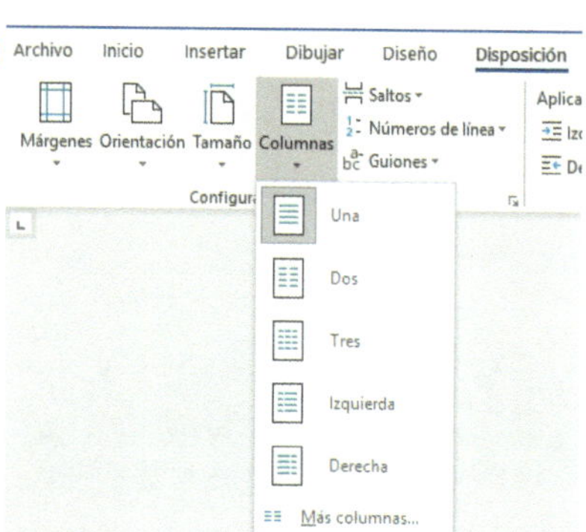

2
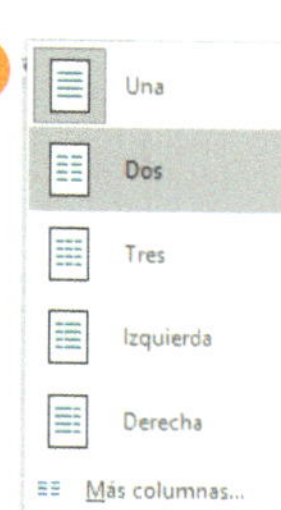

3

5. En el cuadro **Columnas** cambiaremos, en primer lugar, la anchura de ambas columnas. Para ello, introduzca el valor 2 cm en el campo **Espaciado** y compruebe cómo el campo **Ancho** se completa automáticamente. 4
6. Active la casilla de verificación **Línea entre columnas**.
7. En la vista previa, podrá ir visualizando el aspecto que tendrán las columnas. Pulse el botón **Aceptar** para aplicar los cambios. 5
8. Así de sencillo. A continuación, vamos a dividir este mismo texto en tres columnas, haciendo que cada columna tenga una anchura distinta. Con el texto todavía seleccionado, abra de nuevo el cuadro **Columnas** desde la opción **Más columnas** del comando **Columnas**.
9. Pulse la opción **Tres** de la categoría **Preestablecidas**, desactive la casilla de verificación **Columnas de igual anchura** para modificar el valor de las distintas columnas, e introduzca el valor 3,9 cm para la primera columna. 6
10. Observará que, modificados los valores de ancho de columna, las otras columnas se modificarán automáticamente. Reduzca el tamaño de la tercera columna a 3,8 cm, desactive la casilla de verificación de la opción **Línea entre columnas** y haga clic en el botón **Aceptar**.
11. Compruebe el resultado desactivando la selección. 7

IMPORTANTE

Como en todas las opciones aplicables a un documento de Word, la aplicación ofrece varias configuraciones de columnas predeterminadas, con la cantidad de columnas y el tamaño de las mismas ya definido. Utilícelo si no tiene ninguna idea o quiere evitarse la configuración manual.

6
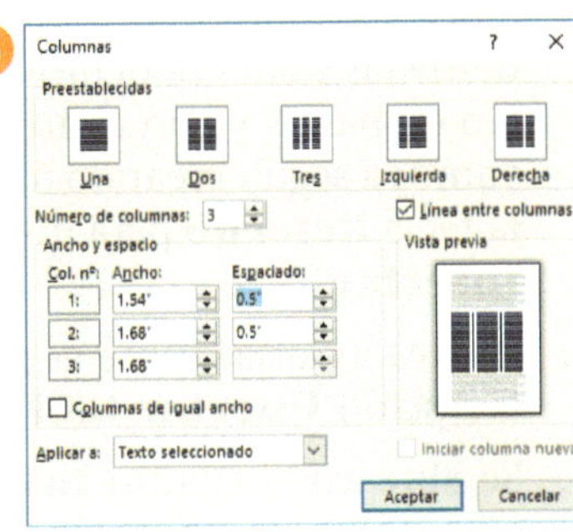

4
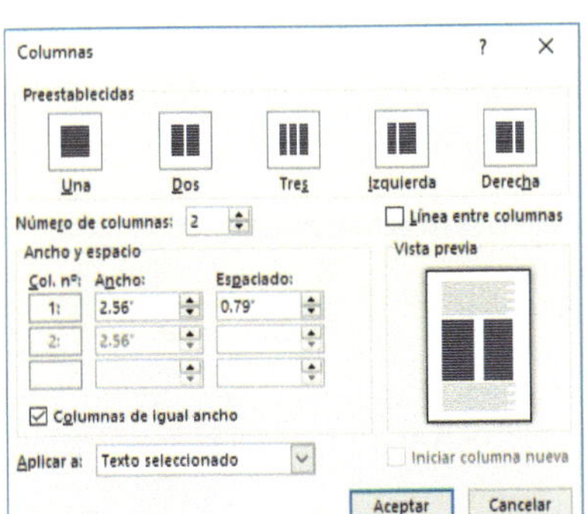

5
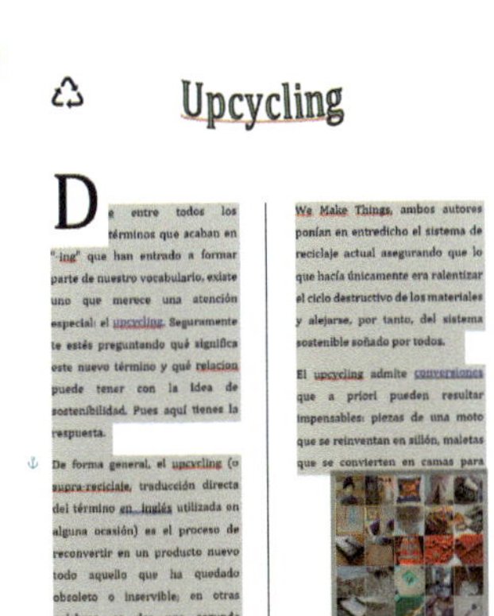

7

Crear y formatear tablas

CON EL PROCESADOR DE TEXTOS WORD podemos insertar una tabla eligiendo un diseño predeterminado, o seleccionando el número de filas y columnas deseadas. Podemos insertar una tabla en un documento, o insertar una tabla dentro de otra tabla más compleja. La utilización de estos elementos, más propios de las aplicaciones Excel y Access, se justifica por la obtención de una mejor presentación de los documentos. Es un modo de organizar el documento visualmente. En este ejercicio aprenderemos las maneras de insertar tablas en un documento.

1. Para llevar a cabo este ejercicio, puede utilizar un documento en blanco. Para empezar, le mostraremos cómo insertar una de las tablas predeterminadas en Word 365. Estas tablas ofrecen, además de un formato predefinido, también un texto que, posteriormente, usted podrá modificar. Empecemos. En la pestaña **Insertar** de la **Cinta de opciones**, en el grupo de herramientas **Tablas**, despliegue el comando **Tabla** y pulse sobre la opción **Tablas rápidas**.
2. De este modo aparece la galería de tablas rápidas. Desplácese con el ratón o con la barra de desplazamiento del panel y, en la parte inferior de la galería, seleccione la denominada **Lista tabular**. 1
3. La tabla aparece en el documento, exactamente en el punto en que se encontraba el cursor de edición. Compruebe también que se cargan dos fichas contextuales: **Diseño** y **Disposición**, desde las cuales podemos modificar tanto el formato como la forma de la tabla seleccionada. 2 Sin embargo, y con el fin de que pueda ver los distintos procedimientos de inserción de tablas, vamos a seguir creando una nueva tabla. Haga clic debajo de la tabla para deseleccionarla, pulse la tecla **Retorno** para insertar una línea en blanco al documento y sitúese de nuevo en la ficha **Insertar**.
4. Vuelva a pulsar sobre el comando **Tabla** del grupo de herramientas **Tablas** y haga clic sobre la opción **Insertar tabla**.
5. Se abre así el cuadro **Insertar tabla**, desde el cual podemos asignar previamente todos los parámetros que deberá tener la nueva tabla: columnas, filas y anchura y ajuste del contenido.

1

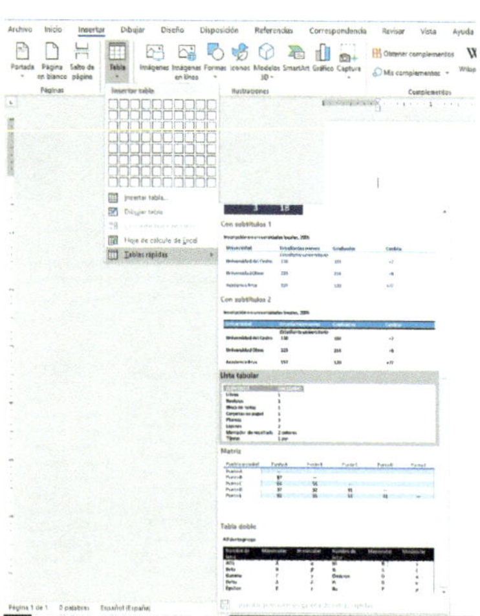

2

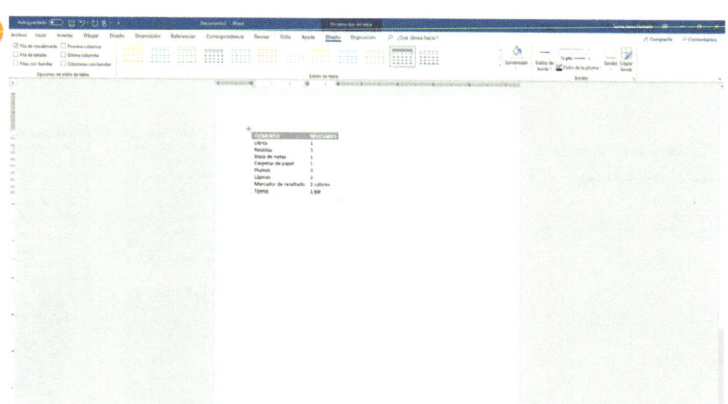

Nos interesa que nuestra nueva tabla tenga tres columnas y tres filas, por lo que inserte el valor 3 en los campos **Número de columnas** y **Número de filas** y acepte el cambio. 3

6. La nueva tabla se inserta en la página, y se vuelven a cargar las dos fichas contextuales. 4 En este caso, vamos a cambiar la forma de la misma. Para ello, haga clic en la ficha contextual **Disposición**.
7. Como puede ver son muchos los comandos disponibles para la modificación de la forma de la tabla, tantos que, por motivos de espacio, nos será imposible repasar en este libro. No deje de practicar por su cuenta para sacar el máximo rendimiento a esta funcionalidad. En este caso, añadiremos tres nuevas filas a esta tabla. Para ello, pulse tres veces sobre el comando **Insertar debajo** del grupo de herramientas **Filas y columnas**. 5
8. Las tres filas se han añadido a continuación de la primera, puesto que el cursor de edición se encontraba en dicha fila. 6 Como tercer procedimiento, crearemos una nueva tabla de un modo más gráfico. Active la ficha **Insertar** de la **Cinta de opciones**, despliegue el comando **Tabla** y haga clic en la octava casilla de la séptima fila para crear una tabla de siete filas y ocho columnas. 7
9. Con la nueva tabla seleccionada, vamos a modificar ligeramente su aspecto desde la ficha contextual **Diseño**. Seleccione el botón **Más** de la galería **estilos de tabla** y elija el estilo que más le guste.
10. También puede aplicar color y bordes a las celdas usando el comando **Bordes y sombreado** de esta misma ficha. Le instamos a que demuestre su creatividad y modifique el formato a su gusto.
11. Puede insertar texto en las celdas, modificarlo y eliminarlo. Si desea ordenar el contenido alfabéticamente, utilice el comando **Ordenar** del grupo de herramientas **Datos**, en la ficha contextual **Disposición**.
12. Para eliminar tablas, filas y columnas, aún en la subficha **Disposición**, despliegue el comando **Eliminar** del grupo **Filas y columnas** y elija la opción del menú que necesite.

3
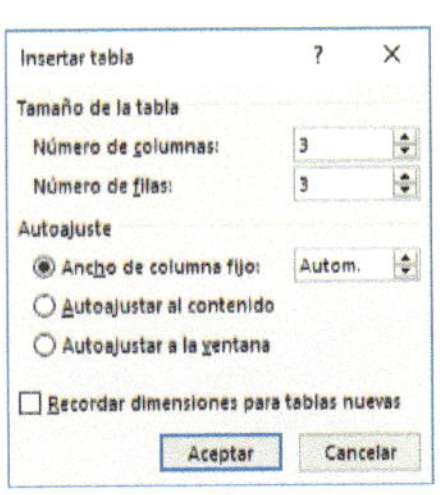

5
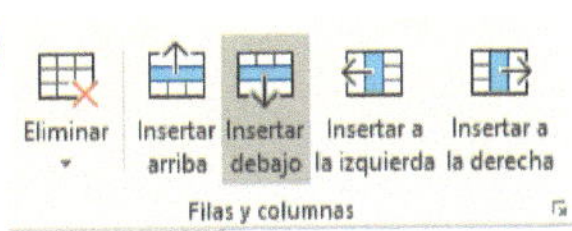

6
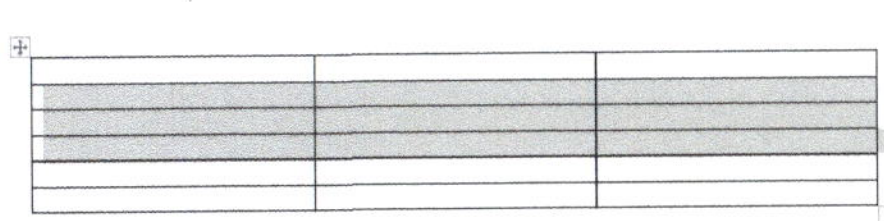

7
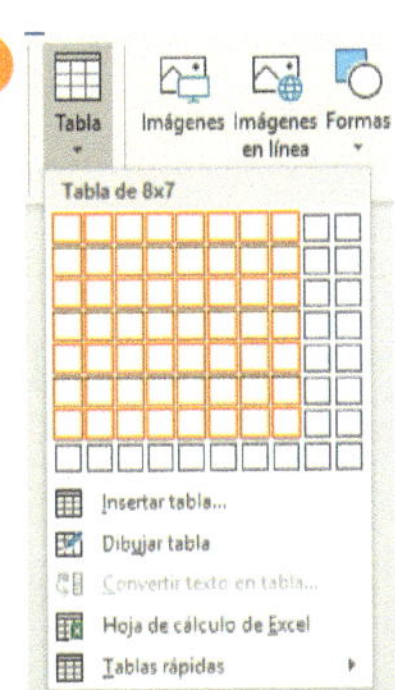

4
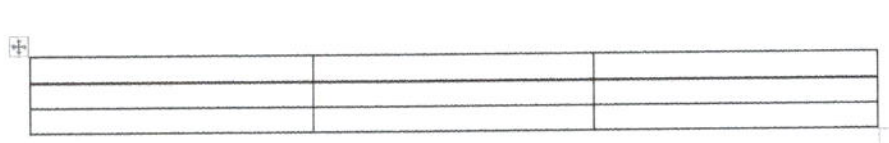

Añadir encabezados, pies y números de página

IMPORTANTE

La información ubicada del encabezado o del pie de página es independiente del cuerpo del documento. Ello quiere decir que para trabajar con él antes tiene que hacer doble pulsación sobre estos elementos para que aparezca la pestaña de herramientas contextual pertinente. Para editar el encabezado o el pie de página, sencillamente debe hacer doble clic dentro de él. Si desea eliminarlo, deberá situarse en la ficha Insertar de la **Cinta de opciones**, pulsar en el comando **Encabezado** y elegir la opción **Quitar encabezado**.

UN ENCABEZADO Y UN PIE DE PÁGINA pueden ayudar a mejorar sensiblemente el aspecto de un documento. El uso de los encabezados está vinculado a la inserción del nombre del autor, la fecha de creación del documento, el título, etc. Por su lado, entendemos por pie de página el área ubicada en el margen inferior del documento, utilizado con la misma finalidad que el encabezado. Hay muchas maneras distintas de insertar el número de página. Puede hacerlo en la parte inferior, en los márgenes o en la parte superior de una página.

1. Para llevar a cabo esta práctica, utilizaremos nuestro **documento1.docx**. Una vez lo tenga abierto en el área de trabajo, active la pestaña **Insertar** y despliegue el comando **Encabezado**. 1
2. Aparece así una galería de diseños de encabezados. Seleccione el tercero, denominado **Austin**.
3. Este diseño influye en los apartados para introducir el título del documento. Seleccione el texto por defecto y escriba como encabezado el término **Upcycling**. 2
4. Modifiquemos el aspecto del texto del encabezado. En la ficha contextual **Herramientas para encabezado y pie de página**, pulse dentro del primer campo del grupo de herramientas **Posición**, inserte el valor **2** y pulse la tecla **Retorno**. 3
5. En la pestaña **Diseño** de la ficha contextual, pulse el botón **Cerrar encabezado y pie de página** 4 y compruebe que en las dos páginas del documento se ha insertado el mismo encabezado.

1
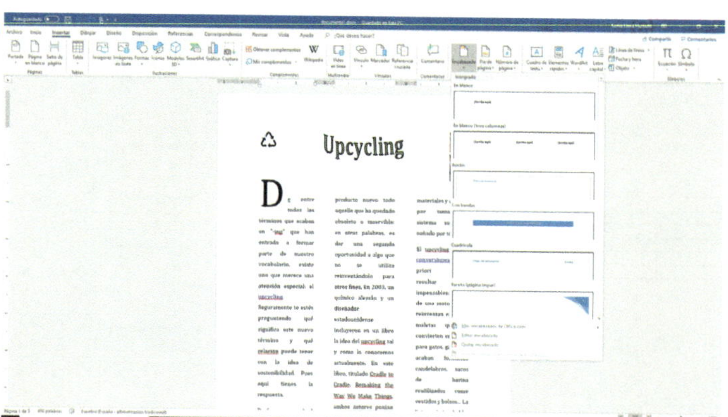

2
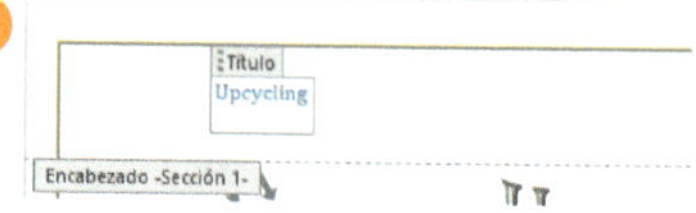

3
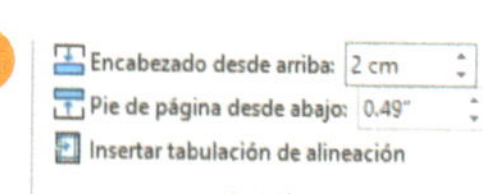

4
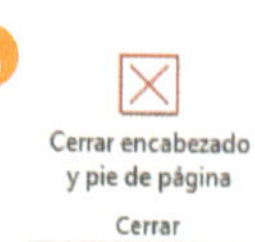

6. Insertar un pie de página es igual de sencillo. Pulse el comando **Pie de página** y, en la galería de estilos disponibles, elija el mismo que ha elegido para el encabezado.
7. En muchas ocasiones, el pie de página se utiliza para insertar el número de página. Vamos a aprovechar este elemento que acabamos de insertar para realizar esta acción. En la ficha contextual **Diseño**, activa tras la inserción del pie de página, pulse el comando **Número de página** del grupo de herramientas **Encabezado y pie de página** y observe las distintas opciones disponibles de colocar los números de página.
8. Seleccione la opción **Final de página** y seleccione uno de los diseños de la categoría **Con formas**. 5
9. Automáticamente se inserta el número en cada página del documento. 6 La ficha contextual **Herramientas para encabezado y pie de página** continúa activa. Si desea modificar algún aspecto del formato de este elemento, haga clic sobre él.
10. Compruebe que, además de quedar seleccionado como ocurriría con cualquier elemento insertado, se ha activado un nuevo grupo de herramientas contextual, denominado **Herramientas de dibujo**. Esto es porque el número de página consta de dos "partes": el número en sí y el objeto sobre el que se encuentra. Ahora podría arrastrar el número de página hasta cualquier otra ubicación del documento. Para ello, asegúrese de que se encuentra seleccionado el marco del número y, sin soltar el botón del ratón, arrástrelo, hasta situarlo en un margen del documento. 7
11. Si lo desea, seleccione el cuadro interior, el que contiene el número de página, y modifique algún aspecto de su formato. Para ello, sitúese en la pestaña **Formato** de la ficha contextual **Herramientas de dibujo**.
12. Antes de terminar, compruebe que, efectivamente, los cambios tanto de ubicación como de formato se han aplicado a todos los números de página.
13. Por último, salga de la zona de encabezado y pie de página mediante el comando de la **Cinta de opciones**.

5
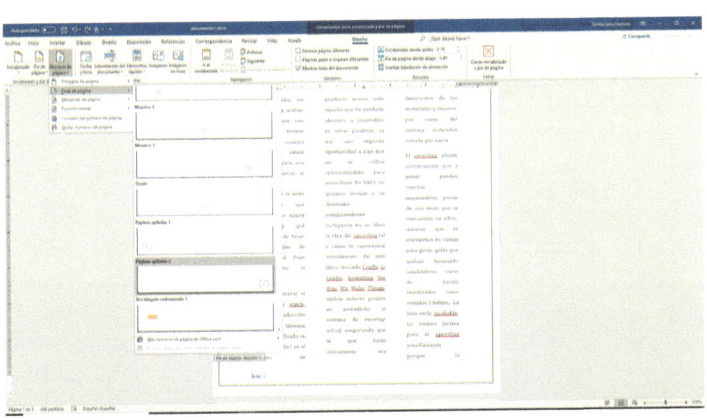

6
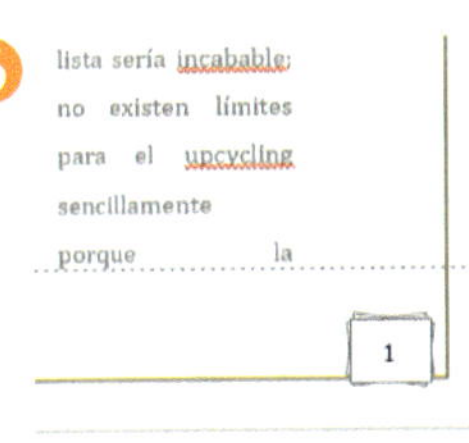

7
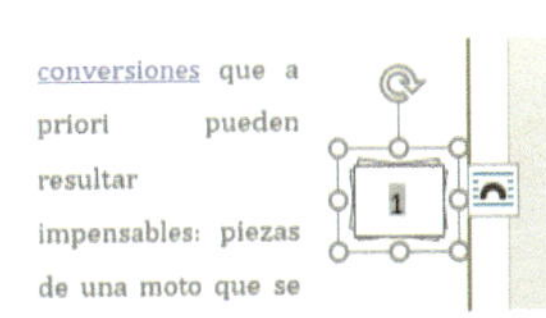

Notas al final y referencias cruzadas

UNA REFERENCIA CRUZADA ES UNA MARCA INSERTADA en un documento para hacer referencia a un elemento en concreto del mismo. Este elemento puede ser desde una nota al pie hasta una tabla, pasando por gráficos e imágenes. De forma básica, dicho elemento no podrá ser otro documento o una dirección web. Para ello, deberá crear un hipervínculo, como vimos en un ejercicio anterior. Obviamente, antes de crear una referencia cruzada, el elemento de destino ya debe existir. Por su lado, un marcador es un punto o una ubicación de un documento identificados que nos permiten desplazarnos por dicho documento de forma rápida y directa. Como en una práctica anterior ya insertamos un marcador, en esta ocasión veremos cómo gestionarlo.

1. Continuamos trabajando en nuestro **documento1.docx**, sobre el cual le mostraremos cómo crear una referencia cruzada a una nota al final. Como no hemos tenido ocasión de mostrarle cómo se crean este tipo de notas, previamente veremos cómo hacerlo. Localice en el documento el título del libro *Cradle to Cradle, Remaking the Way We Make Things*, y sitúese justo detrás del mismo (utilice la herramienta **Buscar** para una localización más rápida). 1
2. Ahora, en la pestaña **Referencias** de la **Cinta de opciones**, pulse sobre el comando **Insertar nota al final**. 2
3. Automáticamente, el cursor de edición agrega un espacio al final del documento para lo que será nuestra nota al pie. Escriba el siguiente texto: **Los autores del libro son Michael Braungart y William McDonough**. 3
4. Así de sencillo es crear una nota al final del documento. En el punto del documento en que se encontraba el cursor de edición ha aparecido, al mismo tiempo, el número que actúa como marcador de esta nota. Si sitúa el puntero del ratón sobre este número aparece una etiqueta flotante con el contenido de la nota. 4

4
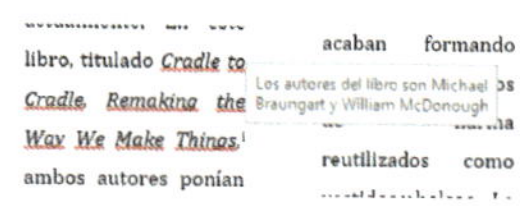

1
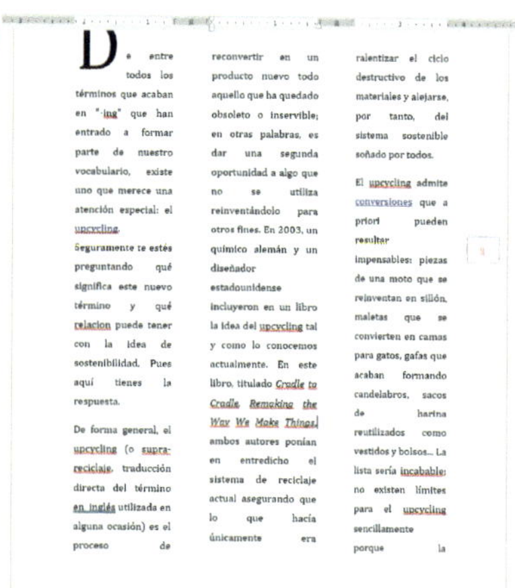

3

2
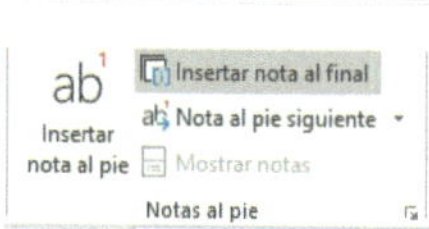

5. A continuación, y tal como hemos indicado al inicio de este ejercicio, nos basaremos en esta nota para crear nuestra primera referencia cruzada. Sitúese junto al superíndice añadido automáticamente para indicar la existencia de la nota al final.
6. Active la pestaña **Insertar** y haga clic en el comando **Referencia cruzada** del grupo de herramientas **Vínculos**. 5
7. Se abre así el cuadro de diálogo **Referencia cruzada**, en el cual debemos indicar el tipo de elemento al que se hará referencia. Despliegue el campo **Tipo** y elija de la lista la opción **Nota al final**. 6
8. Como hemos indicado en la introducción de este ejercicio, resulta imprescindible que el elemento de destino ya esté creado en el documento; de no ser así, será imposible seleccionarlo en este cuadro. El campo **Referencia a** se actualiza según el elemento seleccionado en el campo **Tipo**, así como el campo **Para qué**, que mostrará todos los elementos existentes en el documento que se correspondan con el tipo elegido. En nuestro caso, solo disponemos de una nota al final, por lo que es esta la que se muestra en este campo. Si mantiene activada la opción **Insertar como hipervínculo**, la referencia actuará como un vínculo, lo que significa que, al pulsar sobre el superíndice del texto, este nos dirigirá automáticamente al destino especificado. Pulse el botón **Insertar** para crear nuestra referencia cruzada. 7
9. Observe cómo, efectivamente, aparece como marca para la referencia la misma que para la nota al final. Para comprobar si la referencia funciona, pulse la tecla **Ctrl** 8 y, sin soltarla, haga clic sobre la referencia cruzada.

5
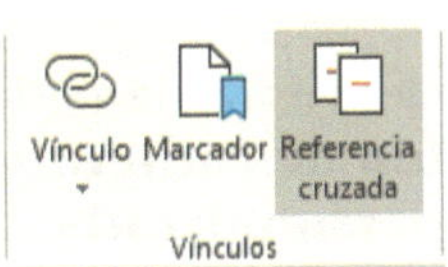

8
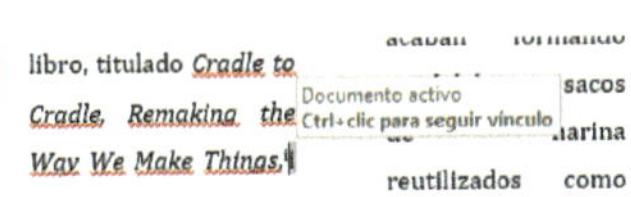

6
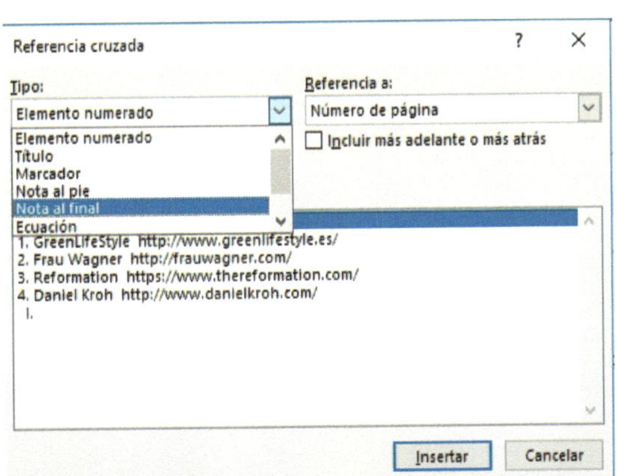

7
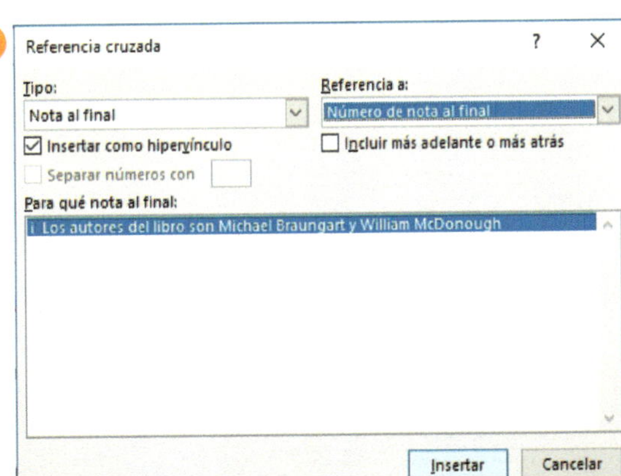

Crear una tabla de contenido

LAS TABLAS DE CONTENIDO SE UTILIZAN para crear listas de títulos en un documento. No hay que confundirse con los índices, destinados a generar listas de palabras y términos y cuyo funcionamiento veremos en el ejercicio siguiente. La base de una tabla de contenido son los títulos de los distintos temas o capítulos en que se estructura un documento. Estos títulos deben poseer un estilo en concreto o bien deben tener aplicado un nivel de esquema para que puedan pasar a formar parte de la tabla de contenido del documento.

1. Para llevar a cabo esta práctica, necesitaremos un documento más o menos extenso, con una estructura de capítulos, por ejemplo. Si no dispone de ninguno, puede utilizar el denominado **la_odisea.docx**, que encontrará entre el material complementario de este libro y que contiene los primeros capítulos de esta obra clásica tan conocida, La Odisea, de Homero. Cuando disponga de este archivo abierto en Word, observe que, efectivamente, cuenta con cinco capítulos (o cantos). Lo primero que debemos hacer para poder crear, en la primera página, la tabla de contenido del documento es comprobar si los distintos títulos disponen de algún estilo aplicado. Para ello, sitúese sobre el título Canto I y compruebe en el panel **Estilos** como, efectivamente, dispone ya de un estilo (**Título 11**). ❶ Esto nos facilitará mucho el proceso de creación de la tabla de contenido. Si no tuviera ningún estilo aplicado, sencillamente podríamos hacerlo desde el mismo panel de estilos.
2. Seguidamente, debemos situarnos en el punto en que deseamos que aparezca la tabla de contenido. En este caso, será al inicio del documento, por lo que utilice el ratón para saltar a dicha ubicación o bien pulse la combinación de teclas **Ctrl + Inicio**.
3. Escriba en este punto y en mayúsculas el término **TABLA DE CONTENIDO** y pulse dos veces la tecla **Retorno**.
4. Ahora sí, empezamos el proceso para insertar nuestra tabla de contenido. Active la pestaña **Referencias** de la **Cinta de opciones**, haga clic en la herramienta **Tabla de contenido** y, de la lista que se despliega, pulse sobre la opción **Tabla de contenido personalizada**. ❷

❶

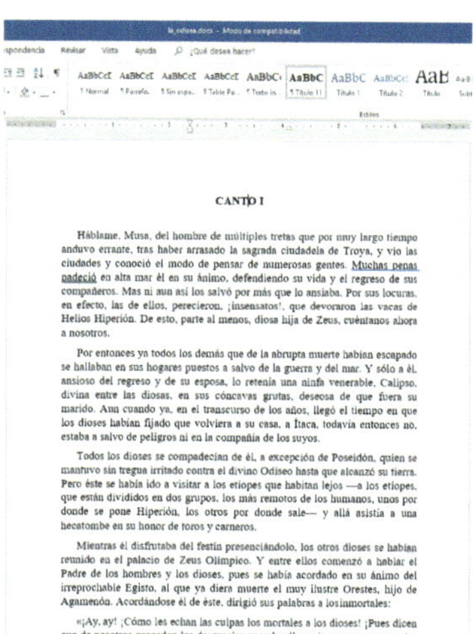

❷

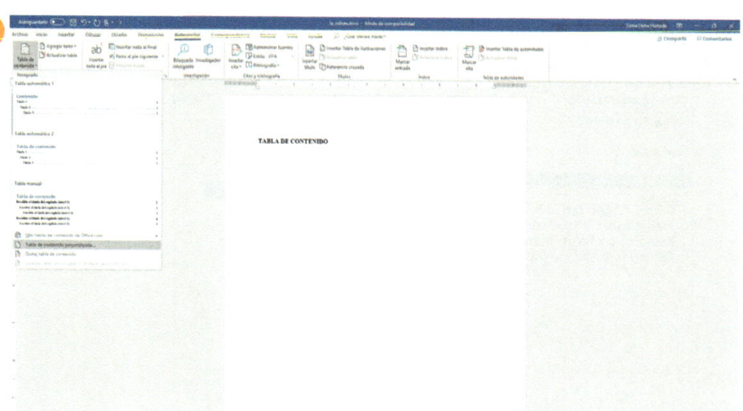

5. Ya ha visto que dispone de tres diseños predeterminados de tabla de contenido. Sin embargo, y para que pueda conocer el cuadro de diálogo **Tabla de contenido**, hemos elegido la opción que nos permite crear una tabla personalizada. Para cambiar el formato de nuestra tabla, despliegue el campo **Formatos** y elija la opción **Sofisticado**. (3)
6. La vista previa se va actualizando con los cambios indicados. A continuación, dejaremos en uno los niveles de la tabla. Para ello, cambie el valor **3** existente en el campo **Mostrar niveles** por **1**.
7. Ahora nos interesa designar el estilo en que deberá basarse el programa para crear nuestra tabla de contenido. Para ello, debemos acceder a las opciones avanzadas de este cuadro, por lo que pulse sobre el botón **Opciones**.
8. En el cuadro **Opciones de tabla de contenido**, escriba el valor **1** en el campo correspondiente al estilo **Título 11** y elimine el existente para el estilo **Título 1**. (4) Pulse el botón **Aceptar** para confirmar este cambio.
9. De regreso al cuadro **Tabla de contenido**, observe que, por defecto, el programa crea la tabla tanto con números de página como con hipervínculos. En este ocasión desactivaremos esta segunda opción para mantener el aspecto clásico de las tablas. Para ello, desactive la opción **Usar hipervínculos en lugar de números de página** y, para crear la tabla de contenido de nuestro documento, pulse en **Aceptar**. (5)

IMPORTANTE

Si agrega o elimina títulos u otros elementos de la tabla de contenido puede actualizar automáticamente la tabla usando el comando **Actualizar tabla**. Y recuerde que puede eliminarla cuando lo desee pulsando sobre el comando **Quitar tabla de contenido**.

3
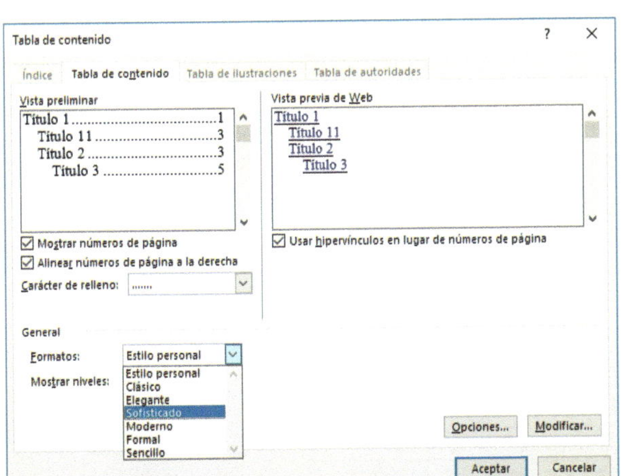

4
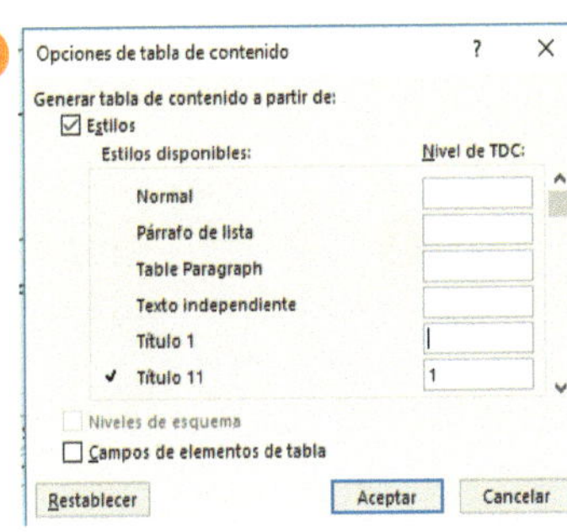

5
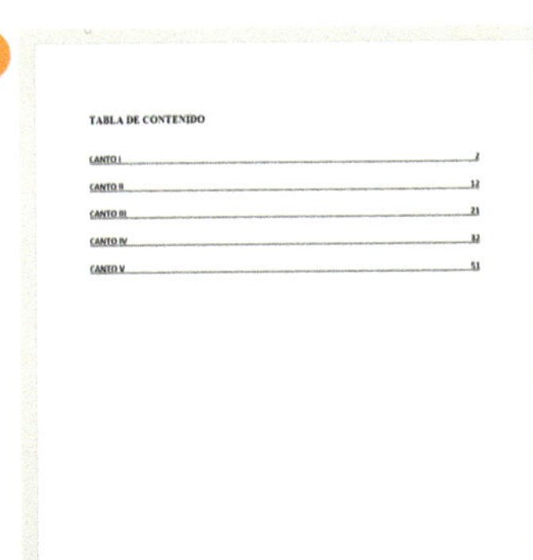

Crear un índice

IMPORTANTE

Al marcar un texto como entrada de índice, Word le agrega un campo especial **XE** (entrada de índice), que incluye la entrada principal y, en el caso de que la tenga, su subentrada o la referencia cruzada. Si, una vez creado el índice, añade más entradas al mismo, sepa que puede actualizarlo fácilmente con el comando **Actualizar índice** del grupo de herramientas **Índice**.

UN ÍNDICE ES UNA LISTA DE PALABRAS u otros elementos que aparecen en un documento en la que se indican los números de página en las que aparecen. A diferencia de las tablas de contenido, los índices permiten marcar las entradas desde el cuadro de diálogo propio, sin necesidad de aplicar niveles de estilos.

1. En este ejercicio le mostraremos cómo crear un índice. Para ello, nos vamos a situar al final del documento, en una nueva página en blanco. Pulse la combinación de teclas **Ctrl + Fin**.
2. De este modo nos desplazamos automáticamente al final del texto. Para insertar una página en blanco, active la pestaña **Insertar** y haga clic en el comando **Salto de página**; 1 en la nueva página escriba en mayúsculas la palabra **ÍNDICE** y pulse **Retorno**. 2
3. Ya tenemos la página preparada para agregar el índice. Pulse sobre la pestaña **Referencias** y, en el grupo de herramientas Índice, haga clic sobre el comando **Marcar entrada**. 3
4. Se abre el cuadro de diálogo **Marcar entrada de índice** desde el cual iremos configurando el contenido del índice. Se trata de ir localizando en el documento aquellas palabras y términos que nos interesa destacar y, por tanto, agregar al índice. Sin cerrar el cuadro de diálogo, diríjase a la segunda página del documento, correspondiente a la primera página del Canto I, y seleccione con un doble clic la palabra **Troya** que aparece en la segunda línea. 4
5. Ahora, haga clic dentro del campo **Entrada**, en el cuadro de diálogo **Marcar entrada de índice**, y vea cómo la palabra seleccionada en el texto se incluye en este campo. 5

1
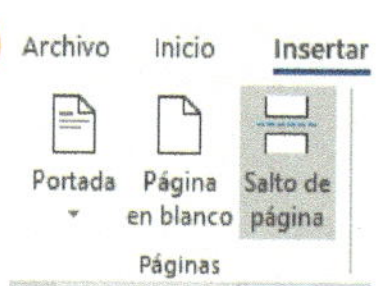

2

3
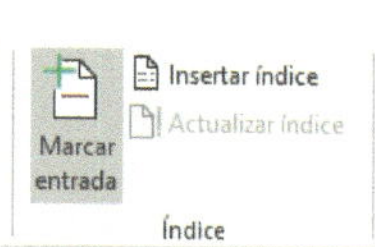

4
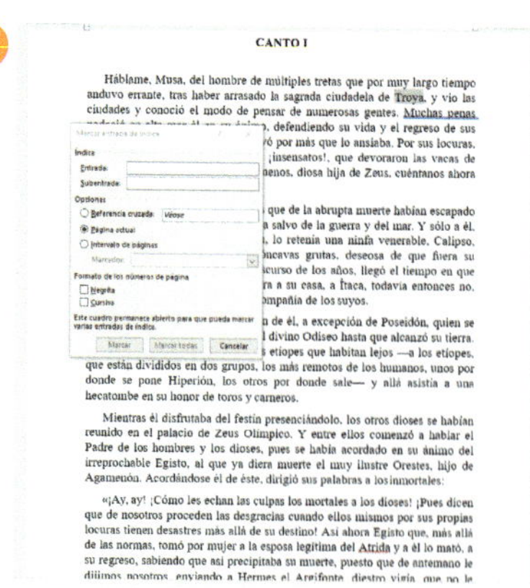

5
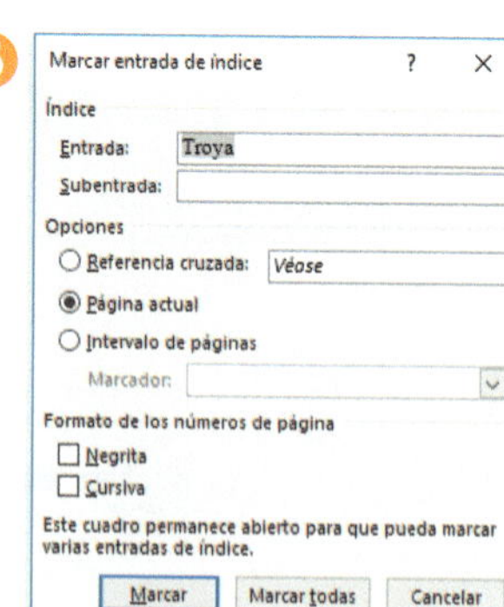

026

6. Si desea que el índice recoja todas las páginas en las que aparece la palabra en cuestión, pulse el botón **Marcar todas**; si no, pulse simplemente **Marcar**.
7. Una vez ha marcado la palabra como entrada del índice, se produce un cambio en el documento: la aparición de la marca que indica que se trata, efectivamente, de una entrada de índice. 6 Una vez finalizada la configuración del índice, estas marcas se pueden ocultar. Después veremos cómo hacerlo. Ya disponemos de una palabra en el índice. Pasemos a marcar una segunda. Haga doble clic sobre la palabra **Zeus**, pulse dentro del campo **Entrada** y haga clic sobre el botón **Marcar todas**.
8. Es posible aplicar un formato de negrita y cursiva a los números de página del índice desde el cuadro de diálogo **Marcar entrada de índice**. Observe también que puede marcar los términos que desee como subentradas. Le instamos a que continúe completando el índice con nuevas palabras y términos. Una vez haya terminado, cierre el cuadro de diálogo pulsando el botón **Cerrar** y sitúese en la página que hemos preparado para colocar el índice.
9. Pulse el botón **Insertar índice**, en el grupo de herramientas **Índice** de la **Cinta de opciones**. 7
10. Se abre así el cuadro **Índice**, donde debemos definir qué aspecto tendrá nuestro índice de palabras. Despliegue el campo **Formato**, elija el diseño denominado **Moderno**, mantenga el resto de opciones tal y cómo están y acepte el cuadro. 8
11. El índice se inserta en el punto en que se encuentra el cursor de edición y según los parámetros establecidos en el cuadro **Índice**. 9

IMPORTANTE

Las entradas de índice son los códigos de campo que marcan el texto que figurará en el índice. Dichos códigos presentan un formato que, aunque oculto, puede mostrarse a través de la herramienta **Mostrar todo** de la ficha **Inicio**. Por norma general, los índices basados en texto suelen seguir un orden alfabético.

9
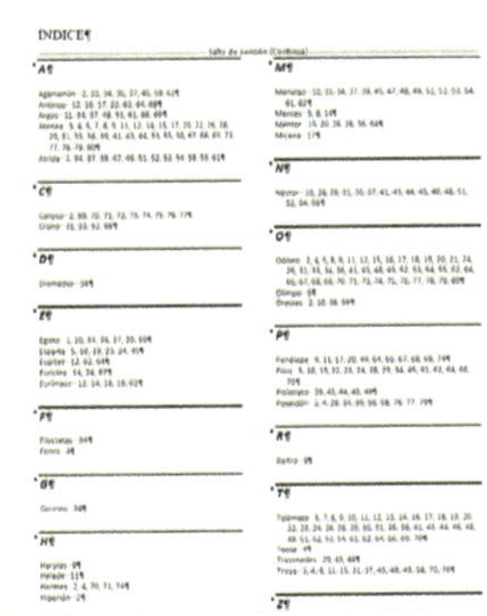

8
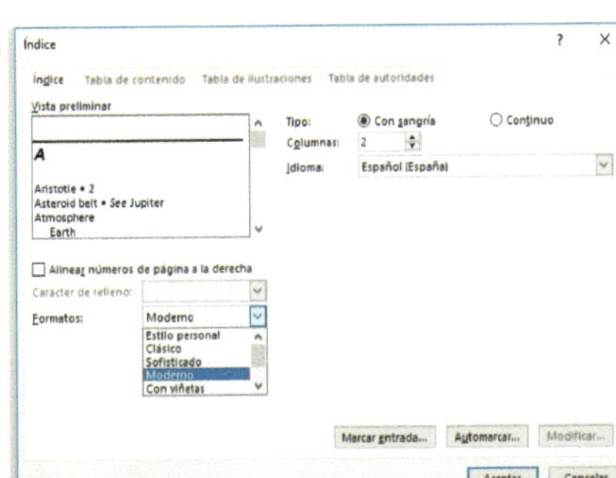

6
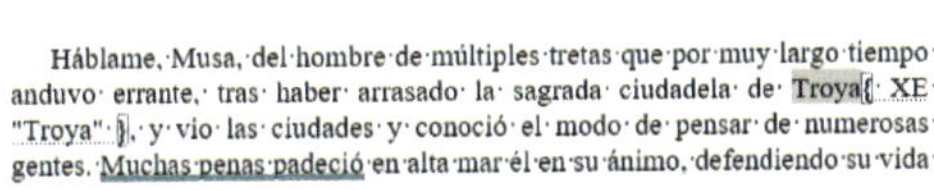

7
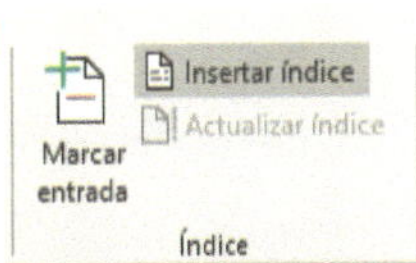

Ortografía y gramática

> **IMPORTANTE**
>
> Por defecto, la opción **Marcar errores gramaticales mientras escribe** se encuentra activada en el cuadro de opciones del programa, en la sección **Revisión** del mismo. La revisión del documento se llevará a cabo tanto ortográfica como gramaticalmente. Para omitir esta revisión gramatical, sólo tiene que desactivar esta opción.

EL PROCESADOR DE TEXTOS DE OFFICE, así como el resto de aplicaciones de la suite, cuentan con la función Ortografía, incluida en el grupo de herramientas Revisión de la pestaña Revisar. Word utiliza un diccionario predeterminado basado en el idioma en el que se ha instalado el programa, aunque debe saber que dispone de otros diccionarios que pueden adaptarse a la lengua en que se trabaje.

1. Para realizar esta práctica vamos a recuperar el **documento1.docx**, con el que hemos estado trabajando en la mayor parte de esta sección. Seguramente habrá percibido algún que otro error ortográfico, incluido precisamente para poder realizar este ejercicio. Una vez disponga de este archivo abierto en el área de trabajo de Word, pulse sobre la pestaña **Revisar** de la **Cinta de opciones**. 1
2. Llevaremos a cabo la revisión de nuestro documento. Pulse el comando **Revisar documento** situado en el grupo de herramientas **Revisión**. 2
3. Sepa que también puede activar la revisión del documento mediante la tecla de función **F7**. Word presenta el panel **Editor**, desde el cual se lleva a cabo la revisión de los errores gramaticales y ortográficos. Este panel ha sido renovado y mejorado respecto a la versión anterior del programa, la 2016. El panel se basa en los idiomas configurados para el documento y muestra para cada uno el número de errores, tanto ortográficos como gramaticales. Pulse sobre la opción **Ortografía** que muestra el número de errores detectados. 3

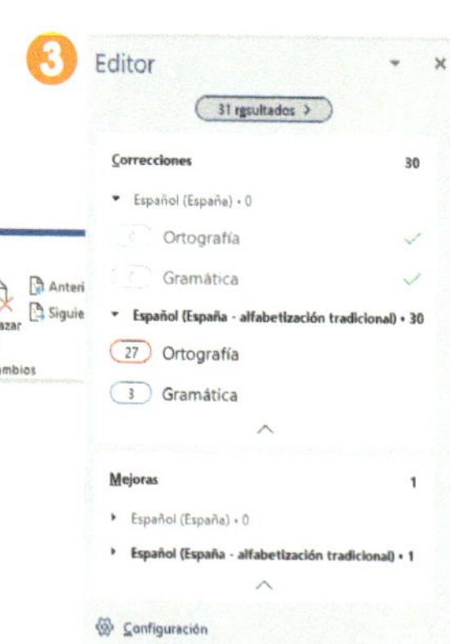

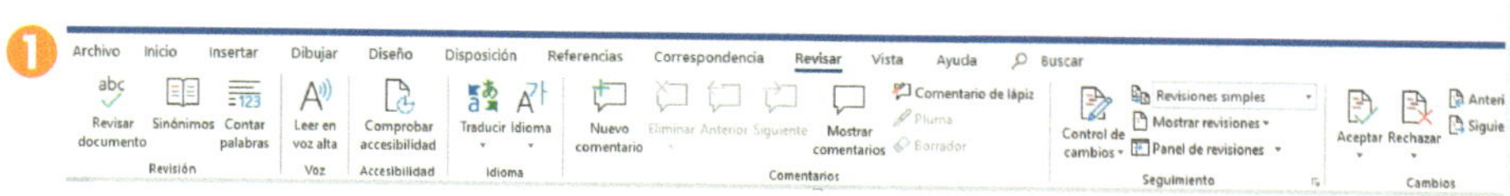

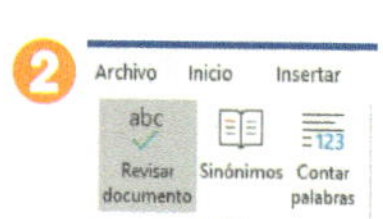

4. El panel se actualiza para mostrar el primero de los errores detectados. Observe que sobre el documento el error aparece subrayado en rojo. El panel de revisión muestra, en primer lugar, la palabra detectada dentro de su contexto, es decir, en el fragmento en el que se encuentra dentro del documento. En esta misma área también puede ver un pequeño icono en forma de altavoz; este icono sirve para escuchar la lectura de la frase en la que se encuentra la palabra. A continuación se muestra la o las sugerencias para corregirla. Si desea utilizar una de las sugerencias del programa, sencillamente pulse sobre ella. 4
5. Si cree que este mismo error podría repetirse varias veces en todo el documento, entonces pulse la punta de flecha que aparece a la derecha y elija la opción **Cambiar toda**s. Dentro de este menú dispone también de la opción **Leer en voz alta** y **Deletrear**, que, como bien indican, le permiten escuchar cómo se lee y se deletrea la palabra seleccionada. Si la palabra detectada como errónea no lo es, por tratarse de una palabra en otro idioma, por ejemplo, puede agregarla al diccionario del programa pulsando sobre la opción **Agregar al diccionario**, situada en la parte inferior del panel 5.
6. Cada vez que elige una de estas acciones, el programa sigue adelante con la corrección y va mostrando las palabras que considera no correctas. La opción **Ignorar todas** permite ignorar desde este punto todas las palabras que coinciden con la detectada en este momento. Cuando finaliza la corrección ortográfica, así se indica en el panel. 6 En este momento puede empezar con la corrección gramatical. Para ello, siga los mismos pasos que con la corrección de ortografía.
7. Cuando finalice la revisión, el panel mostrará la cantidad 0 tanto para la ortografía como para la gramática. 7 La opción **Configuración** situada en la parte inferior del panel le permite configurar todos los ajustes relacionados con la revisión del documento, como las opciones de autocorrección o cambios automáticos de mayúsculas o estilos concretos.

4
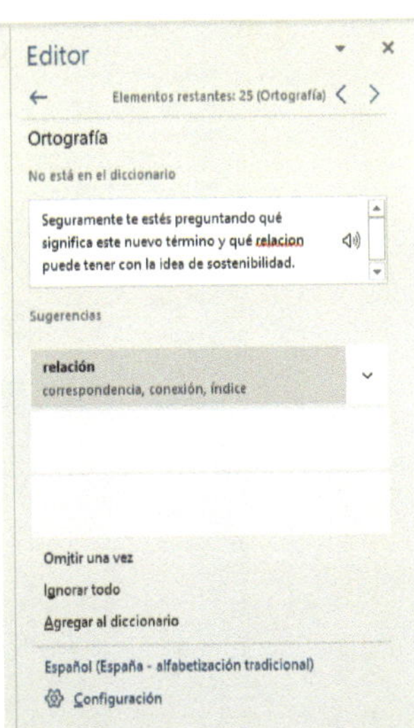

5
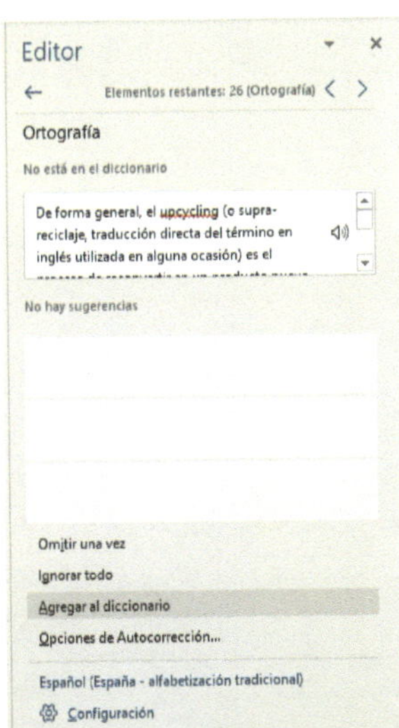

6
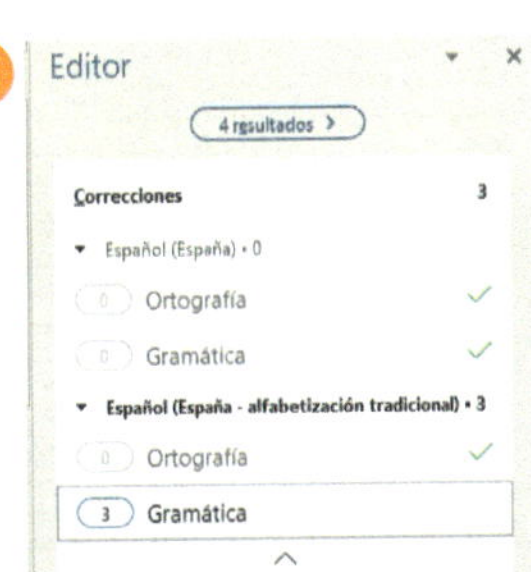

7
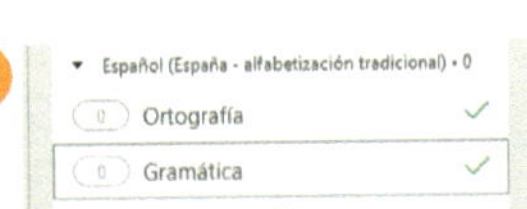

Traducir texto a otro idioma

IMPORTANTE

Las nuevas características de la función **Traducir** están disponibles para los suscriptores de Office 365, y solo para Word, Excel, OneNote y PowerPoint. Recuerde que para saber qué versión de Office está utilizando puede dirigirse a la vista **Backstage** del programa en uso.

WORD 365 HA MEJORADO Y MUCHO el servicio de traducción presentado en versiones anteriores de la suite. La función Traducir traduce el texto seleccionado o bien un documento entero mediante el servicio en línea de Microsoft Translator. Debido precisamente al uso de este servicio en línea, resulta imprescindible que, para utilizar esta función, su equipo o dispositivo se encuentre conectado a Internet, así como que cuente con los Servicios inteligentes de Office.

1. En este ejercicio le mostraremos cómo funciona el servicio de traducción de Word 365/2019. Para ello, seguimos trabajando con nuestro **documento1.docx**. Empiece seleccionando una párrafo del texto. ❶
2. El servicio de traducción forma parte de la pestaña **Revisar**, por lo que active dicha pestaña, pulse sobre el comando **Traducir**, dentro del grupo de herramientas **Idioma** y elija la opción **Traducir selección**. ❷
3. De inmediato se abre, en la parte derecha de la ventana de Word, el panel **Traductor**, mostrando el texto de origen y, debajo, el de destino, es decir, la traducción del mismo. La combinación de lenguas para la traducción dependerá de los idiomas que tenga usted configurados en el programa. Para cambiar el idioma de destino, pulse sobre la punta de flecha situada junto al nombre del idioma y elija de la lista la lengua que usted desee. ❸

❶
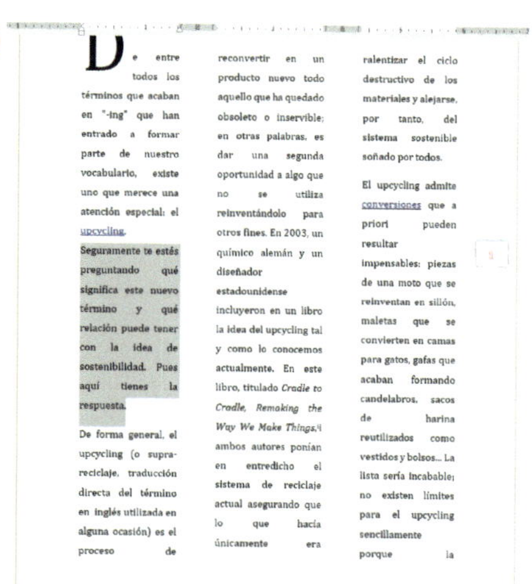

❷
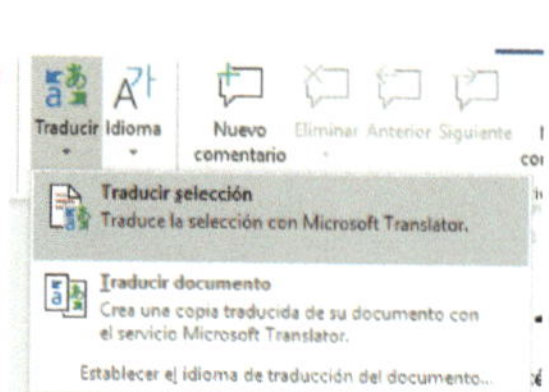

❸
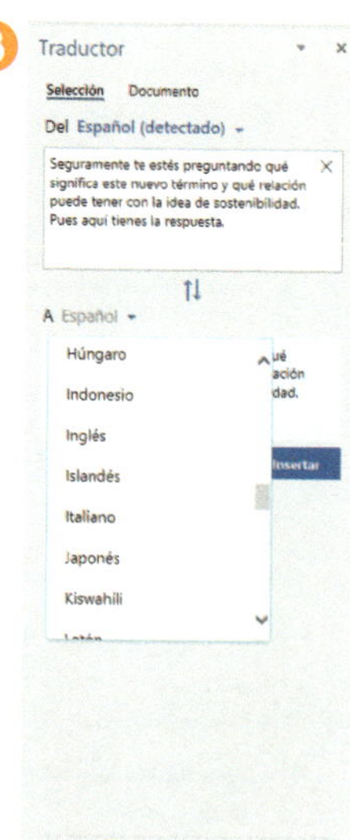

4. La traducción es inmediata 4. En la parte inferior del panel se indica que se trata de un servicio proporcionado por Microsoft, concretamente, Microsoft Translator. Si ahora desea sustituir el texto original, seleccionado en el documento, por su traducción, sencillamente pulse el botón **Insertar** del panel.

5. Excelente. 5 Pero, ¿qué ocurre si lo que nos interesa es traducir el documento entero? Word dispone de la función adecuada para hacerlo. Para ello, despliegue el comando **Traducir** de la **Cinta de opciones** y elija esta vez el comando **Traducir documento.** 6

6. El panel muestra ahora un contenido un tanto distinto; en él deberá elegir el idioma de destino para la traducción. Hágalo y pulse el botón **Traducir.** 7

7. Al cabo de unos instantes, dependiendo de la longitud del documento, la traducción se lleva a cabo y se abre en un nuevo documento de Word, en una ventana independiente. 8 De este modo, usted puede trabajar libremente manteniendo intacto el original. Regrese desde las miniaturas de la **Barra de tareas** al documento de origen y, tras comprobar que el panel nos indica que la traducción ha sido completada, 9 pulse el botón **Aceptar** para cerrarlo.

8. Antes de terminar, si desea comprobar si dispone de los servicios inteligentes de Office 365 (habilitados por defecto), acceda a la sección **Cuenta** de la vista **Backstage** y pulse el botón **Administrar Configuración**.

IMPORTANTE

La traducción automática puede resultar muy útil para hacerse una idea del contenido de un documento. Sin embargo, se recomiendan las traducciones realizadas por parte de profesionales en casos en que estas sean importante o se necesite una traducción afinada y precisa.

8

4
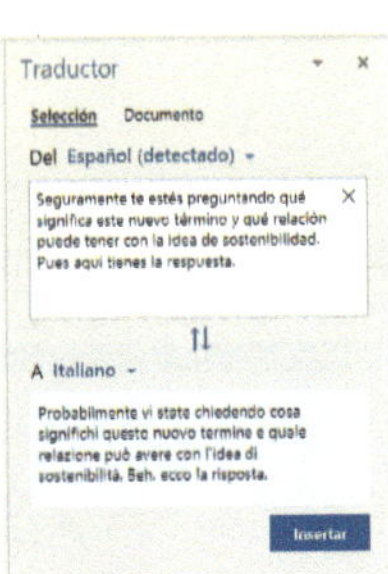

5
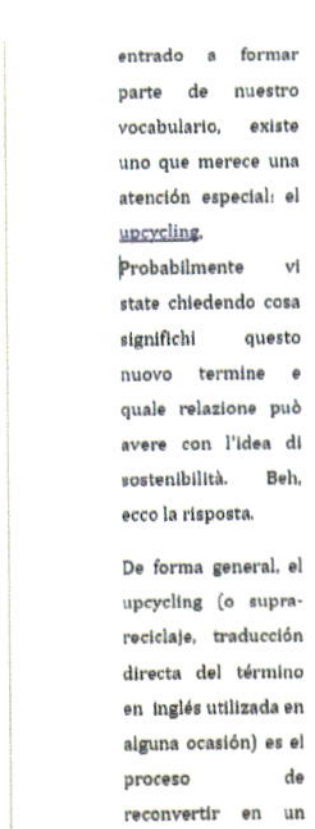

6
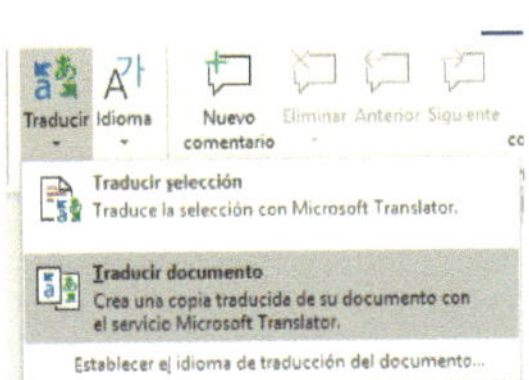

7
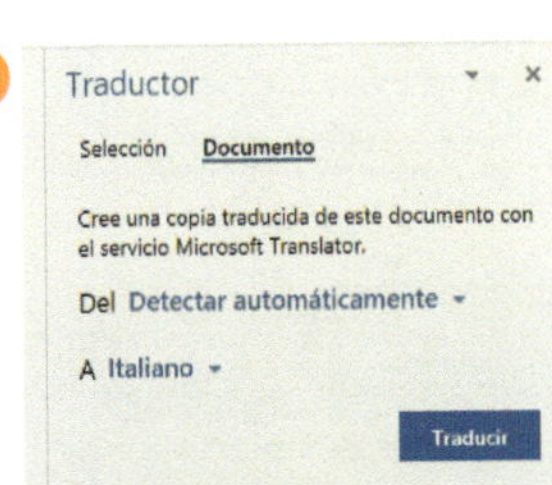

9
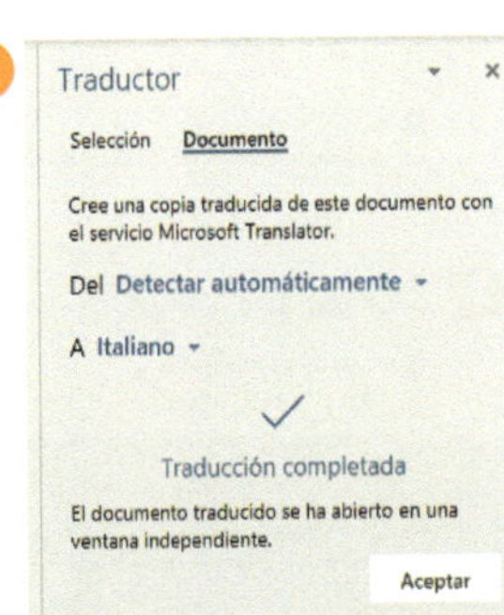

Combinar correspondencia

LA COMBINACIÓN DE CORRESPONDENCIA AUTOMATIZA EL PROCESO de insertar información personal, como nombres o direcciones, en un documento que debe ser repartido a muchos destinatarios. Estos documentos pueden ser mensajes de correo electrónico, sobres, etiquetas, cartas... Las fuentes de datos son las bases de datos en las que figura toda la información necesaria que puede requerirse al realizar los documentos y pueden crearse desde Word o bien importarse de otras aplicaciones, como Outlook, Access, Excel...

1. En este ejercicio le mostraremos cómo crear una fuente de datos para combinar correspondencia. Para ello, active la pestaña **Correspondencia** de la **Cinta de opciones**, haga clic en el comando **Iniciar combinación de correspondencia** y seleccione la opción **Paso a paso por el Asistente para combinar correspondencia.** 1
2. Se abre así el panel **Combinar correspondencia**. Mantenga esta primera pantalla del panel como está y pulse sobre el vínculo **Siguiente: Inicie el documento.** 2
3. Si mantenemos la opción del siguiente paso por defecto, el programa utilizará el documento actual para configurar las cartas. Pulse de nuevo sobre el vínculo **Siguiente**.
4. Si usted dispone de una lista de contactos guardada en algún archivo, (.xls, csv...) puede utilizarla para seleccionar los destinatarios con los cuales desea combinar la correspondencia. También dispone de la opción de seleccionar contactos de Outlook. Para ello, evidentemente, es necesario que disponga de un perfil de Microsoft Outlook. Si no desea utilizar ninguna de estas dos opciones y desea crear una nueva lista, marque la opción **Escribir una lista nueva** y pulse sobre el vínculo **Crear.** 3
5. Se abre de este modo el cuadro de diálogo **Nueva lista de direcciones**, que deberá completar con aquellos contactos con los cuales desee combinar la correspondencia. Le instamos a que proceda con su propia lista y, cuando haya terminado, pulse el botón **Aceptar**; el programa le pedirá que almacene los registros insertados. Hágalo para acceder así al cuadro **Destinatarios de combinar correspondencia.** 4

1
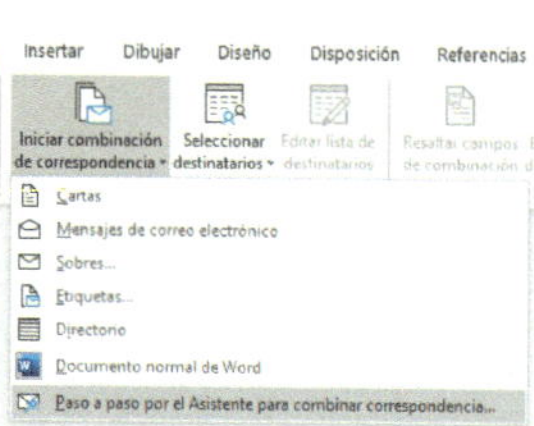

2
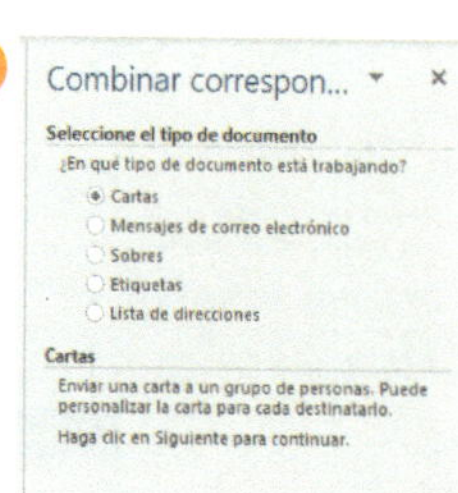

3
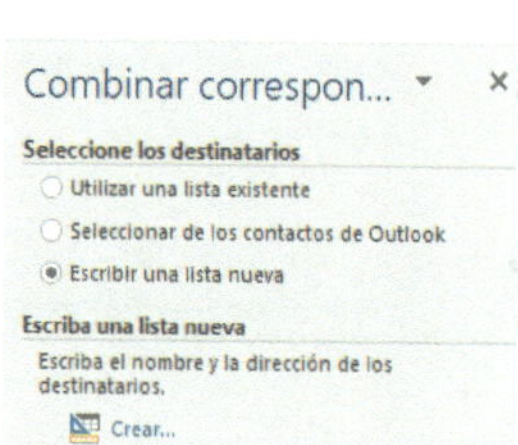

4
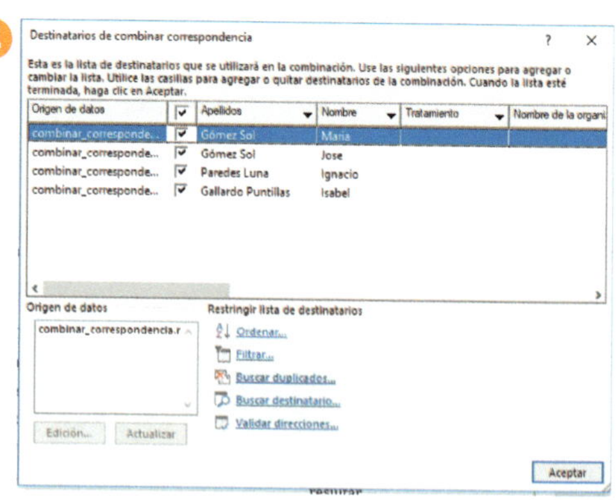

6. En este cuadro, mantenga seleccionados todos los contactos que ha insertado o, en su defecto, aquellos con los cuales desee combinar la correspondencia y pulse **Aceptar**.
7. Compruebe que, en el panel **Combinar correspondencia**, aparece ahora el nombre del archivo utilizado como fuente de datos. 5 Pulse en **Siguiente** para pasar al siguiente paso.
8. En este punto debe situar el cursor de edición en el punto del documento en el cual desea que aparezcan los datos de la combinación. Busque el espacio ideal en su documento y pulse sobre el vínculo **Bloque de direcciones del panel**. 6
9. En el cuadro de diálogo **Insertar bloque de direcciones** podemos elegir el modo en que insertaremos los campos al bloque de direcciones, además de comprobar el aspecto de dichos bloques. A modo de ejemplo, si pulsa sobre la opción **Asignar campos** podría modificar la correspondencia entre los campos de la fuente de datos y la información de dirección requerida. Pulse el botón **Aceptar**.
10. Compruebe que se ha insertado el texto **<Bloque de dirección>** en el punto en que se encontraba el cursor de edición. 7 Cuando combine la correspondencia, este texto quedará sustituido por los datos de los destinatarios incluidos. En el panel **Combinar correspondencia**, pulse en **Siguiente** para visualizar cómo quedará la combinación en el documento 8 y, una vez visualizado el aspecto, pulse en **Siguiente** para pasar al último paso del asistente.
11. Efectivamente, llega el momento de ordenar la combinación de la correspondencia. Pulse en **Editar cartas individuales** 9 y, en el cuadro **Combinar al imprimir**, mantenga la opción **Todos** para que se combine cada uno de los registros en una copia de documento y haga clic en el botón **Aceptar** para dar inicio a este proceso.
12. Según el número de registros implicados en la combinación, este proceso puede ser más o menos largo. Cuando termine, compruebe como, efectivamente, el documento muestra de forma consecutiva, varias copias del mismo con el bloque de direcciones insertado en el punto indicado.

5
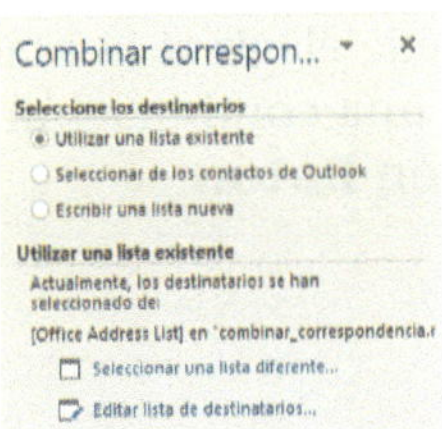

6
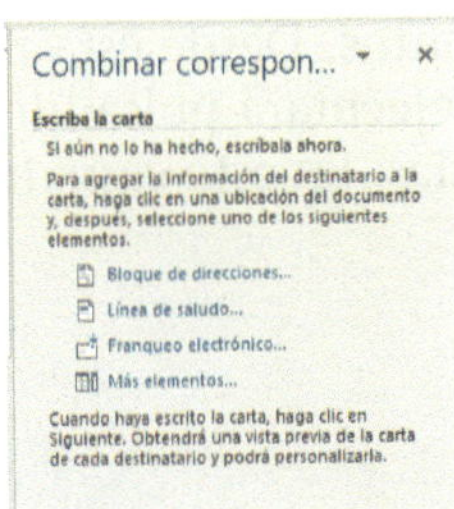

9
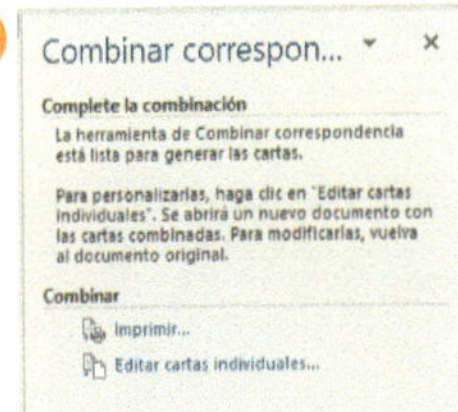

7
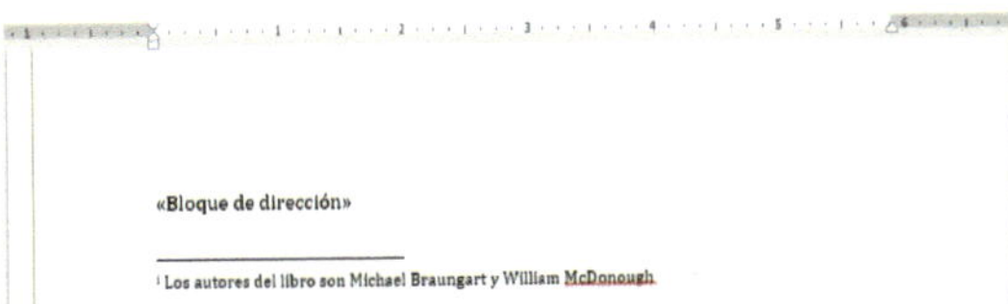

8
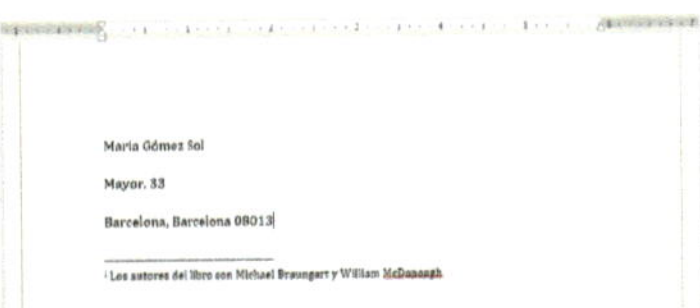

Crear y ejecutar una macro

> **IMPORTANTE**
>
> Además de crear macros totalmente personalizadas por el usuario, Microsoft Word dispone de una lista de macros predeterminadas que realizan acciones repetitivas y habituales, como aplicar ciertos tipos de formato, actualizar una bibliografía o alinear un párrafo. Las posibilidades son muchas. No deje de conocerlas.

UNA MACRO ES UNA SERIE DE COMANDOS e instrucciones que se agrupan formando un único comando que realizará una tarea de forma automática. Se trata de una excelente forma de ahorrar tiempo. El proceso de creación de una macro consiste en la grabación de los pasos que forman el proceso, la asignación de la misma a un botón o combinación de teclas y la ejecución sobre el documento.

1. En este último ejercicio dedicado al procesador de textos Word le mostraremos cómo puede optimizar su tiempo gracias a las macros. Imagine que está trabajando en un documento en el cual debe crear reiteradamente una serie de tablas con unas características concretas y determinadas. Nuestra macro será la encargada de realizar esta acción automáticamente una vez la hayamos creado. En un documento en blanco, haga clic en la pestaña **Vista**, pulse sobre el comando **Macros** y elija de las opciones disponibles la denominada **Grabar macro**. 1
2. Debe saber que dispone de dos opciones para crear una macro en Word: utilizar la Grabadora de macros del programa para grabar el proceso de comandos o bien escribir la macro desde cero con Visual Basic. Como para esta segunda opción se requiere un mínimo de conocimientos de lenguaje de programación, nos centraremos en el primero de los procesos. En el cuadro **Grabar macro**, escriba un nombre para su macro y asegúrese de que en el campo **Almacenar macro en** se encuentra seleccionada la opción **Todos los documentos (Normal.dotm)**. 2
3. De esta forma esta macro estará disponible para otros documentos. Desde esta misma ventana puede elegir si la macro se ejecutará pulsando un botón o bien una combinación de teclas. En este caso, haga clic en la opción **Botón**. 3

1

2
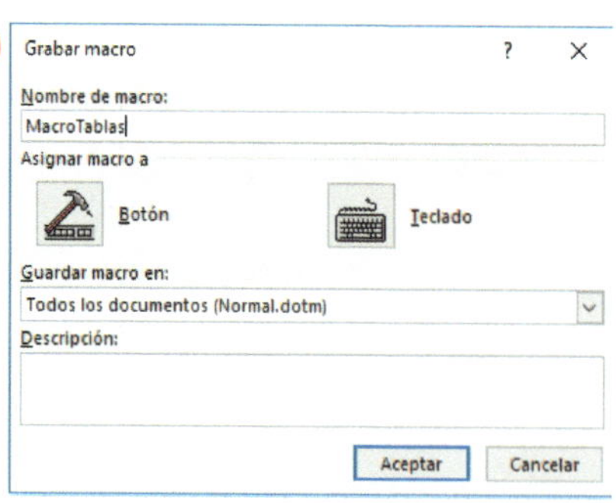

3

030

4. Se abre así el cuadro de opciones de Word, desde el cual podremos añadir nuestro botón de macro a la **Barra de herramientas de acceso rápido**. De este modo siempre estará visible y disponible. Seleccione la nueva macro en el campo **Seleccionar macro de comandos**, pulse el botón **Agregar** para que se añada al campo de la derecha 4 y, seguidamente, haga clic en el botón **Modificar**.
5. En esta ventana puede elegir la imagen que se mostrará en el botón de nuestra macro. Elija la imagen que usted desee, escriba un nombre para el botón 5 y acepte esta acción y la del cuadro de opciones de Word.
6. En este momento ya puede empezar a grabar el proceso de inserción de la tabla, proceso que quedará almacenado en la macro exactamente igual a cómo se esté ejecutando. Piense que cualquier clic de ratón y cualquier pulsación con el teclado quedarán grabados en la macro, por lo que es preciso actuar con seguridad. Una vez haya grabado la macro, vaya a la pestaña **Vista** y, en el comando **Macros**, detenga el proceso pulsando el comando **Detener grabación**. 6
7. Compruebe que, tal y como hemos indicado, el icono elegido para la macro aparece ahora en la **Barra de herramientas de acceso rápido**. 7 Solo nos queda comprobar si nuestra macro se ejecuta correctamente. Sitúe el cursor de edición en una zona en blanco del documento y pulse el botón de macro.
8. Efectivamente, en cada pulsación del botón se inserta una tabla con las dimensiones y el estilo especificado. 8

IMPORTANTE

Si usted tiene conocimientos de lenguaje de programación, puede crear sus macros con el editor de Visual basic desde cero. Para ello, debe dirigirse a la pestaña **Programador** y, en el grupo de herramientas **Código**, haga clic en el comando **Macros**. Siga los pasos para gestionar la nueva macro y, al finalizar el proceso, escriba el código necesario en el editor de Visual basic. Tenga en cuenta que la pestaña **Programador** está oculta por defecto en Word, por lo que deberá agregarla **a la Cinta de opciones** desde el cuadro de opciones de Word.

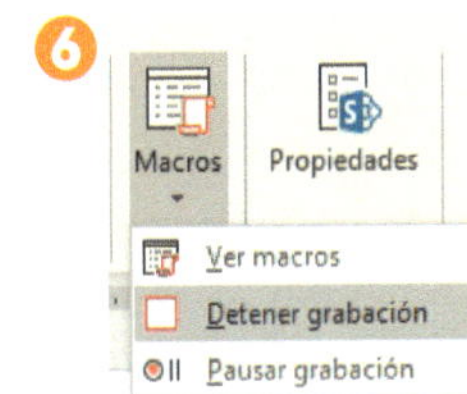

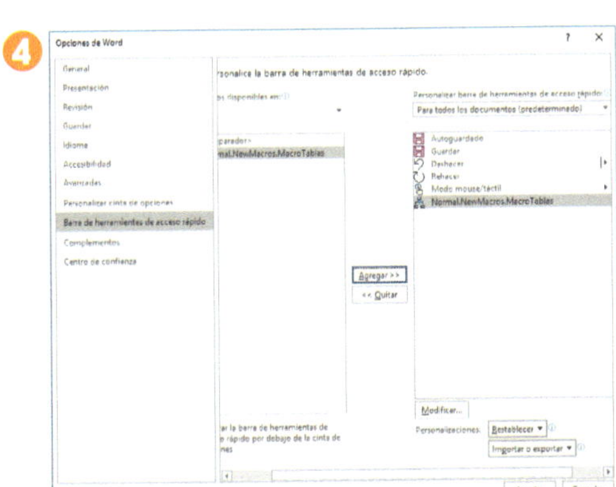

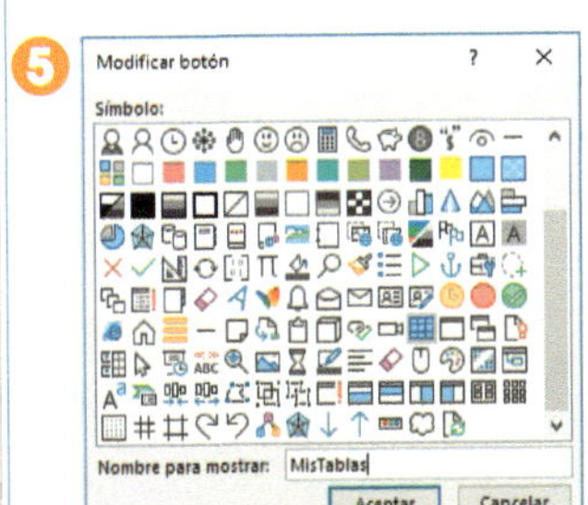

Excel: Conocer y gestionar las hojas de un libro

IMPORTANTE

Las plantillas realizan la mayoría del trabajo de diseño y configuración por usted. De este modo, se puede centrar en sus datos. Al abrir Excel 365, verá plantillas para presupuestos, calendarios, formularios, informes, etc. y, además, también puede buscar plantillas concretas.

EXCEL ES UNA DE LAS APLICACIONES DE LA SUITE DE OFFICE con mayor recorrido. Su función es el tratamiento de hojas de cálculo. Una hoja de cálculo es una cuadrícula rectangular formada por celdas organizadas en columnas. Excel permite manipular datos numéricos y alfanuméricos dispuestos en forma de tablas y realizar con ellos las más diversas operaciones matemáticas, desde sumas, restas y divisiones, hasta funciones trigonométricas. A los documentos que procesa y crea este programa se les denomina libros y cada libro está formado por hojas.

1. En este ejercicio, el primero de la sección dedicada a Microsoft Excel 365, nos aproximaremos al programa y al desplazamiento por su interfaz y veremos cómo gestionar algunos aspectos de las hojas de un libro. Empecemos. Abra Excel desde el menú de **Inicio** de Windows y cree un nuevo libro en blanco desde la **Vista Backstage**.
2. Como puede ver, la hoja de cálculo está compuesta por celdas. 1 Compruebe que el nombre de esa celda se muestra en el cuadro de nombres: la letra se refiere a la columna y el número a la fila. Pulse sobre cualquier otra celda. 2
3. Familiarícese con las barras de desplazamiento, verticales y horizontales, lo mismo que puede familiarizarse con el uso de las teclas de desplazamiento del teclado y con los botones de avance y retroceso.
4. Haga clic sobre la celda **C3**, pulse la tecla **AvPág** de su teclado y compruebe que salta hasta unas cuantas celdas más abajo; repita el proceso y compruebe que vuelve a saltar otra serie de celdas. Regrese a la celda **C3** con la tecla **RePág**.

1

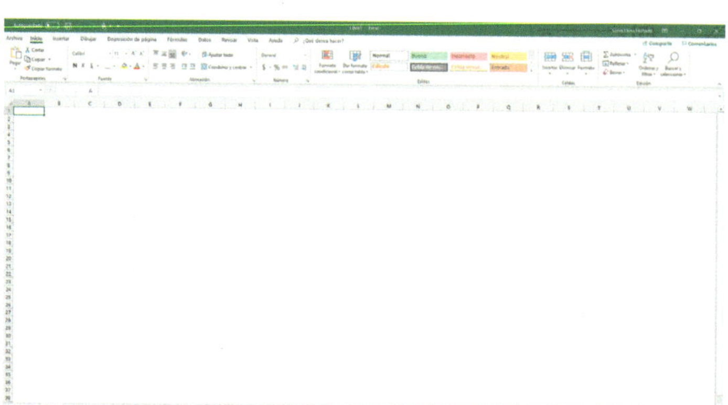

2

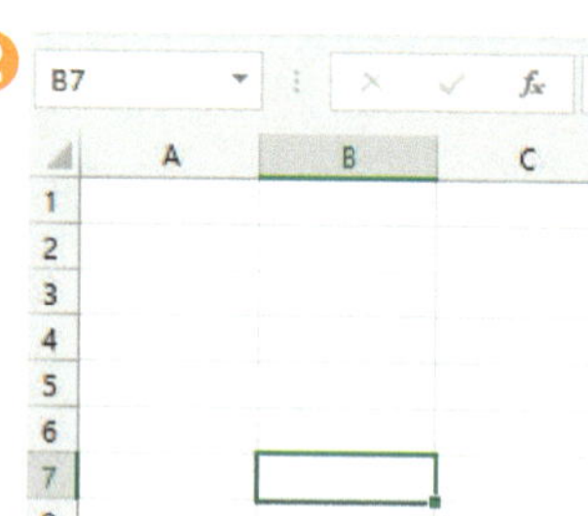

5. Para desplazarse a la última celda del libro haga clic con el ratón en la celda **C1** y pulse la combinación de teclas **Ctrl + tecla de desplazamiento hacia abajo** para llegar a la celda **C1048576**. 3
6. Regrese a la celda **C1** con la combinación de teclas **Ctrl + tecla de desplazamiento hacia arriba**.
7. Puede modificar el nombre de las hojas de dos modos sencillos. O bien selecciona el nombre **Hoja1** con un doble clic y escribe el nuevo título, 4 o bien del siguiente modo: con el botón derecho, pulse sobre el término **Hoja1** y, del menú contextual que se despliega, escoja la opción **Cambiar nombre**. 5
8. El nombre pasa a estar en modo edición y usted puede escribir el nombre que desee. Los libros de Excel se crean con una única hoja, denominada **Hoja1**. El usuario puede ir creando las hojas que necesite con la ayuda del botón **Hoja nueva**, que muestra un signo + en la barra de hojas de la aplicación. 6
9. Otra opción para agregar una nueva hoja de cálculo a las existentes es utilizar el menú contextual de la misma etiqueta de hoja. Pruébelo. Haga clic con el botón derecho del ratón sobre la pestaña y elija la opción **Insertar**. 7
10. Se abre así el cuadro **Insertar** desde el cual, además de nuevas hojas, el programa nos permite agregar otros elementos, como gráficos o macros. 8 En este caso, elija la opción **Hoja de cálculo** y compruebe como, efectivamente, aparece en el libro una tercera hoja de cálculo. 9

IMPORTANTE

Puede cambiar la ubicación de las hojas en el libro sencillamente mediante la técnica de arrastre o bien desde el comando **Mover o Copiar** del menú contextual de cada etiqueta de hoja.

7
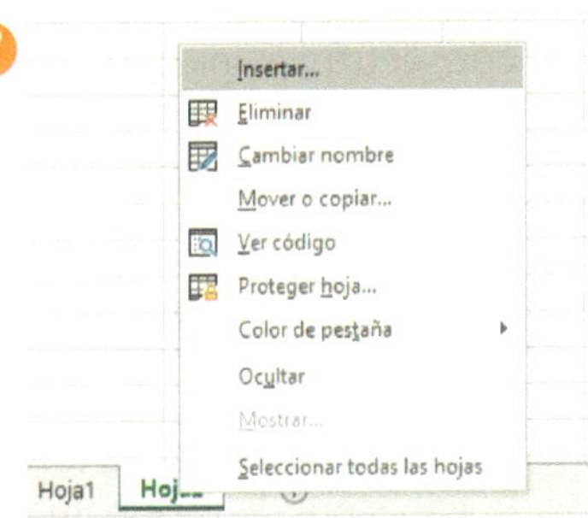

3
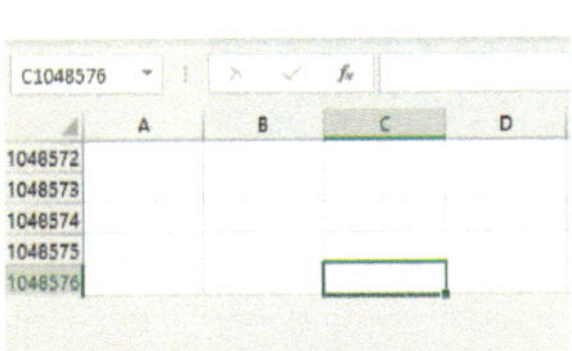

4

5

6
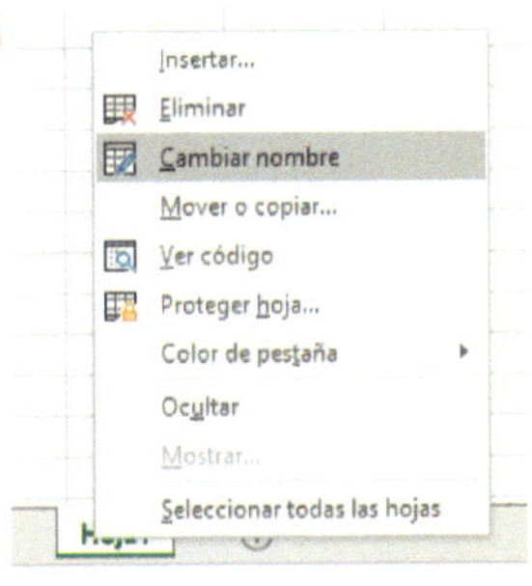

8
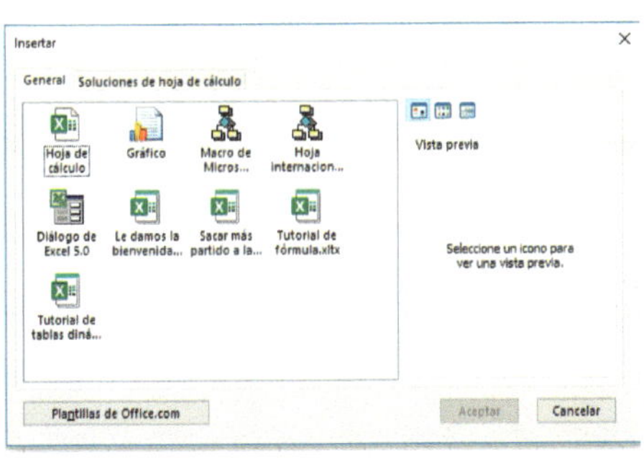

9
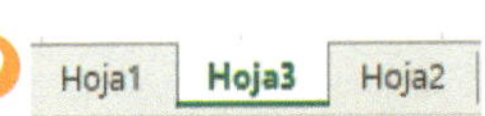

Gestionar filas, columnas y celdas

LA ESTRUCTURA DE LAS HOJAS DE CÁLCULO es muy sencilla. La hoja de cálculo se organiza en filas y columnas. Las columnas se identifican por una letra, o combinación de letras, situada en la cabecera, y las filas se identifican por un número ubicado a su izquierda. El área de la hoja que delimita el punto en que se cruza una columna y una fila es lo que llamamos una celda. En este ejercicio nos centraremos en la gestión de estos elementos: su selección, la modificación de su tamaño, la inserción y eliminación, etc.

1. Para empezar, le recomendamos que descargue de nuestra página web el libro **inventario.xlsx** y lo abra en Excel 365. Una vez abierto, le mostraremos cómo seleccionar una columna entera. Pulse sobre la cabecera de la columna **B** para seleccionar todas las celdas de dicha columna. ❶
2. Observe que todas las celdas quedan enmarcadas con un borde de color verde y sobre un fondo de color gris. Para deseleccionar estas celdas, haga clic en cualquiera de las celdas de la hoja de cálculo.
3. Sucede lo mismo con las filas. En el momento que seleccionamos la cabecera de una fila, todas las celdas que contiene quedan seleccionadas. Hagamos la prueba. Pulse sobre la cabecera de la fila **7**. ❷
4. No obstante, podemos seleccionar varias filas a la vez de un modo sencillo. Si las filas son consecutivas, solo tendrá que utilizar la técnica del arrastre. Si, por el contrario, las filas no son consecutivas, para seleccionarlas tendrá que hacer clic sobre su cabecera manteniendo pulsada la tecla **Ctrl**. Con la fila **7** seleccionada, pulse la tecla **Ctrl** y sin soltarla pulse sobre la cabecera de las filas **10** y **13**.
5. Al mismo tiempo, y sin soltar la tecla **Ctrl**, puede seleccionar las columnas que desee. Para ello, manteniendo pulsada la mencionada tecla, pulse sobre la cabecera de las columnas **B** y **D**.
6. Deseleccione los elementos resaltados haciendo clic sobre cualquier punto de la hoja.
7. Vamos a consultar la anchura de la columna **D**. Haga clic con el botón derecho del ratón sobre la cabecera de esta columna y seleccione el comando **Ancho de columna**.

❶

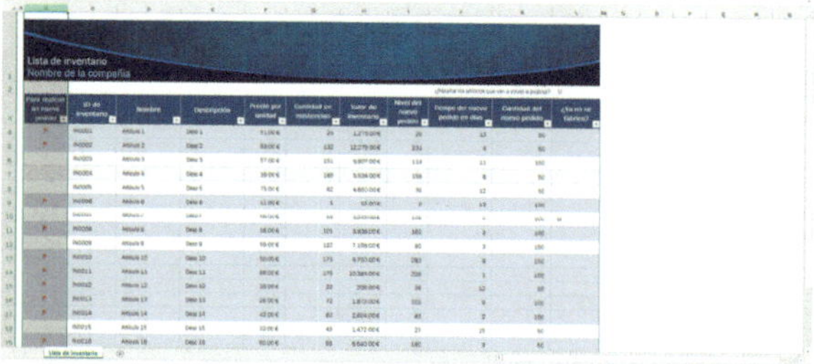

❷

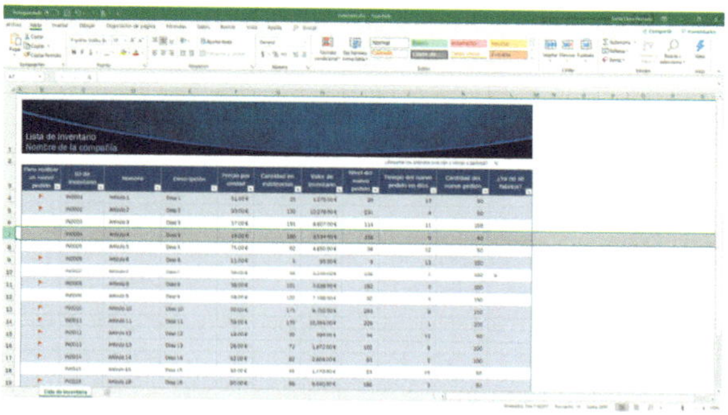

8. El cuadro **Ancho de columna** nos indica que la anchura de esta columna es de **16.** 3 Si lo desea, puede modificar este valor desde este cuadro, aunque sepa que también puede hacerlo directamente sobre ella. Veamos cómo. Cierre el cuadro **Ancho de columna**, coloque el ratón entre la cabecera de las columnas **D** y la **E** y, sin soltar el botón del ratón, arrastre ligeramente hacia la derecha. 4

9. El programa le va informando con una etiqueta la modificación del valor. La altura de las filas también se puede modificar tanto desde el correspondiente cuadro de diálogo como mediante la técnica de arrastre. Compruébelo, por ejemplo, sobre la fila **6.** 5

10. Excel le permite añadir y eliminar celdas, filas y columnas en la hoja de cálculo, tanto desde el grupo de herramientas **Celdas** de la **Cinta de opciones** como mediante el comando adecuado del menú contextual de estos elementos. Como ejemplo, insertaremos una fila en blanco por encima de la fila **13.** Para ello, seleccione dicha fila como hemos visto anteriormente y, en el grupo de herramientas **Celdas**, despliegue el comando **Insertar** y haga clic sobre la opción **Insertar filas de hoja**. 6

11. Comprobará cómo se desplazan todas las filas a partir de la **13** para abajo al tiempo que se inserta una fila encima de la celda seleccionada. Insertemos ahora una columna. Por defecto, las columnas se insertan a la izquierda de la columna seleccionada. Sabiendo esto, crearemos una nueva columna entre la **B** y la **C.** Haga clic sobre la cabecera de la columna **C**, despliegue el comando **Insertar** del grupo de herramientas **Celdas** y elija en esta ocasión la opción **Insertar columnas de hoja**.

12. La nueva columna adquiere la misma anchura que la anterior. De este modo tan sencillo podemos insertar columnas y filas en nuestro libro. También podemos insertar filas y columnas desde una celda. Pulse con el botón derecho del ratón sobre la celda **B5** y, en el menú contextual que se despliega, haga clic sobre el comando **Insertar.** 7

13. Como puede ver, existen dos opciones: una que insertará una columna y la otra, una fila. En este caso, pulse sobre la opción **Filas de la tabla arriba** y compruebe qué ocurre.

6

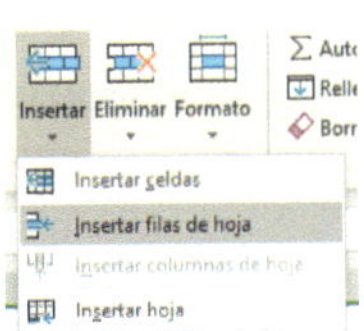

3

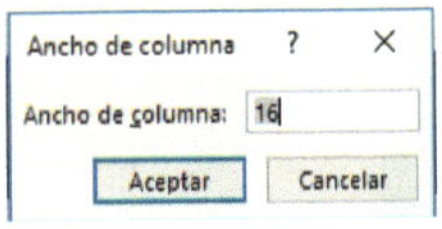

4

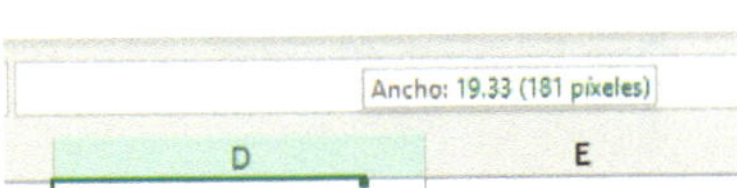

5

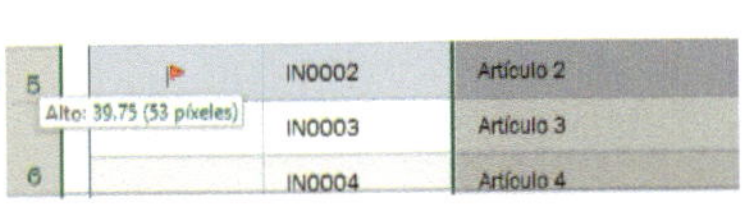

7

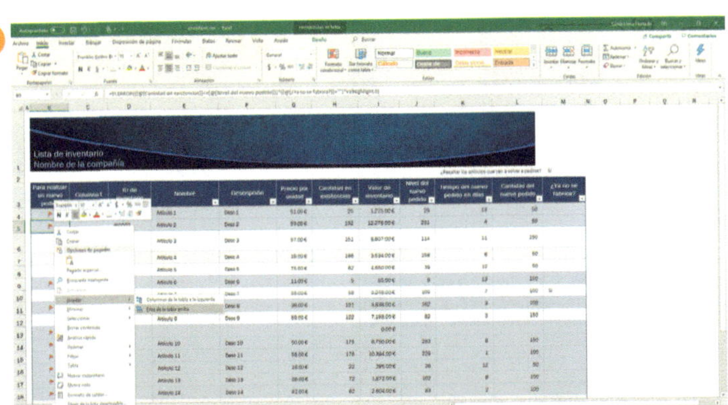

Conocer los distintos tipos de datos

IMPORTANTE

Los tipos de datos con que puede trabajar en Excel tienen una denominación descriptiva que nos permite hacernos una idea del formato de cada uno de ellos. Sin embargo, existe algún tipo que quizás necesite alguna explicación, como el Especial, que muestra un número como un código postal, un número de teléfono o un número de seguridad social, o el denominado Contabilidad, que también se usa para valores monetarios, pero alineando los símbolos de moneda y las comas decimales en una columna.

EN UNA CELDA DE EXCEL PUEDEN INTRODUCIRSE datos del tipo fijo y fórmulas. En Excel, puede aplicar formato a números en celdas para cosas como monedas, porcentajes, decimales, fechas, números de teléfono o números de la seguridad social. Como curiosidad, sepa que cualquier valor que vaya precedido por un apóstrofo será considerado como texto por más que pueda ser un número o una fórmula matemática.

1. Continúe trabajando a modo de ejemplo con la hoja de cálculo **inventario.xlsx**. En este caso, pulse sobre la celda **E3** y observe que en el primer campo del grupo de herramientas **Número** de la pestaña **Inicio** puede leerse **General**, refiriéndose a la celda seleccionada. Despliegue este campo para ver las opciones disponibles y seleccione, en este caso, el formato Texto. ❶
2. Aparentemente, el texto no ha sufrido ningún cambio. Seleccione un valor numérico, como puede ser el de la celda **H4**, despliegue de nuevo el campo **Formato de número** y elija la opción **Número**. ❷
3. En esta ocasión, sí que se ha producido un cambio en la celda seleccionada: el valor existente ha cambiado su formato para mostrar dos decimales. ❸ Los registros con formato numérico se alinean a la derecha y los textuales, a la izquierda. Sepa que, además de utilizar este desplegable de la **Cinta de opciones**, también podría aplicar el formato **Número** mediante la combinación de teclas **Ctrl + 1** o desde el menú contextual de la celda, dentro del comando **Formato de**

❶
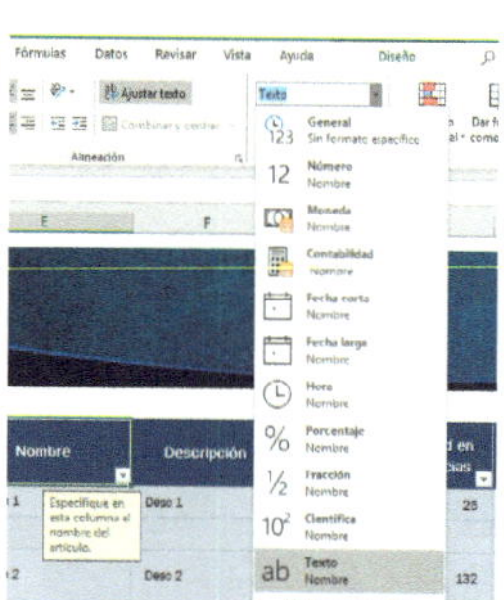

❸
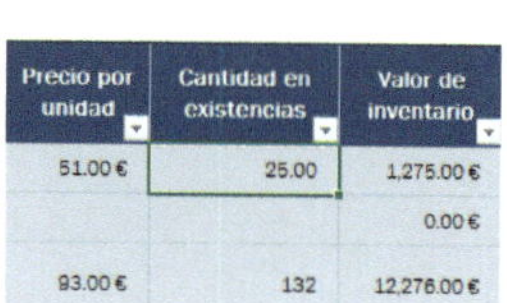

❷
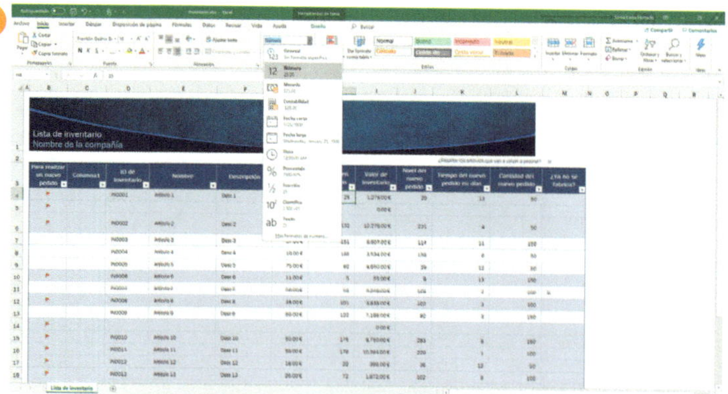

celdas. Eso sí, siempre con la celda o el rango de celdas seleccionada. Debajo del desplegable **Formato de número** hay varios iconos que permiten realizar distintas acciones sobre el número seleccionado. Veamos algunos ejemplos. Haga clic dos veces sobre el último de estos comandos, **Disminuir decimales**. 4

4. Observe que han desaparecido los decimales de nuestro registro. 5 Si desea añadir una cantidad concreta de decimales, puede utilizar el icono situado a la izquierda del que acaba de aplicar. ¿Cómo saber el formato que presenta en Excel cada tipo de datos? Tiene a su disposición un cuadro desde el cual puede elegir el formato que usted prefiera e, incluso, personalizarlo. Haga clic sobre el iniciador de cuadro de diálogo del grupo **Números** de la **Cinta de opciones**. 6
5. Se abre así el cuadro **Formato de celdas**, desde el cual se puede llevar a cabo prácticamente cualquier acción relacionada con el formato en una celda o un rango de celdas. 7 Pulse, por ejemplo, sobre el tipo de datos **Número**.
6. En la parte derecha del cuadro puede ver todos los formatos disponibles y una muestra del que se encuentra seleccionado. 8 Pulse la opción **Personalizada** en la lista de tipos y compruebe que el programa le da la posibilidad de, a partir de uno de los disponibles, personalizar cualquier formato. 9 Es preciso que tenga en cuenta que todo cuanto desee escribir lo haga entre comillas y que debe insertar un espacio para separar número de texto. Sepa que puede agregar entre 200 y 250 formatos nuevos.

IMPORTANTE

El tipo de dato Científico muestra un número en notación exponencial, en el que se sustituye parte del número por E+n: E (exponente) multiplica el número anterior por 10 elevado a n. Es posible especificar el número de posiciones decimales que se desea usar.

9
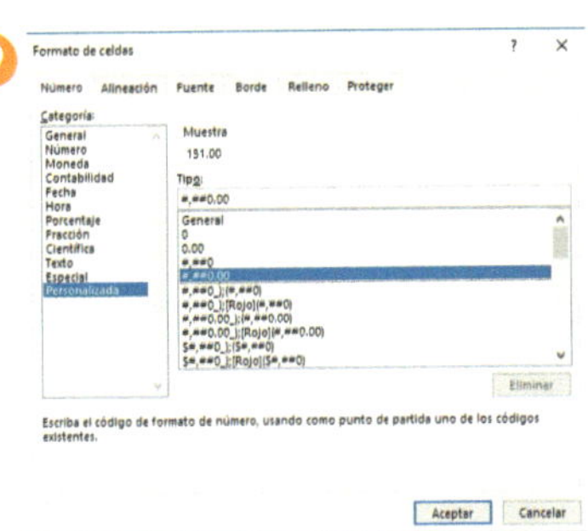

4
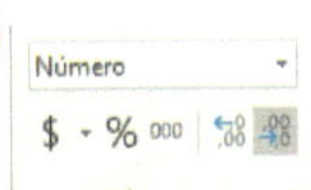

5
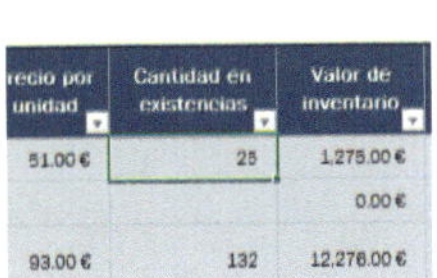

6
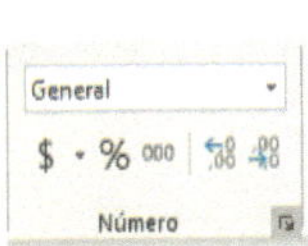

7
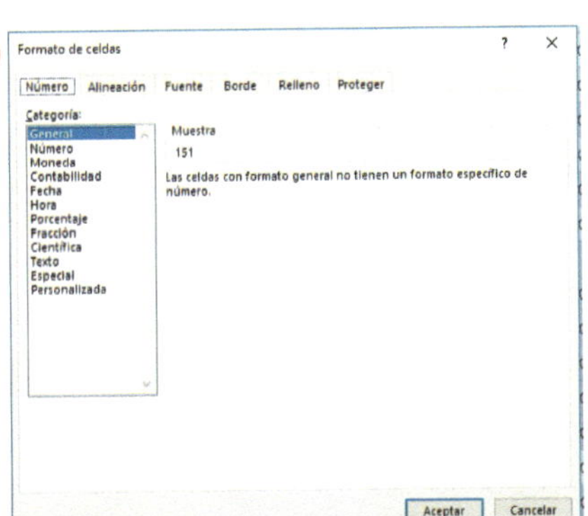

8
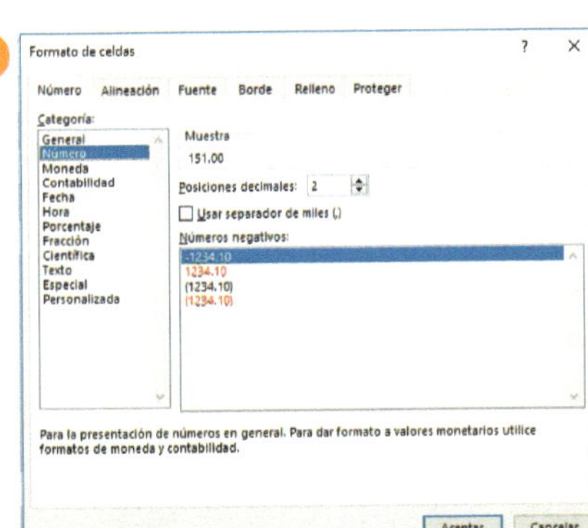

Insertar, editar y eliminar datos

> **IMPORTANTE**
>
> Para iniciar una línea de texto nueva en un punto concreto de una celda, haga clic en el punto en el que desea interrumpir la línea y, a continuación, pulse la combinación de teclas **Alt + retorno**.

LA INTRODUCCIÓN DE DATOS SE EFECTÚA dentro de las celdas que componen la cuadrícula de la hoja. En el momento que habilitamos espacio haciendo clic sobre una celda, esta queda seleccionada y permite la inclusión de datos. Así, pues, los datos insertados quedarán escritos en esa celda, y nunca pasarán a otra a no ser que cambiemos de celda manualmente.

1. Cuando seleccionamos una celda, la correspondiente cabecera de la columna y de la fila quedan resaltadas de color gris. Haga clic con el ratón sobre la celda **H5** para seleccionarla y escriba el valor **17** ❶ y pulse la tecla **Retorno** para efectuar la introducción.
2. Observe que ahora se encuentra en la celda **H6**. ❷ Pulse en la celda **G5** o utilice las teclas de desplazamiento para desplazarse hasta ella e inserte el valor **28.28**, ❸ pero esta vez no pulse la tecla **Retorno**.
3. Entre la **Barra de fórmulas** y el cuadro de nombres hay una pequeña barra que contiene tres iconos. Por orden de izquierda a derecha, se denominan **Cancelar**, **Introducir** e **Insertar función**. Pulse sobre el comando **Introducir** para confirmar el nuevo valor insertado. ❹
4. Puede insertar tanto datos numéricos como de tipo texto. Ubíquese en la celda **E5**, escriba el texto **Artículo 1B** y pulse la tecla **Retorno**. ❺

❸
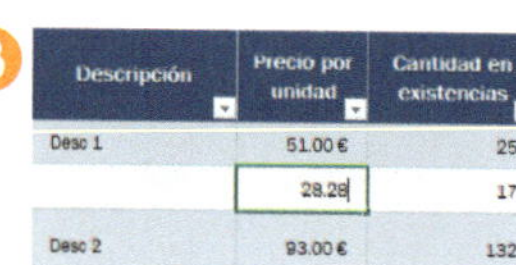

❹

❶
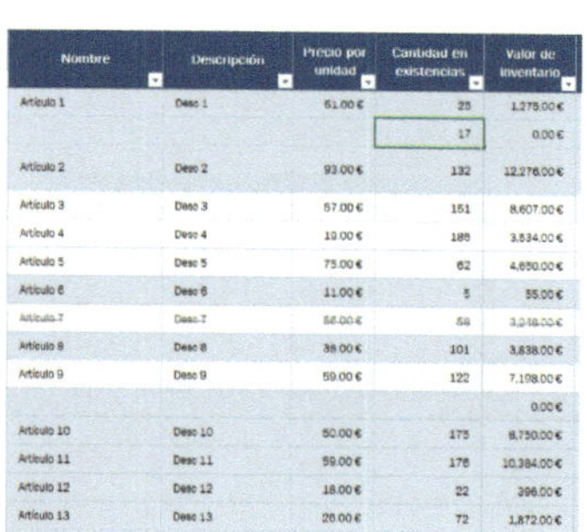

❷
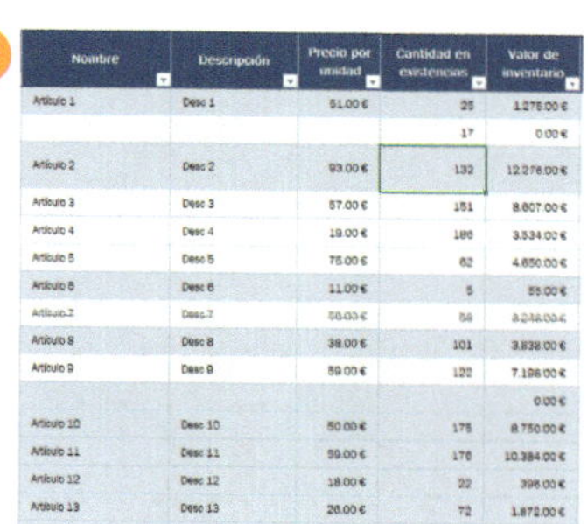

❺
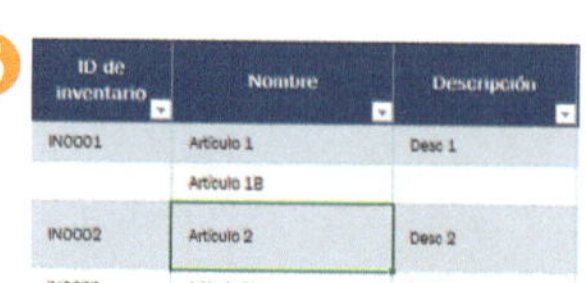

034

5. Como sucede con la inserción de números, una vez pulsada la tecla **Retorno**, la aplicación salta a la celda ubicada inmediatamente debajo de la trabajada. Supongamos ahora que queremos regresar al texto anteriormente escrito y editarlo. Pulse sobre la celda **E5**, haga doble clic sobre su contenido y cambie el valor **1B** por **1A**. 6
6. Si lo prefiere, puede utilizar la **Barra de fórmulas** para modificar el contenido de una celda. De hecho, seguramente habrá observado que el contenido de la celda que se encuentra seleccionada se refleja en dicha barra. 7 De este modo tan sencillo e intuitivo puede insertar datos y editarlos en un libro de Excel. Así como podemos insertar un texto o modificarlo, podemos usar el comando **Deshacer** para corregir un error. Pulse sobre el comando **Deshacer** de la **Barra de herramientas de acceso rápido**. 8
7. Por último, sepa que puede sobreescribir todo el contenido de una celda sin necesidad de seleccionarlo. Con la celda **E5** seleccionada, escriba **Artículo nuevo** pulse **Retorno** y observe que el texto anterior queda eliminado automáticamente.
8. Exactamente del mismo modo podemos eliminar el contenido de una celda. Con la celda **E5** seleccionada, pulse la tecla **Suprimir** de su teclado o, si lo prefiere, despliegue el menú contextual de dicha celda y elija el comando **Borrar contenido**. 9

IMPORTANTE

Tenga en cuenta que puede modificar el contenido de una celda directamente en ella siempre que esté en modo **Modificar**, es decir, cuando dicho contenido se encuentra seleccionado. De no ser así, el contenido se sustituirá.

6
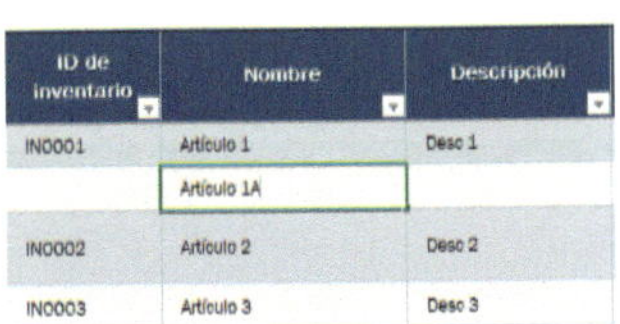

7

8

9
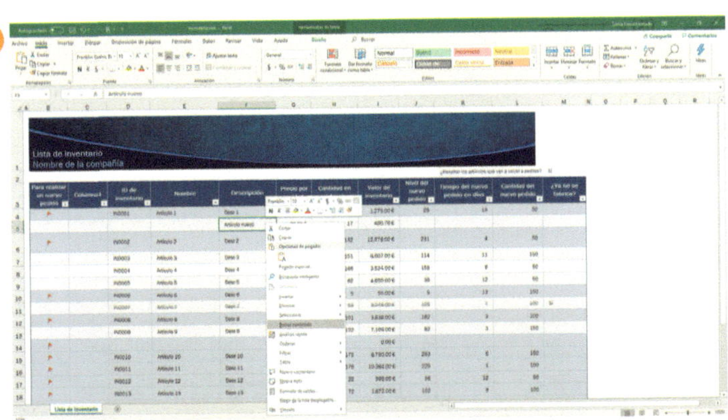

La función Autosuma

IMPORTANTE

Para sumar una columna de números, seleccione la celda situada inmediatamente debajo del último número de la columna. Para sumar una fila de números, seleccione la celda situada inmediatamente a la derecha.

LA FINALIDAD DE LA FUNCIÓN AUTOSUMA es, principalmente, sumar automáticamente una columna o una fila de números. Al ejecutar esta función, el programa opta por la función Suma, estableciendo el rango de celdas sobre el que debe aplicarse.

1. Seguimos trabajando sobre nuestro documento **inventario.xlsx**. En este caso, imagine que, una vez rellenados los datos, le interesa calcular los precios insertados en alguna de las columnas. Excel es capaz de hacerlo automáticamente con la función **Autosuma**. Lo primero que debemos hacer es seleccionar la celda situada a continuación del rango que deseamos sumar. En este caso, y a modo de ejemplo, sitúese en la celda **G32**, pues nos interesa el total de la columna **G**.
2. A continuación, haga clic sobre la pestaña **Fórmulas** de la **Cinta de opciones** y pulse sobre el comando **Autosuma**, ubicado en el grupo de herramientas **Biblioteca de funciones**. 1
3. El programa especifica automáticamente la función SUMA para sumar los números y se basa en todas las celdas con contenido de la columna en que se encuentra la celda seleccionada, seleccionando a su vez dicho rango. Precisamente en esta celda de destino se muestra la fórmula de la suma. 2 Sin embargo, el rango no incluye toda la columna en su totalidad porque existe una celda sin contenido. No se preocupe, porque podemos añadir más celdas al rango de un modo muy sencillo. Pulse sobre el vértice superior derecho del marco que rodea el rango seleccionado y, sin soltar el botón del ratón, arrástrelo hasta la celda **G4**. 3

2

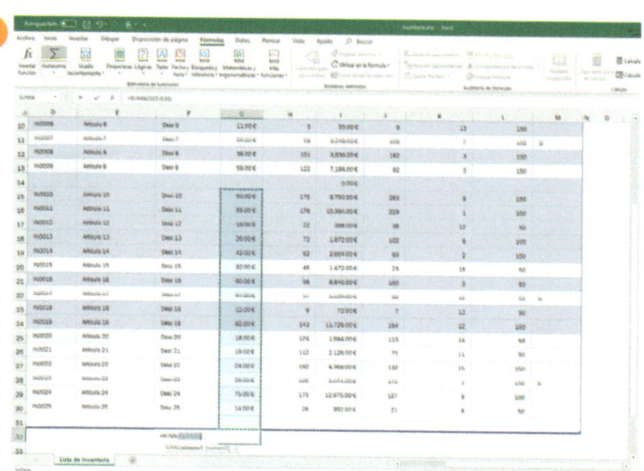

1

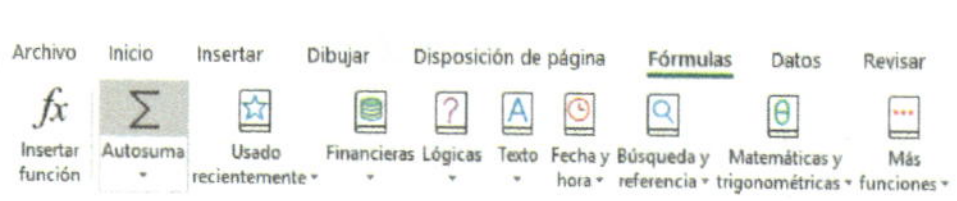

3

035

4. ¡Así de sencillo! Pulse ahora la tecla Retorno para que el programa realice la suma automáticamente. 4
5. La suma es la principal operación de la herramienta **Autosuma**, pero no es la única. Entre sus funciones encontramos **Más** y **Min** que calculan valores máximos o mínimos de un rango de celdas, Contar números y la denominada **Promedio**, que calcula el promedio de valores. Utilicemos esta última herramienta para calcular el valor medio de la cantidad de productos. Sitúese en la celda **L32**.
6. Despliegue la pestaña **Autosuma** y, de las opciones disponibles, seleccione **Promedio**. 5
7. Excel selecciona las celdas que considera que debe utilizar para su trabajo. 6 Como hemos hecho anteriormente, seleccione todas las celdas de la columna **L** que contienen valor y pulse la tecla **Retorno** para obtener el promedio. 7
8. ¿Sabía que, una vez insertada una fórmula, puede copiarla en otras celdas en vez de escribirla una y otra vez? Por ejemplo, si debemos aplicar la fórmula del promedio en otra columna, podemos copiar el contenido de la celda con este resultado y pegarla en otra celda de destino y dicho resultado se ajustará. Seleccione la celda **L32** y pulse la combinación de teclas **Ctrl + C**. 8
9. Ahora, sitúese en la celda **H32** y pulse la combinación **Ctrl + V** para pegar la fórmula de origen. Compruebe en la Barra de fórmulas como, efectivamente, se ha insertado la función de promedio sobre el rango de celdas pertinente. 9

IMPORTANTE

Es interesante saber que puede usar la función Autosuma en más de una celda de destino a la vez. Por ejemplo, puede seleccionar la celda B10 y C10, pulsar en **Autosuma** y sumar ambas columnas al mismo tiempo.

4

5
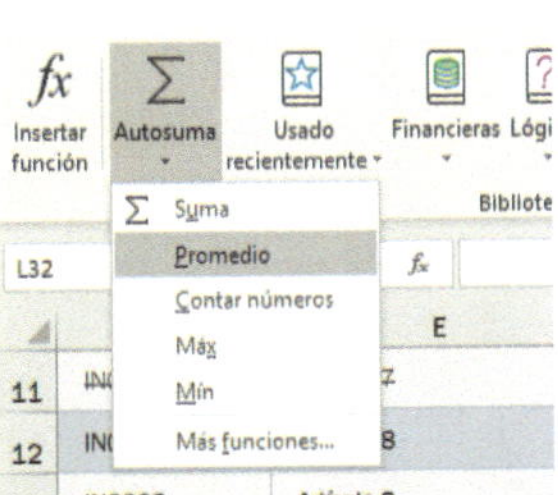

6
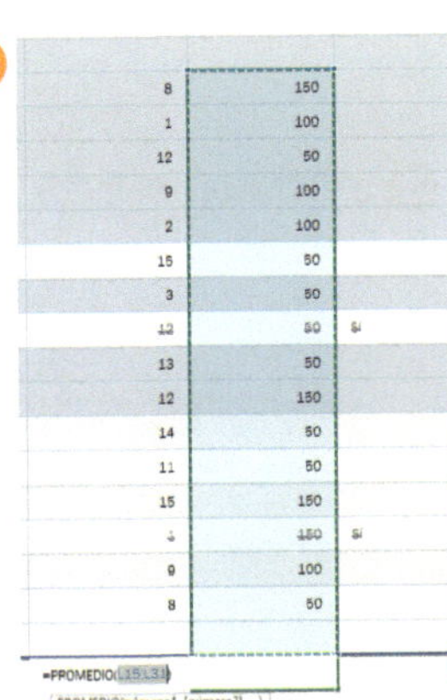

7
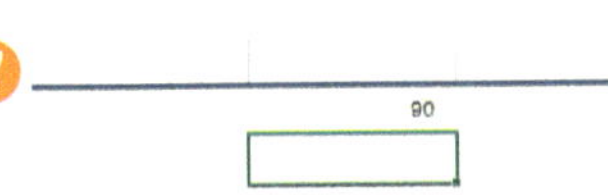

8
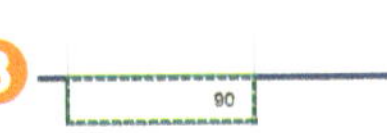

9

Las opciones de autorrelleno

CUANDO RELLENAMOS UNA LISTA automáticamente aparece la etiqueta de opciones de autorrelleno. Si escribe una fecha en una celda y arrastra la celda hacia abajo para rellenar las celdas situadas debajo de la misma, aparecerá el botón Opciones de autorrelleno. Las opciones que incluye son: Copiar celdas, Rellenar serie, Rellenar formato solo y rellenar sin formato.

1. Las opciones de autorrelleno son utilísimas para completar tablas. Para practicar con ellas nos basaremos de nuevo en nuestro libro de inventario. Lo que haremos será completar de forma automática las celdas vacías de la columna **D**; dicha columna contiene los identificadores de los productos de manera correlativa (IN0001, IN0002...). Para empezar, pulse sobre la celda **D4** para seleccionarla. 1
2. Como queremos que, en la celda **D5**, aparezca el ID IN0002, haga clic en el vértice inferior derecho de la celda seleccionada hasta añadir a la selección la celda **D5**. 2
3. En el momento que suelta el ratón, la celda D5 queda rellenada automáticamente con el siguiente número de la serie. 3 Sin embargo, ahora disponemos de dos celdas con el mismo contenido, cosa que no nos interesa. Para solventar este aspecto, vamos a realizar la misma acción pero sobre todas las celdas de la columna. Para ello, seleccione la celda **D5**, haga clic sobre el vértice superior derecho de la celda y arrastre hacia abajo hasta la celda **D30**. 4

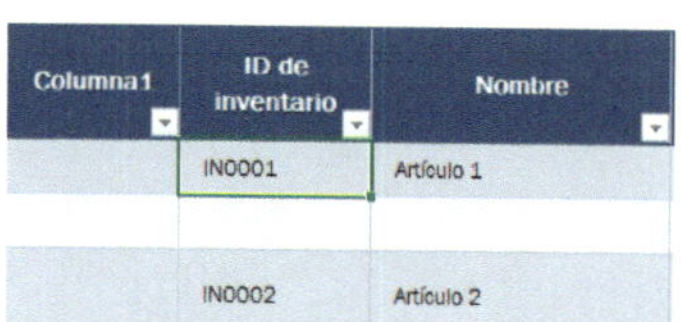

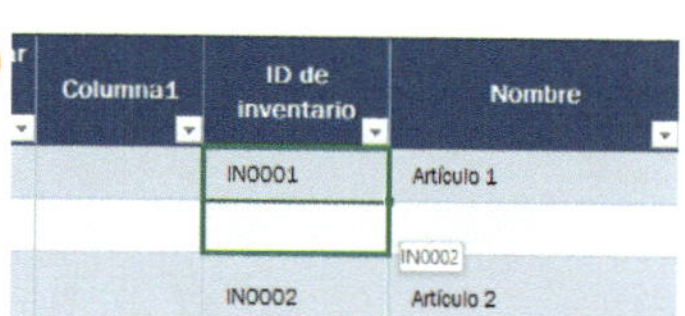

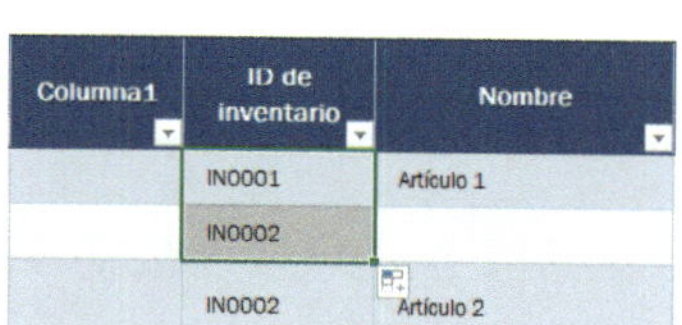

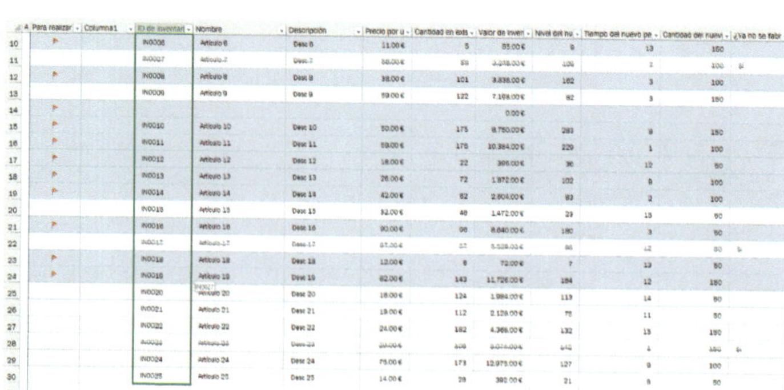

4. De nuevo, al soltar el botón del ratón, la columna se actualiza mostrando en cada celda un número correlativo en la serie. ❺ Al tiempo que queda la serie rellenada, aparece la etiqueta inteligente **Opciones de relleno**. Haga clic sobre ella para ver las opciones que contiene. ❻
5. Excel dispone de 5 opciones de autorrelleno. La denominada **Rellenar serie** es la que se encuentra seleccionada por defecto y es la que se aplica cuando se lleva a cabo una selección de celdas como la que acabamos de practicar. Sin embargo, imagine que lo que desea es copiar exactamente el contenido de una celda en particular en todo un rango. En este caso, una vez aplicada la serie, podríamos utilizar la opción de autorrelleno **Copiar celdas**. Vamos a probarlo. Pulse sobre la mencionada opción en la etiqueta inteligente y compruebe lo que ocurre en las celdas seleccionadas.
6. Efectivamente, ahora todas las celdas muestran el mismo contenido, el de la primera celda seleccionada. ❼ ¿Qué acción lleva a cabo cada una del resto de opciones de autorrelleno? La opción **Rellenar formatos** solo aplica a las celdas seleccionadas el formato de la de origen pero no el contenido; la opción **Rellenar sin formato**, al contrario, aplica el contenido pero sin formato, y, por último, la opción **Relleno rápido** rellena automáticamente los datos cuando detecta un patrón. Sepa que esta opción puede activarla en el cuadro de opciones de Word para que el programa, cada vez que detecte una posible serie de datos, la rellene de forma automática. Termine este ejercicio pulsando de nuevo en la etiqueta inteligente y asignando la opción **Serie de relleno** a las celdas seleccionadas.

IMPORTANTE

Una buena opción para utilizar la opción **Relleno rápido** es separar los nombres y apellidos de una sola columna o combinar nombres y apellidos de dos columnas diferentes.

5
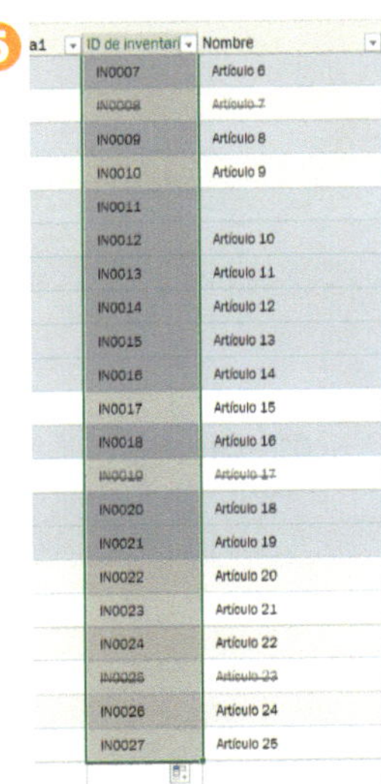

7
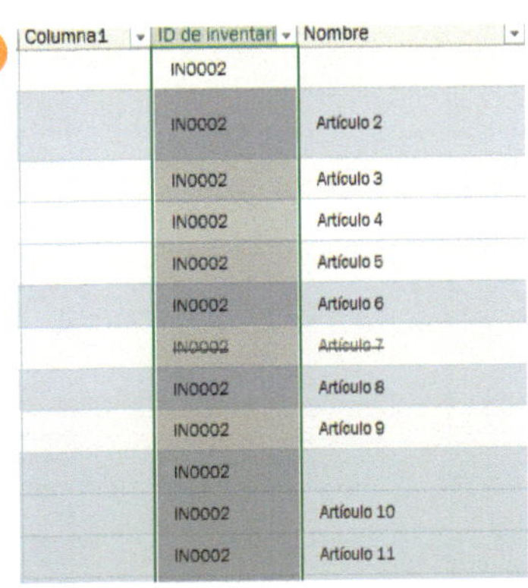

6
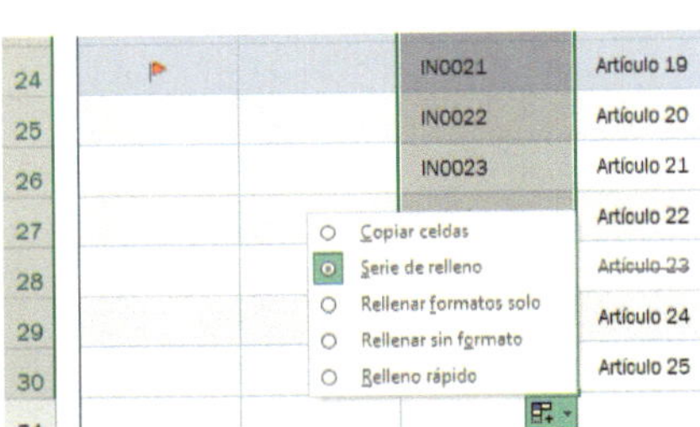

Ordenar y filtrar

IMPORTANTE

Cuando se ordenan datos numéricos o de texto, es importante que estos estén almacenados con formato de número y con formato de texto respectivamente. De no ser así, la ordenación podría llevarse a cabo de forma incorrecta.

LA FUNCIÓN ORDENAR PUEDE SOLVENTAR los problemas de manejo de tablas que contienen grandes cantidades de registros introducidos sin seguir ningún orden. Por su parte, los filtros son la función más adecuada para localizar registros que cumplan criterios, al tiempo que se ocultan las filas que, en un momento determinado, no interesa visualizar.

1. Para llevar a cabo esta práctica, le recomendamos que obtenga de los archivos adicionales de este libro la hoja denominada **Presupuesto.xlsx**. Como verá cuando la abra en Excel, se trata de un presupuesto doméstico que nos servirá, por su contenido, para practicar con la ordenación y los filtros. Empezaremos ordenando alfabéticamente el contenido de la columna **Descripción**, por lo que seleccione la celda **B3**, que muestra el texto **Actividades curriculares.** 1
2. Seguidamente, en el grupo de herramientas **Edición** de la ficha Inicio, haga clic sobre el comando **Ordenar y filtrar** y elija de la lista la opción **Orden de A a Z.** 2
3. Automáticamente la columna seleccionada se ordena alfabéticamente y el resto de la tabla se actualiza. 3 Podemos realizar la ordenación también en orden descendente, de la Z a la A. Para comprobarlo, utilizaremos otro sistema. Sitúese en la pestaña **Datos** y, en el grupo de herramientas **Ordenar y filtrar**, pulse sobre el icono **Ordenar de Z a A.** 4
4. Así de sencillo resulta organizar el contenido de una tabla con criterios alfabéticos. Ahora imagine que desea ordenar

1
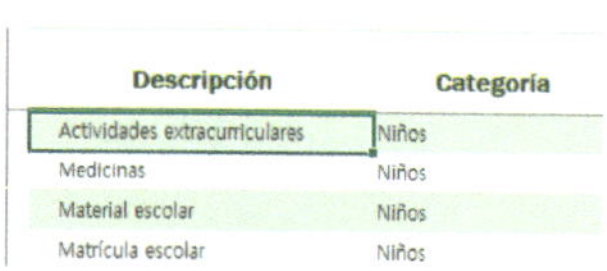

2
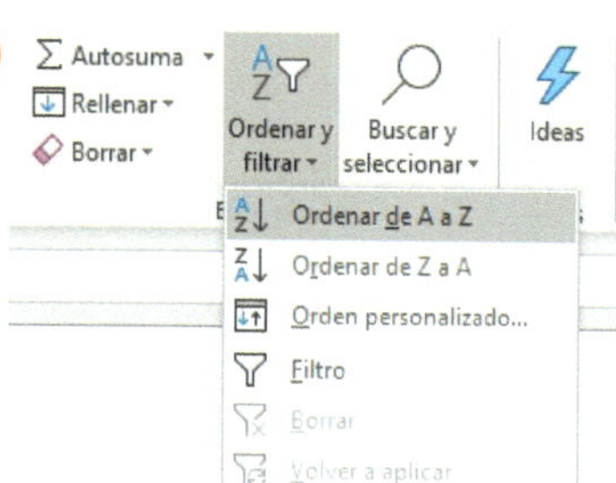

3
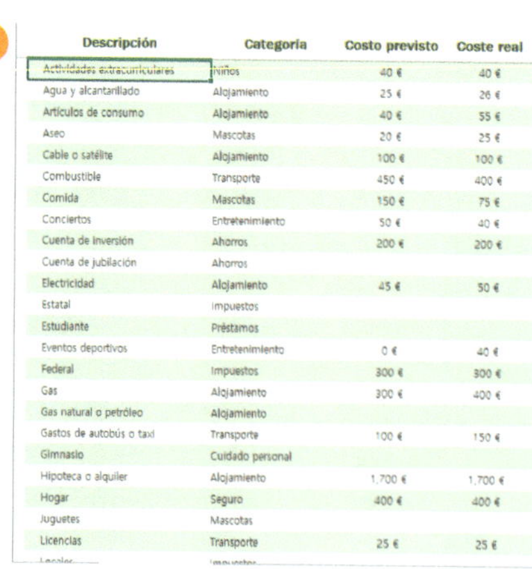

Descripción	Categoría	Costo previsto	Coste real
Actividades extracurriculares	Niños	40 €	40 €
Agua y alcantarillado	Alojamiento	25 €	26 €
Artículos de consumo	Alojamiento	40 €	55 €
Aseo	Mascotas	20 €	25 €
Cable o satélite	Alojamiento	100 €	100 €
Combustible	Transporte	450 €	400 €
Comida	Mascotas	150 €	75 €
Conciertos	Entretenimiento	50 €	40 €
Cuenta de inversión	Ahorros	200 €	200 €
Cuenta de jubilación	Ahorros		
Electricidad	Alojamiento	45 €	50 €
Estatal	Impuestos		
Estudiante	Préstamos		
Eventos deportivos	Entretenimiento	0 €	40 €
Federal	Impuestos	300 €	300 €
Gas	Alojamiento	300 €	400 €
Gas natural o petróleo	Alojamiento		
Gastos de autobús o taxi	Transporte	100 €	150 €
Gimnasio	Cuidado personal		
Hipoteca o alquiler	Alojamiento	1,700 €	1,700 €
Hogar	Seguro	400 €	400 €
Juguetes	Mascotas		
Licencias	Transporte	25 €	25 €

4
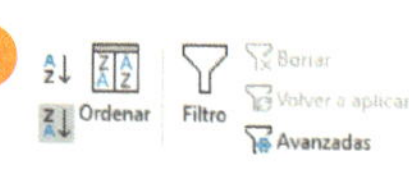

5
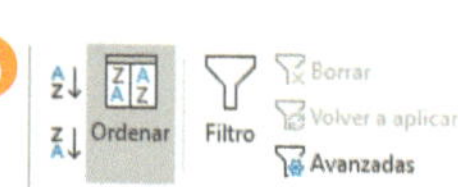

la tabla de manera que en primer lugar se muestren los elementos con más coste real. Veamos cómo hacerlo. Desde esta misma pestaña, pulse sobre el comando **Ordenar** del grupo **Ordenar y filtrar**. ⑤

5. Se abre el cuadro **Ordenar**, donde debemos establecer los criterios de ordenación. Despliegue el campo **Ordenar por** y seleccione de la lista la columna **Coste real**. ⑥
6. El campo **Ordenar según** permite elegir una ordenación por valores o por formato (color de celda o de fuente) o por icono de celda. En este caso, mantendremos la opción Valores de celda. Mantenga también el valor **De mayor a menor** en el campo **Criterio de ordenación** y pulse en **Aceptar**.
7. Automáticamente la tabla vuelve a actualizarse según los criterios de ordenación establecidos. Resulta interesante saber que puede agregar hasta 64 niveles de ordenación en el cuadro **Ordenar**. Otra forma de organizar el contenido de una tabla es mediante los filtros y autofiltros. ¿Qué conseguimos filtrando el contenido de una columna en concreto? Visualizar solo aquellos datos que nos interesan en cada momento. Veamos un ejemplo. Haga clic en la cabecera de la columna **Categoría** ⑦ y en el grupo de herramientas **Ordenar y filtrar** pulse sobre el comando **Filtro**.
8. En cada una de las cabeceras de columna se ha insertado un botón de flecha. Este botón es el que nos permitirá filtrar el contenido de la tabla según los criterios que necesitemos. Despliegue el botón de filtro de la celda **Categoría**.
9. Como puede ver, además de contar con las herramientas habituales de ordenación, este panel contiene la lista de todas las categorías incluidas en la columna. ⑧ Desactive algunas de ellas, de manera que solo queden 3 activas y pulse el botón **Aceptar**.
10. Efectivamente, ahora la tabla solo muestra las filas y columnas referentes a las categorías seleccionadas. ⑨ ¿Cómo desactivamos el filtro para que la tabla vuelva a mostrarse completa? Sencillamente, pulse el comando **Borrar** del grupo de herramientas **Ordenar y filtrar**.

6
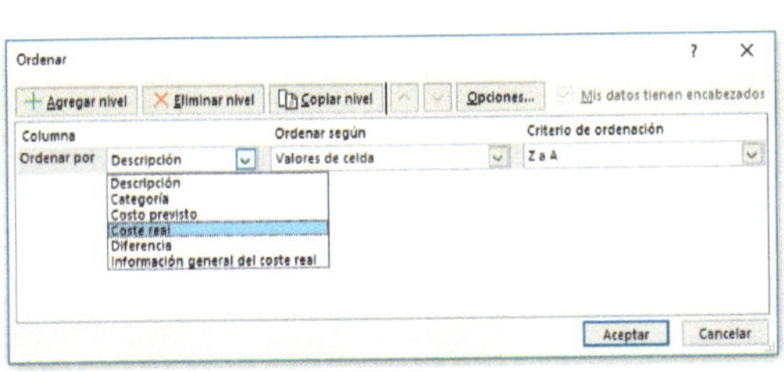

8
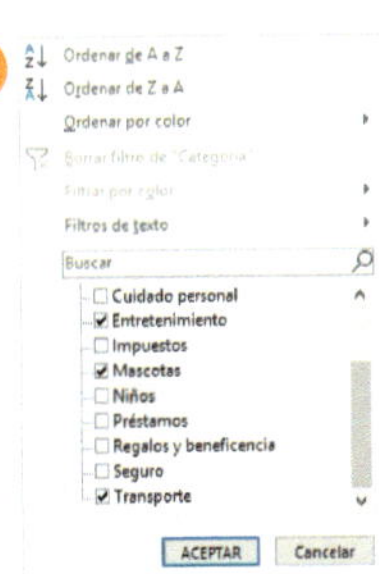

9
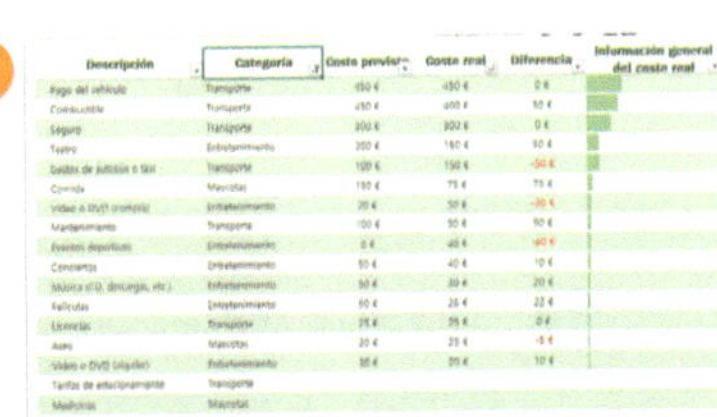

7

Calcular subtotales

EL COMANDO SUBTOTAL PERMITE CALCULAR automáticamente subtotales y totales generales en una lista de una columna. Indicando cuál es la columna que contiene los datos a calcular y en qué puntos de la tabla debe ejecutarse la operación, es posible realizar sumas parciales, así como promedios, productos, recuentos o valores máximos y mínimos.

1. Para llevar a cabo esta práctica, nos basaremos de nuevo en nuestro archivo **presupuesto. xlsx**. Sin embargo, antes de empezar con el uso del comando **Subtotal**, debemos indicarle que los subtotales no son compatibles con las tablas de Excel. En el caso de querer aplicar este comando en un elemento de este tipo, dicho comando aparecerá atenuado en la **Cinta de opciones**. Compruébelo en este caso observando el grupo de herramientas **Esquema** de la ficha **Datos**. 1
2. ¿Qué debemos hacer para solventar este problema? Convertir la tabla en un rango de celdas normal o en una tabla dinámica, elementos con los que trabajaremos más adelante. Debemos advertirle que, al realizar este proceso, se eliminará toda la funcionalidad de la tabla de los datos excepto el formato, eso sí, se mantendrá todo el contenido. Pulse sobre la pestaña contextual **Herramientas de tabla** y, en el grupo **Herramientas**, haga clic sobre el comando **Convertir en rango**; 2 en el cuadro de diálogo que aparece, pulse en Sí para confirmar la conversión. 3
3. Aparentemente no ha ocurrido nada. Sitúese en la pestaña **Datos** y compruebe como, ahora sí, el comando **Subtotal** se encuentra habilitado, lo que significa que podemos empezar la práctica. 4 Previamente, filtre, como hemos visto en el ejercicio anterior, la columna categoría por orden alfabético.
4. De este modo agrupamos alfabéticamente todas las categorías. Y es que es necesario que cada columna de un intervalo de datos para la que desea calcular un subtotal tenga una etiqueta en la primera fila, contenga hechos similares en cada columna y que el rango no incluya ninguna fila o columna en blanco. Ahora sí, seleccione la celda **C3** y haga clic sobre el comando **Subtotal**.

1
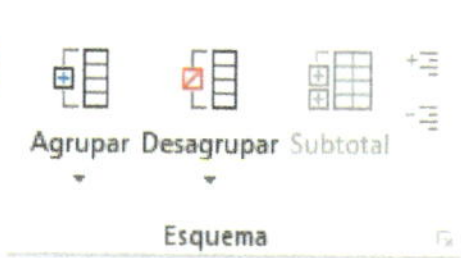

2
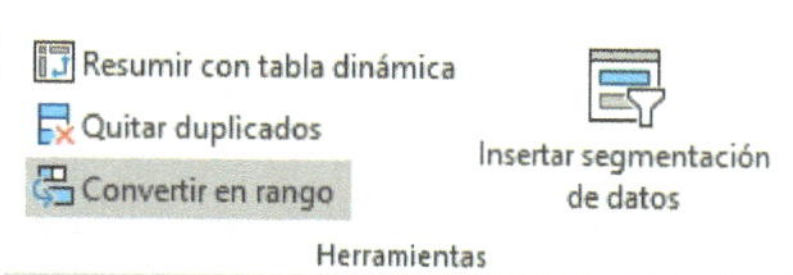

3
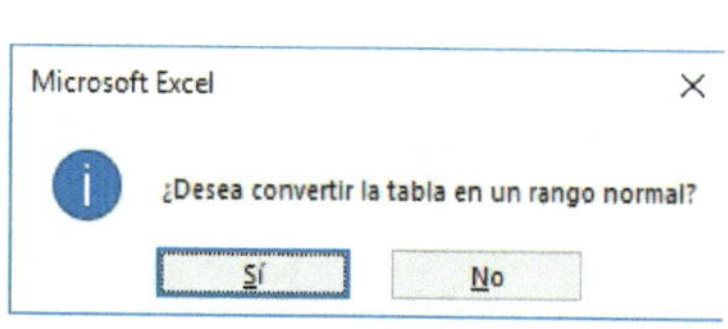

4
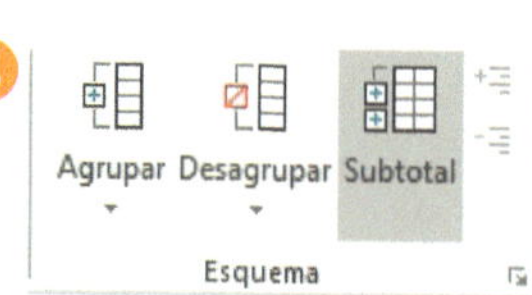

5
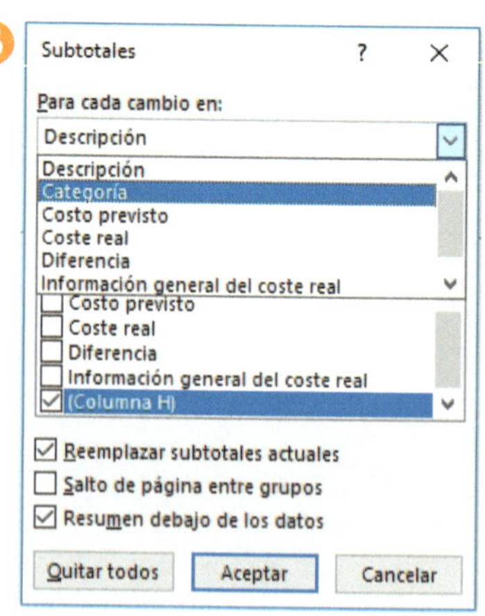

5. Se abre el cuadro **Subtotales** en el cual debemos configurar el modo en que se calcularán los subtotales. Se trata de insertar niveles. Como ejemplo, diremos que para cada cambio en la columna **Categoría** se calcularán los subtotales de la columna **Coste previsto**. Para ello, despliegue el campo **Para cada cambio en** y elija de la lista la columna **Categoría**. 5
6. En el campo **Usar función** debemos elegir el tipo de función que deseamos aplicar. En este caso, mantendremos la función **Suma**. Y en el campo **Agregar subtotal a** debemos indicar la columna que contiene los datos que deseamos calcular, en este caso, **Coste previsto**. Márquela.
7. La opción **Salto de página entre grupos** se activa cuando se desea insertar un salto de página automático después de cada subtotal. La opción **Reemplazar subtotales actuales**, activada por defecto, permite actualizar los subtotales en el caso en que los haya y, por su parte, la opción **Resumen debajo de los datos**, también activada por defecto, especifica una fila de resumen debajo de la fila de detalles. Mantendremos estas opciones como se muestran de forma predeterminada y aceptaremos el proceso. Para ello, pulse el botón **Aceptar**.
8. Observe lo que ha ocurrido. En la parte izquierda de nuestra tabla se han añadido una serie de botones que desglosan en detalle cada una de las categorías y calculan el resultado. 6 Si pulsa sobre estos botones, los grupos se contraerán. Compruébelo. 7
9. Es posible insertar niveles de subtotales anidados, es decir, para grupos internos anidados dentro de sus grupos externos correspondientes. En tal caso, sencillamente acceda de nuevo al cuadro **Subtotales** y señale la nueva columna en el campo **Para cada cambio en**, manteniendo tanto la función **Suma** como la opción marcada anteriormente en el campo **Agregar subtotal**. También es recomendable desactivar la opción Reemplazar subtotales actuales. 8
10. Cuando ya no le interese que se muestren los subtotales en su hoja de cálculo, acceda de nuevo al cuadro **Subtotales** y pulse el botón **Quitar todos**.

6
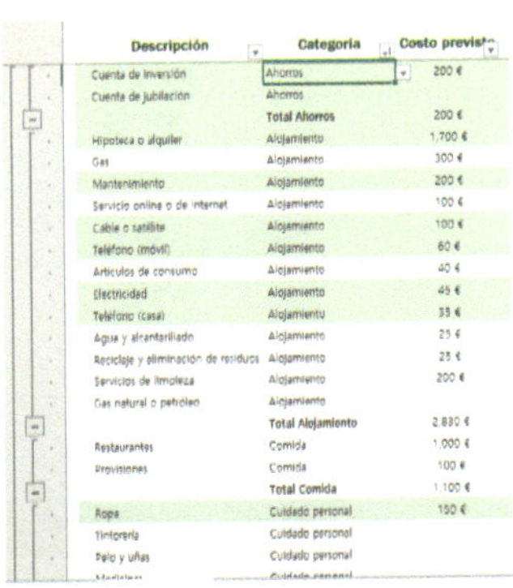

7
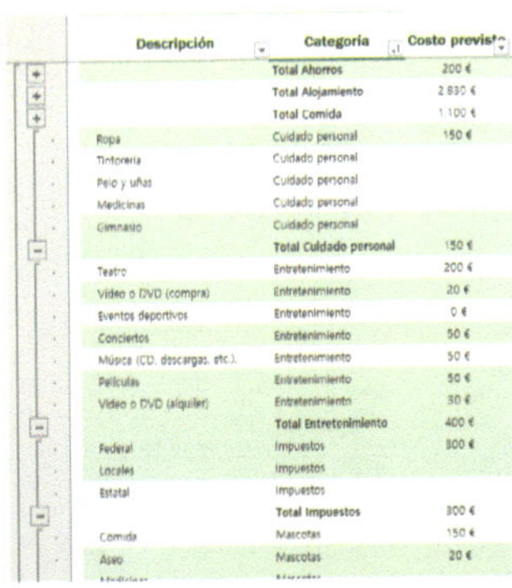

8
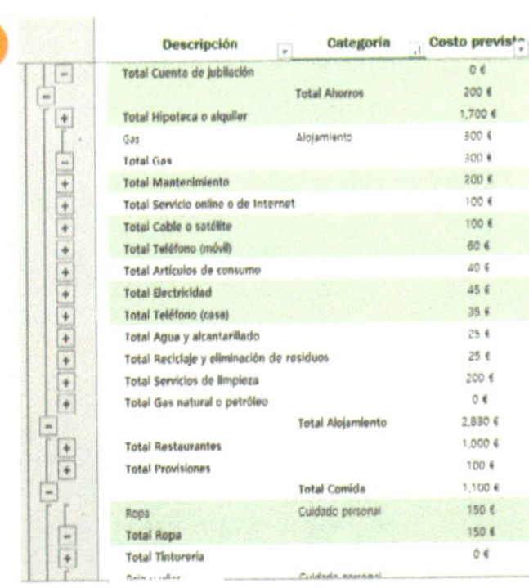

Introducción al trabajo con referencias

PARA CREAR TABLAS REALMENTE ÚTILES que realicen cálculos por sí solas, estas deben contener fórmulas que vinculen unas celdas con otras. Estas fórmulas se conocen como referencias y pueden ser de tres tipos: relativas, cuyo formato es, por ejemplo, A1, absolutas, A1, y mixtas, $A1 o A$1. El símbolo del dólar indica que esa referencia es absoluta y que no debe ser modificada en ningún caso. Además de estos tres tipos de referencias, existen las denominadas externas o vínculos, que se refieren a celdas de otros libros.

1. Para llevar a cabo este ejercicio, utilizaremos el libro de ejemplo **Precios.xlsx**, que encontrará entre el material adicional de este libro, en cuya hoja Ventas se ha confeccionado una tabla con las supuestas ventas trimestrales de bolígrafos. El valor de las ventas totales anuales corresponderá al resultado de sumar los valores de los cuatro trimestres. De este modo, en el caso del primer artículo, la fórmula sumará los valores del rango **C2:F2**. Haga clic en la celda **G2**, active la ficha **Fórmulas** y pulse sobre la herramienta **Autosuma**, en el grupo **Biblioteca de funciones**.
2. Como puede comprobar, Excel muestra ya seleccionado el rango de celdas que considera conveniente para realizar la suma. ❶ Confirme la entrada pulsando el botón **Introducir** de la **Barra de fórmulas**. ❷
3. Automáticamente Excel completa toda la columna con los totales que corresponden a cada una de las filas. ❸ De manera predeterminada, Excel aplica un nombre a la tabla y utiliza los nombres de las cabeceras de las columnas para crear el rango. Haga clic dentro de la **Barra de fórmulas** y vea cómo quedan seleccionadas las celdas a las que hace referencia la fórmula. ❹
4. A continuación, añada una nueva columna con el título **% 1r TRIMESTRE**, en la que se mostrará el porcentaje de ventas del primer trimestre respecto al total anual. ❺

❷

❶
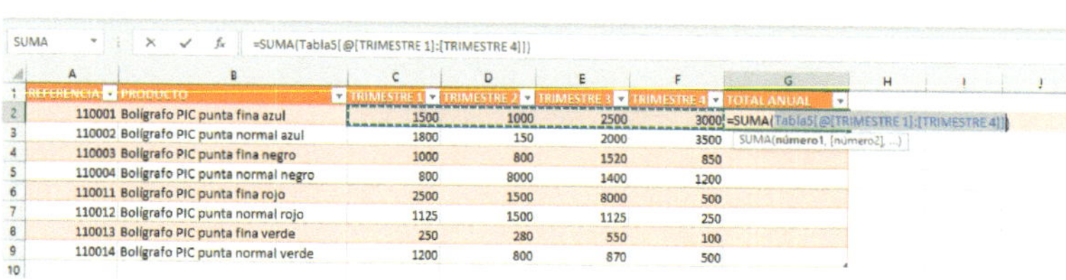

❸
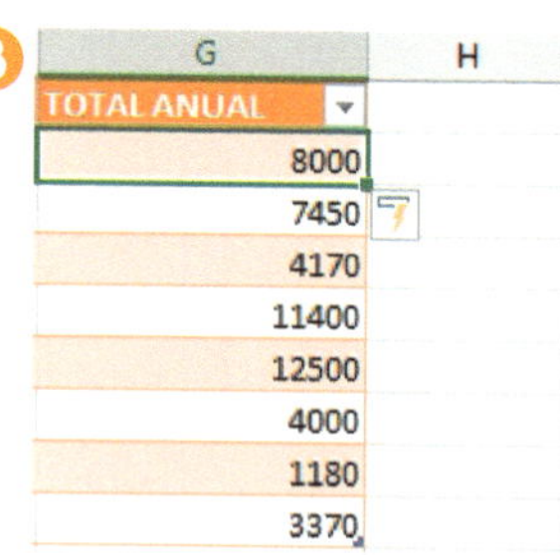

❹
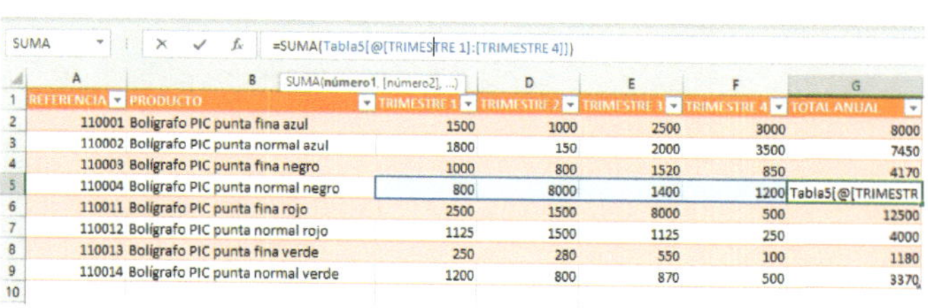

❺
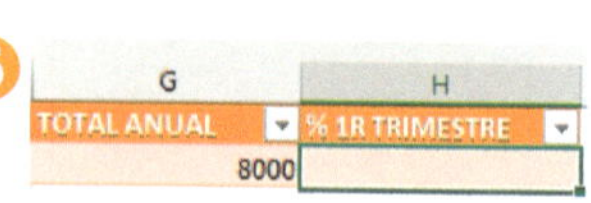

5. Hay muchas maneras de trabajar los porcentajes con Excel, algunas de ellas bastante sofisticadas por medio de funciones avanzadas. Veamos un modo sencillo de establecer esta operación. Empezaremos introduciendo la multiplicación del total de ventas del primer trimestre para el primer artículo (celda C2) por 100. En la celda **H2** o bien, con dicha celda seleccionada, en la Barra de fórmulas, escriba: **=C2*100**. 6
6. No olvide el signo = al iniciar la fórmula puesto que es el elemento que el programa utiliza para identificar que se trata, efectivamente, de una fórmula y debe tratarla como tal. Finalizaremos la fórmula dividiendo el total de la operación hasta ahora insertada en la celda activa por el contenido de la celda G2, donde figura el total anual de ventas del producto. Escriba **/G2**. 7
7. Si introdujera esta referencia de la siguiente manera: G2, el resultado de la multiplicación siempre se multiplicaría por el valor contenido en la celda **G2**, al tratarse de una referencia absoluta. Pulse el botón **Introducir** de la **Barra de fórmulas**.
8. Excel calcula automáticamente los valores del resto de celdas de la columna, actualizando debidamente las referencias. 8 Sepa que puede deshacer la creación automática de columnas calculadas desde la etiqueta inteligente **Opciones de Autocorrección**. Seleccione una de las celdas de la nueva columna y vea la fórmula en la **Barra de fórmulas**.
9. Efectivamente, las referencias a las celdas en esta fórmula se han actualizado correctamente. Antes de terminar, vamos a aplicar al rango de celdas oportuno un formato de moneda. Seleccione el rango de celdas **C2:G9**.
10. En la ficha Inicio, despliegue el campo **Formato de número de contabilidad**, que, por defecto, muestra el símbolo del dólar, y elija de la lista la opción **Español (España)** para asignar el Euro como moneda. 9
11. Seleccione ahora el rango de celdas **H2:H9**, despliegue el campo **Formato de número** del grupo de herramientas **Número**, en la ficha **Inicio** y, de la lista de formatos, elija la opción **Número**.

8
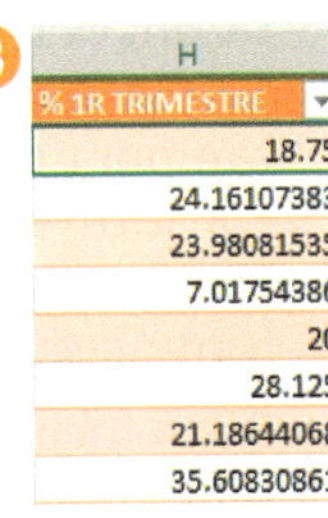

6
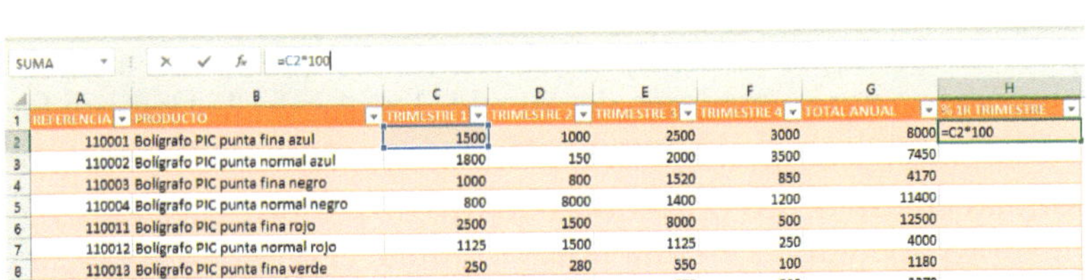

9

7
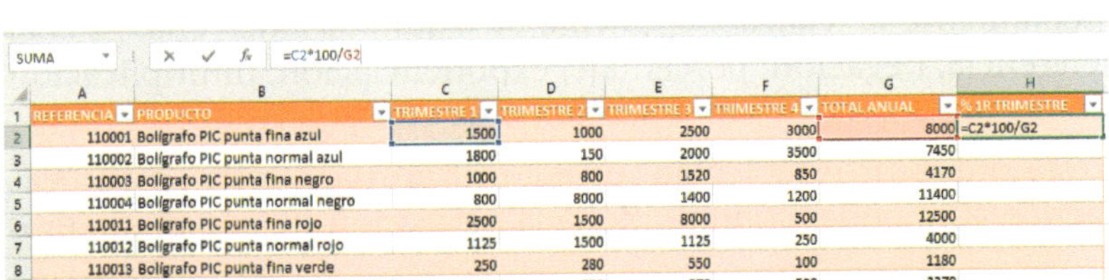

Los operadores en Excel

LOS OPERADORES INDICAN EL TIPO DE CÁLCULO QUE DESEA REALIZAR en los elementos de una fórmula, como suma, resta, multiplicación o división. Existen distintos tipos de operadores de cálculo: aritmético, comparación, concatenación de texto y referencia. En este ejercicio conocerá el orden predeterminado en el que actúan los operadores, así como las características de cada uno de los tipos existentes. Este será, por tanto, un ejercicio esencialmente teórico.

1. Como hemos indicado en la introducción, existen cuatro tipos de operadores. Veamos las características básicas de cada uno de ellos:

   1.1 Los **operadores aritméticos** se utilizan para efectuar operaciones matemáticas básicas como sumas, restas o multiplicaciones, así como para combinar números y producir resultados numéricos. Estos operadores son: + para sumar, - para restar o negar, * para multiplicar, / para dividir, % para crear porcentajes y ^para exponenciaciones.

   1.2 Los **operadores de comparación** se utilizan para comparar dos valores, produciendo como resultado un valor lógico verdadero o falso. Los operadores de comparación son : = (igual a), > (mayor que), < (menor que), >= (mayor o igual que), <= (menor o igual que) y <> (no es igual a).

   1.3 El **operador de concatenación de texto** solo es uno, &, y se utiliza para unir o concatenar una o más cadenas de texto para producir un único fragmento de texto.

   1.4 Los últimos operadores de Excel son los de referencia, que permiten combinar rangos de celdas. Los **operadores de referencia** son: :, un operador de rango, que produce una referencia a todas las celdas entre dos referencias, incluidas; ., un operador de unión, que combina varias referencias en una sola, y el espacio, un operador de intersección, que produce una referencia a celdas comunes a las dos referencias.

2. Excel se basa siempre en un orden preestablecido para aplicar estos operadores en la fórmulas. El orden en que se realiza el cálculo puede afectar al valor generado por la fórmula; por esta razón, es muy importante conocer este orden y cómo se puede cambiar para obtener los resultados esperados. Como ya hemos visto en algún ejercicio anterior, las fórmulas siempre empiezan por un signo igual (=). Este signo indica al programa que los caracteres que vienen después constituyen una fórmula. Después de este signo se incluyen los elementos que se van a calcular (denominados operandos), separados por operadores de cálculo. Excel calcula siempre las fórmulas de izquierda a derecha, siguiendo el orden concreto de cada operador de la fórmula.
3. Excel incluso establece una prioridad de uso de los operadores dentro de las fórmulas. Esto significa que, cuando se combinan varios operadores en una única fórmula, el programa realizará las operaciones en un orden preestablecido. En el caso en que exista más de un operador con la misma prioridad, para ellos sencillamente se realizará el cálculo de izquierda a derecha. ¿Y cuál es este orden?: operadores de referencia, negación, porcentaje, exponenciación, multiplicación y división, suma y resta, concatenación y, por último, operadores de comparación.
4. Si a usted le interesa cambiar este orden preestablecido, puede utilizar paréntesis en sus fórmulas. Veamos un ejemplo práctico para poder comprender a la perfección de lo que estamos

hablando. Escriba la siguiente operación o fórmula en una celda de una hoja de cálculo: =4+3*5 y pulse Retorno para ver el resultado. ❶

5. El resultado es 19, puesto que, según el orden de prioridad de ejecución de los cálculos que acabamos de ver, Excel calcula primero la multiplicación y después, la suma. ❷ Perfecto. Ahora, utilizaremos paréntesis para cambiar el resultado. Escriba en otra celda la siguiente fórmula: =(4+3)*5 y pulse Retorno.

6. Ahora el resultado es 35. ❸ ¿Por qué? Porque Excel da prioridad a aquellos elementos entre paréntesis.

7. No queremos terminar este ejercicio explicativo sin comentar que, al escribir una fórmula, Excel espera unos tipos de valores concretos para cada operador. En el caso de que este tipo de valor sea distinto del esperado, el programa puede convertirlo para poder ejecutar la fórmula correctamente. Por ejemplo, cuando se usa un signo menos (-), Excel espera encontrar números en la fórmula. En el caso de que encuentre, por ejemplo, comillas, que representan contenido textual, el programa lo convierte en número. Veamos un ejemplo. Escriba en una celda libre la siguiente fórmula sencilla: ="18"-"8" y pulse Retorno para comprobar el resultado.

8. Efectivamente, Excel esperaría detrás del signo menos un número pero se ha encontrado comillas, por lo que las ha convertido simplemente en número y ha proporcionado el resultado correcto. ❹

9. De igual forma, cuando una fórmula espera un número y encuentra texto, Excel lo convierte siempre y cuando esté en un formato que habitualmente se aceptaría para un número. Escriba en una celda libre la siguiente fórmula: = 1 + "$ 90.00" y pulse Retorno para comprobar que el resultado es, sencillamente, 91. ❺

10. Otra situación en la que Excel convierte los elementos encontrados en una fórmula es, por ejemplo, con las fechas. El programa interpreta el texto como una fecha con el formato mm/dd/aaaa, convierte las fechas en números de serie y calcula la diferencia entre ellas. Para entenderlo mejor, escriba la siguiente fórmula: = "10/25/2019"-"09/13/2019" y pulse Retorno.

11. Es importante tener en cuenta que el formato utilizado por defecto en las fechas es mes/día/año. De este modo sabemos que entre el 25 de octubre y el 13 de septiembre existe una diferencia de 42 días. ❻

12. Por último, diremos que si en algún caso Excel es incapaz de realizar estas conversiones porque la sintaxis utilizada es imposible, devolverá en lugar de un resultado el texto #Valor.

❶
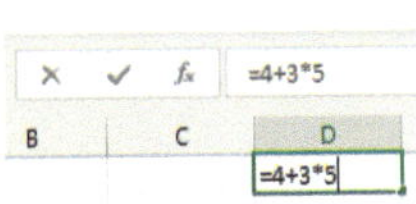

❷
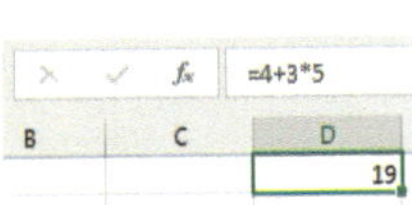

❸
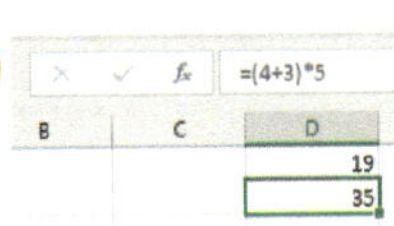

❹
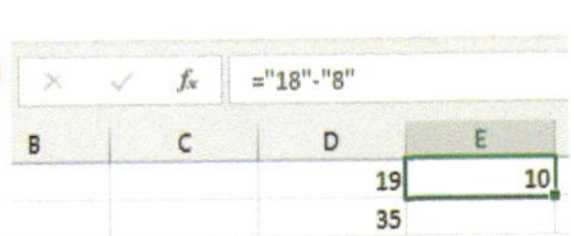

❺
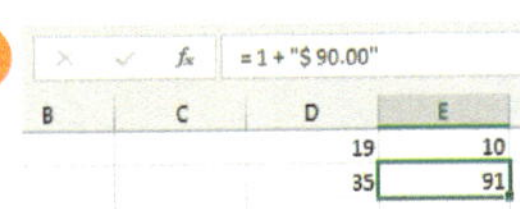

❻
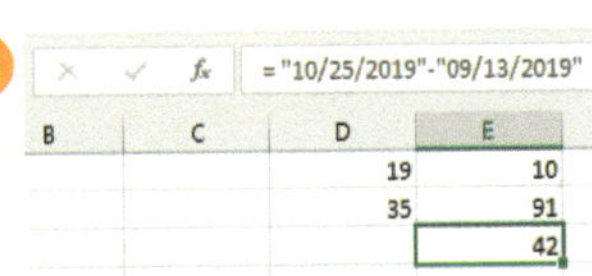

Crear y utilizar rangos de celdas

UN RANGO ES UN CONJUNTO DE CELDAS que pueden ser consecutivas o estar separadas dentro de la hoja de cálculo. Los rangos se crean seleccionando las celdas con el ratón o con las teclas de desplazamiento y pueden resultar muy útiles para simplificar fórmulas en las que intervienen varias celdas. Si las celdas que componen el rango no son consecutivas, deberá utilizarse la tecla de Control para pasar de un grupo de celdas a otro. Los rangos se identifican por los nombres de la primera y última celda separados por dos puntos (:).

1. En este ejercicio nos proponemos crear dos rangos en la hoja **Ventas** del libro **Precios.xlsx** utilizando procedimientos distintos. Para empezar, seleccione con la ayuda de la tecla **Mayúsculas**, el rango de celdas situadas entre la C2 y la C9.
2. Para dar nombre a un rango de celdas podemos utilizar la opción **Definir nombre** de su menú contextual o bien la herramienta **Asignar nombre** de la ficha Fórmulas. Active esa ficha pulsando sobre su pestaña y, en el grupo de herramientas **Nombres definidos**, haga clic sobre la herramienta **Asignar nombre**. 1
3. Se abre el cuadro **Nombre nuevo**, donde indicaremos el nombre del rango, el ámbito al que pertenece y las celdas a las que hace referencia. Además, en este cuadro podemos incluir un breve comentario que nos ayude a identificar mejor el rango creado. Excel asigna por defecto como nombre al rango de celdas el contenido de la primera de ellas, siempre que este sea de tipo texto. En el campo **Nombre**, escriba, por ejemplo, el término **PrimerTrimestre**. 2
4. Mantenga el resto de datos tal y como se muestran por defecto y pulse **Aceptar**.
5. Observe que en el cuadro de nombres, a la izquierda de la **Barra de fórmulas**, aparece el nombre **PrimerTrimestre** ya que dicho rango todavía permanece seleccionado. 3 El cuadro de nombres no permite eliminar ni cambiar nombres asignados a celdas o a rangos de celdas. Para hacerlo, es necesario acceder al **Administrador de nombres**. Ahora crearemos un nuevo rango de celdas utilizando el menú contextual de las mismas. Seleccione la celda **D2**, pulse sobre ella con el botón derecho del ratón y, del menú contextual que se despliega, elija la opción **Definir nombre**. 4

1
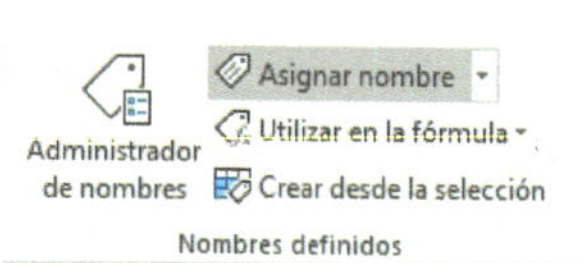

2
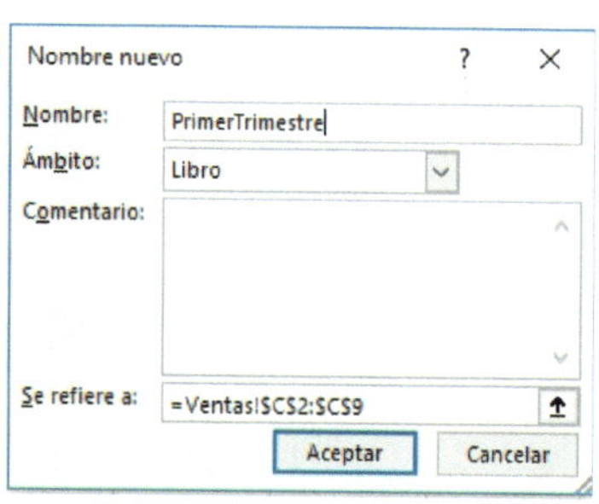

3

4
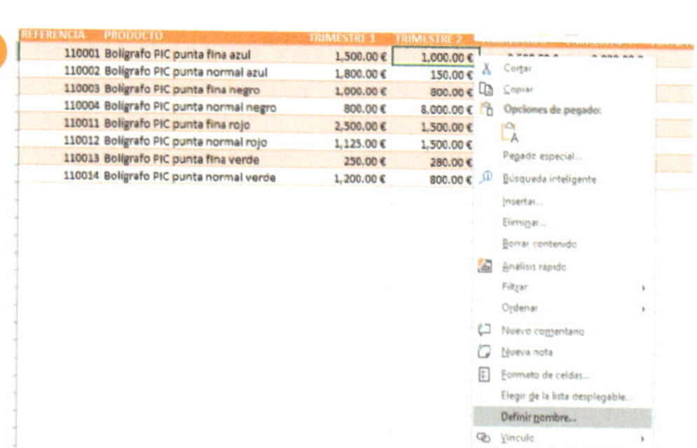

6. También así se abre el cuadro **Nombre nuevo**. En primer lugar, vamos a definir las celdas a las que hará referencia el rango. Haga clic sobre el botón que aparece a la derecha del campo **Se refiere a** para contraer el cuadro de diálogo, pulse la tecla **Mayúsculas** y, sin liberarla, haga clic en la celda **D9**. 5
7. De este modo hemos seleccionado todo el rango que nos interesa. Vuelva a ampliar el cuadro pulsando en el mismo botón, asigne como nombre al nuevo rango el término **SegundoTrimestre** y pulse el botón **Aceptar** para confirmarlo.
8. Tenga en cuenta que los nombres de los rangos no pueden contener espacios en blanco. Para comprobar que hemos aplicado el nombre correctamente, seleccione el rango **D2-D9**.
9. Observe que en el cuadro de nombres aparece el término **SegundoTrimestre**. 6 Seguidamente, pulse el botón **Administrador de nombres** del grupo **Nombres definidos**. 7
10. Se abre el cuadro **Administrador de nombres**, mostrando los nombres de los rangos de celdas creados hasta el momento. Además, en este cuadro podemos ver los valores de las celdas que componen los rangos, las celdas a las que se refieren y el ámbito al que pertenecen, crear nuevos rangos y editar o eliminar los ya existentes. Ciérrelo pulsando el botón **Cerrar**.
11. En tablas muy extensas, puede ser interesante asignar nombres a rangos compuestos por una sola celda. Si el nombre asignado identifica con exactitud el contenido de la celda, evitaremos tener que localizarla cada vez que debamos usar ese dato en una fórmula. La creación de rangos y, aún más, la asignación de nombres a los mismos, son operaciones de gran utilidad cuando se trabaja con fórmulas. El nombre del rango pasa a ser un operando más que incluye el contenido de todas sus celdas. No queremos terminar este ejercicio sin mostrarle un ejemplo básico de ello. Haga clic en la celda **C10** y escriba la siguiente fórmula: **=SUMA(PrimerTrimestre)**; 8 pulse la tecla **Retorno** y compruebe el resultado.
12. Como puede imaginar, escribir la fórmula utilizando el nombre del rango equivale a escribir lo siguiente: **=SUMA(C2:C9)**. Si lo desea compruébelo y vea que el resultado es el mismo.

5
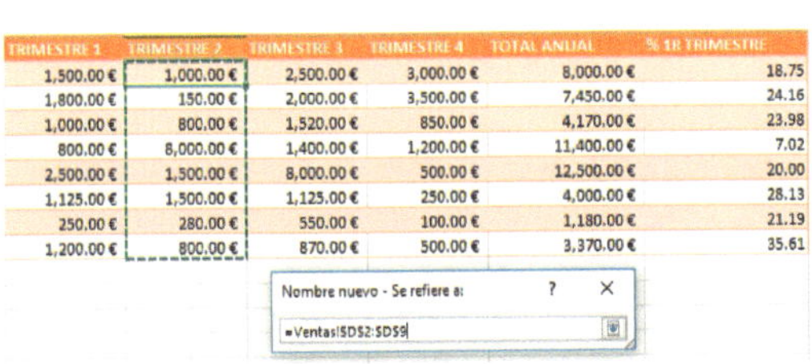

7
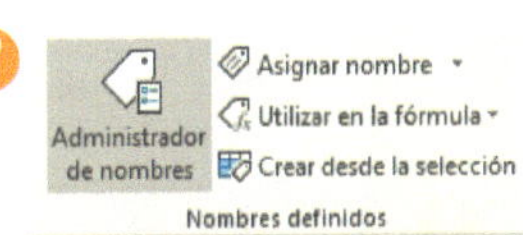

8
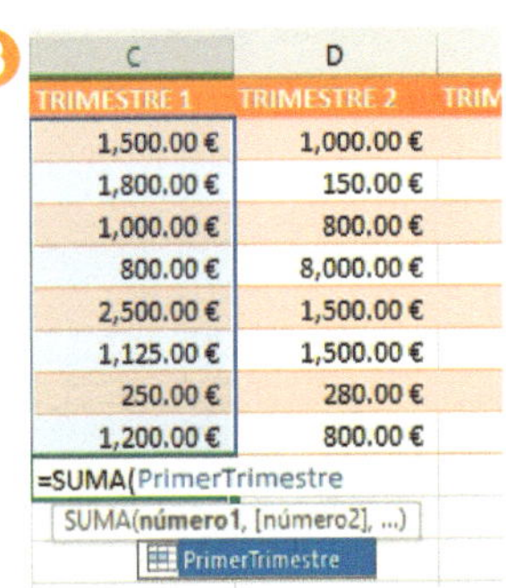

6
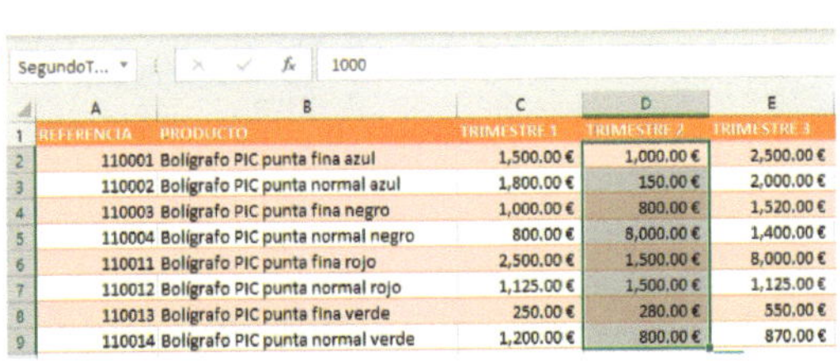

Validar datos

IMPORTANTE

Ante una contradicción entre los datos validados y los que se introducen, Excel establece tres niveles de respuesta, los llamados estilos de error: Alto, que no permite la introducción del dato no válido, Advertencia, que solicita confirmación para validar el dato incorrecto, e Información, que simplemente informa al usuario del error pero permite su inserción en la hoja.

DEFINIMOS VALIDACIÓN COMO EL PROCESO por el cual se establecen unos límites a los datos que puede contener una celda, fila o columna. Esto quiere decir que podemos impedir que los usuarios escriban datos no válidos, o que se les advierta de que no pueden hacerlo (ya sea con mensajes o instrucciones que ayuden a los usuarios a corregir los errores) en los lugares no correspondientes. Esta es una herramienta de gran utilidad cuando trabajamos con un libro de Excel que compartimos con otros usuarios. Es un modo de homogeneizar la inserción y tratamiento de datos.

1. Para este ejercicio seguiremos trabajando con el documento **Precios.xslx**. Sitúese sobre la celda vacía **B10** (sepa que, si lo necesita, podría seleccionar más de una celda), active la pestaña **Datos** y, en el grupo **Herramientas de datos**, pulse sobre el comando **Validación de datos**. ❶
2. En esta ocasión practicaremos con uno de los usos más comunes de la validación de datos: la creación de una lista desplegable. En el cuadro **Validación de datos**, despliegue el campo **Permitir**.
3. Como puede ver, son siete las opciones entre las cuales puede configurar la validación de datos. **Número entero**, **Número decimal**, **Fecha** y **Tiempo** restringen la celda para que acepte solo elementos del tipo indicado; **Lista** permite elegir elementos de una lista desplegable (como veremos en este ejercicio); **Longitud del texto** restringe la longitud del texto a un valor determinado, y **Personalizada** responde a una fórmula personalizada por el usuario. En este caso, tal y como hemos indicado, seleccione la opción **Lista**. ❷

❶
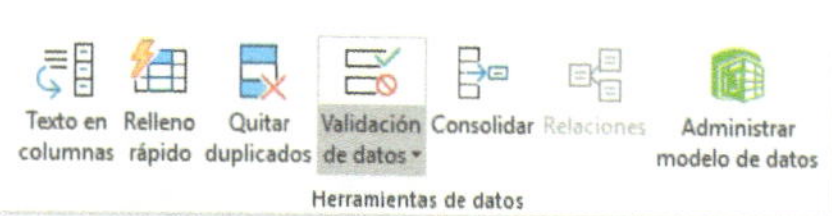

❸
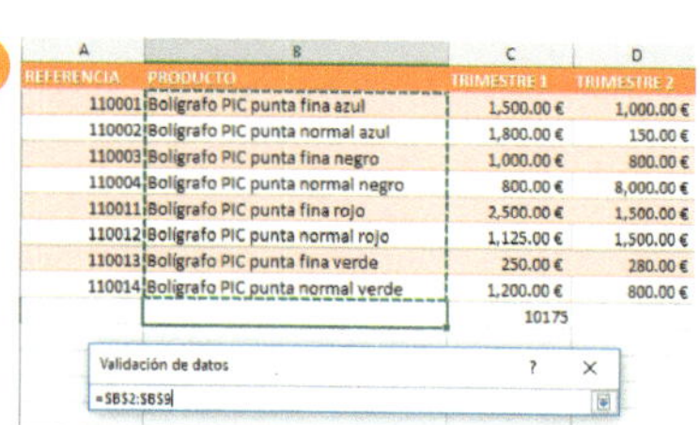

❷
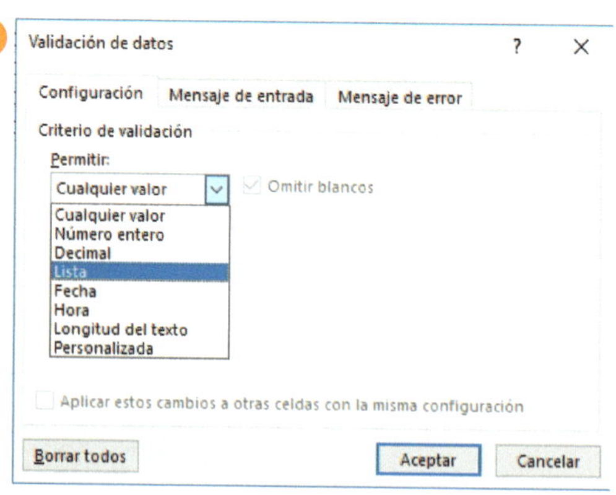

4. Esta opción activa el campo **Origen**, en el cual debemos indicar las celdas con el contenido que deseamos validar (en esta ocasión, los productos de nuestra lista de precios). Haga clic sobre el icono situado a la derecha del mencionado campo, seleccione todas las celdas de la columna **B** que contengan los productos 3 y pulse la tecla **Retorno**.
5. Según la opción elegida en el campo **Permitir**, se activará o no el campo **Datos**, en el cual se inserta el criterio que deberá seguir el programa para la validación basado en una condición, como entre, mayor que, igual que, no es igual que, menor o igual que, entre otras. Pulse el botón **Aceptar** para confirmar la creación de la regla de validación.
6. En la celda seleccionada se ha insertado un botón de punta de flecha que le permitirá abrir la lista de datos validados. 4 Para comprobar cómo funciona la validación, escriba en la celda seleccionada el término **Folio blanco A4** y pulse la tecla **Retorno**.
7. El programa le informa de que no puede insertar el valor porque no pertenece a la lista de valores validados. 5 Tras cancelar el cuadro de advertencia, pulse de nuevo sobre el comando **Validación de datos**.
8. Lo que haremos a continuación será configurar un mensaje de error que aparecerá en lugar del cuadro de advertencia predeterminado. En el cuadro **Validación de datos**, pulse sobre la pestaña **Mensaje de error**.
9. Mantenga el estilo **Alto** y, en el campo **Título**, escriba: **Este producto no existe**.
10. En el campo **Mensaje de error** escriba lo siguiente: «Los datos que has introducido no se corresponden con el contenido de esta tabla. Por favor, revisa este dato» 6; pulse el botón **Aceptar** para confirmar los cambios y cerrar el cuadro.
11. A continuación, escriba otra vez en la celda seleccionada el dato **Folio blanco A4**, pulse la tecla **Retorno** y compruebe que el mensaje de advertencia es el que acabamos de diseñar. 7
12. Si pulsa el botón **Reintentar** del cuadro de advertencia, el programa le permite insertar un nuevo dato de búsqueda. Salga de este cuadro y dé por terminado este ejercicio

6
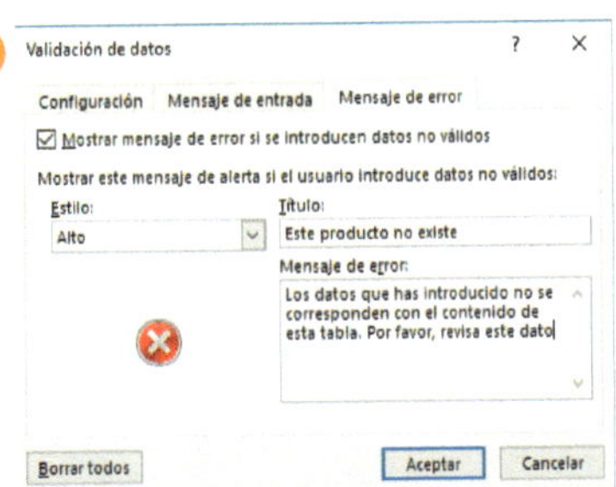

4
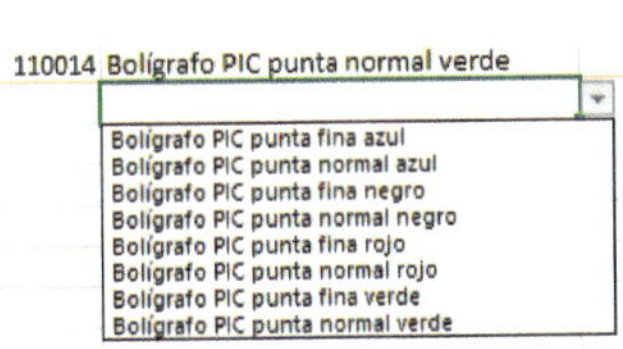

5
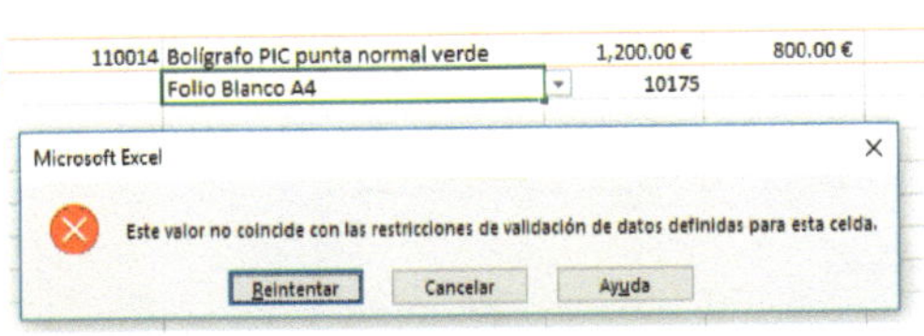

7
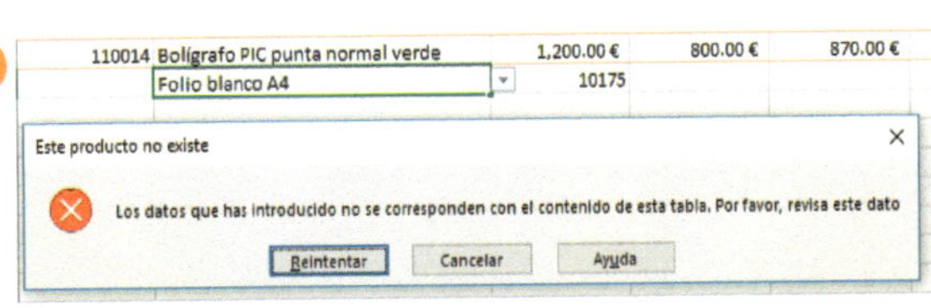

Introducción a las funciones

LAS FUNCIONES SON FÓRMULAS PREDEFINIDAS QUE TOMAN un valor o valores, ejecutan operaciones y devuelven un resultado, siempre con una sintaxis establecida. Excel cuenta con funciones relacionadas con matemáticas, trigonometría, estadística, ingeniería, fecha y hora, búsqueda y referencia, lógica y texto, además de funciones agrupadas en una categoría Web, para hacer referencia a servicios web compatibles con el sistema REST o de Transferencia de estado de representación existente. Toda función consta del nombre y unos argumentos entre paréntesis y separados por punto y coma. Estos paréntesis son imprescindibles incluso en las funciones que no requieren ningún argumento. Es posible incluir una función como argumento de otra, en cuyo caso hablamos de funciones anidadas.

1. En este ejercicio continuamos trabajando con nuestro libro **Precios.xlsx**. Para nuestro primer ejercicio con funciones (sin tener en cuenta la función Autosuma que ya utilizamos en un ejercicio anterior), practicaremos con la función Promedio para obtener el promedio de ventas del tercer trimestre. Empecemos. Seleccione la celda **E10**.
2. Para insertar la función que necesitamos podemos acceder al cuadro **Insertar función** y localizarla en él o bien seleccionarla directamente en la categoría adecuada del grupo de herramientas **Biblioteca de funciones** de la ficha **Fórmulas**. Para acceder al cuadro Insertar función dispone de varios caminos: pulsar sobre el botón del mismo nombre situado a la izquierda de la **Barra de fórmulas**, utilizar el comando del mismo nombre del grupo de herramientas **Biblioteca de funciones** de la ficha **Fórmulas** o pulsar la combinación de teclas **Mayúsculas + F3**. En este caso, pulse el último comando del grupo de herramientas **Biblioteca de funciones**, denominado **Más funciones**, y haga clic en la opción **Estadísticas**.
3. Se despliega un submenú con todas las funciones incluidas en esta categoría. ❶ Localice en esta larga lista la denominada **Promedio** y haga clic sobre ella.
4. Esta función devuelve el promedio (la media aritmética) de los argumentos que se indique, pudiendo ser estos números, nombres, matrices o referencias que contengan números. Compruebe que el programa intuye el rango de celdas sobre el cual calcular ❷ y así lo indica en la fórmula (vea la **Barra de fórmulas**) ❸. Si esta selección de argumentos no fuera la correcta, puede contraer el cuadro **Argumentos de función** y seleccionar el rango manualmente. Sepa que también puede introducir los valores cuyo promedio desea calcular de uno en uno

❶
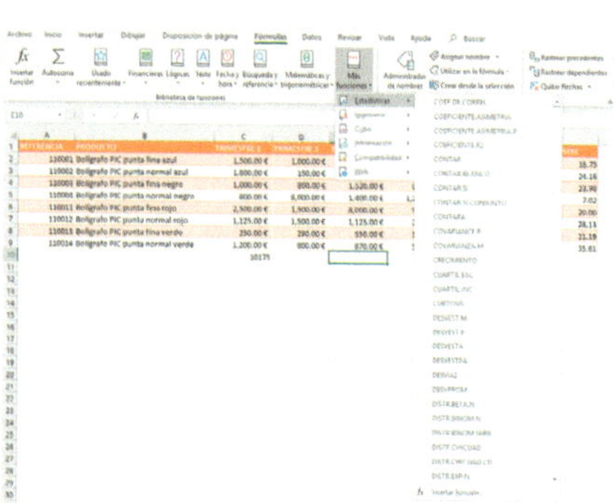

❸
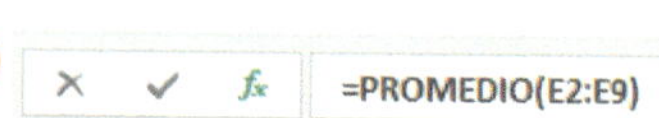

❷
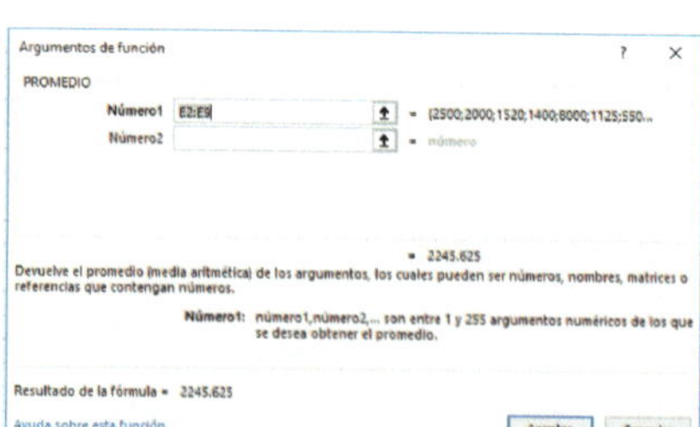

y no a modo de rango de celdas. Cada vez que inserte una referencia de celda en los campos **Número**, se añadirá un nuevo campo con el número de valor correlativo. Si desea obtener más información acerca de esta función, siga el vínculo **Ayuda sobre esta función** que aparece en la parte inferior del cuadro Argumentos de función. Pulse el botón **Aceptar** para insertar la función y ver el resultado. 4

5. Vamos a comprobar que las funciones se actualizan de manera automática al modificar los valores de sus argumentos. Modifique alguno de los valores de la columna.
6. Todas las celdas que contienen funciones o fórmulas en las que participa esta celda (como la correspondiente de las columnas **Total anual** y **% 1r trimestre** y la que hemos utilizado para insertar la función Promedio) se actualizan de manera automática. 5 Las fórmulas creadas por medio de funciones pueden ser copiadas igual que las demás. Vamos a comprobarlo copiando la función de promedio en la columna correspondiente al trimestre 4. Seleccione la celda con el promedio, haga clic sobre ella con el botón derecho del ratón y elija la opción **Copiar** de su menú contextual.
7. Seleccione la celda situada a su derecha, pulse sobre ella con el botón derecho del ratón y haga clic en el primer icono del grupo **Opciones de pegado**, correspondiente a la opción **Pegar**. 6
8. Observe la **Barra de fórmulas**. 7 Puesto que las referencias son relativas, la función Promedio se ha actualizado correctamente incluyendo ahora como argumentos el rango de celdas F2:F9. Seleccione ahora la celda de la derecha, pulse la combinación de teclas **Ctrl.+V** para pegar nuevamente la función y compruebe en la **Barra de fórmulas** que los argumentos son los correctos. 8
9. Cuando trabaje con sus propios libros y necesite realizar operaciones más complejas podrá comprobar que Excel ofrece una larga lista de funciones que le facilitarán enormemente la tarea. Excel 365 brinda una precisión mejorada de las funciones, puesto que ha añadido funciones muy útiles a su biblioteca, las cuales analizaremos con detalle en un ejercicio posterior.

4
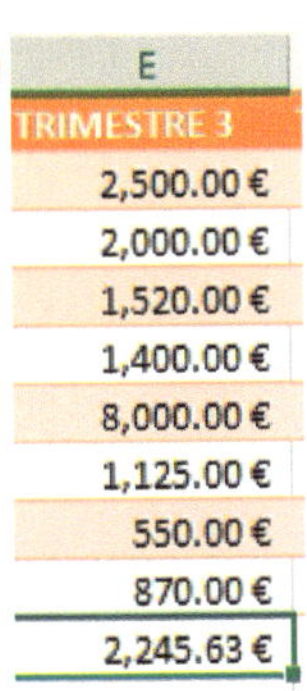

6
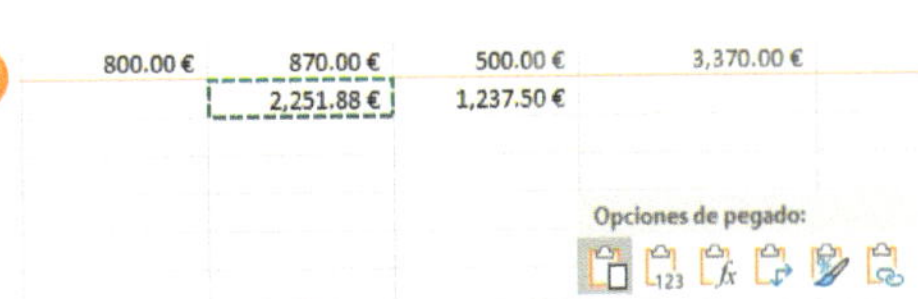

5
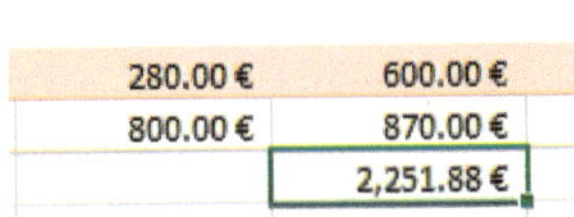

7
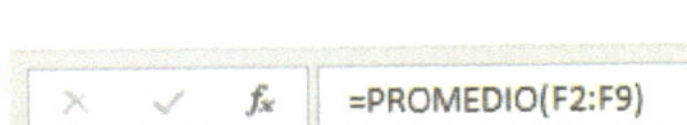

8
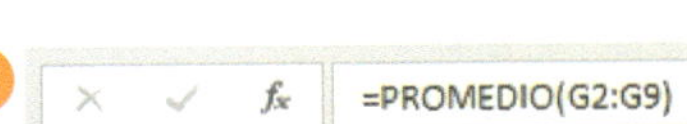

Funciones de texto

SE PUEDEN UTILIZAR FUNCIONES DE TIPO TEXTO con distintos objetivos. Algunas se limitan a devolver datos referenciados como el código de un carácter (Código), o el carácter correspondiente a un número o código comprendido entre el 1 y el 255 (Carácter); otras resultan muy útiles para realizar búsquedas o contar caracteres (Encontrar, Hallar, Largo y Reemplazar) y otras permiten manipular un texto según su misión (Concatenar, Mayúsc, Minúsc, Espacios). Otras de las funciones de texto es VALOR.NUMERO, que convierte texto a número independientemente a la configuración regional, UNICODE, que devuelve el número que corresponde al primer carácter del texto, y UNICAR, con la que practicaremos en este ejercicio.

1. En este ejercicio conoceremos la utilidad de algunas de las funciones de texto incluidas en Excel. En primer lugar, practicaremos con la función Código, que nos indicará el código correspondiente a uno de los 255 caracteres con los que trabaja el programa. Seleccione una celda vacía, introduzca la letra H y acceda al cuadro **Insertar función** mediante el botón correspondiente de la **Barra de fórmulas**.
2. En el cuadro **Insertar función**, despliegue el campo **O seleccionar una categoría** y elija la opción **Texto**. 1
3. Se muestran así en el apartado **Seleccionar una función** todas las funciones de tipo Texto que proporciona Excel. Recuerde que puede ver una descripción de su funcionalidad al seleccionarlas en este apartado. Seleccione la función **Código**, lea esa descripción y pulse el botón **Aceptar**.
4. Como puede comprobar, esta función cuenta con un único argumento. Seleccione la celda en la que ha insertado la letra H y, tras comprobar que el código numérico correspondiente a la letra H es el 72, pulse el botón **Aceptar**. 2
5. A continuación, practicaremos con la función de texto **Mayúsculas**, con la que un texto escrito en minúsculas pasa automáticamente a mayúsculas. Seleccione una celda libre, despliegue el comando **Texto** del grupo de herramientas **Biblioteca de funciones** y seleccione la función **Mayúsc**. 3

3

1
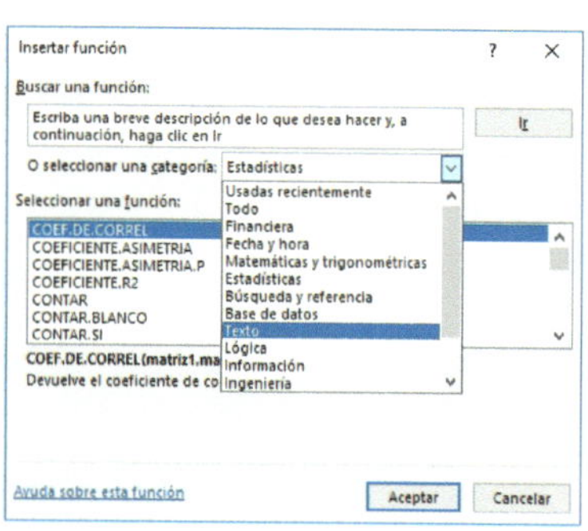

2
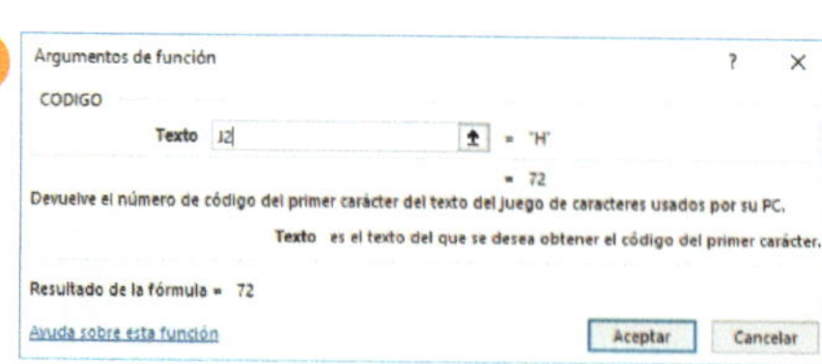

6. También esta función cuenta con un único argumento, el correspondiente a la celda o rango de celdas en el que se encuentra la cadena de texto que se desea convertir en mayúsculas. Seleccione el rango de celdas de la columna B excepto la cabecera y pulse el botón **Aceptar**.
7. ¡Correcto! En la celda seleccionada al inicio del proceso, Excel muestra el primero de los términos del rango en mayúsculas. Por último, practicaremos con la función de texto **Reemplazar**, con la que es posible reemplazar caracteres de texto. Seleccione una celda libre, escriba la palabra **provisión** y pulse la tecla **Retorno** para confirmar la entrada.
8. Con la siguiente celda seleccionada, despliegue como hemos hecho anteriormente el comando **Texto** de la **Cinta de opciones** y elija esta vez la función **Reemplazar**.
9. Se abre así el cuadro Argumentos de función correspondiente a la función seleccionada. Como ve, en este caso son cuatro los argumentos que componen la función **Reemplazar**. En el primero debemos introducir la referencia de la celda donde figura la cadena de texto que deseamos reemplazar. Seleccione la celda con la palabra **provisión** para insertarla en el campo **Texto_original**. (Recuerde que puede contraer el cuadro **Argumentos de función** si lo necesita pulsando el icono de contracción que aparece junto a los diferentes campos 4).
10. A continuación, debe establecer la posición a partir de la cual se reemplazarán los caracteres originales por los nuevos. En este ejemplo, deseamos sustituir la letra o de la palabra provisión por una e, para que el resultado sea la palabra **previsión**. Haga clic en el campo **Núm_inicial** y escriba el valor **3**.
11. El tercer de argumento será el número de caracteres originales que se desea reemplazar. Haga clic en el campo **Núm_de_caracteres** e inserte en este caso el valor **1**.
12. Solo nos falta completar el último argumento, donde debemos indicar los nuevos caracteres con los que deseamos sustituir los originales. Haga clic en el campo **Texto_nuevo**, escriba la letra e y pulse el botón **Aceptar**. 5
13. El resultado de esta función es la palabra previsión, tal y como deseábamos. 6 Compruebe en la **Barra de fórmulas** como el programa refleja la configuración de la función. 7 Le recomendamos que practique por su cuenta con el resto de funciones de texto que ofrece Excel. Seguro que en algún momento muchas de ellas le serán de utilidad al componer sus libros.

4

5

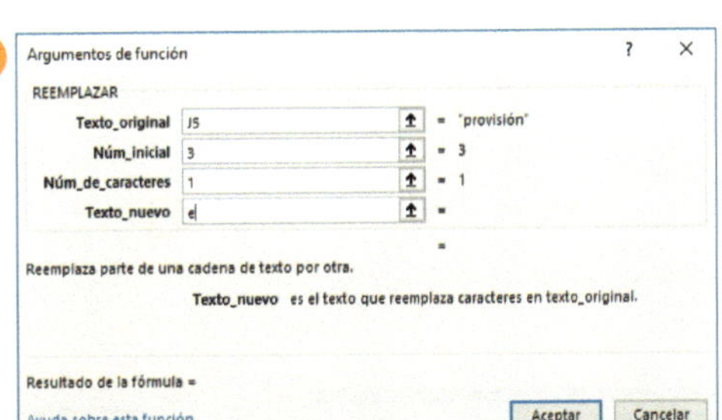

6

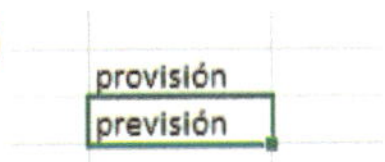

7

Funciones lógicas

LAS FUNCIONES INCLUIDAS EN LA CATEGORÍA LÓGICAS SON NUEVE en Excel: Falso devuelve el valor lógico Falso mientras que la función No invierte la lógica de un argumento; O devuelve el resultado Verdadero si algún argumento es verdadero; SI ejecuta una acción siempre que se cumple una condición; Si.Error da como resultado un valor que se especifica si una fórmula lo evalúa como un error; VERDADERO devuelve el valor lógico Verdadero; Y devuelve Verdadero si todos los argumentos son verdaderos; SI.ND, si el primer argumento da error #N/A, da como resultado el valor especificado por el segundo argumento y de lo contrario, devuelve el resultado del mismo, y, por último, XO devuelve el valor O exclusivo lógico de todos los argumentos.

1. En esta lección practicaremos con algunas de las funciones incluidas en la categoría Lógica. En primer lugar, estableceremos una fórmula que nos devuelva el valor Verdadero o Falso de una afirmación. Seleccione una celda libre y pulse el icono **Insertar función** de la **Barra de fórmulas**.
2. Puesto que deseamos que los dos argumentos de la afirmación se cumplan al mismo tiempo, utilizaremos la función **Y**. La función lógica **Y** admite de 1 a 255 condiciones para obtener los resultados Verdadero o Falso. Si uno de los argumentos contiene texto o celdas vacías, estos valores no se tendrán en cuenta. Despliegue el campo **O seleccionar una categoría**, elija la opción **Lógica**, seleccione la función denominada **Y** y, tras leer su descripción, pulse en **Aceptar**. 1
3. Esta función lógica cuenta inicialmente con dos argumentos. Seleccione la celda inmediatamente inferior de la anterior para que esta se inserte en el campo **Valor_lógico1** y, aprovechando que el cursor se encuentra junto a la referencia de la celda seleccionada, introduzca directamente desde su teclado el signo < y un **10**. 2
4. Acaba de definir el primer argumento lógico. La primera condición que debe cumplirse es que el valor de la celda seleccionada sea menor que diez. A continuación, haga clic en el campo **Valor_lógico2**.
5. Se añade un nuevo argumento lógico que podrá rellenar o no, según sean sus necesidades. En este caso, seleccione la celda siguiente hacia abajo para insertarla en el campo **Valor lógico2** e introduzca a continuación el valor **>3**. 3

3

1
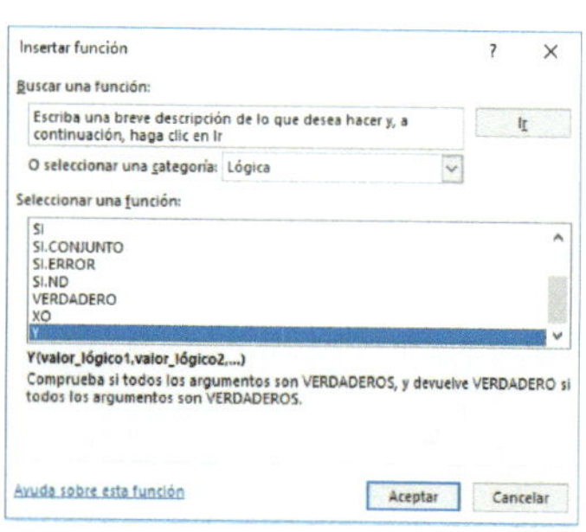

2
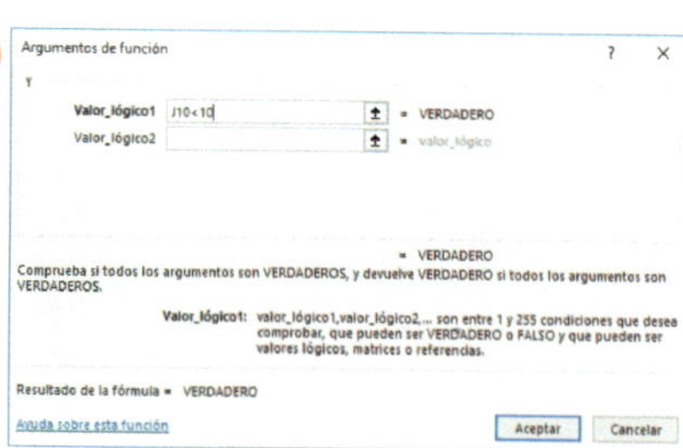

6. Según este segundo argumento, si el valor de la celda es mayor que 3, Excel devolverá el valor Falso. Pulse el botón **Aceptar**.
7. Como ve, la celda en la que hemos introducido la función presenta el valor Falso 4, pero veamos qué ocurre si insertamos nuevos valores en las celdas que participan en la función. Haga clic en la celda primera de las celdas seleccionadas para la función, inserte el valor **5** y pulse la tecla **Retorno** para confirmar la entrada.
8. La celda inicial sigue mostrando el valor Falso, ya que la otra celda que participa en la función no contiene ningún valor y, por lo tanto, no se cumple la condición. 5 Escriba en dicha celda la cifra **4** y pulse la tecla **Retorno**.
9. Puesto que se cumplen las dos condiciones especificadas en la función Y (el valor de la celda primera es menor que 10 y el de la segunda es mayor que 3), el resultado es Verdadero. 6 Veamos ahora cómo funciona la función **Si**. Puede utilizar esta función lógica para realizar pruebas condicionales en valores y fórmulas de su hoja de cálculo. Seleccione la celda **J13**, despliegue en la **Cinta de opciones** el comando **Lógica** y elija la función **Si**.
10. En esta función las celdas referenciadas serán la **J14** y la **J15**. En concreto, queremos que la función nos indique si el contenido de la primera es mayor que el de la segunda. Estableceremos en el cuadro de argumento esta condición en formato matemático. Inserte la expresión **J14>J15**.
11. A continuación, introduciremos el valor que la función debe devolver en caso de que la condición se cumpla. Haga clic en el campo **Valor_si_verdadero** e inserte la palabra **correcto**.
12. El siguiente paso consiste en definir el valor que deberá devolver la función en caso de que la condición no se cumpla. En el campo **Valor_si_falso**, inserte la palabra **incorrecto** y pulse el botón **Aceptar**. 7
13. De momento el valor devuelto es la palabra incorrecto, pero vamos a comprobar ahora si la función se aplica correctamente. Seleccione la celda **J14**, inserte el valor **25** y pulse la tecla **Retorno**.
14. Puesto que la celda **G21** no tiene contenido, la condición se cumple (el valor de la celda **J14** es mayor que el de la celda **J15**) y en la celda **J13** se muestra, por tanto, el valor correcto. Inserte ahora el valor **35** en la celda **J15**, pulse la tecla **Retorno** para confirmar la entrada y compruebe que el resultado de la función es ahora incorrecto. 8

4
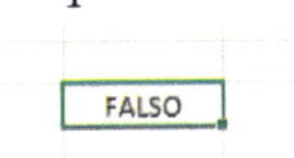

5

6
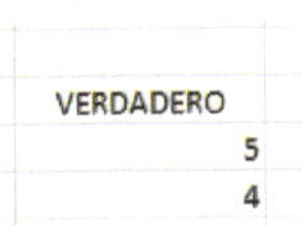

7
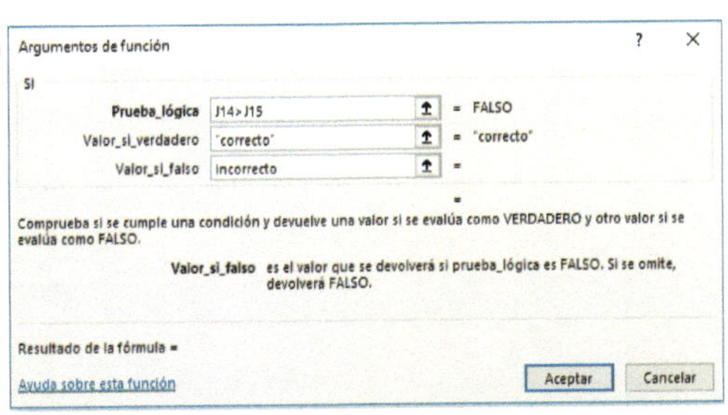

8

Representar datos con gráficos

IMPORTANTE

Excel dispone de gráficos de columnas, de líneas, circulares, de anillos, de barras, de área, de dispersión, de burbujas, de cotizaciones, de superficie, radiales y combinados. En la versión 365 de Office, en 2016, se incorporaron unos cuantos tipos más: de rectángulos, de proyección solar, de histograma, de cajas y bigotes, de cascada y de embudo.

LA REPRESENTACIÓN GRÁFICA DE LOS DATOS NUMÉRICOS de una tabla es una forma agradable e inteligible de visualizar series de datos que, en ocasiones, pueden resultar densas y aburridas. Excel posee las funciones necesarias para realizar gráficos profesionales de un modo sencillo, rápido e intuitivo. En la ficha Insertar de la Cinta de opciones encontramos el grupo de herramientas Gráficos, donde aparece una vista previa de los distintos gráficos disponibles.

1. Utilizaremos nuestra tabla de ventas para crear un gráfico de tipo embudo. Este tipo de gráfico, que solo está disponible para Excel 365 desde su versión lanzada en 2016 y para Excel 2019, muestra valores a través de varias fases de un proceso. Como veremos en este ejercicio, habitualmente los valores disminuyen de forma gradual, lo que permite que las barras parezcan un embudo. Para empezar, seleccione el rango de celdas **C2:D9**.
2. A continuación, haga clic sobre el iniciador de cuadro de diálogo del grupo de herramientas **Gráficos**. 1
3. Se abre el cuadro **Insertar gráfico**, el cual cuenta con dos pestañas: **Gráficos recomendados**, que, como su nombre indica, muestra los gráficos más adecuados según el tipo de datos seleccionados, y **Todos los gráficos**, que contiene la lista completa de tipos de gráficos disponibles. Pulse sobre esta pestaña y, en esta ocasión, haga clic en el tipo **Embudo**.
4. Una vez seleccionado el tipo de gráfico, puede ver una vista previa en este mismo cuadro. 2 Haga clic en **Aceptar** para crear el gráfico en la hoja. 3

1

2
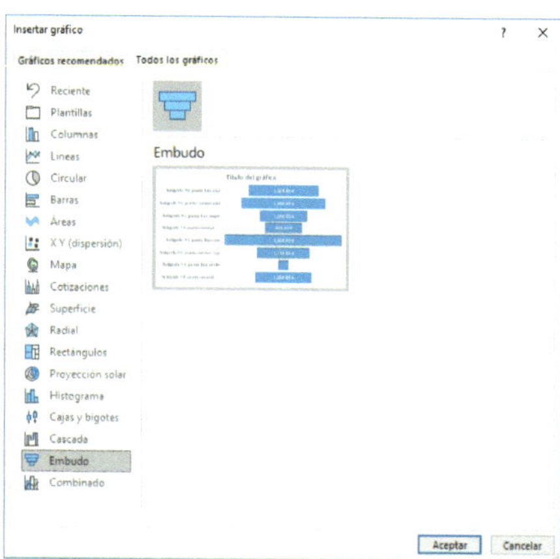

3
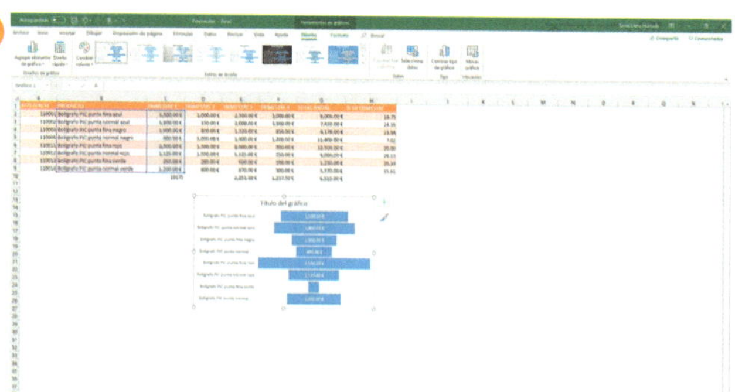

5. El gráfico se inserta como flotante en el centro de la hoja, al tiempo que aparece la ficha contextual Herramientas de gráficos. Sin embargo, debido al tipo de datos seleccionados en nuestra tabla, la apariencia del gráfico no es el esperado, ¿verdad? Lo mejor será cambiar el tipo de gráfico, y para ello utilizaremos el comando **Cambiar tipo de gráfico**. En el grupo de herramientas **Tipo**, pulse sobre el mencionado comando.
6. Así regresamos al cuadro anterior, que ahora se denomina **Cambiar tipo de gráfico**. Veamos cuáles son los tipos de gráficos que nos recomienda el programa para los datos seleccionados. Pulse sobre la pestaña **Gráficos recomendados**.
7. Son cinco las recomendaciones del programa para nuestros datos. En este caso, elija la opción **Circular** y, tras comprobar el resultado en la vista previa, haga clic en **Aceptar**.
8. El gráfico se ha actualizado. 4 Los gráficos circulares muestran el tamaño de los elementos de una serie de datos en proporción a la suma de los elementos. Los puntos de datos de un gráfico de este tipo se muestran como porcentaje de todo el gráfico circular. No es recomendable utilizar un gráfico de tipo circular en el caso de que la tabla de datos tenga muchos elementos, puesto que resultaría bastante difícil intuir los ángulos generados. A continuación, vamos a añadir un título a nuestro gráfico. Para ello, haga clic en la pestaña **Formato** de la ficha contextual **Herramientas de gráficos**, despliegue el primer campo del grupo de herramientas **Selección actual** y elija la opción **Título del gráfico**. 5
9. En este menú podemos elegir el elemento del gráfico que queremos modificar. Con el título seleccionado, escriba la palabra **Ventas Primer Trimestre**.
10. Junto al panel flotante del gráfico aparecen tres iconos; el primero permite añadir u ocultar elementos al gráfico, el segundo, cambiar parámetros de estilo y formato y el tercero, filtrar los datos del gráfico según valores y nombres. Pulse sobre el primero de los iconos para mostrar el panel **Elementos de gráfico** y active el elemento **Leyenda**. 6
11. Compruebe cómo, efectivamente, ahora junto al gráfico se puede ver la leyenda del contenido.

4
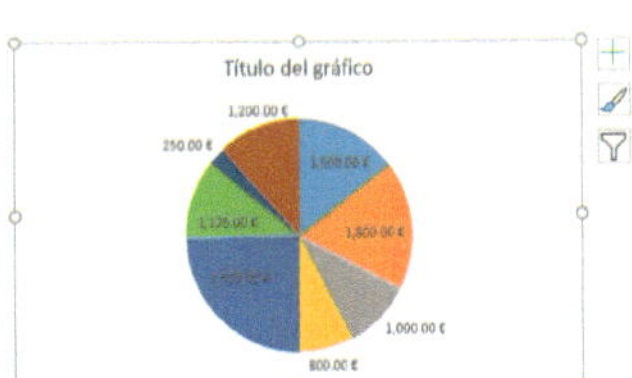

5
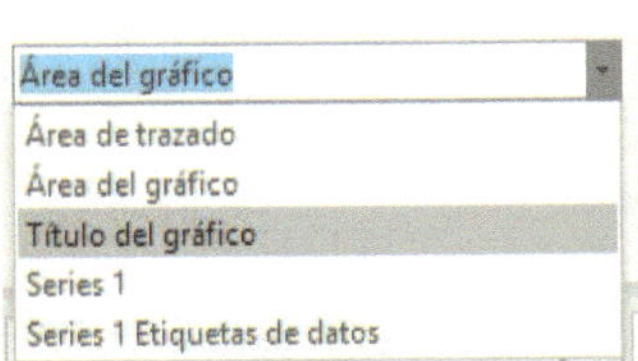

6
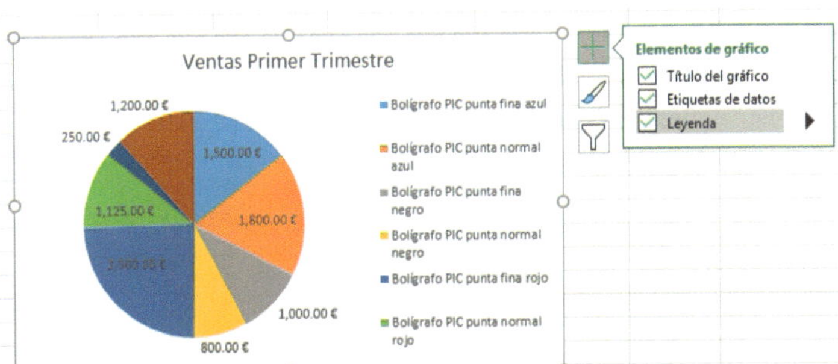

Crear y personalizar minigráficos

LOS MINIGRÁFICOS SON PEQUEÑOS GRÁFICOS incrustados en una celda de la hoja de cálculo. Estos elementos gráficos ayudan a detectar modelos en los datos introducidos, y proporcionan una representación visual de estos datos con el fin de mejorar la presentación de nuestros trabajos. Los minigráficos se suelen utilizar para reflejar las tendencias de una serie de valores, como aumentos o reducciones periódicos y ciclos económicos, o para resaltar valores mínimos y máximos.

1. Para que nos resulte más sencillo trabajar y desplazarnos por la hoja de cálculo, modificaremos las dimensiones del gráfico que hemos creado y formateado en el ejercicio anterior. Para ello, selecciónelo, haga clic en uno de los tiradores situados en sus vértices y arrástrelo hacia el centro del gráfico para reducir sus dimensiones.
2. Nuestro siguiente objetivo es crear un minigráfico que muestre, en una sola línea, las ventas durante el segundo trimestre. Vamos allá. Seleccione una celda libre de la hoja (se recomienda colocar el minigráfico cerca de los datos correspondientes para un mayor impacto visual).
3. Pulse sobre la pestaña **Insertar** y, en el grupo de herramientas **Minigráficos**, seleccione el comando **Línea**. 1
4. En el cuadro de diálogo **Crear Minigráficos**, debemos seleccionar el rango de celdas que formarán el minigráfico. En el campo **Ubicación** aparece el nombre de la celda seleccionada en estos momento. Para elegir el rango de celdas que formarán el minigráfico, seleccione el rango **D2:D9**. 2

1
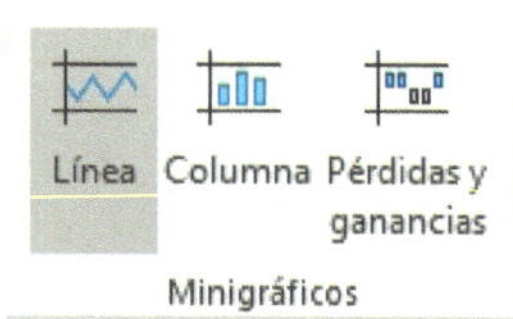

2

TRIMESTRE 1	TRIMESTRE 2	TRIMESTRE 3	TRIMESTRE 4
1,500.00 €	1,000.00 €	2,500.00 €	3,000.00 €
1,800.00 €	150.00 €	2,000.00 €	3,500.00 €
1,000.00 €	800.00 €	1,520.00 €	850.00 €
800.00 €	8,000.00 €	1,400.00 €	1,200.00 €
2,500.00 €	1,500.00 €	8,000.00 €	500.00 €
1,125.00 €	1,500.00 €	1,125.00 €	250.00 €
250.00 €	280.00 €	600.00 €	100.00 €
1,200.00 €	800.00 €	870.00 €	500.00 €
10175		2,251.88 €	1,237.50 €

3
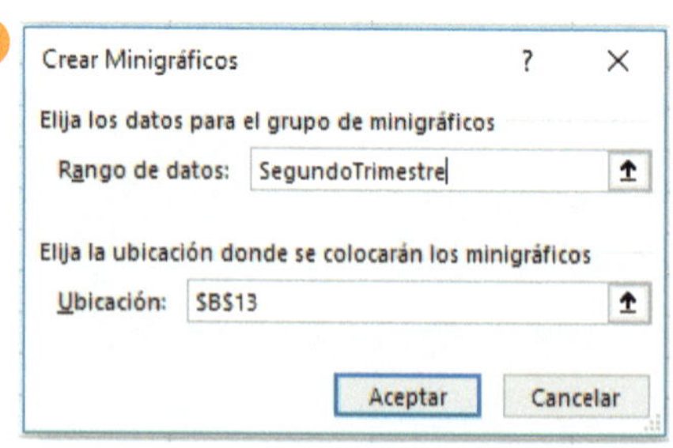

5. Como recordará, en un ejercicio anterior asignamos a este rango de celdas el nombre **SegundoTrimestre,** nombre que aparece ahora en el campo **Rango de datos** del cuadro de minigráficos. ❸ Haga clic en **Aceptar** y compruebe que en la celda seleccionada se inserta el minigráfico. ❹
6. Los puntos altos representan las ventas más elevadas. El programa activa la ficha contextual **Herramientas para minigráficos**. Debido a sus características, los minigráficos solo pueden ser de tres tipos: lineales, de columnas o de pérdidas y ganancias. Probaremos a convertir este minigráfico lineal en un gráfico de columnas. Pulse el botón **Columna** del grupo de herramientas **Tipo** de la ficha **Diseño**. ❺
7. Para visualizar de forma clara el punto más alto y el más bajo del minigráfico, seleccione las opciones **Punto alto** y **Punto bajo** del grupo de herramientas **Mostrar**. ❻
8. Los elementos indicados se muestran de un color distinto al del resto del gráfico. ❼ Podemos aplicar al minigráfico estilos predeterminados. Además, si despliega el comando **Color de minigráfico** podrá cambiar el color y el peso de los minigráficos en el grupo seleccionado, mientras que con el comando **Color de marcador** podrá modificar el color de los distintos puntos existentes en un gráfico. ❽ Además del aspecto de formato del minigráfico, estos elementos también pueden ser eliminados de la hoja cuando ya no se necesiten. Para ello, utilice el comando **Borrar** del grupo de herramientas **Agrupar**.

8
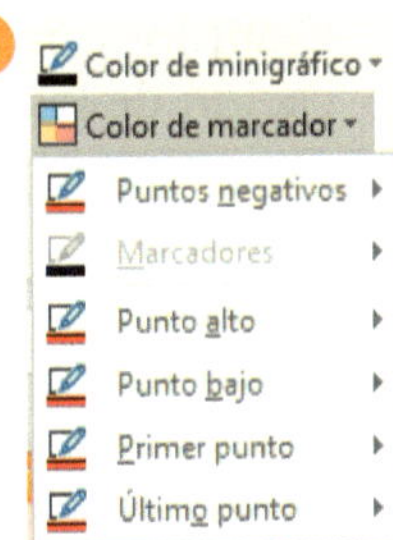

4

6
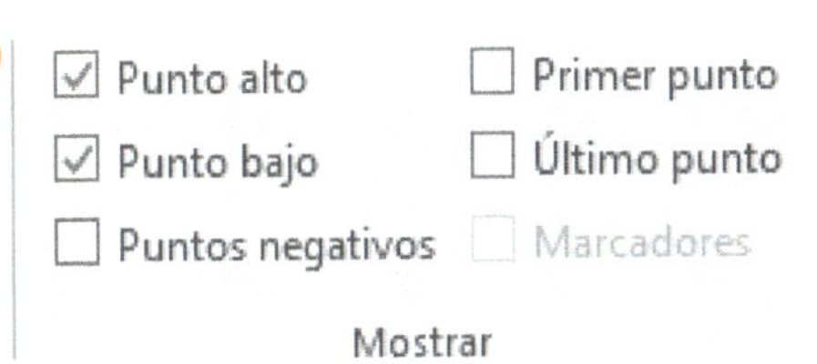

5
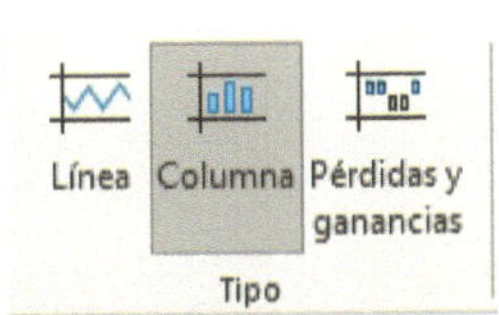

7
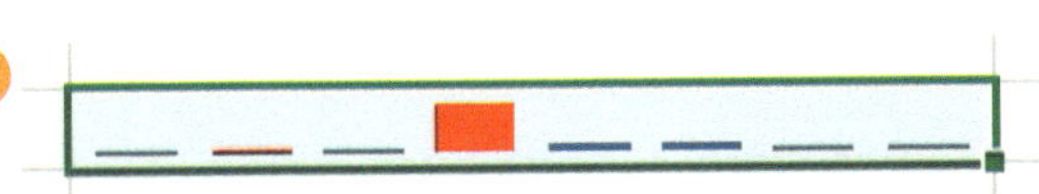

Crear y editar tablas dinámicas

LAS TABLAS DINÁMICAS SON RESÚMENES DE DATOS cuya función permite analizar en profundidad series de datos. Están diseñadas para hacer consultas en bases de datos extensas, calcular subtotales, agregar datos numéricos, resumir datos por categorías y subcategorías o filtrar y ordenar conjuntos de datos para su posterior presentación de informes, tanto electrónicos como impresos, profesionales y visualmente. El concepto dinámico procede de su utilización, la inserción en directo.

1. Para llevar a cabo este ejercicio, obtenga de la carpeta de material adicional de este libro el archivo **Precios02.xlsx**. En él crearemos un informe de tabla dinámica que tomará los datos de la tabla de la Hoja 2 de dicho libro. Haga clic en una celda dentro de dicha tabla y pulse el botón **Tabla dinámica** del grupo **Tablas**, en la ficha **Insertar**. 1
2. Se abre el cuadro **Crear tabla dinámica**, en el que debemos seleccionar los datos que queremos analizar y elegir el lugar en el que queremos colocar el informe. En este caso, ya se encuentra seleccionada nuestra tabla en el campo **Tabla o rango**. Mantenga seleccionada la opción **Nueva hoja de cálculo** y pulse el botón **Aceptar**. 2
3. Se añade una nueva hoja a nuestro libro de ejemplo, la hoja 3, en la que se ubica el informe de tabla dinámica, que por el momento está vacío. Además, se activa la ficha contextual Herramientas de tabla dinámica y se abre el panel **Campos de tabla dinámica**, en el que debemos elegir los campos de la tabla que queremos añadir al informe. Haga clic en las casillas de verificación de los campos **Producto** y **Precio coste**. 3
4. En la pestaña **Analizar** de la ficha contextual **Herramientas de tabla dinámica** se encuentran las opciones adecuadas para trabajar con los datos de la tabla dinámica, actualizándolos, modificando su origen, agrupándolos u ordenándolos. Además, también encontramos en ella la herramienta que nos permite insertar una segmentación de datos. Una segmentación de datos es un esquema visual con botones para el filtrado rápido de datos en las tablas dinámicas. Pulse el icono de la herramienta **Insertar segmentación de datos** del grupo **Filtrar**. 4
5. En el cuadro de diálogo **Insertar segmentación de datos** debemos activar las casillas de los campos de la tabla dinámica para los cuales queremos crear una segmentación de datos. En este caso, active los dos campos, **Producto** y **Precio coste**, y pulse el botón **Aceptar**. 5

1

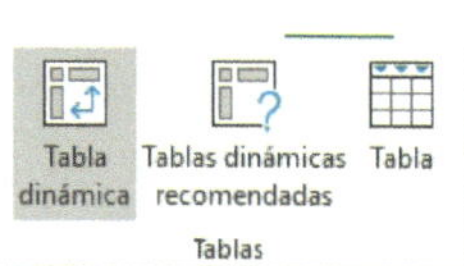

2

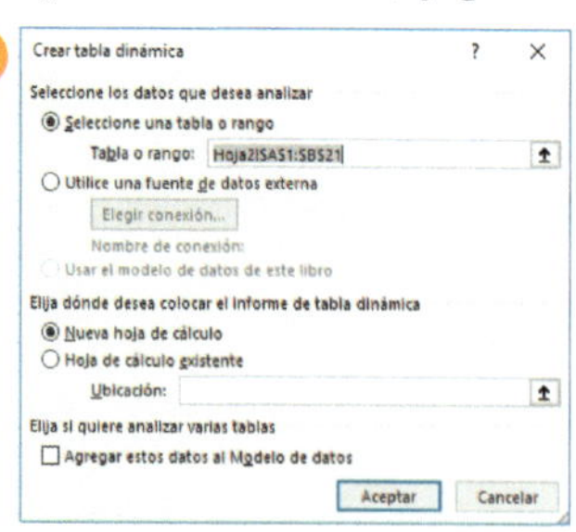

3

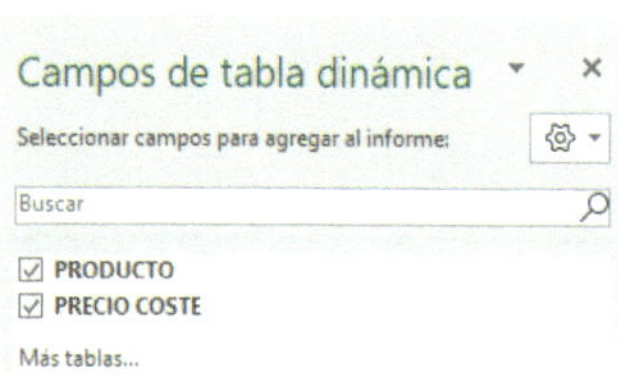

4

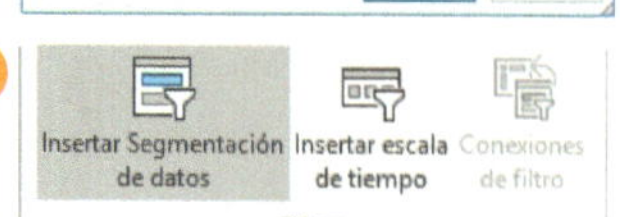

5

6. Hemos creado así dos segmentaciones de datos, una para filtrar los productos y otra para filtrar los precios de coste. ❻ Para trabajar con segmentaciones de datos disponemos de la ficha contextual **Herramientas de Segmentación de datos** desde cuya subficha **Opciones** podemos modificar el aspecto de las segmentaciones. Desde el grupo de herramientas **Botones** puede mostrar los botones en varias columnas así como modificar su altura y su anchura. Pulse el botón con una punta de flecha que señala hacia arriba en el campo **Columnas** de ese grupo para que los botones de ambas segmentaciones se muestren distribuidos en dos columnas.
7. Ahora veamos la utilidad de las segmentaciones de datos. En este caso, podemos filtrar los datos de la tabla dinámica por productos o por precios. Pulse, por ejemplo, sobre el botón que muestra el valor 1,10 en la segmentación de datos **Precio coste**.
8. Automáticamente se ocultan todos los productos con un precio de coste distinto al seleccionado, a la vez que los productos activos se muestran en color oscuro en la otra segmentación de datos, la correspondiente a los productos. ❼ Para borrar este filtro, pulse el icono de filtro de la segmentación de datos **Precio coste**.
9. Ahora eliminaremos la segmentación de datos **Producto**. Para ello, seleccione solo dicha segmentación, pulse sobre ella con el botón derecho del ratón y, de su menú contextual, elija la opción **Quitar "Producto"**.
10. Por último, comprobaremos que, si no se indica lo contrario, la actualización de datos en una tabla dinámica se lleva a cabo de manera automática. Para ello, cambiaremos un valor en la tabla de origen. En la hoja 2, escriba el valor **1,30** en la celda B21 y pulse la tecla **Retorno**.
11. Sitúese de nuevo en la hoja 3, seleccione cualquier celda de la tabla dinámica y, en la subficha **Analizar** de la ficha contextual **Herramientas de tabla dinámica**, haga clic en el comando **Actualizar**, en el grupo de herramientas **Datos**.
12. Automáticamente se actualiza el valor que hemos cambiado en la tabla de origen y aparece un nuevo botón en la segmentación de datos de precios de coste.

❻

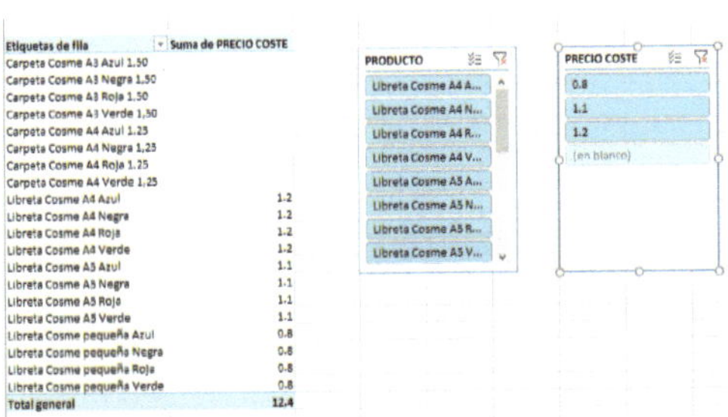

❼

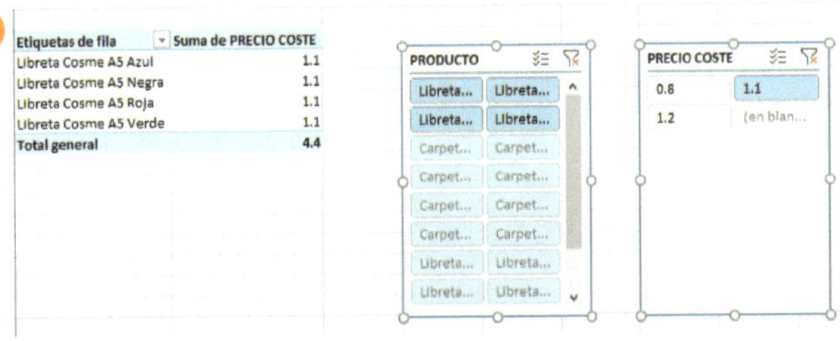

Crear gráficos dinámicos

AL IGUAL QUE SUCEDE CON LAS TABLAS DINÁMICAS, los gráficos dinámicos de Excel proporcionan un análisis de datos interactivo y permiten visualizar los datos de resumen de un informe de tabla dinámica para facilitar comparaciones, tendencias y patrones. Tras generar un informe de gráfico dinámico es posible modificar las vistas de los datos, ver diferentes niveles de detalle, reorganizar el diseño del gráfico arrastrando campos y mostrando u ocultando elementos de los mismos, etc.

1. Para empezar, seleccione cualquier celda de la tabla dinámica y, en la pestaña **Analizar** de la ficha contextual **Herramientas de tabla dinámica**, pulse sobre el comando **Gráfico dinámico** del grupo **Herramientas.** ❶
2. Se abre el cuadro **Insertar gráfico** donde puede elegir el tipo de gráfico que insertará. Seleccione para este ejemplo el tercero del tipo **Columna** y pulse el botón **Aceptar**.
3. El gráfico se inserta en el centro de la hoja. ❷ Sepa que, si su tabla tiene aplicado algún filtro, este también se reflejará en el gráfico dinámico. Para filtrar los datos en nuestro gráfico, despliegue el campo Productos situado al pie del mismo, desactive algunos meses pulsando en sus casillas de verificación y pulse el botón **Aceptar**. ❸
4. Vea cómo el filtro se aplica al gráfico y también al informe de tabla de dinámica de origen. Ahora veremos cómo se crea un gráfico a partir de los datos de una hoja de cálculo en vez

❶
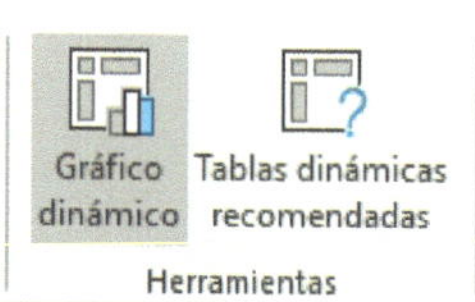

❷
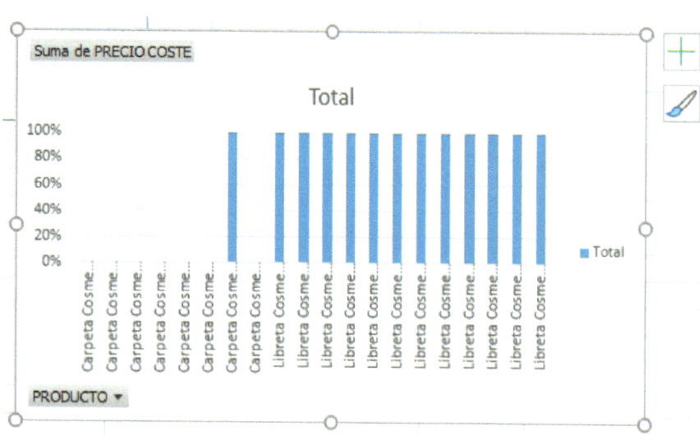

❸
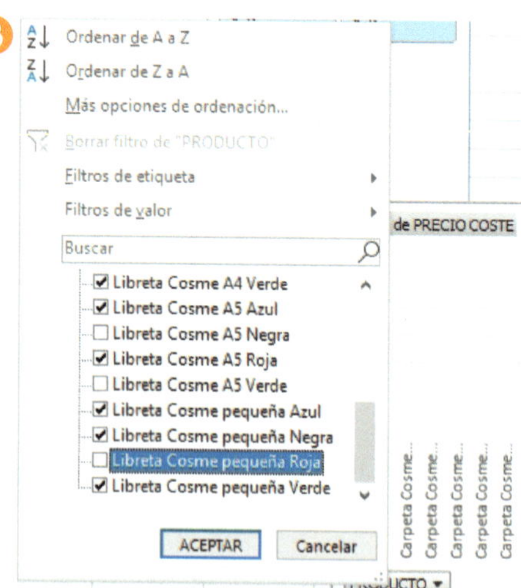

de a partir de un informe de tabla dinámica. Haga clic en la pestaña de la hoja 1 para activarla.

5. Sitúese en la ficha **Insertar**, despliegue el comando **Gráfico dinámico** en el grupo **Gráficos** y seleccione la opción **Gráfico dinámico y tabla dinámica.** 4
6. Se abre el cuadro **Crear tabla dinámica**, donde tiene que indicar el rango de celdas que quiera incluir en el gráfico. Seleccione el rango de celdas B3:C10. 5
7. Active la opción **Hoja de cálculo existente**, seleccione una celda libre como lugar de ubicación del gráfico dinámico y pulse el botón **Aceptar**.
8. Verá que se han insertado una tabla y un gráfico dinámico en blanco y se ha activado la **Lista de campos de tabla dinámica.** 6 Seleccione en el panel **Campos de gráfico** todos los campos y observe cómo se actualizan el gráfico dinámico y la tabla. 7
9. Es posible convertir un informe de gráfico dinámico en un gráfico estándar eliminando el informe de tabla dinámica al que está asociado. Para ello, deberá seleccionar toda la tabla dinámica y pulsar la tecla **Suprimir**. Tenga en cuenta que el informe de gráfico dinámico y su informe de tabla dinámica asociado siempre deben encontrarse en el mismo libro de Excel.

7
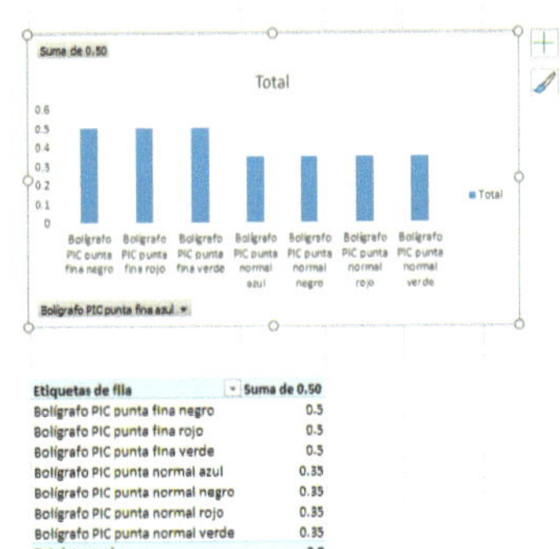

4
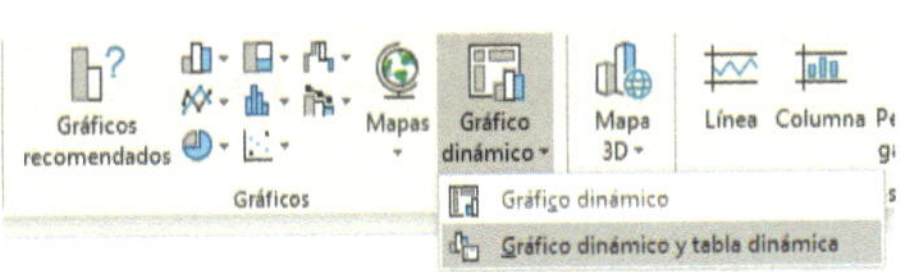

5
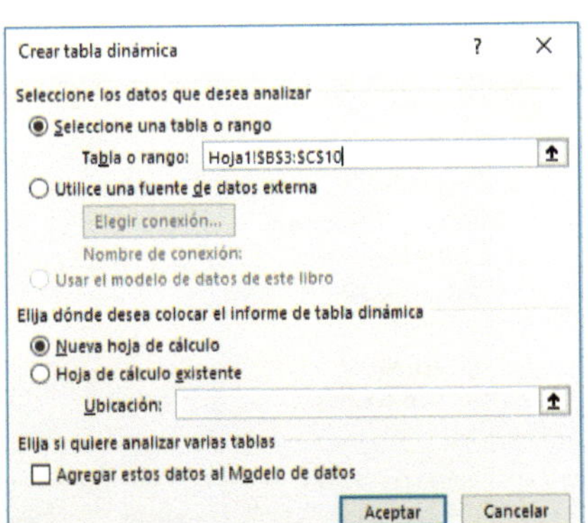

6
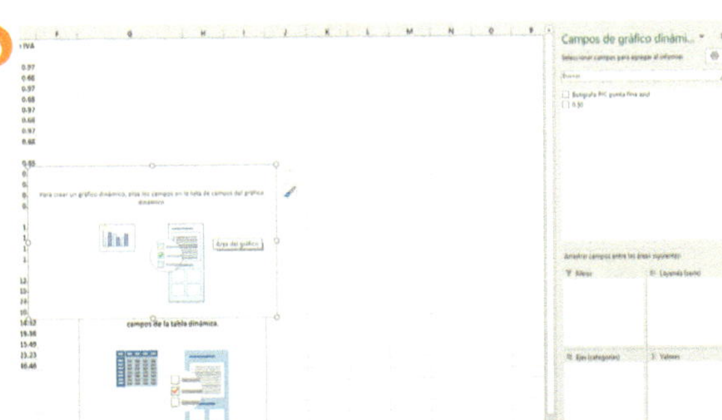

Introducción a las macros

IMPORTANTE

Como ya vimos en el ejercicio dedicado a las macros dentro de la sección de ejercicios sobre Microsoft Word, las macros son acciones o conjuntos de acciones que se graban y se pueden ejecutar tantas veces como sea necesario. Cuando se activa la función **Grabar macro**, todos los clics de ratón y las pulsaciones de tecla que se realizan desde ese momento hasta finalizar la grabación quedan registrados en la memoria del programa.

VISUAL BASIC PARA APLICACIONES es una herramienta proporcionada por Microsoft junto a su suite Office que permite crear toda clase de códigos para controlar la ejecución de sus programas. Excel permite grabar y utilizar macros que reducirán la realización de acciones repetitivas a la pulsación de botones de acceso directo en sus libros, en sus barras de herramientas o en la cinta de opciones.

1. En este ejercicio le demostraremos lo fácil que es crear una macro utilizando el grabador de macros de Excel. Para ello, recupere el libro **Precios.xlsx** con el que hemos estado trabajando en ejercicios anteriores; en él crearemos una macro que sume los porcentajes incluidos en la columna H e inserte el resultado en la celda **H10**. Seleccione esta celda, active la pestaña **Vista** de la **Cinta de opciones**, despliegue el comando **Macros** para mostrar sus opciones y pulse sobre la opción **Grabar macro**. 1
2. En el cuadro de diálogo **Grabar macro,** y teniendo en cuenta que el nombre de una macro siempre debe comenzar por una letra y no puede contener espacios en blanco aunque sí puede utilizar el guión bajo para separar conceptos, establezca como nombre **SumaTotal**.
3. En el campo **Método abreviado** escriba la letra **H**, en mayúsculas. 2
4. **Ctrl.+Mayúsculas+H** será la combinación de teclas para aplicar directamente la macro que grabaremos a continuación. Mantenga seleccionada la opción **Este libro** del cam-

1
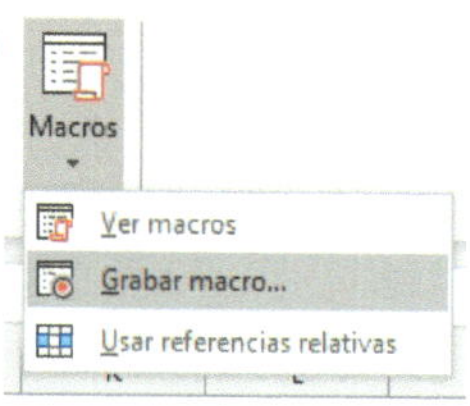

2
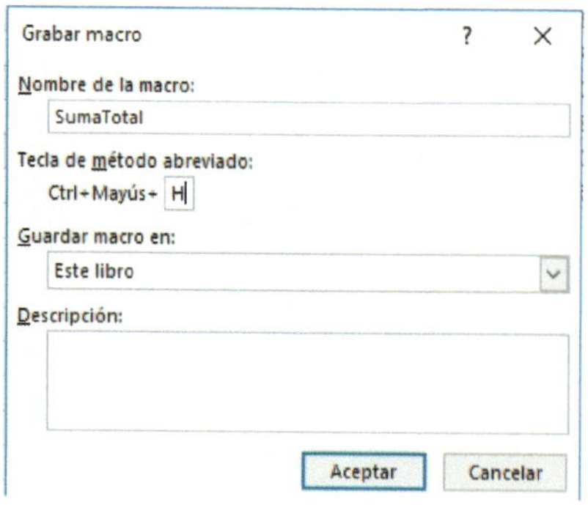

3
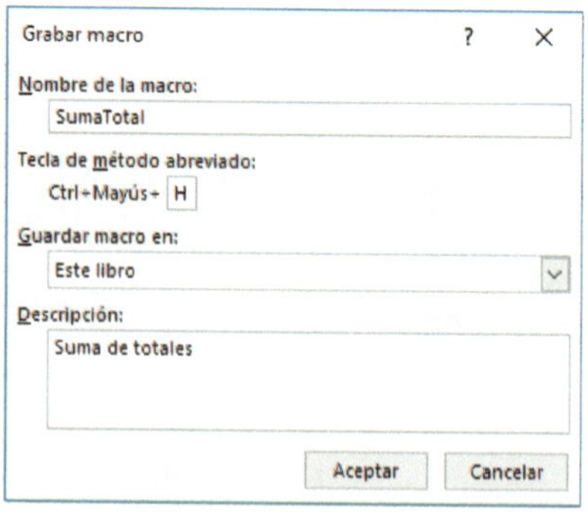

po **Guardar macro en** y redacte, si lo desea, una descripción para la macro en el campo **Descripción**. 3

5. En el momento en el que pulse el botón **Aceptar**, se iniciará la grabación de la macro. Lea antes las instrucciones de los próximos pasos para poder ejecutarlos con fluidez y, cuando esté preparado, pulse el botón **Aceptar**.
6. Muestre la ficha **Fórmulas** de la **Cinta de opciones**, despliegue el comando **Autosuma** y seleccione la opción **Suma**.
7. Una vez se haya introducido la fórmula en la celda **H10**, que automáticamente debería seleccionar las celdas correctas, 4 pulse la tecla **Retorno** para aplicarla.
8. Para detener la grabación de la macro, regrese a la ficha **Vista**, despliegue una vez más el menú del comando **Macro** y, en esta ocasión, seleccione la opción **Detener grabación**, ahora disponible. 5
9. Ya ha grabado su primera macro. Ahora solo nos queda comprobar si funciona. Para ello, la aplicaremos en la celda **D10** para obtener el total de ventas del segundo trimestre. Sitúese en la mencionada celda, pulse la combinación de teclas **Ctrl.+Mayúsculas+H**.
10. Efectivamente, la macro se aplica directamente y muestra el resultado que buscábamos. 6

IMPORTANTE

Al grabar una macro, se registran todos y cada uno de los pasos que dé el usuario durante la grabación. Para crear una macro más eficiente y rápida, planifique los pasos antes de iniciar la grabación.

4

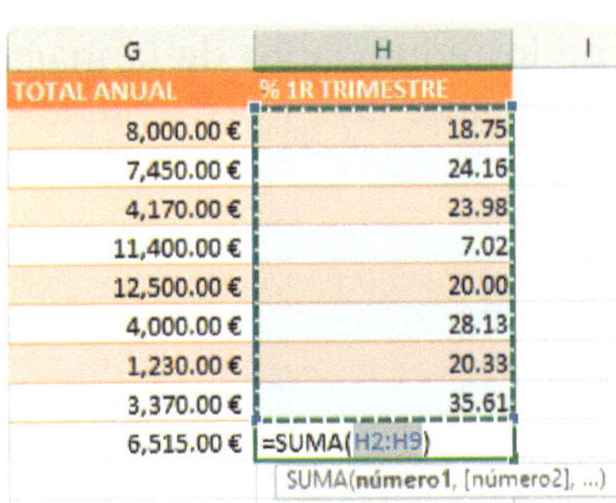

5

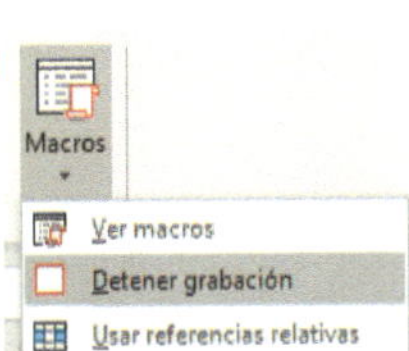

6

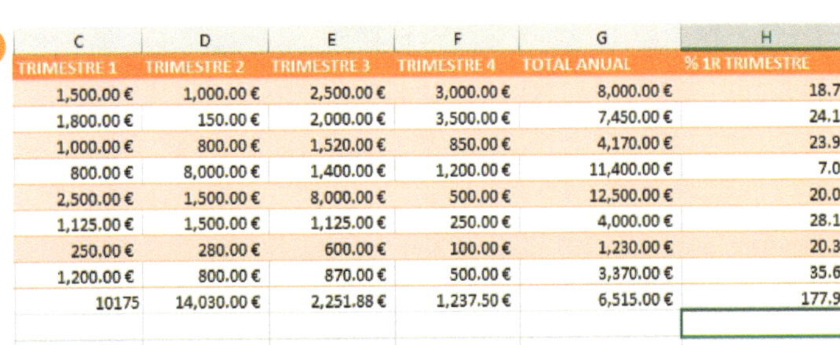

Conocer el editor de código Visual Basic

IMPORTANTE

La **Cinta de opciones** de Excel 365 o 2019 no cuenta por defecto con la pestaña **Programador**. Si desea trabajar con ella, deberá agregarla a este elemento de la interfaz. ¿Cómo? Desde el cuadro **Personalizar cinta de opciones**, al cual puede acceder desde el menú contextual de la misma cinta o desde la vista **Backstage** del programa.

CADA MACRO ESTÁ DEFINIDA POR UN CÓDIGO al que puede acceder a través de Visual Basic para Aplicaciones. Puede hacerlo directamente desde VBA (que puede activar usando el botón Visual Basic de la ficha Programador) o al seleccionar las opciones Modificar o Paso a paso del cuadro Macro. La ventana de códigos, además de mostrar el código de un módulo de macro, le permite modificar cualquiera que haya sido realizado, por ejemplo, con el grabador de macros.

1. Para una primera toma de contacto con el editor de código VBA, utilizaremos la sencilla macro que creamos en el ejercicio anterior. Empecemos. Despliegue el comando **Macros**, dentro de la pestaña **Vista** de la **Cinta de opciones**, y elija la opción **Ver macros**. 1
2. En este cuadro se muestran todas las macros existentes para este libro. En nuestro caso, solo la denominada **SumaTotales**. Con la macro seleccionada, pulse sobre el botón **Paso a paso**. 2
3. Se abre Visual Basic en pantalla, con la ventana **Código** mostrando el código VBA del módulo seleccionado, que no es más que el que define a la macro **SumaTotales**. 3 El código de esta macro es bastante sencillo, por lo que seguramente podrá identificar los segmentos que describen la fórmula, la suma y la acción de seleccionar. En la primera línea la palabra Sub precede al nombre de la macro. El nombre de la macro, su descripción y su código de acceso directo desde el teclado son presentados antes de los enunciados de la macro, a modo de comentarios. Cada una de las líneas de texto que

1
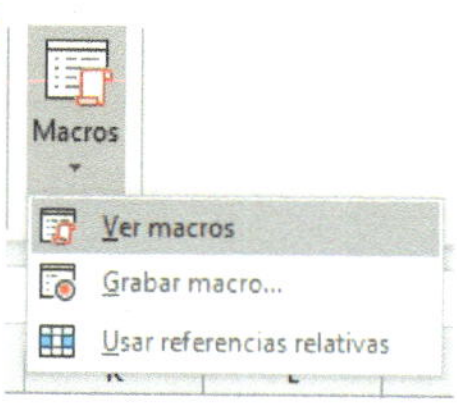

2
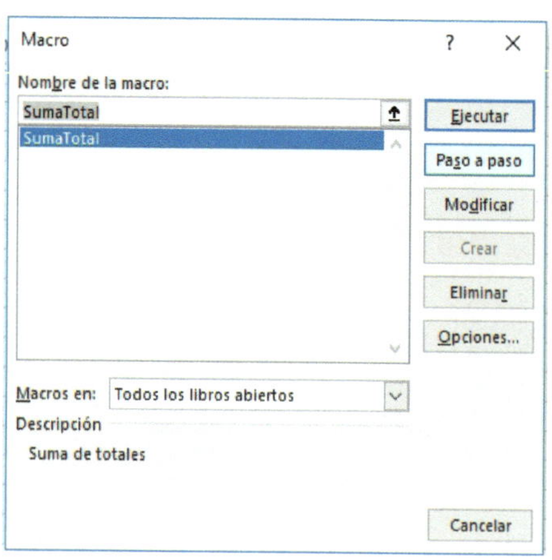

3
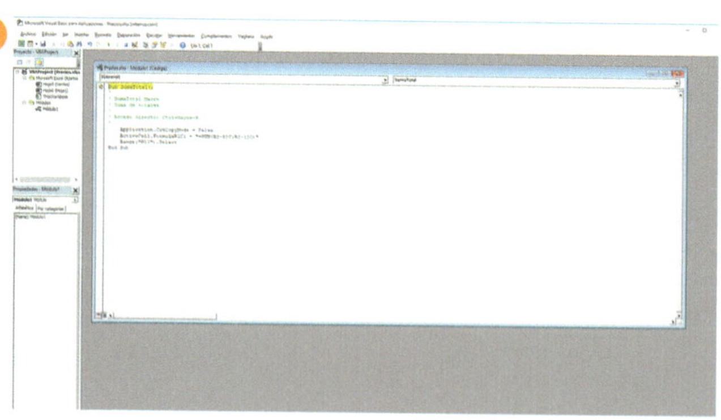

se inician con un apóstrofe (') y son de color verde son un comentario que no ejecuta ningún tipo de acción. Observe que en la segunda línea se indica su nombre, en la tercera su definición y en la cuarta su acceso directo. 4 Después de los comentarios, cada uno de los enunciados establece la ejecución de una acción en orden. Al ejecutar la macro se realizan todas las acciones en orden, comenzando por la primera y acabando en la última. Lo que haremos a continuación será modificar nuestra macro, en concreto, cambiaremos la función SUMA por la de PROMEDIO. Para ello, sencillamente seleccione en el código las letras de la función original y escriba PROMEDIO. 5

4. Así de sencillo. Después de cualquier modificación es preciso guardar los cambios realizados. Para ello, pulse sobre el comando **Guardar** de la **Barra de herramientas** de la ventana de Visual Basic. 6
5. Excel dispone de un formato especial para los libros con macros, razón por la cual emite un cuadro de advertencia que nos indica que debemos guardar el libro en dicho formato si deseamos conservar la o las macros que contiene. 7 Pulse en **No**; en el cuadro **Guardar como**, despliegue el campo **Tipo** y elija el formato **xlsm**, que corresponde a la descripción **libro de Excel habilitado para macros**, mantenga el mismo nombre que el original 8 y pulse en **Guardar**.
6. Regrese a su hoja de cálculo y compruebe que los resultados de la macro en ambas celdas donde se había aplicado se han actualizado según el cambio realizado. 9

IMPORTANTE

Una vez conozca el lenguaje de códigos de VBA, podrá crear nuevas macros directamente desde Visual Basic y sin necesidad de grabar una macro en Excel. Solo tiene que crear un módulo en el proyecto deseado, insertar en su ventana de código el texto adecuado y, finalmente, guardar los cambios. Si desea ampliar sus conocimientos sobre este editor de código con relación a Excel no dude en consultar otros libros de esta misma colección y editorial.

8
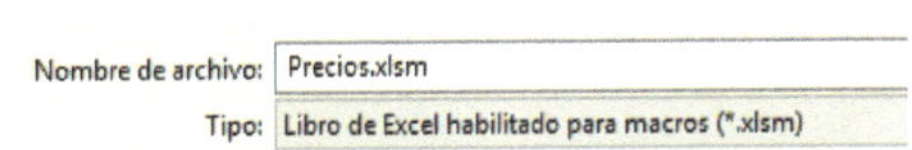

4
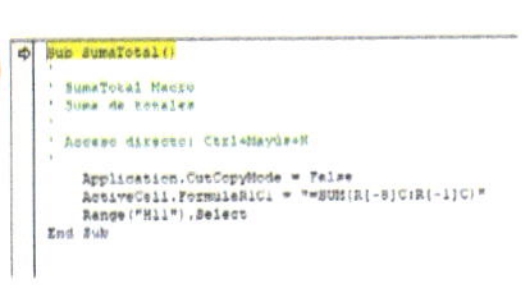

6
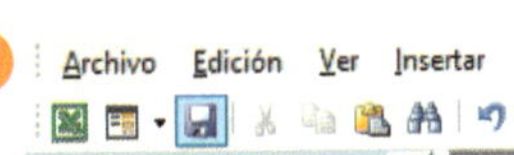

9
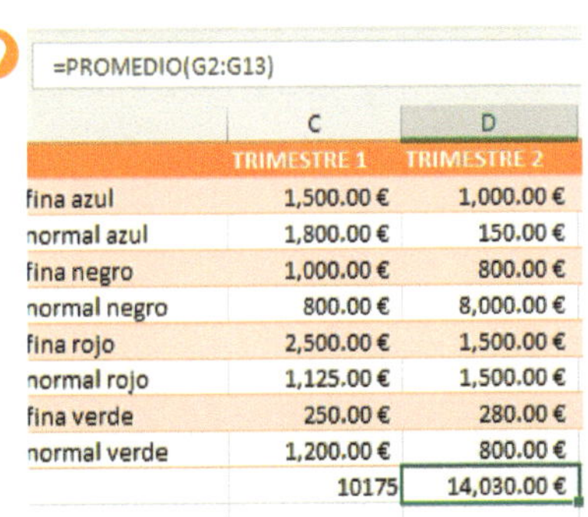

5
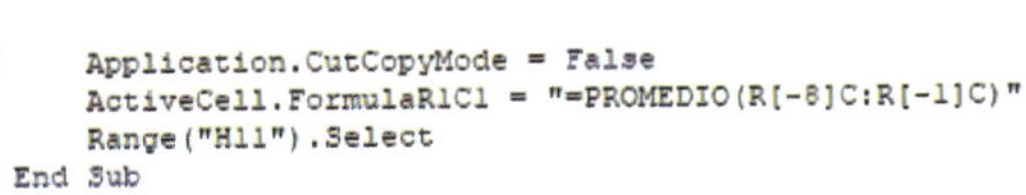

7
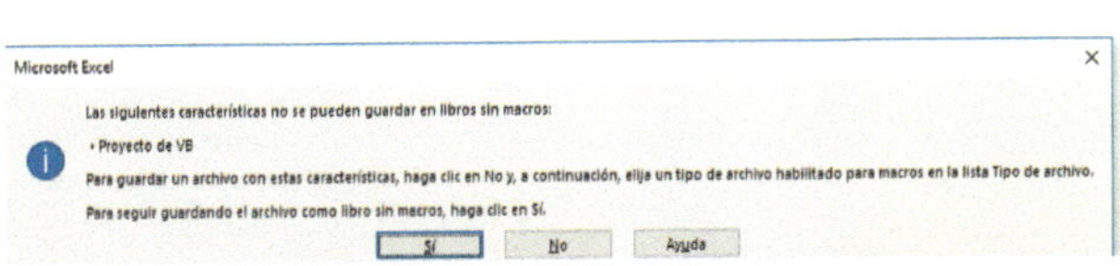

Access: Conocer los objetos de una base de datos

ACCESS ES UN PROGRAMA ORIENTADO al uso y la gestión de bases de datos en entornos personales o de pequeñas empresas. Para poder manejar una base de datos con holgura, el usuario deberá familiarizarse con los objetos que la componen: Tablas, Consultas, Formularios, Informes, Macros y Módulos. Sin embargo, los objetos considerados como fundamentales son las tablas, ya que estas son las estructuras encargadas de clasificar de forma organizada los datos introducidos por el usuario.

1. Para conocer los objetos de la base de datos es importante tener una base de datos ya hecha. En esta lección nos aproximaremos a las herramientas básicas que ayudan a confeccionar y trabajar con las bases de datos. Es por eso que, si no tiene ninguna, puede descargar el archivo denominado **base_de_datos.accdb** del material adicional de este libro. Cuando disponga de esta base de datos de ejemplo, ábrala en Access 365 o 2019. 1
2. Una vez abierta la base de datos, podemos ver que cuenta con una única tabla, la tabla **Quesos1**. Para abrirla, haga doble clic sobre su nombre en el **Panel de navegación**. 2
3. La tabla en cuestión se muestra en el área de trabajo, al tiempo que aparece la correspondiente ficha contextual, **Herramientas de tabla**. 3 La denominación de tabla se debe a su organización en forma de filas y columnas en las que se distribuyen los registros. Veamos ahora cuáles son las opciones presentadas por el objeto **Informes**. Haga clic sobre la pestaña **Crear** de la **Cinta de opciones**.

2
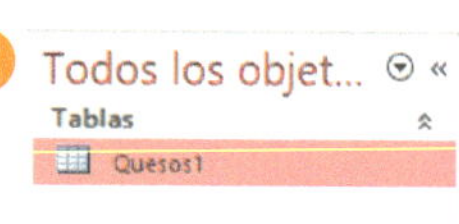

1
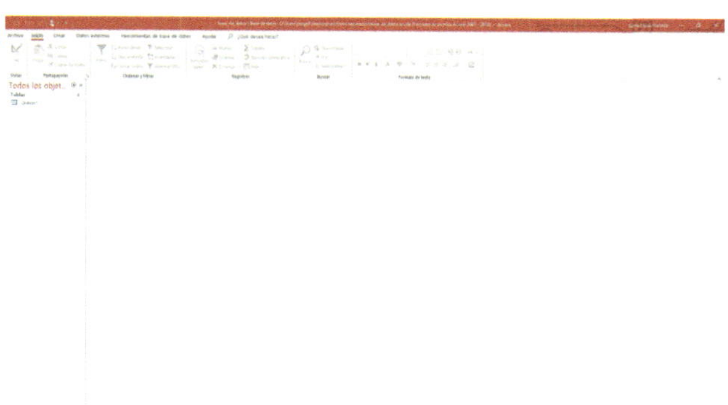

3

4. El propósito de los informes es el de presentar los datos organizados y clasificados según los criterios establecidos, de modo que puedan ser impresos. Pulse sobre la herramienta **Informe**, en el grupo de herramientas **Informes**. 4

5. Aparece así en una nueva ficha el informe con su formato predefinido y la correspondiente ficha contextual. 5 Para cerrar este informe, pulse el botón de aspa de la pestaña de este elemento y no guarde los cambios (dichos cambios se refieren propiamente la creación del informe).

6. Otro de los objetos de una base de datos es el formulario. Haga clic de nuevo sobre la pestaña **Crear** y pulse en el comando **Formulario** del grupo de herramientas **Formularios**. 6

7. Un formulario es una hoja en la que se muestran diferentes campos en los que se debe introducir la información solicitada. 7 Los formularios pueden incluir material gráfico, sonidos y botones de comando. Cierre este objeto pulsando sobre su pestaña.

8. Las consultas son modos de buscar y encontrar una información concreta de un cúmulo de datos almacenados en la base que pueden proceder de una o varias tablas. Por su parte, una macro es una acción o conjunto de acciones que se graban para automatizar tareas, mientras que un módulo es una colección de declaraciones, instrucciones y procedimientos almacenados juntos como una unidad con nombre. Más adelante en este libro veremos con un poco más de detalle cómo se trabaja con cada uno de estos elementos.

IMPORTANTE

El modo de creación y acceso a estos objetos es común para la mayoría: casi todos pueden crearse desde la ficha **Crear** de la **Cinta de opciones**, a partir de un asistente o introduciendo los datos directamente, y todos ellos son accesibles a través del **Panel de navegación.**

4
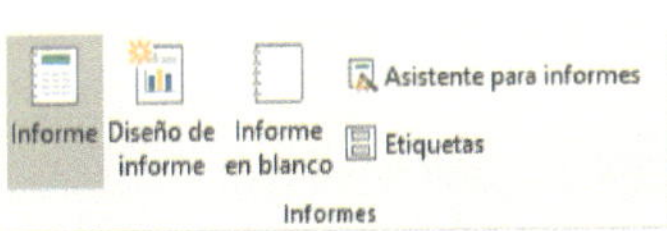

5
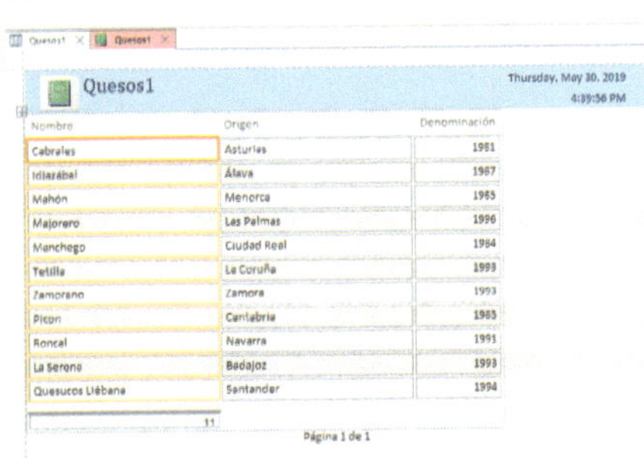

6
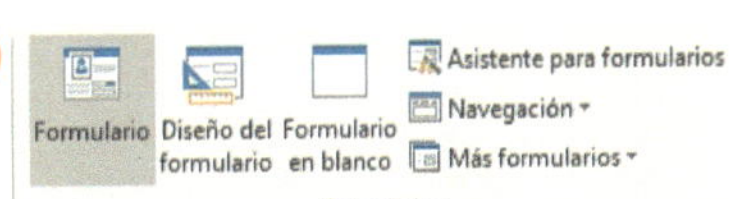

7
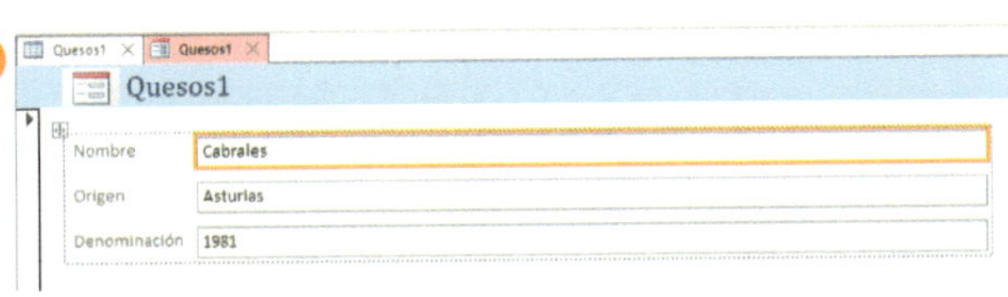

Crear una tabla desde la vista Hoja de datos

IMPORTANTE

Una tabla contiene la información más importante en una base de datos y está compuesta por registros que a su vez contienen diferentes campos. Los registros son las filas de la tabla y los campos son las columnas. Al crear una nueva base de datos, esta ya incluye por defecto una tabla, denominada **Tabla1**, que se muestra en la vista **Hoja de datos** y que cada usuario puede modificar para que contenga los datos necesarios.

LAS TABLAS SON LOS ÚNICOS OBJETOS imprescindibles en cualquier base de datos. En ellas se almacenan los datos con los que posteriormente se trabaja para extraer la información útil requerida. Las tablas son estructuras creadas para clasificar datos de forma ordenada y organizada y, como veremos en este ejercicio, se crean muy fácilmente gracias a la vista Hoja de datos. Como otros objetos de las bases de datos dependen en gran medida de las tablas, el diseño de una base de datos siempre debe empezar por la creación de todas sus tablas y, a continuación, por el de cualquier otro objeto. Antes de crear una tabla, deberá tener claros sus requisitos y decidir, así, el número que serán necesarias.

1. A partir de este ejercicio, tenemos como objetivo generar una base de datos completa. Como ejemplo, nuestra base de datos será para guardar y clasificar títulos de libros con sus autores, año de publicación, etc. Sin embargo, si lo prefiere, puede personalizar este proceso creando su propia base de datos. Para empezar, cree una nueva base de datos en blanco desde la vista Backstage de Access (1) y asígnele el nombre de **MiBiblioteca**. (2)
2. Tras crear la base de datos, esta muestra de forma predeterminada una tabla y lo hace en la vista **Hoja de datos**. Vamos a cambiar el nombre de los dos campos de la tabla y añadiremos otros nuevos. Haga clic en la cabecera del campo **Id** y pulse sobre el comando **Nombre** y título del grupo de herramientas **Propiedades**. (3)

1

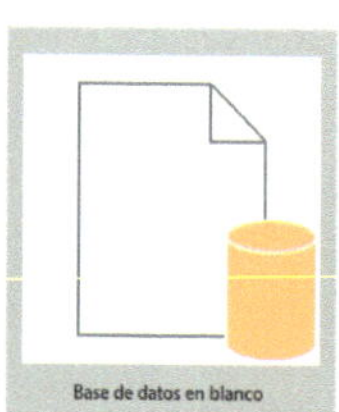

3

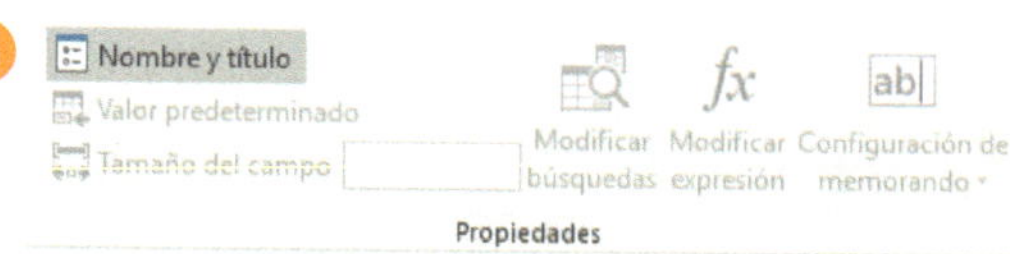

2

4

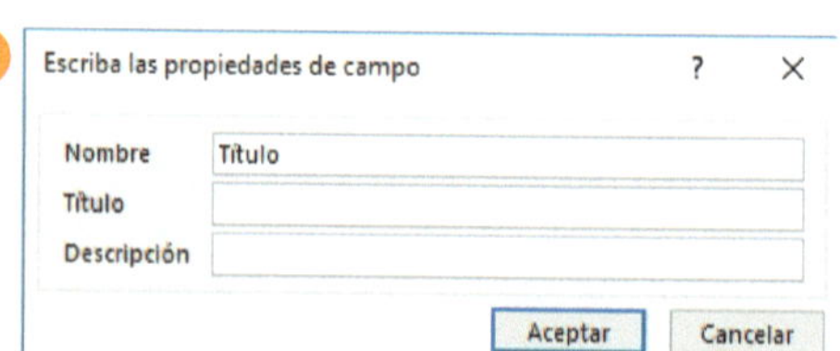

3. Se abre así el cuadro **Escriba las propiedades de campo**, en el que podemos establecer el nombre y el título del campo así como añadir una breve descripción del mismo. En el campo **Nombre**, escriba el término **Título** y pulse el botón **Aceptar**. 4
4. Vamos a agregar dos nuevos campos. Haga clic en el botón de punta de flecha de la columna Haga clic para agregar y elija la opción **Texto corto**. 5
5. La nueva columna se añade mostrando su nombre por defecto, **Campo1**, en modo de edición. En este caso, escriba el término **Autor** y pulse la tecla **Retorno**. 6
6. Al pulsar la tecla **Retorno** se despliegan las opciones para la creación de un nuevo campo. Seleccione nuevamente el tipo de campo **Texto corto**, escriba como nombre del campo el término **Género** 7 y pulse de nuevo **Retorno**.
7. Podríamos seguir repitiendo esta acción tantas veces como campos deseáramos incluir en la tabla. Sin embargo, lo dejaremos aquí. Para acabar, guardaremos esta tabla con un nombre que la identifique claramente. Pulse el comando **Guardar** de la **Barra de herramientas de acceso rápido**. 8
8. En el campo **Nombre de la tabla**, escriba el término **Fondo editorial** 9 y pulse el botón **Aceptar** para guardar la tabla y dar por acabado este ejercicio.

IMPORTANTE

Un ejemplo de tabla de una base de datos de prácticamente cualquier empresa sería una que contenga los nombres de los clientes, las direcciones de correo electrónico y los números de teléfono de cada uno de ellos.

5
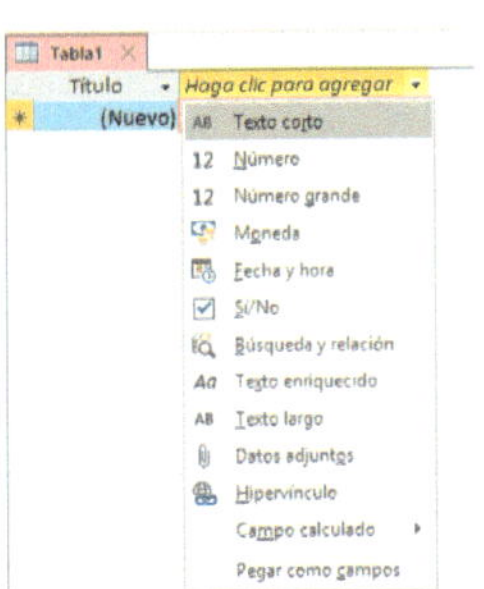

6
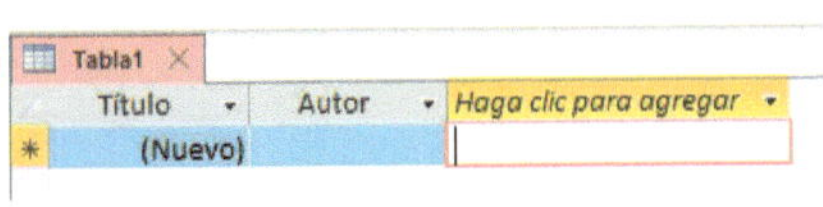

7
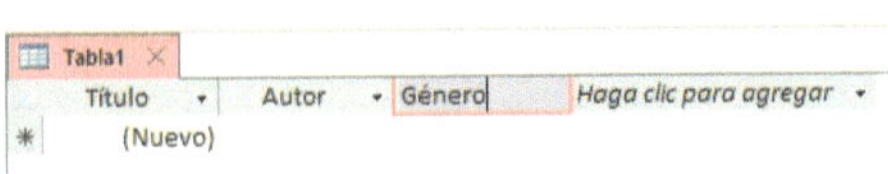

8

9
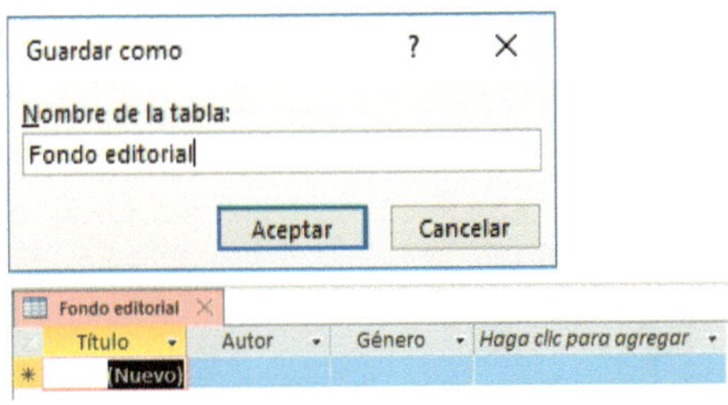

Definir campos desde la vista Diseño

EL SISTEMA DE CREACIÓN Y GESTIÓN DE TABLAS desde la vista Diseño es mucho más complejo que mediante la vista Hoja de datos; sin embargo admite un mayor control de la definición de los campos. La vista Diseño permite tanto la creación de nuevas tablas como la definición de campos en una tabla ya existente.

1. En este ejercicio aprenderá a modificar una tabla existente desde la vista **Diseño**. Continuamos trabajando con la tabla que creamos en el ejercicio anterior, la cual mostraremos en la mencionada vista. Despliegue el comando **Ver** del grupo **Vistas**, en la subficha **Campos** de la ficha contextual **Herramientas de tabla**.
2. Este botón incluye todas las vistas posibles en que se puede mostrar una tabla. Haga clic sobre la opción **Vista Diseño**. 1
3. La parte superior de la ventana se distribuye en tres columnas: **Nombre de campo**, **Tipo de datos** y **Descripción**. 2 Para cambiar el nombre de los campos basta con pulsar sobre la celda donde se encuentra el campo en cuestión y modificar o sustituir el nombre por uno nuevo. En la parte inferior de esta vista puede ver el panel **Propiedades de campos**, desde el cual tiene todo el control de todas las características de cada uno de los campos de la tabla o el formulario. En el siguiente ejercicio veremos cómo trabajar con este panel para cambiar algunas de las propiedades de los campos. Para empezar, modificaremos el nombre del primer campo seleccionado. Con el nombre de este campo seleccionado, escriba simplemente la palabra **Libro** y pulse la tecla **Retorno**. 3
4. Aprovecharemos la selección del correspondiente registro de la columna **Tipo de datos** para cambiar este valor. Como ve, y dado el tipo de campo original, el tipo de datos establecido es autonumérico. Vamos a cambiarlo. Despliegue dicho campo y elija en este caso el tipo **Texto corto**. 4

1
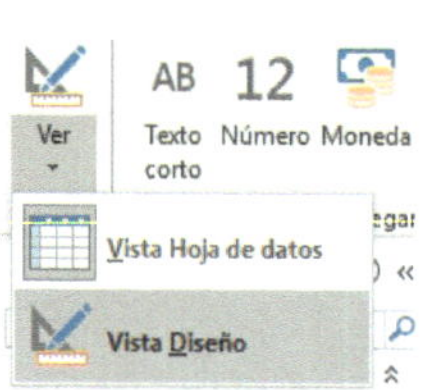

3
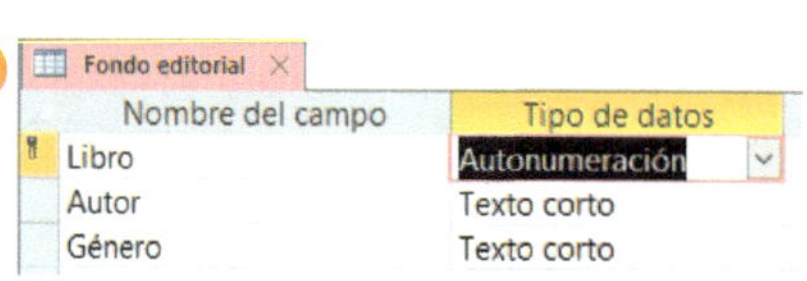

2

4
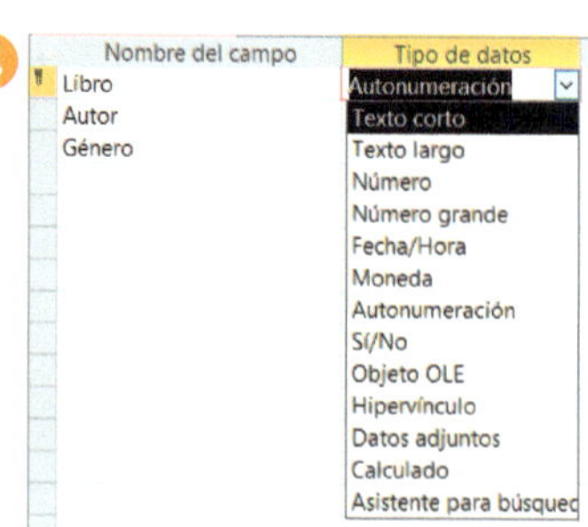

5. Vamos a agregar una descripción para este campo. Pulse la tecla **Tabulador** para pasar a la siguiente columna, escriba en ella el texto **Título del libro** y pulse la tecla **Retorno.** 5
6. Para crear un nuevo campo, pulse dentro de la primera celda vacía de la columna **Nombre del campo**, inserte el término **Editorial** y pulse la tecla **Retorno.** 6
7. Tenga en cuenta que los nombres de los campos no pueden contener signos de puntuación, pero sí admiten espacios. De esta forma, hemos agregado un nuevo campo a la tabla en la cual reflejaremos el nombre de la editorial que ha publicado el libro. Antes de acabar, mostraremos de nuevo la tabla en la vista **Hoja de datos** para comprobar que los cambios se han aplicado correctamente. Para ello, en la parte derecha de la **Barra de estado**, pulse sobre el primero de los iconos, correspondiente a esta vista. 7
8. Tal y como le indica el programa, antes de cambiar de vista es preciso guardar los cambios realizados en la tabla. En el cuadro de diálogo que aparece, pulse sobre el botón **Sí**.
9. Efectivamente, la tabla se muestra con las modificaciones realizadas. 8 Compruebe por un lado el cambio en el nombre del primer campo y por otro, la aparición del cuarto campo. Por último, vea en la parte izquierda de la **Barra de estado** cómo aparece el texto introducido como descripción del campo seleccionado. 9

5
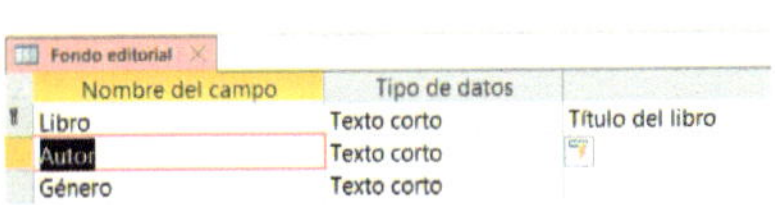

8
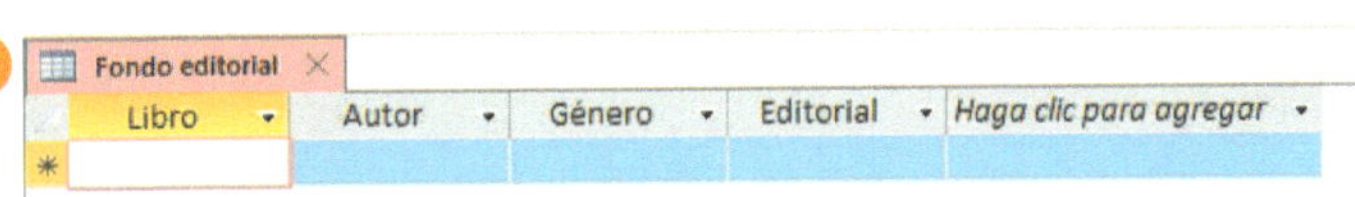

6
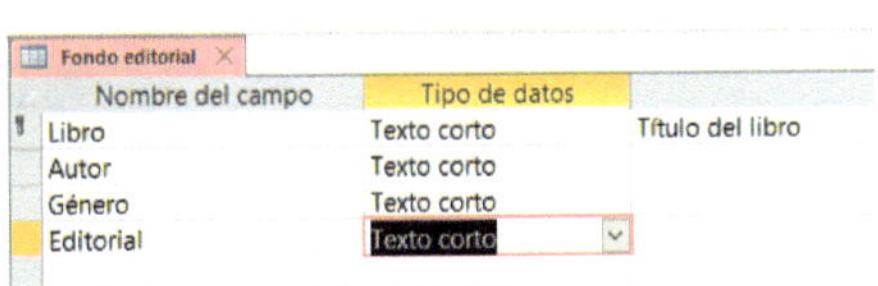

7

9

Trabajar con distintos tipos de campos

IMPORTANTE

El tipo de datos Asistente para búsquedas, disponible también en la lista desplegable de la columna **Tipo de datos**, no es realmente un tipo sino un modo de crear un tipo de datos personalizado. Al seleccionar **Asistente para búsquedas**, se inicia un asistente que le ayudará a definir un campo de búsqueda simple (que usa el contenido de otra tabla o una lista de valores para validar el contenido de un único valor por fila) o complejo (que permite guardar distintos valores del mismo tipo en cada fila).

LOS ELEMENTOS DE INFORMACIÓN DE UNA TABLA se almacenan en campos, también denominados columnas. Los campos de una tabla pueden contener información de diversa índole, por ejemplo, texto, números, fechas, etc. Access permite asignar un tipo concreto de datos a cada campo en función del contenido que se tenga previsto guardar.

1. En este ejercicio conocerá tres tipos de datos disponibles en Access para los campos: le mostraremos cómo asignar un tipo de dato numérico y uno del tipo Sí/No y presentaremos una de las novedades de la versión 365 de Access: el tipo de dato Número grande. Para ello, y aunque no es imprescindible, para empezar, sitúese en la vista **Diseño** de la tabla **Fondo editorial**.
2. Vamos a agregar un nuevo campo que será, esta vez, de tipo numérico. Haga clic en la primera celda vacía de la columna **Nombre del campo**, escriba el término **Año publicación** y pulse la tecla **Retorno**. 1
3. Por defecto, los nuevos campos introducido muestran como tipo de datos el denominado **Texto corto**, el cual permite escribir casi cualquier carácter (letra, símbolo o número). El panel **General** del apartado **Propiedades del campo**, en la parte inferior de esta vista, 2 muestra las características que deberá presentar el campo en cuestión. Despliegue la celda **Tipo de datos** del nuevo campo para comprobar las opciones disponibles.
4. Los campos numéricos pueden ser del tipo Número,del tipo Autonumeración o del tipo Número grande. El primer tipo permite insertar el valor que necesitemos manualmente,

1
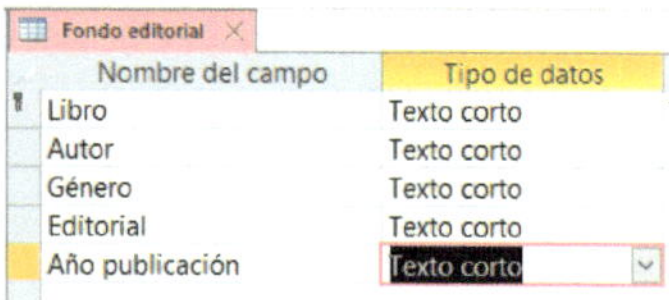

2
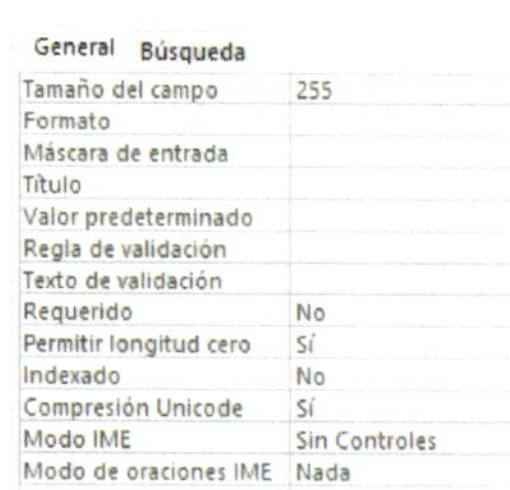

3
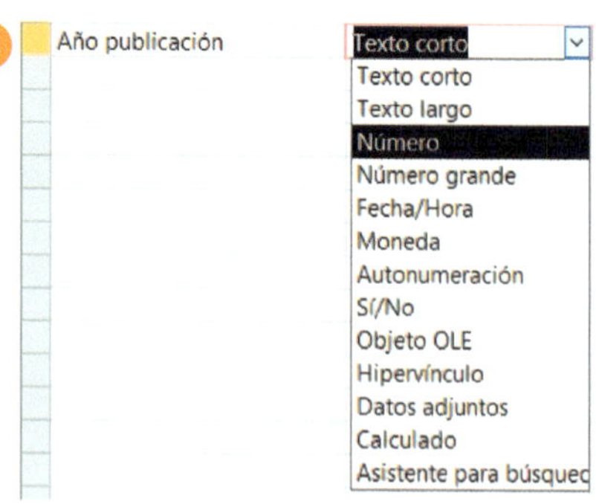

mientras que el segundo permite que sea el programa quien numere los registros de forma automática. Por su parte, el tipo Número grande se usa para almacenar valores numéricos no monetarios y sirve para calcular eficazmente cifras elevadas. La diferencia entre el campo Número y el campo Número grande es que el primero admite cuatro bytes el segundo admite ocho. En este caso, elija de la lista la opción **Número**. 3

5. En el panel **General**, haga clic sobre el campo **Tamaño del campo**, que muestra el texto **Entero largo**, despliéguelo y, de entre el contenido existente, elija la propiedad **Entero**. 4
6. Como los datos que deberá reflejar este campo serán siempre de cuatro cifras, un año, esta propiedad nos bastará. A continuación veremos un ejemplo que refleja el uso de campos del tipo Sí/No. Haga clic en la primera celda vacía de la columna **Nombre del campo** y escriba la palabra **Disponible**. 5
7. Este nuevo campo nos informará acerca de la disponibilidad del libro, es decir, si está en nuestro poder o si, por ejemplo, ha sido prestado a algún familiar, amigo o conocido y todavía no ha sido devuelto. Despliegue la celda **Tipo de datos** del nuevo campo y elija esta vez la opción **Sí/No**. 6
8. En nuestro caso, nos interesa mantener este formato de afirmación y negación, aunque sepa que dispone además de los valores Verdadero/Falso y Activado/Desactivado. Vuelva a la vista Hoja de datos guardando los cambios realizados y compruebe que en el campo **Disponible** se ha insertado una casilla de verificación, la cual por defecto se encuentra desactivada. 7

IMPORTANTE

Es preciso tener en cuenta que, si agrega un campo de Número grande a una tabla y guarda el diseño de esta, habrá habilitado de forma efectiva el tipo de datos Número grande y la base de datos ya no será compatible con las versiones anteriores de Access. Por esta razón, antes de guardar el diseño de la tabla, el programa lanzará un mensaje de advertencia por si necesita que la base de datos siga siendo compatible.

4
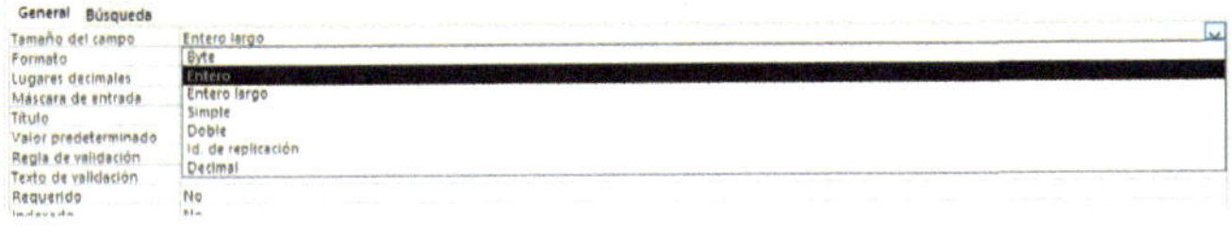

5
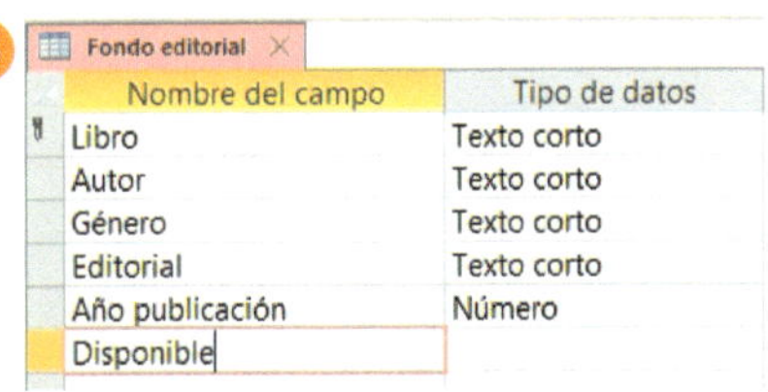

6
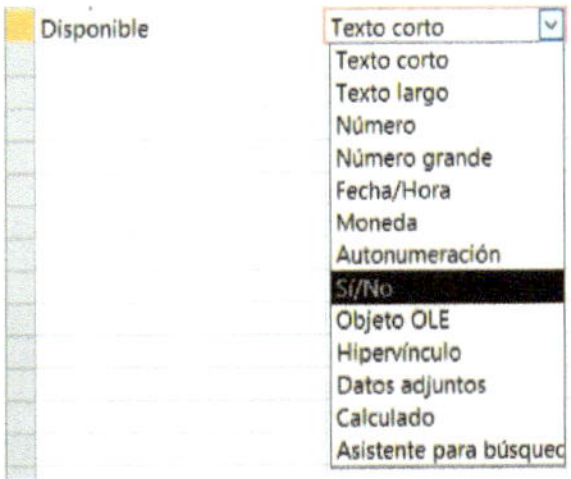

7
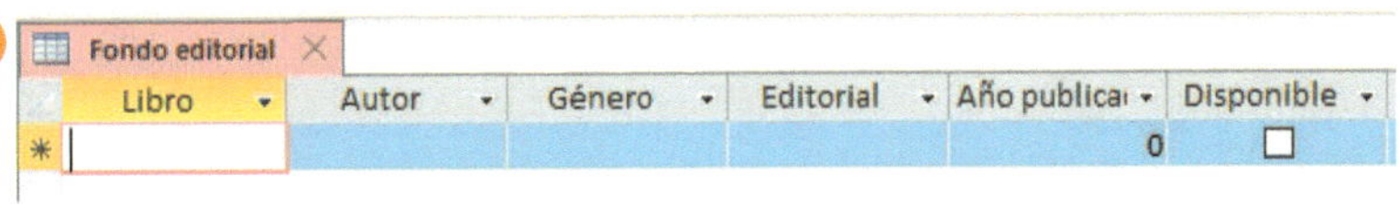

Insertar campos desde la Vista Hoja de datos

AUNQUE LA CREACIÓN Y LA EDICIÓN DE CAMPOS es más precisa desde la Vista Diseño, por contar con el panel de propiedades de los campos, también es posible agregar nuevos campos en una tabla ya existente desde la vista Hoja de datos. La subficha Campos de la ficha contextual Herramientas de tabla contiene los comandos necesarios para incluir campos de cualquier tipo de forma general.

1. En este ejercicio aprenderá a insertar nuevos campos en una tabla desde la vista **Hoja de datos**. Para ello, continuamos confeccionando nuestra base de datos, en la cual, recuerde, reflejaremos el fondo editorial de que disponemos. Desde la vista **Hoja de datos**, haga clic sobre la subficha **Campos** de la ficha contextual **Herramientas de tabla.** 1
2. Esta subficha contiene todos los comandos y las opciones para gestionar los campos de la tabla. Así, además de agregar y eliminar nuevos campos, desde aquí puede modificar algunas de sus propiedades, cambiar su formato y establecer, si es preciso, una validación del campo. En este caso, y como hemos indicado, agregaremos un nuevo campo, en concreto, uno que refleje la portada del libro. Haga clic sobre la cabecera de la celda que muestra el texto **Haga clic para agregar** y, de la lista que se despliega, elija la opción **Datos adjuntos.** 2
3. A la izquierda del campo seleccionado se inserta un nuevo campo. Compruebe que como nombre del campo se muestra el símbolo típico de los archivos adjuntos, un clip. 3 El tipo Datos adjuntos permite adjuntar archivos como imágenes, documentos, hojas de cálculo o gráficos al campo seleccionado. Tenga en cuenta que cada campo de este tipo puede contener una cantidad ilimitada de datos adjuntos por registro, hasta el límite de almacenamiento del tamaño de un archivo de base de datos. El tamaño permitido es de 2GB. A continuación, asignaremos un nombre a este nuevo campo. Para ello, en el grupo de herramientas **Propiedades**, pulse sobre el comando **Nombre y título.** 4

1

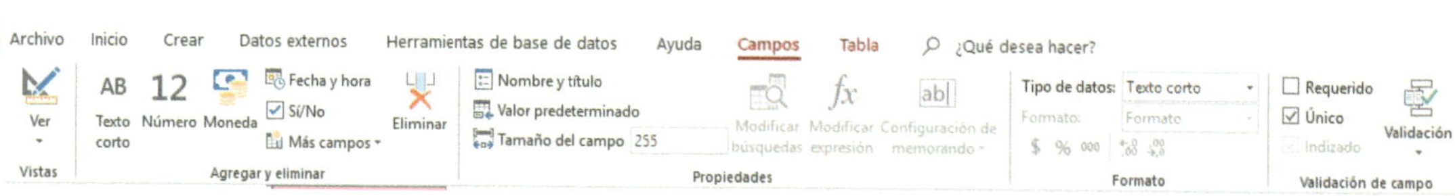

2

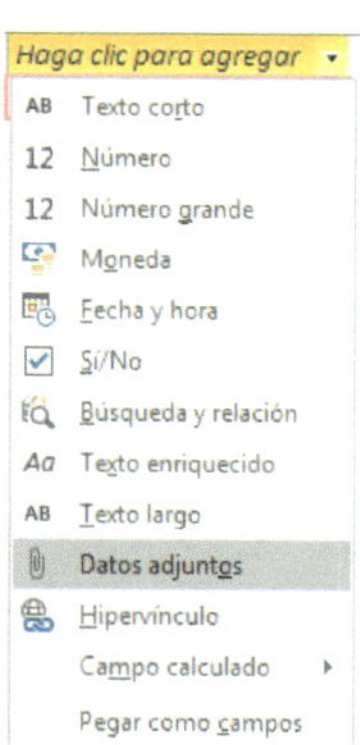

3

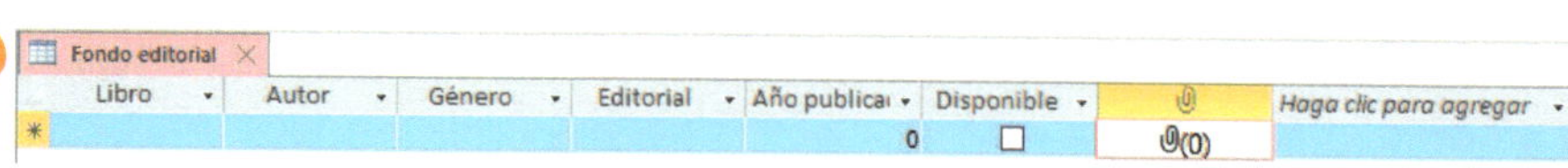

4

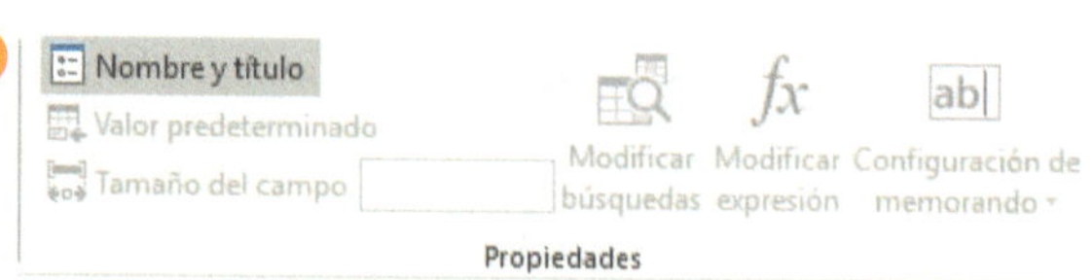

4. Ya trabajamos con el cuadro Escriba las propiedades de campo en un ejercicio anterior. En el campo **Nombre**, escriba el término **Portada** y pulse el botón **Aceptar**. 5
5. Aunque el cambio, en este caso, no se refleja en la cabecera del nuevo campo, sí se ha realizado correctamente. Para comprobarlo, accederemos a la Vista **Diseño**. Haga clic en el último icono de los accesos a vistas de la **Barra de estado**. 6
6. Efectivamente, el último campo que aparece en la tabla refleja el nombre introducido, Portada. 7 En el ejercicio dedicado a la introducción de los datos en los registros, le mostraremos cómo agregar los datos adjuntos en este campo. En concreto, insertaremos una imagen correspondiente al álbum especificado. Vuelva a la vista **Hoja de datos** desplegando el comando **Ver** del grupo de herramientas **Vistas** y eligiendo de la lista la opción Vista **Hoja de datos**.
7. A título informativo diremos que el tipo de dato Objeto OLE permite agregar al campo al que define imágenes, gráficos u otros objetos de ActiveX desde otra aplicación basada en Windows, con un límite de tamaño de hasta 2GB, como el tipo Datos adjuntos. Por su parte, el tipo Hipervínculo permite, como su nombre indica, añadir una dirección de vínculo a un documento o archivo en Internet, en una intranet, en una red de área local (LAN) o en el equipo local. Por último, el tipo denominado Calculado permite crear una expresión utilizando datos de uno o más campos.

5
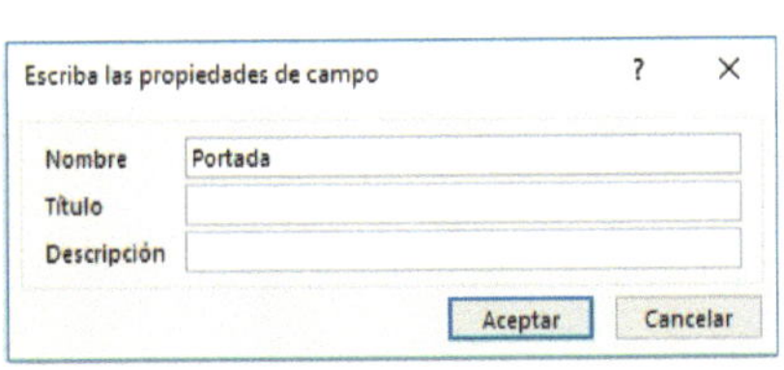

6

7
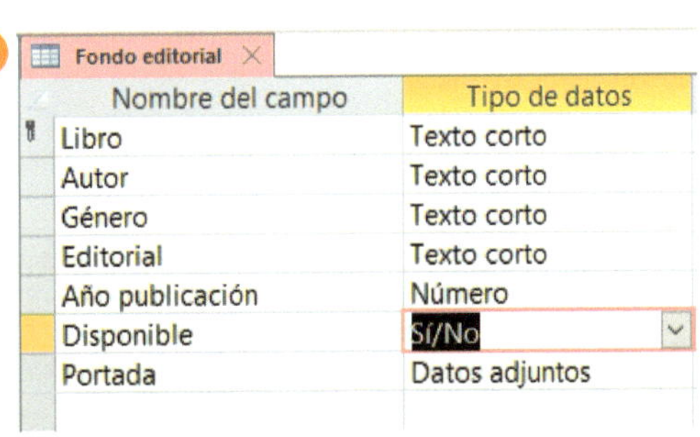

Definir una tabla

IMPORTANTE

Algunas de las acciones que se pueden llevar a cabo desde la vista **Diseñador de tablas** son cambiar entre las vistas **Hoja de datos** y **Diseño** en cualquier tabla guardada, designar cualquier campo como clave principal de la tabla (de ello tratará el siguiente ejercicio), utilizar el Generador para crear una expresión o una máscara de entrada, probar las reglas de validación, agregar y quitar filas, generar listas de búsqueda, crear, renombrar y eliminar macros de datos o definir relaciones y dependencias del objeto.

HASTA EL MOMENTO HEMOS ESTADO TRABAJANDO sobre una tabla creada desde la vista Hoja de datos, la cual hemos ido confeccionando con una serie de campos. Esta forma de elaboración de tablas nos ha permitido conocer algunas de las características del modo de trabajar de Access. Sin embargo, el programa permite crear desde la vista Diseño la estructura de sus propias tablas mediante el comando Diseño de tabla. El objetivo del uso de este comando es poder dedicarse más al diseño en sí de la base de datos con el fin de establecer tipos de campos, crear listas de búsqueda o crear una clave externa que pueda emparejar a la clave principal.

1. En este ejercicio vamos a crear una segunda tabla, destinada a reflejar sobre todo datos de los autores de los libres que aparecen en la tabla **Fondo editorial**. Para ello, lo primero que haremos es cerrar la tabla actual para dejar el área de trabajo del programa vacía. Haga clic con el botón derecho del ratón sobre la pestaña **Fondo editorial** y, del menú contextual que se despliega, pulse sobre la opción **Cerrar**. 1
2. En estos momentos no disponemos de ningún elemento abierto. Empecemos pues con el proceso de definición de nuestra nueva tabla. En la **Cinta de opciones**, haga clic sobre la pestaña **Crear**.
3. En el grupo de herramientas **Tablas**, haga clic sobre el comando **Diseño de tabla**. 2
4. Se abre de esta forma una nueva tabla, denominada por defecto **Tabla1**, en la vista Diseño. 3 De hecho, lo único que difiere de cuanto hemos visto en los dos ejercicios anteriores es que el campo **Tipo de datos** se encuentra vacío. Ahora se trata de ir designando los distintos campos que formarán

1
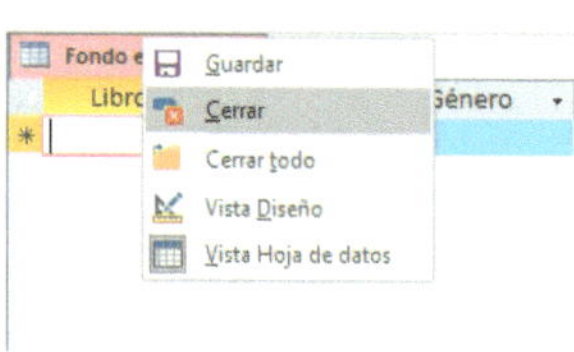

2

3
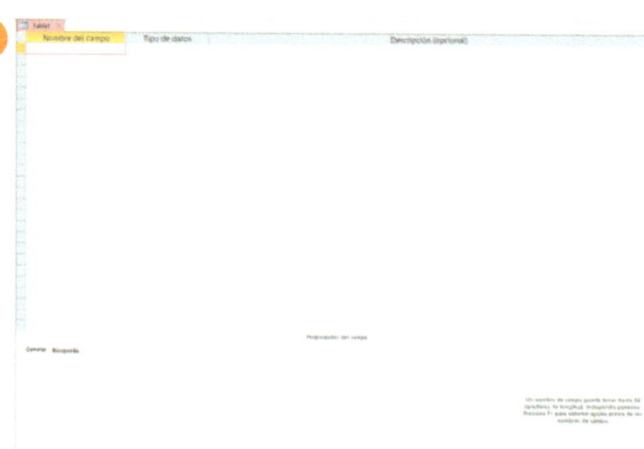

la nueva tabla. La ventaja de trabajar desde esta vista para la creación de las tablas es el hecho de contar con el panel de propiedades siempre a mano. En el primer campo de la tabla, escriba el término **ID Autor** y pulse la tecla **Tabulador** para pasar a la siguiente celda. 4

5. Llamamos ID al número de identificación de una serie de elementos. En nuestra tabla, este número lo asignaremos nosotros mismos. Por ello, despliegue la celda **Tipo de datos** y elija de la lista la opción **Número**. 5
6. Compruebe el panel de propiedades. En este caso, cambiaremos dos de los criterios, el de formato y el de alineación. Haga clic en el campo **Formato**, despliéguelo y elija de la lista la opción **Número general**. 6
7. Seguidamente, haga clic en el campo **Alineación del texto**, despliéguelo y elija la opción **Derecha**. 7
8. Añada tres campos más a la nueva tabla: Nombre autor, Fecha Nacimiento y Nacionalidad, asignando al primer y al tercer campo el tipo de dato Texto corto y al segundo el tipo Fecha/Hora. 8
9. Antes de terminar, guardaremos la nueva tabla. Para ello, haga clic en el comando **Guardar** de la **Barra de herramientas de acceso rápido**, escriba como nombre el término **Autores** y pulse en **Aceptar**.
10. El programa nos informa de que es recomendable asignar una clave principal a la tabla. 9 Como esto será tratado con detalle en el ejercicio siguiente, pulse en este caso el botón **No**.

IMPORTANTE

El tipo de dato Fecha/Hora permite, como su nombre indica, añadir tanto fechas como horas, mientras que el tipo Texto corto, en versiones anteriores denominado sencillamente Texto, admite datos alfanuméricos hasta un total de 255 caracteres.

7
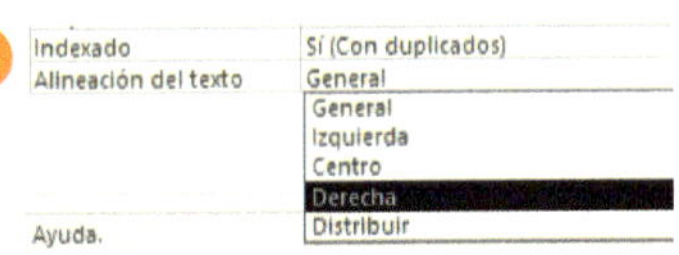

8
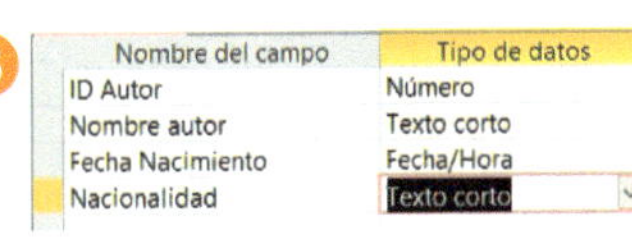

4
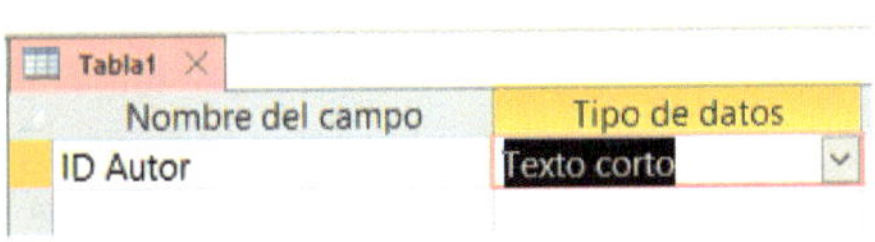

5
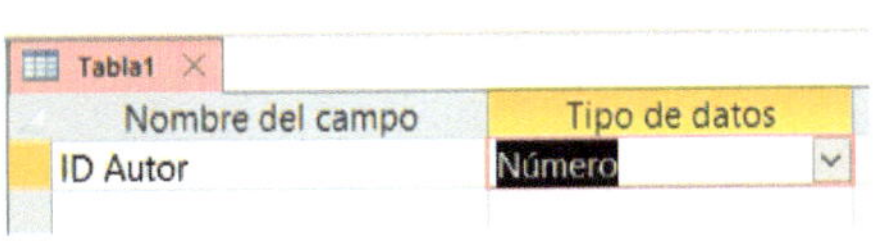

6
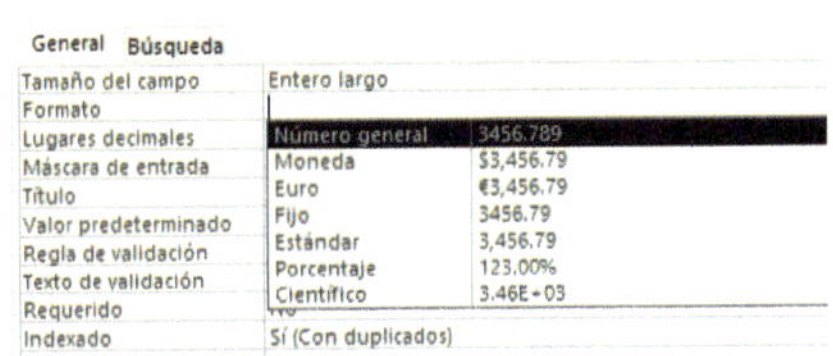

9
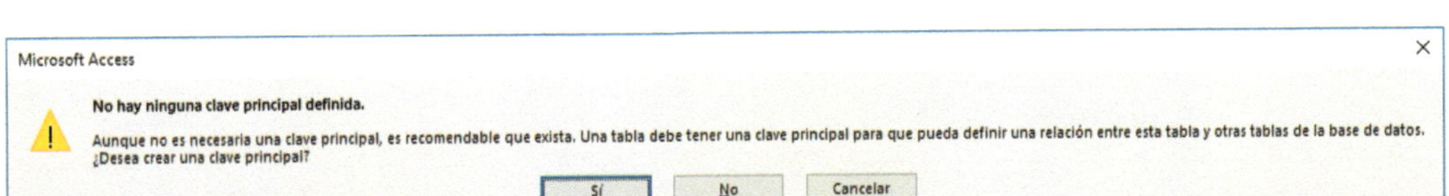

Designar un campo como clave principal

IMPORTANTE

Una clave principal correcta debe tener unas características concretas: debe identificar inequívocamente una fila; nunca debe estar vacía, y los valores que contiene deben ser fijos, es decir, no deben cambiar.

LA CLAVE PRINCIPAL TIENE VARIAS FUNCIONES, aunque la más importante es la de permitir crear relaciones entre tablas, algo fundamental para construir bases de datos. Al crear una tabla en vista Hoja de datos, el programa asigna el primero de los campos existentes la propiedad de clave principal, representada por el dibujo de una llave en la cabecera de la fila. Sin embargo, al definir una tabla desde cero en vista Diseño, deberá ser el usuario quien asigne esta condición al campo que crea oportuno.

1. En la tabla de autores definida en el ejercicio anterior, vamos a designar como clave principal el campo ID Autor, que permitirá, tras algunas modificaciones, relacionar esta tabla con nuestra tabla Fondo editorial. Vamos a proceder con la asignación a este campo de la condición de clave principal. Para ello, haga clic en la cabecera de la fila del campo **ID Autor** para seleccionarla por completo. ❶
2. A continuación, en el grupo **Herramientas** de la subficha **Diseño** de la ficha contextual **Herramientas de tabla**, pulse sobre el comando **Clave principal**. ❷
3. Compruebe lo que ha ocurrido. En la cabecera de la fila seleccionada aparece ahora el icono de una llave, lo que nos indica que este campo ha sido designado como clave principal. ❸ Debe saber que es posible asignar más de un campo como clave principal y que esta clave puede ser modificada y eliminada. Vamos a ver cómo cambiar una clave principal ya asignada. Para ello, nos dirigiremos a la tabla **Fondo edi-**

❶
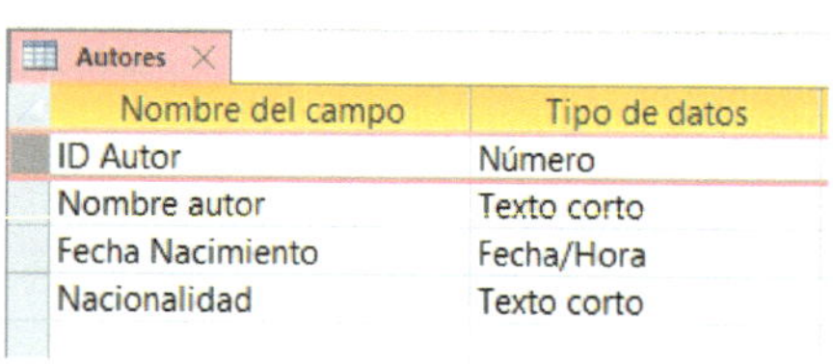

❸
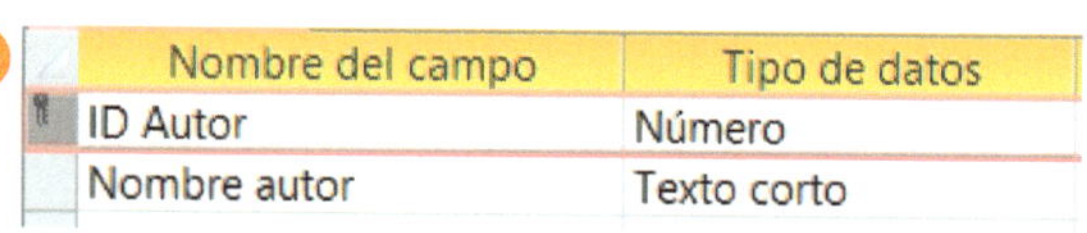

❷
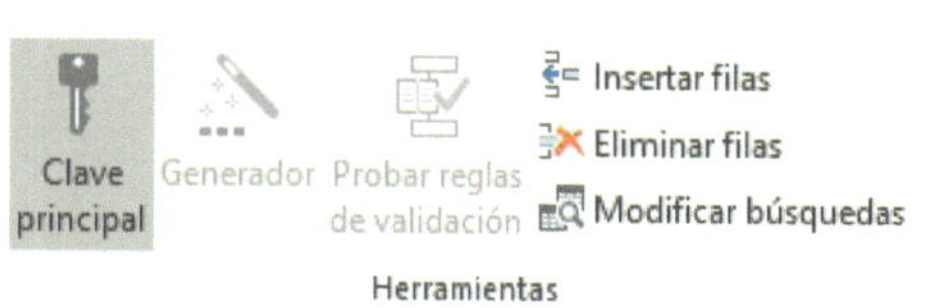

torial. En el **Panel de navegación**, haga clic con el botón derecho del ratón sobre dicha tabla y, en el menú contextual que se despliega, elija la opción **Vista diseño** para abrirla también en esta vista. 4

4. Compruebe como, efectivamente, el primer campo aparece definido como clave principal. 5 Recuerde que esta tabla fue creada en la vista **Hoja de Datos**, en la cual es el programa quien se ocupa de asignar la clave principal al primer campo de la tabla. Para cambiar la clave, primero debemos eliminarla. Con el primer campo seleccionado, haga clic en el comando **Clave principal** del grupo **Herramientas**.
5. Así de sencillo hemos eliminado la clave principal. 6 Lo que debemos hacer ahora es agregar un nuevo campo del tipo numérico, al cual asignaremos el nombre ID Autor. Haga clic en la cabecera de la fila del campo **Autor** para seleccionarla y pulse el comando **Insertar filas** del grupo **Herramientas**. 7
6. Escriba en la celda **Nombre** del campo el término **ID Autor**, pulse la tecla **Tabulador**, despliegue el campo **Tipo de datos** y elija de la lista la opción **Número**.
7. Para asignar la clave principal al nuevo campo, pulse de nuevo el comando **Clave principal**. 8

IMPORTANTE

Cuando se crea una nueva tabla en la vista **Hoja de datos**, Access crea de forma automática una clave principal y le asigna el nombre de campo ID y el tipo de datos Autonumeración. Este campo automático se encuentra por defecto oculto en esta vista, aunque puede visualizarse en la vista **Diseño**.

7
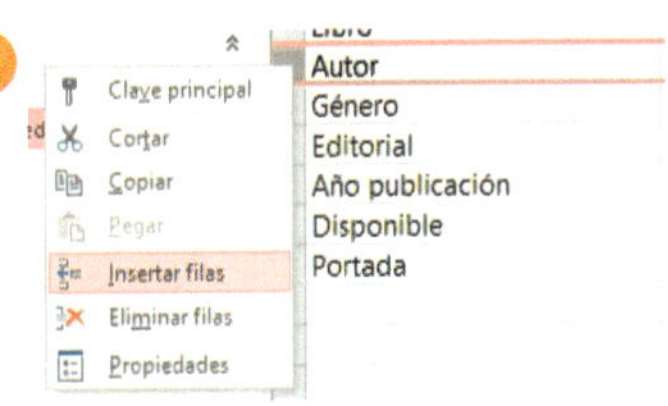

4
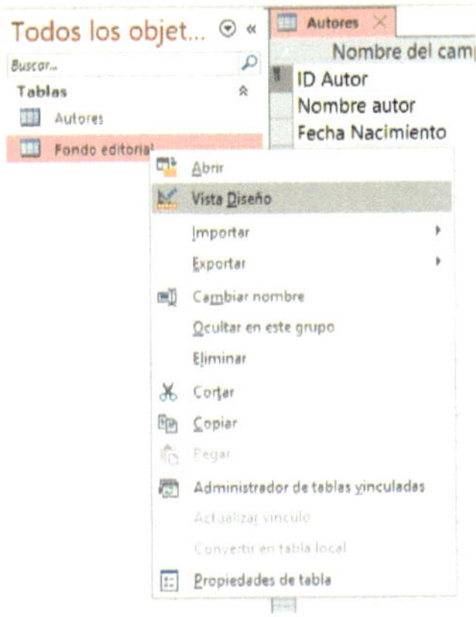

6
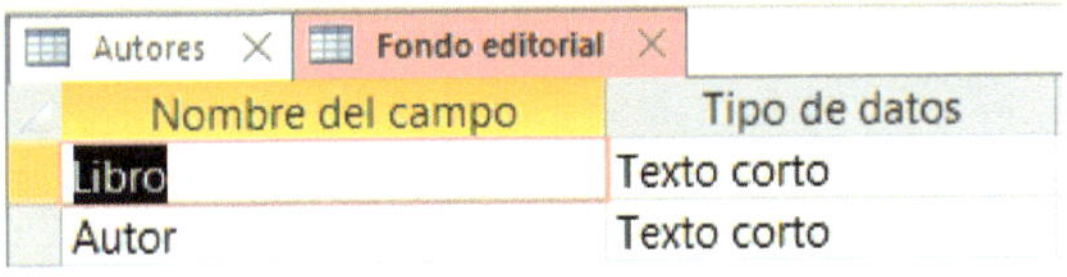

8
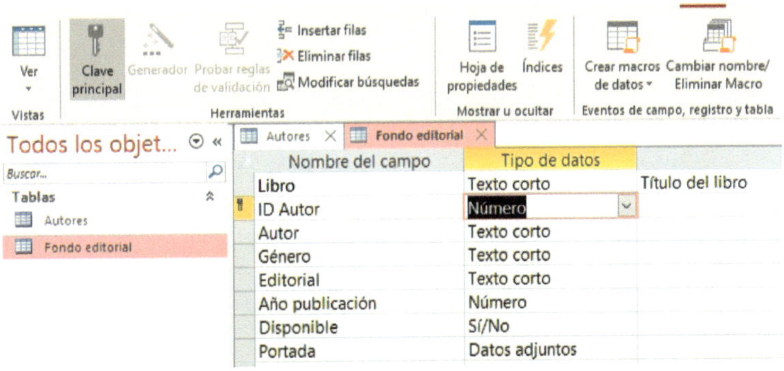

5
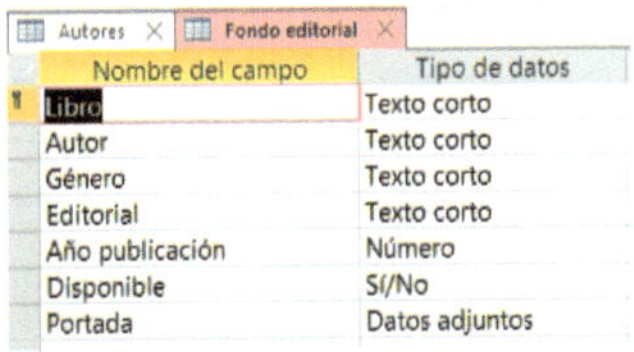

Introducir datos en una tabla

UNA BASE DE DATOS ES, EN RESUMEN, un archivo que sirve para organizar cosas. Una vez creada la base y las principales columnas, la introducción de datos no es en sí esencialmente difícil. De hecho, es posible escribir la información directamente en una tabla, aunque la mejor y más detallada forma de hacerlo es mediante los formularios, con los cuales trabajaremos más adelante.

1. En este ejercicio vamos a empezar a introducir los datos necesarios para completar así nuestras tablas. En concreto, empezaremos por la denominada **Fondo editorial**, por lo que asegúrese de que se encuentra abierta en primer plano en la vista **Diseño.**
2. Lo que haremos en primer lugar será eliminar el campo denominado **Autor**, puesto que ya quedará completado con el campo **ID Autor**. Haga clic en la cabecera del campo **Autor** y, en el grupo de herramientas **Herramientas**, pulse sobre el comando **Eliminar filas**. 1
3. El campo seleccionado desaparece de inmediato de la tabla. Para poder empezar a introducir datos, despliegue el comando **Ver** del grupo de herramientas **Vistas** de la **Cinta de opciones**, elija la opción **Vista Hoja de datos** 2 y, en el cuadro de diálogo que aparece, pulse en **Sí** para almacenar los cambios realizados. 3
4. Si en lugar de seguir los datos de ejemplo indicados en este y otros ejercicios, desea personalizar por completo el proceso, utilice su propia información. Escriba en el primer registro del campo **Libro** el título **La sombra del viento** y pulse la tecla **Tabulador**. 4
5. Cuando una fila de registros empieza a ser completada, como es el caso, en la cabecera de dicha fila aparece un icono en forma de lápiz. En el campo **ID Autor**, deberá introducir un número que se corresponderá con el identificador del autor del libro en la tabla **Autores**. En este caso, escriba el valor **1** y, en el campo **Género**, escriba directamente **Misterio/Suspense**. 5

1
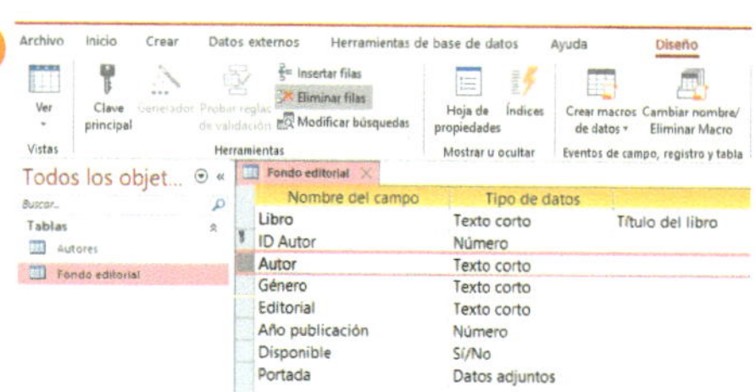

2
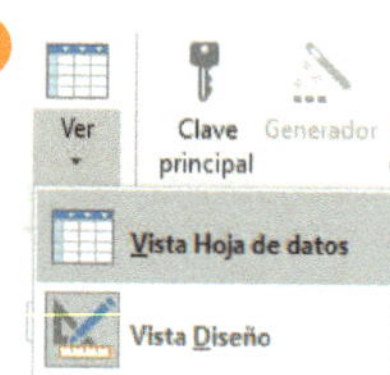

3
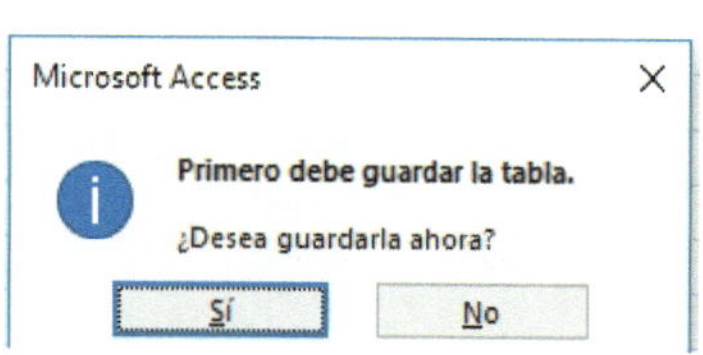

4
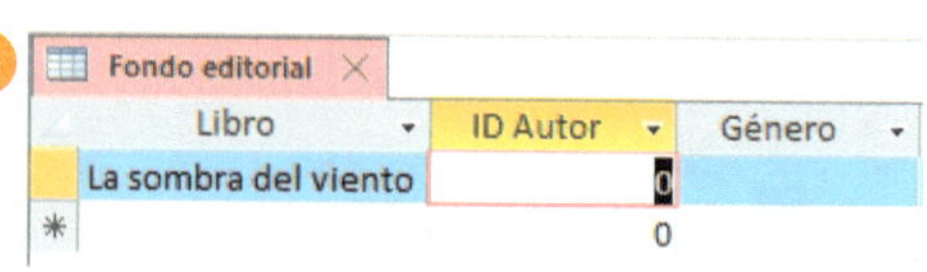

6. En el campo **Editorial**, escriba el nombre **Planeta** y, en el siguiente, **Año publicación**, escriba el valor **2001**. Marque también la casilla de verificación del campo **Disponible**. 6
7. Solo nos queda completar el campo **Portada**. Recuerde que este campo es del tipo **Datos adjuntos**, por lo que en la cabecera de la correspondiente columna aparece el símbolo del clip. Como indicamos en su momento, este campo reflejará la imagen de la portada del libro especificado en cada registro. En este caso, puede utilizar el archivo **portada.png**, que encontrará entre el material adicional de este libro. Haga doble clic sobre el registro correspondiente a este campo.
8. Se abre de este modo el cuadro **Datos adjuntos**, en el cual debemos seleccionar el material que deseamos incorporar en la base de datos. Pulse sobre el botón **Agregar**.
9. Los campos de datos adjuntos no sólo pueden incluir imágenes, sino vínculos a otras bases de datos e, incluso, documentos procedentes de otros programas. En este caso, localice en el cuadro **Elegir un archivo** la imagen **portada.png** y pulse el botón **Abrir**.
10. De vuelta al cuadro **Datos adjuntos**, haga clic en el botón **Aceptar**. 7
11. Los datos adjuntos agregados a un registro no se muestran directamente en la vista **Hoja de datos**. Al realizar la incorporación de estos datos, aparece un número entre paréntesis para indicar que existe un archivo adjunto. 8 Cuando trabajemos con formularios veremos por completo el contenido de este campo. Guarde los campos realizados en la tabla y dé por terminado este ejercicio.

5
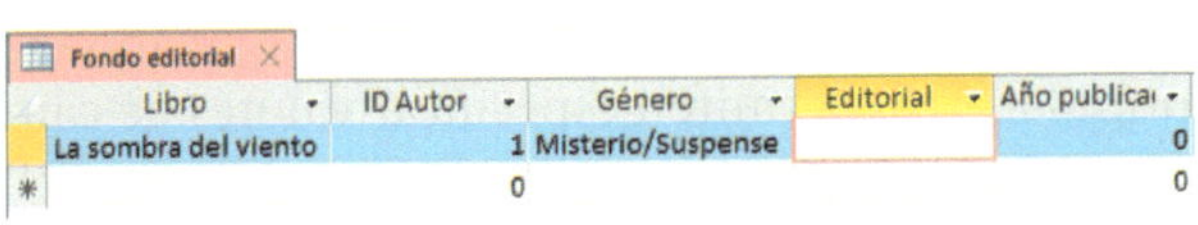

6
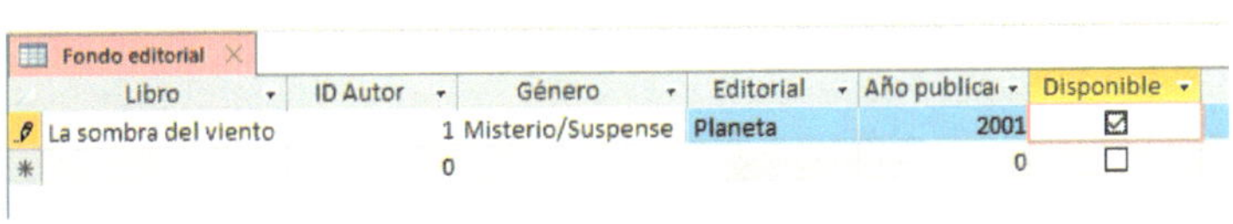

7
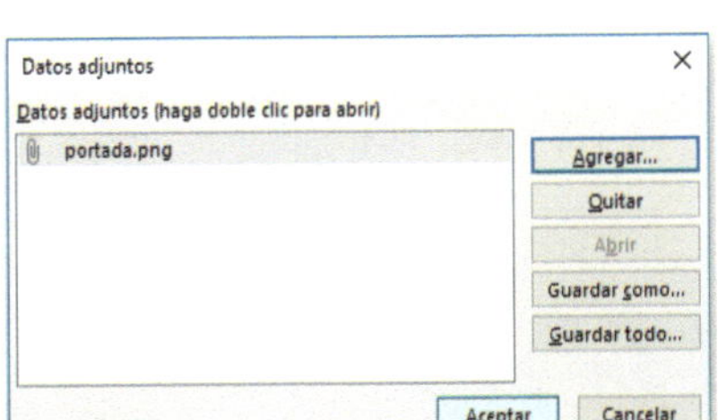

8
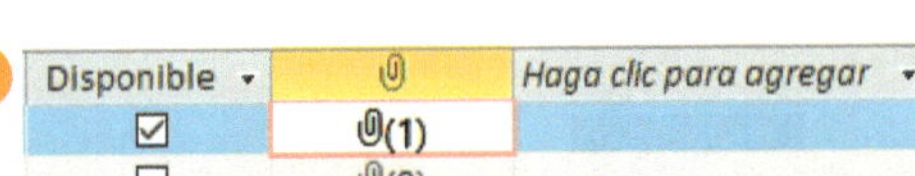

Utilizar filtros por formulario

LOS FILTROS POR FORMULARIO PERMITEN filtrar la información por más de un campo a la vez y no necesitan que el cursor se desplace hasta el campo que contiene la información que desea filtrar, sino que permite seleccionarla a través de un menú desplegable o, incluso, introducirla manualmente. Una de las diferencias que presenta el filtro por formulario con respecto al filtro común y al filtro por selección (que se ejecuta mediante el comando Filtros, como vimos en el ejercicio Ordenar y filtrar, dentro de la sección dedicada a Excel) es que el filtro por formulario permite localizar registros que tengan distintos valores en un mismo campo.

1. Para poder llevar a cabo esta práctica, necesitaremos una tabla con muchos más registros de los que disponemos en estos momentos. Por esa razón, si lo desea, complete por su cuenta la tabla **Fondo editorial** con unos 10 registros más o bien utilice el archivo **MiBiblioteca002**, una actualización del proyecto empezado en los ejercicios anteriores. Cuando disponga del archivo con el que desee trabajar, abra la tabla principal, en nuestro caso, **Fondo editorial**.
2. Con la tabla abierta, despliegue el comando **Avanzadas** del grupo de herramientas **Ordenar y filtrar** y pulse sobre la opción **Filtro por formulario**. 1
3. Aparece una nueva ficha de documento mostrando un único registro en blanco. Haga clic en la celda en blanco correspondiente al campo **Año publicación**. 2
4. Pulse el botón de punta de flecha que aparece en este campo y, tras comprobar que se despliega todo el listado de años existente en este campo, haga clic sobre el valor **2005**. 3
5. Para que el filtro sea efectivo y podamos obtener todos los registros en los que aparece el año seleccionado, debemos aplicarlo. Para ello, pulse sobre el comando **Alternar filtro** del grupo **Ordenar y filtrar**. 4
6. Efectivamente, el filtro aplicado nos devuelve todos los registros correspondientes al año seleccionado. 5 Debe saber que los filtros por formulario no permiten especificar valores de campo

1
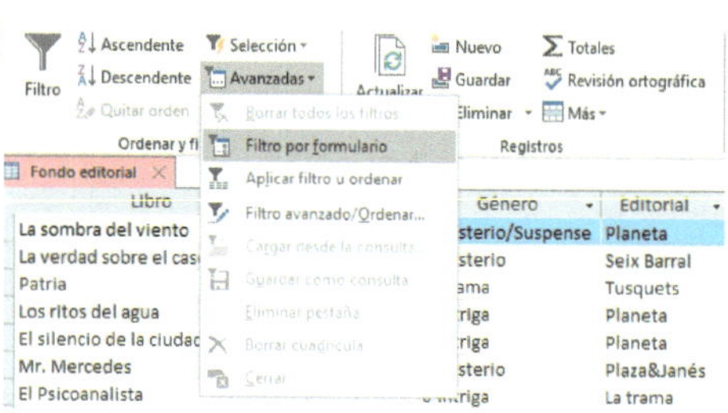

3
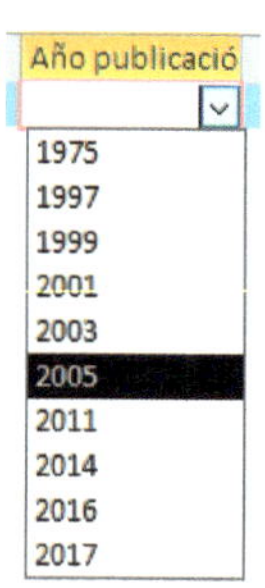

4

2
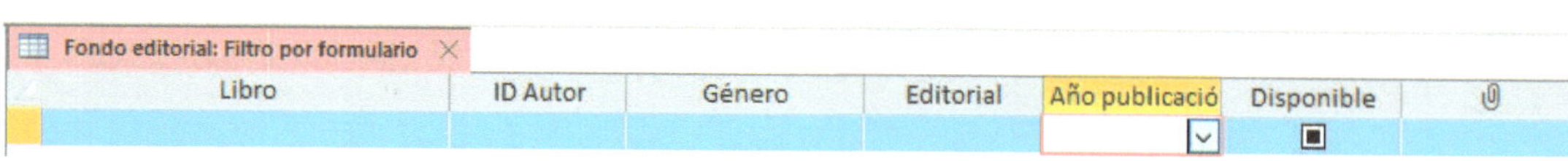

5
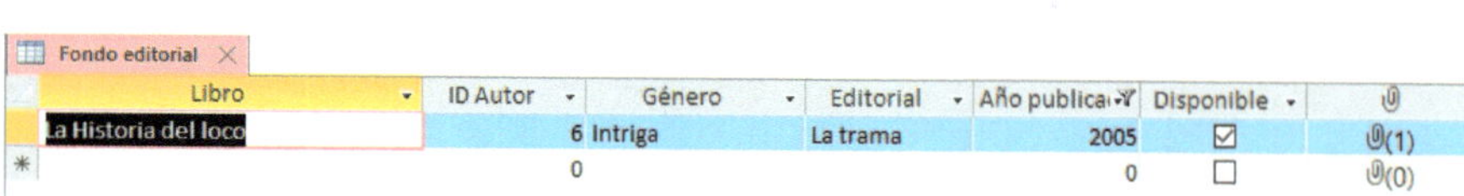

para campos multivalor ni para campos con tipos de datos Memo, hipervínculo, sí/no u objeto OLE. A continuación, complicaremos un poco más este filtro para comprobar su versatilidad. Imagine que ahora desea obtener los libros cuyo año de lanzamiento sea 2005 o 2014. Nuevamente, despliegue el comando **Avanzadas** y haga clic en la opción **Filtro por formulario**.

7. Observe que al pie de la ventana activa aparecen dos pestañas: **Buscar** y **Or**. ❻ La pestaña **Or** ofrece la posibilidad de establecer una alternativa al filtro ya existente en la pestaña **Buscar**. De este modo, el filtro podrá mostrar los registros correspondientes al campo seleccionado en esta pestaña y los correspondientes al campo seleccionado en la pestaña **Or**. Así pues, a falta de unos, mostraría los otros. Haga clic sobre la pestaña **Or** y verá un nuevo formulario en blanco.
8. Pulse el botón de punta de flecha que figura en el campo **Año publicación** y, en el menú que se despliega, seleccione el año 2014.
9. Esta vez aplicaremos el filtro desde el menú contextual de este campo. Haga clic con el botón derecho del ratón en la cabecera de la columna y elija la opción **Aplicar filtro u ordenar**. ❼
10. El resultado es el esperado. El filtro muestra todos aquellos libros lanzados en 2005 o 2014. ❽ Para quitar el filtro aplicado, pulse el botón **Filtrado** de la parte inferior de la tabla. ❾

IMPORTANTE

Para aplicar un filtro por formulario según el estado de un control, por ejemplo, una casilla o un botón, pulse en dicho control para que se muestre en el estado deseado. Para devolver el control a una posición neutra, para que no se utilice como criterio para filtrar registros, asegúrese de que no está disponible (aparece atenuado).

❻
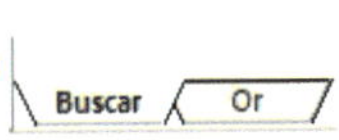

❼
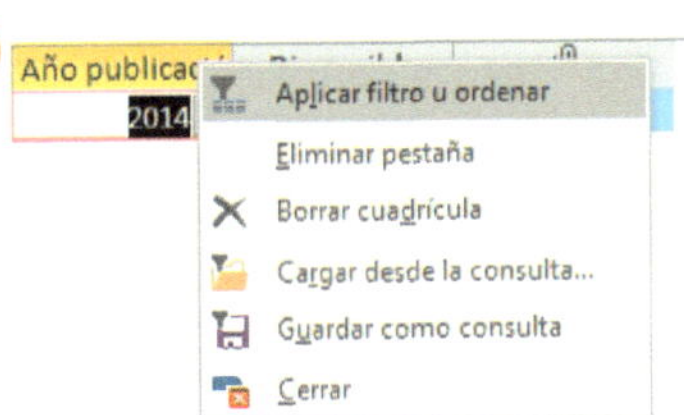

❽
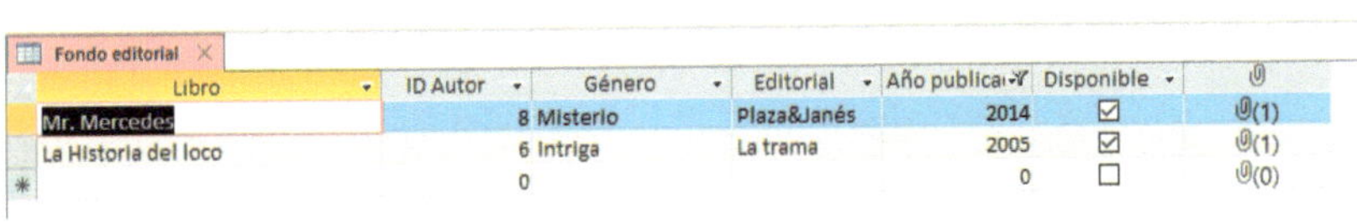

❾
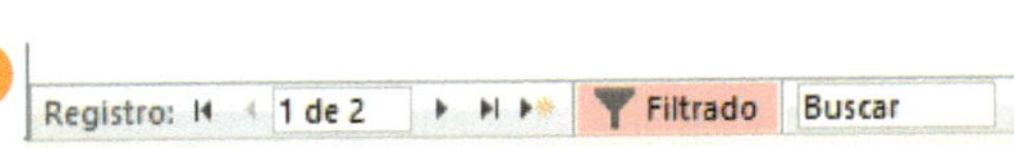

Aplicar un filtro avanzado

IMPORTANTE

En algunas ocasiones puede resultar útil guardar un filtro si prevé que lo va a volver a utilizar. La configuración de filtro que se aplica al cerrar una tabla, una consulta, un formulario o un informe se guarda de forma automática junto con el objeto y está disponible para volver a aplicarlo. Sin embargo, por defecto, esta configuración de filtro no se aplica automáticamente la próxima vez que abra el objeto.

EN LA FUNCIÓN FILTRO AVANZADO/ORDENAR se abre una ficha de filtro dividida en dos partes. A diferencia de las opciones anteriormente evaluadas, en esta función trabajaremos en la vista Diseño para organizar en un apartado los campos incluidos en la tabla y en otro (el inferior) se irán definiendo las condiciones de filtrado. Aunque parezca complejo, es un modo sencillo para aprender a usar el comando o la función filtro avanzado/Ordenar.

1. En esta lección podremos buscar de un modo más efectivo, los registros gracias al filtro avanzado. Lo que haremos es buscar los series editados por la editorial Planeta que sean de género de misterio e intriga. Para empezar, despliegue el comando **Avanzadas** del grupo de herramientas **Ordenar y filtrar** y pulse sobre la opción **Filtro avanzado/Ordenar**. 1
2. Aparece una nueva ficha de filtro, dividida en dos ventanas. Una contiene un cuadro con los campos incluidos en nuestra tabla y en la inferior, una cuadrícula con criterios de ordenación y de filtrado que vamos a aplicar. 2 En esta ventana, haga clic en la primera celda de la cuadrícula, despliegue el menú que contiene y elija el campo **Editorial**. 3
3. Si lo prefiere, en lugar de utilizar este menú desplegable, también puede agregar campos haciendo doble clic en el cuadro de la ventana superior. A continuación,en la celda correspondiente a la opción **Criterios**, escriba el nombre **Planeta** y pulse la tecla **Retorno**. 4

1
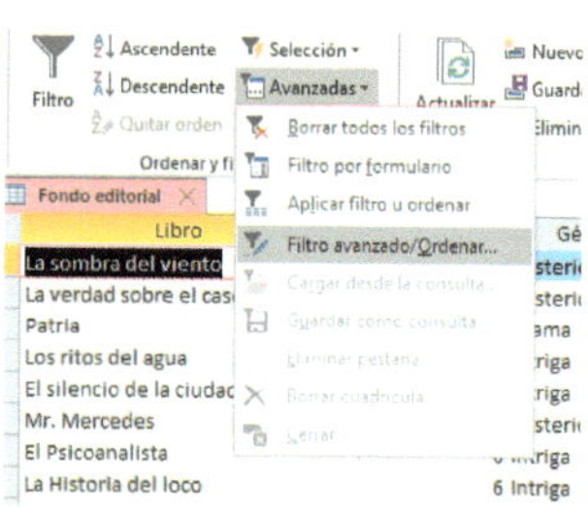

2
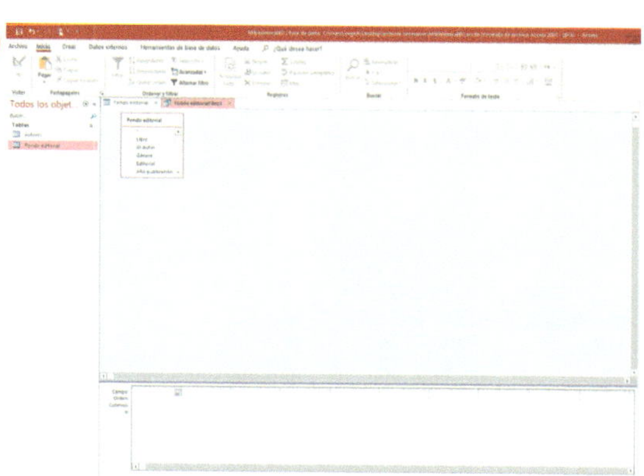

3
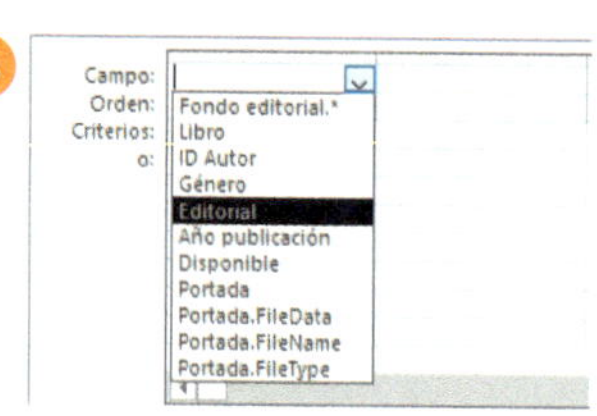

4
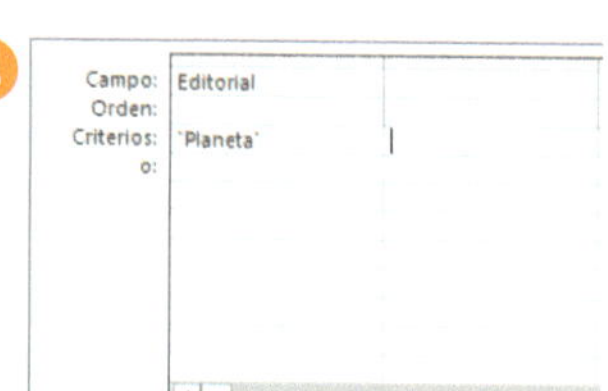

4. En la siguiente celda, en la cual se ha situado el cursor de edición, escriba **Misterio/Suspense**. 5
5. Ahora, debemos indicar los dos nuevos criterios, es decir, que el filtro se aplique para la editorial **Planeta** pero para un género distinto. En la primera celda del campo o, escriba de nuevo el nombre **Planeta** y, en la celda de su derecha, inserte la palabra **Intriga**. 6
6. De este modo, el programa filtrará solo para la editorial especificada los géneros indicados. Antes de aplicar el filtro, debemos especificar también el campo por el cual se llevará a cabo este segundo filtrado. Para ello, haga clic sobre la primera celda de esta columna y, del menú que contiene, elija el campo **Género**. 7
7. Ahora sí, para que ello tenga efecto, pulse sobre el icono **Alternar filtro**, ubicado bajo la barra de herramientas **Ordenar y filtrar**.
8. Regresaremos a la tabla original para comprobar que se encuentra organizada y filtrada por los criterios pedidos. Pulse sobre la pestaña **Fondo editorial**.
9. Efectivamente, nuestro filtro avanzado se ha aplicado correctamente. 8 Es evidente que el uso de este filtro tiene sentido cuando se trabaja con tablas muy extensos, con muchos campos. Aun así, este ejercicio nos ha servido para conocer su modo de aplicación. Para eliminar todos los filtros aplicados a nuestra tabla, despliegue el comando **Avanzadas** y haga clic sobre la opción **Borrar todos los filtros**.

IMPORTANTE

Para borrar un filtro de un único campo, haga clic con el botón derecho del ratón en la columna filtrada o el control y, a continuación, pulse sobre el comando **Borrar filtro de nombre de campo**.

5
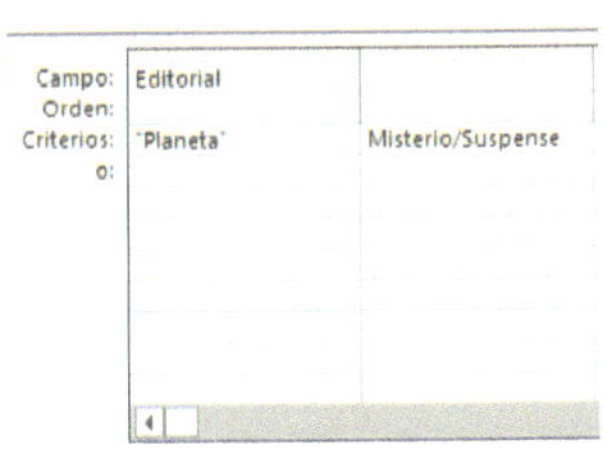

6
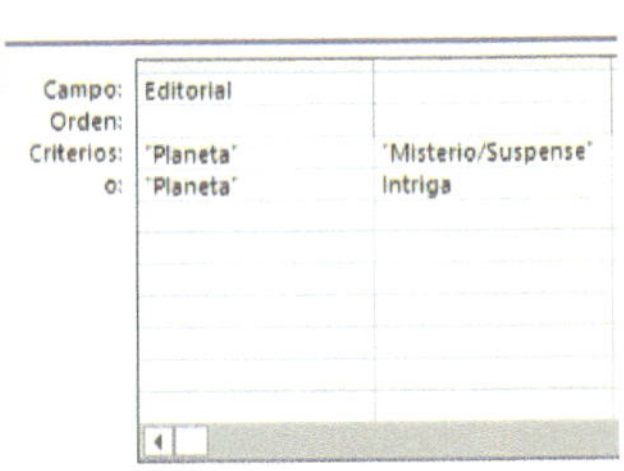

7
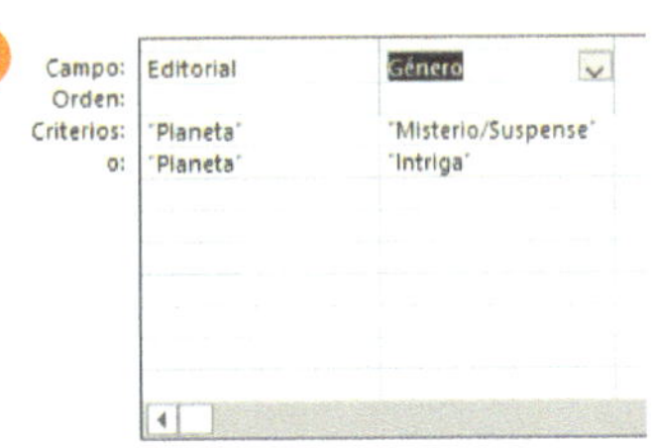

8
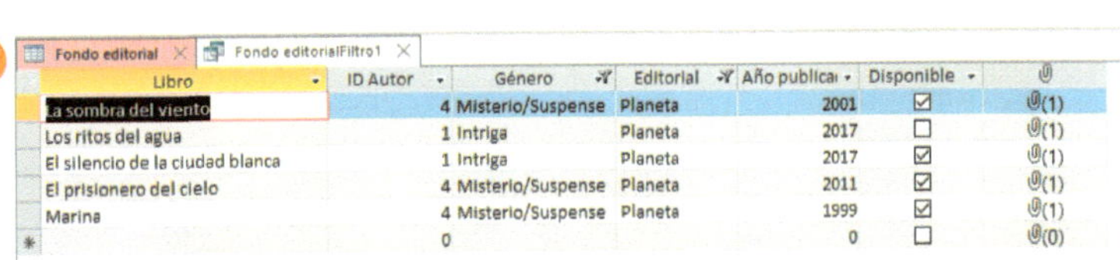

Introducción a las consultas

AL IGUAL QUE LOS FILTROS, LAS CONSULTAS permiten ordenar y seleccionar registros, pero tienen funciones más amplias, como realizar cálculos, agrupar registros por diversos conceptos o generar nuevas tablas. Por otro lado, las consultas, a diferencia de los filtros, son consideradas objetos de la base de datos, por lo que el acceso a las mismas se realiza desde el Panel de navegación. La creación de las consultas puede realizarse de dos formas: desde la vista Diseño de consulta o, como veremos en este primero ejercicio introductorio, utilizando un asistente. Gracias a las consultas es posible encontrar datos específicos rápidamente, filtrándolos según criterios concretos (condiciones), calcular o resumir datos y automatizar tareas de administración de datos como, por ejemplo, revisar de vez en cuando los datos más actuales.

1. Para empezar este primer ejercicio dedicado a las consultas, y tal y como hemos indicado en la introducción, crearemos un objeto de este tipo con la ayuda del asistente. Para ello, con nuestra tabla Fondo editorial abierta con los últimos cambios realizados guardados, pulse en la pestaña **Crear** de la **Cinta de opciones** y, en el grupo de herramientas **Consultas**, pulse sobre el comando **Asistente para consultas.** ❶
2. Se abre de este modo el cuadro **Nueva consulta**. Mantenga seleccionada la opción **Asistente para consultas sencillas** y pulse el botón **Aceptar**. ❷
3. Aparece ahora el cuadro **Asistente para consultas sencillas**. Mantenga seleccionada la opción **Fondo editorial** en el campo **Tabla/Consulta**, pulse el botón con una doble flecha apuntando hacia la derecha situado entre los cuadros **Campos disponibles** y **Campos seleccionados** para añadir todos los campos existentes a la consulta y haga clic sobre el botón **Siguiente**. ❸
4. En este paso es posible indicar si la consulta mostrará en detalle cada campo de cada registro o bien efectuará un resumen del contenido. En este caso, puede configurar los datos que deberá mostrar. Mantenga marcada la opción **Detalle** y pulse en **Siguiente**. ❹

❶
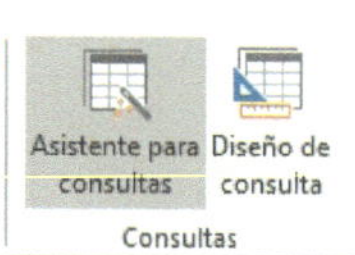

❷
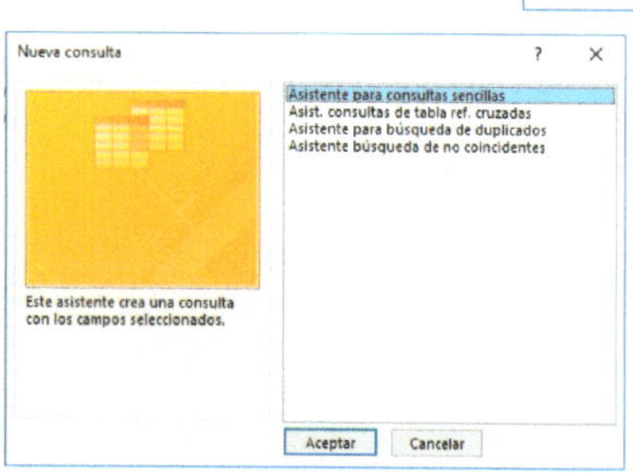

❸
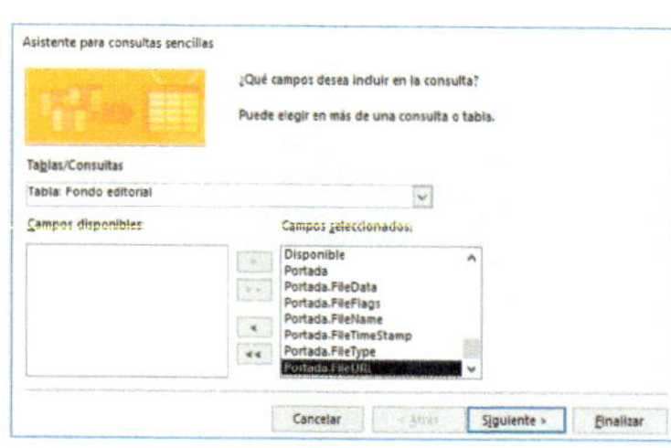

❹
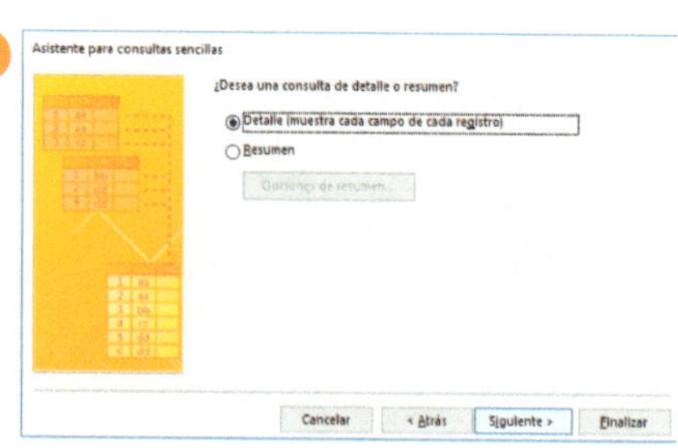

5. En el siguiente paso del asistente, respetaremos las opciones establecidas por defecto incluyendo el nombre que el programa asigna a la nueva consulta. Pulse el botón **Finalizar**.
6. Aparece una nueva ficha de estructura similar a la tabla **Fondo editorial**. 5 Sin embargo, su título nos informa de que se trata de una consulta. Vea también que, en el **Panel de navegación**, se ha agregado una nueva sección denominada precisamente **Consultas**, que contiene, por el momento, el objeto que acabamos de crear. 6 Vamos a ver el diseño de esta consulta. Haga clic en el último icono del grupo de acceso directo a vistas, correspondiente a la herramienta **Vista Diseño**.
7. Se carga la ficha contextual **Herramientas de consultas**, desde cuya subficha **Diseño** se llevará a cabo la personalización de la consulta. 7 A continuación ordenaremos la consulta según el campo **Libro**. Pulse en la celda **Orden** de este campo en la cuadrícula de la parte inferior, haga clic sobre el botón de punta de flecha que aparece y seleccione la opción **Ascendente**. 8
8. Pulse sobre el comando **Ver** del grupo de herramientas **Resultados**, en la subficha **Diseño** de la ficha **Herramientas de consultas**, para volver a la vista **Hoja de datos**.
9. Efectivamente, la consulta muestra los registros ordenados de forma ascendente según el campo Libro. 9 Pulse el botón **Cerrar** de la pestaña de la consulta y, en la ventana que le pide confirmación para almacenar los cambios de la nueva consulta, pulse el botón **Sí**.

IMPORTANTE

Una consulta formula una pregunta sobre los datos incluidos en una tabla y devuelve un resultado en forma de hoja de datos sin modificar los contenidos en esa tabla. Una vez creada una consulta de selección, se puede usar siempre que sea necesario para recuperar y presentar datos o para proporcionar datos a los formularios.

9
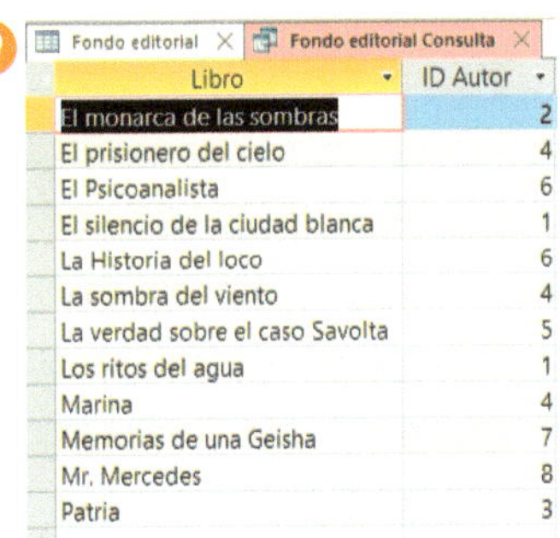

5
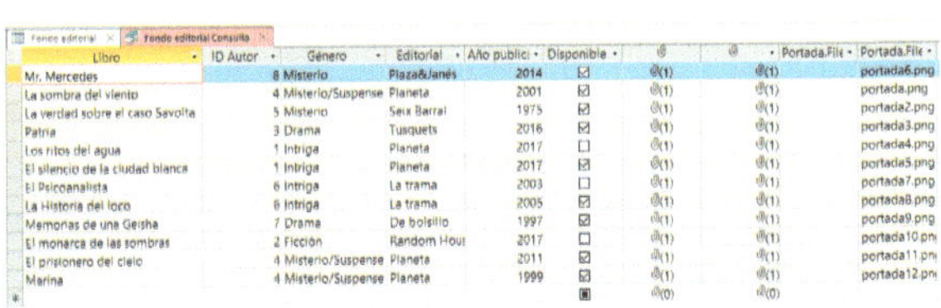

7
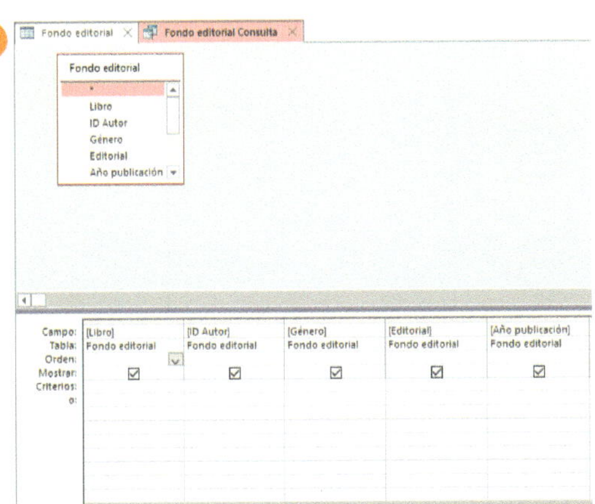

6
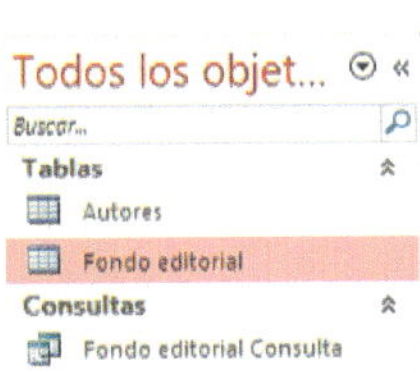

8
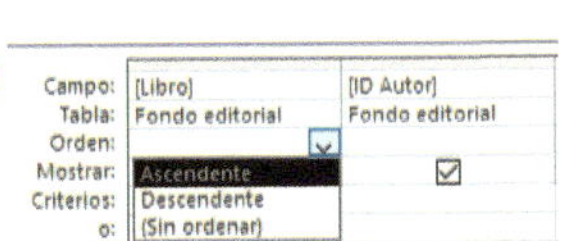

Crear una consulta en vista Diseño

IMPORTANTE

Las consultas de selección son objetos de base de datos que muestran información en la vista Hoja de datos. El propósito de una consulta no es almacenar datos, sino mostrar aquellos guardados en tablas. Una consulta puede mostrar datos de una o más tablas, de otras consultas o de una combinación de ambas.

LA CREACIÓN DE CONSULTAS EN LA VISTA DISEÑO permite, a diferencia de las versiones precedentes, tener un control más amplio del contenido de la consulta en sí mismo. Como se verá a lo largo de esta lección, en el momento de crear una consulta en esta vista, el programa muestra una consulta en blanco que iremos completando con los campos seleccionados por el usuario. Como contrapartida, mediante la creación manual de consultas desde esta vista es más fácil cometer errores de diseño y en la mayor parte de los casos se necesita más tiempo que si se utiliza el asistente. En esta lección, pues, trabajaremos la elaboración de una consulta que nos servirá para lecciones posteriores.

1. Para empezar, pulse sobre la pestaña **Crear** de la **Cinta de opciones** y, en el grupo de herramientas Consultas, pulse sobre el comando **Diseño de consulta**. 1
2. Aparece en el área de trabajo una nueva pestaña denominada **Consulta1** 2 y el cuadro de diálogo **Mostrar tabla**, en el cual debemos seleccionar la tabla de origen que se utilizará para la consulta. En esta ocasión, haga clic sobre la tabla **Fondo editorial** y pulse el botón **Agregar** o bien sencillamente haga doble clic sobre la mencionada tabla. 3
3. Debe saber que siempre puede agregar más orígenes de datos más adelante si así lo necesita. Cierre ahora el cuadro de diálogo pulsando sobre el botón **Cerrar** porque esta consulta solo estará basada en esta tabla.

1
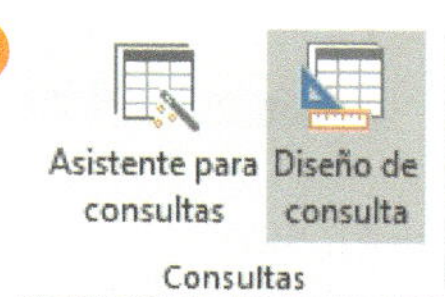

2
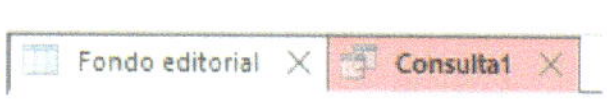

3
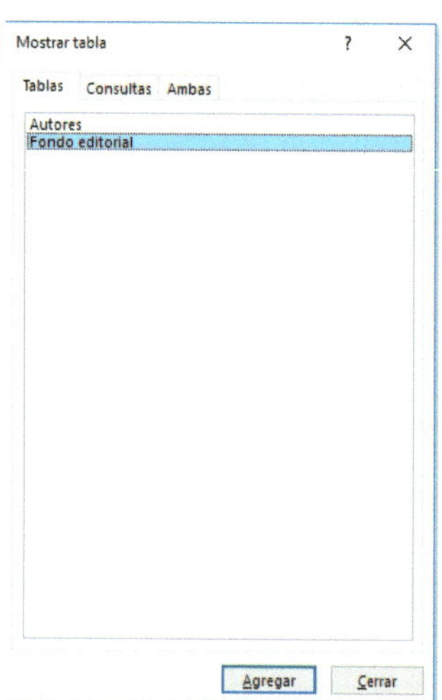

4
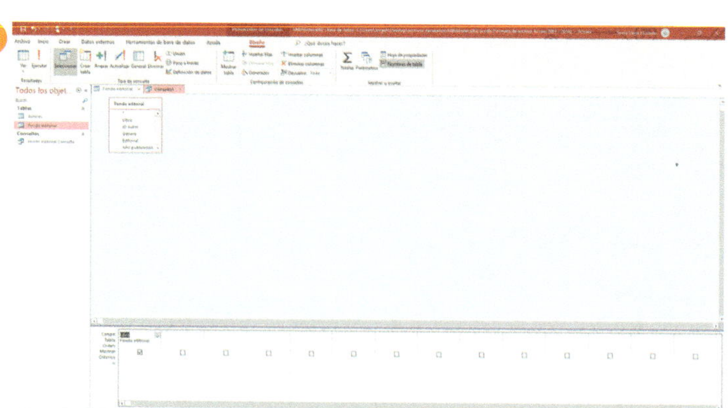

4. Una vez hecho el paso anterior, proseguiremos de la manera más sencilla. Primero, fíjese que la disposición de las ventanas de consulta es prácticamente idéntica a la de los filtros. Observe que en la parte superior se muestra el panel con los campos incluidos en la tabla seleccionada. En este punto nosotros agregaremos el campo que deseamos que muestre la consulta. Haga doble clic sobre el campo **Libro**. 4
5. En el campo de la cuadrícula de diseño aparecerá la categoría seleccionada. Agregue las demás categorías del mismo modo excepto, por el momento, el campo **Portada**. 5
6. A continuación, haga clic en el icono **Ver** para pasar directamente a la Vista **Hoja de datos**.
7. La nueva vista se organiza, como puede ver, desde el punto de vista que le hemos indicado. Fíjese que en la parte derecha no aparece el campo **Portada**, tal y como hemos decidido. 6 Para guardar esta consulta, haga clic sobre el comando **Guardar** de la **Barra de herramientas de acceso rápido**.
8. Se abre así el cuadro **Guardar como** en el que podemos asignarle un nombre a esta consulta. Escriba, por ejemplo, **Consulta completa** y pulse el botón **Aceptar**. 7
9. Compruebe que la nueva consulta pasa a formar parte del Panel de navegación, juntamente con la que hemos creado en el ejercicio anterior. 8

IMPORTANTE

Si utiliza como orígenes de datos tablas relacionadas entre sí (las relaciones entre tablas se tratarán más adelante en este libro), las relaciones se agregarán automáticamente a la consulta como combinaciones. Las combinaciones indican el modo en que deben combinarse los datos de orígenes relacionados. Access también crea de forma automática una combinación entre dos tablas si estas contienen campos con tipos de datos compatibles y uno de los campos es una clave principal.

5
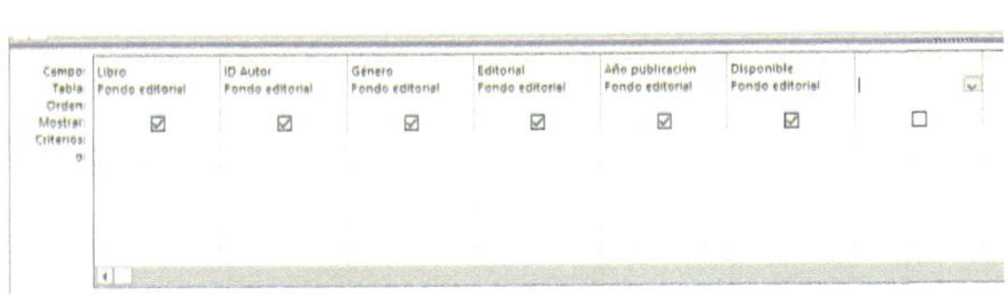

7
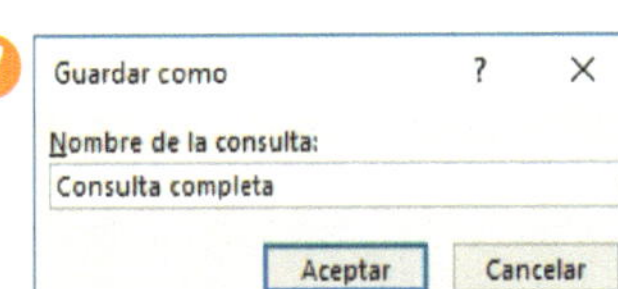

6
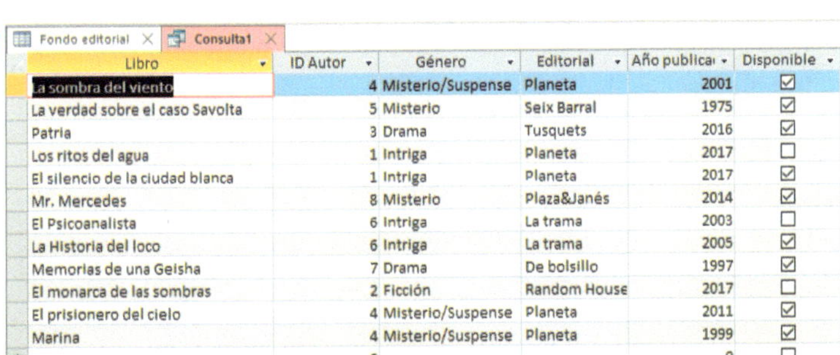

Libro	ID Autor	Género	Editorial	Año publica	Disponible
La sombra del viento	4	Misterio/Suspense	Planeta	2001	☑
La verdad sobre el caso Savolta	5	Misterio	Seix Barral	1975	☑
Patria	3	Drama	Tusquets	2016	☑
Los ritos del agua	1	Intriga	Planeta	2017	☐
El silencio de la ciudad blanca	1	Intriga	Planeta	2017	☑
Mr. Mercedes	8	Misterio	Plaza&Janés	2014	☑
El Psicoanalista	6	Intriga	La trama	2003	☐
La Historia del loco	6	Intriga	La trama	2005	☑
Memorias de una Geisha	7	Drama	De bolsillo	1997	☑
El monarca de las sombras	2	Ficción	Random House	2017	☐
El prisionero del cielo	4	Misterio/Suspense	Planeta	2011	☑
Marina	4	Misterio/Suspense	Planeta	1999	☑
*	0			0	☐

8
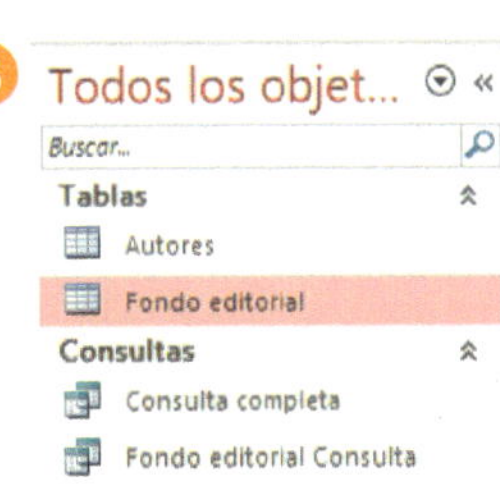

Utilizar criterios, comodines y operadores en consultas

LA UTILIZACIÓN DE CRITERIOS EN LAS CONSULTAS SIRVE para acceder a la información precisada. Los criterios están compuestos por los datos que queremos encontrar. Este tipo de procedimiento sirve para buscar y encontrar información del tipo fechas, por ejemplo. Ello se efectúa gracias a los operadores. Los operadores son las órdenes que establecemos para fijar los criterios. Dos de los más utilizados son los operadores Y y O, los cuales equivalen a buscar este dato y/o ese otro. Por su parte, los caracteres comodín sirven para localizar la información de los registros cuya exactitud no se conoce exactamente. Son caracteres que se aplican en las consultas con el fin de encontrar un dato exacto, un registro que empiece por una letra, o que contenga una parte de una palabra. Ejemplos de comodines son los corchetes ([]), el asterisco (*), el signo de interrogación (¿), etc.

1. Seguimos trabajando con la consulta creada en el ejercicio anterior para practicar con el uso de criterios, comodines y operadores. En primer lugar vamos a definir que deseamos mostrar solo los libros publicados en un rango de años determinado. Para empezar, sitúese en la **Vista Diseño**.
2. En la parte inferior de la ventana de la consulta, en la celda correspondiente a la fila **Criterios** del campo **Año Publicación**, escriba **>2000** y **<2012**. 1
3. Vamos a comprobar si el uso de criterios ha funcionado. Para ello, vuelva a la vista **Hoja de datos**.
4. Inmediatamente cambiará la vista para mostrarnos la selección de libros publicados entre los años 2000 y 2012. 2 Regrese a la vista **Diseño** para seguir con la práctica.
5. Ahora restringiremos un poco los términos para ver si la tabla se reduce. Cambie el valor **2000** por **2004** y pulse la tecla **Retorno**. 3
6. La consulta muestra ahora solo dos resultados. 4 Guarde los cambios en ella y ciérrela pulsando sobre el botón de aspa de su pestaña.

1
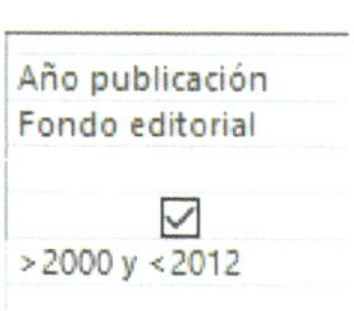

2
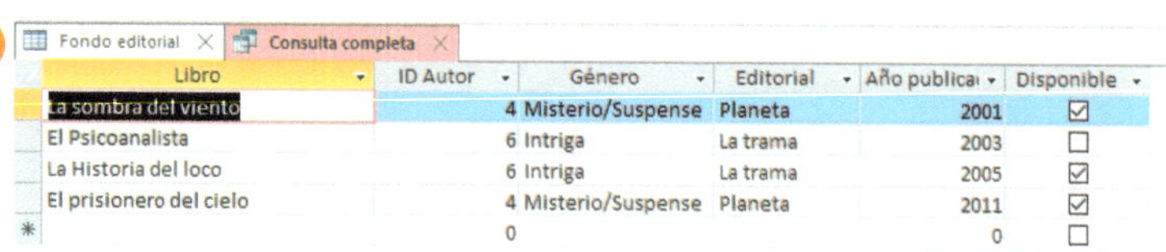

3

4
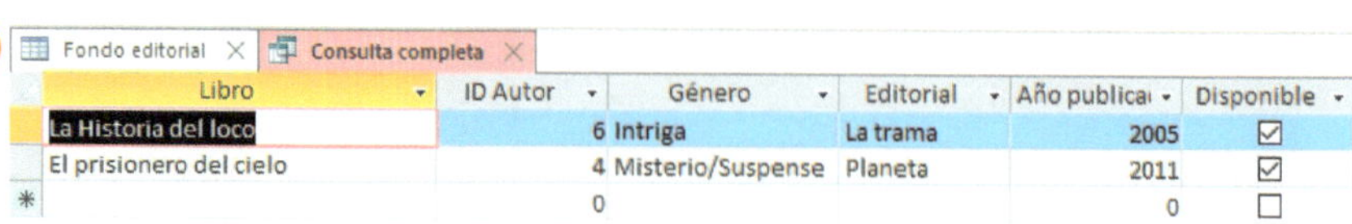

7. En la segunda parte de este ejercicio vamos a crear una nueva consulta utilizando, esta vez, comodines. Haga clic sobre la pestaña **Crear** de la **Cinta de opciones** y, dentro de las herramientas ubicadas en el grupo **Consultas**, haga clic sobre el comando **Diseño de consulta**.
8. El programa, además de insertar un nuevo espacio en el área de trabajo bajo la pestaña **Consulta1**, cambia de vista a la **Vista Diseño**. En el cuadro **Mostrar tabla** escoja la tabla **Fondo editorial** y pulse el botón **Agregar** y, después, **Cerrar**. 5
9. A continuación agregaremos los campos que deseamos que aparezcan en la consulta. Para no hacerlo engorroso, agregaremos únicamente cuatro campos: haga doble clic sobre los campos **Libro**, **ID Autor**, **Género** y **Editorial**. 6
10. En este punto empezará la inserción del criterio comodín. En este caso, especificaremos que en la consulta muestre los registros cuyo título empiece por la letra E. Para conseguirlo tendremos que ubicarnos sobre la celda **Criterios** del campo **Título**. Antes de seguir es importante explicar que podemos hacer coincidir uno o varios caracteres. Para ello, usando los corchetes podríamos establecer la búsqueda. En este caso hemos optado por algo más simple como la búsqueda de la letra E inicial. Escriba E* y pulse la tecla **Retorno**. 7
11. Comprobemos si nuestra restricción ha funcionado. para ello, sitúese en la Vista **Hoja de datos**.
12. Efectivamente, son cuatro los registros que cumplen estos requisitos. 8 Para terminar con esta lección guardaremos esta consulta. Haga clic sobre el icono **Guardar** de la **Barra de herramientas de acceso directo**.
13. En el cuadro **Guardar como**, escriba el término **Consulta en E** en el campo **Nombre de la consulta** y pulse el botón **Aceptar**. 9

5
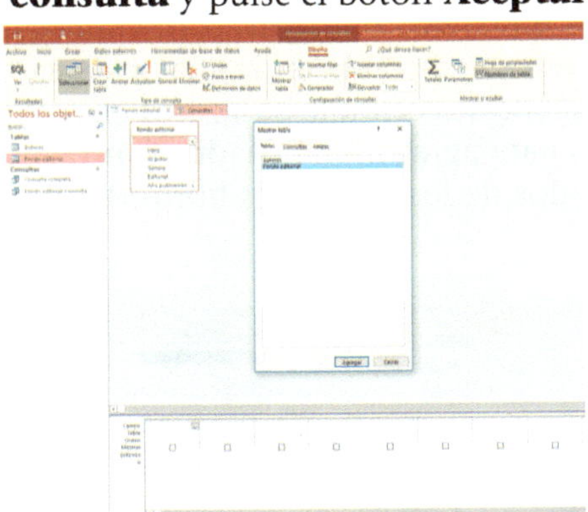

7
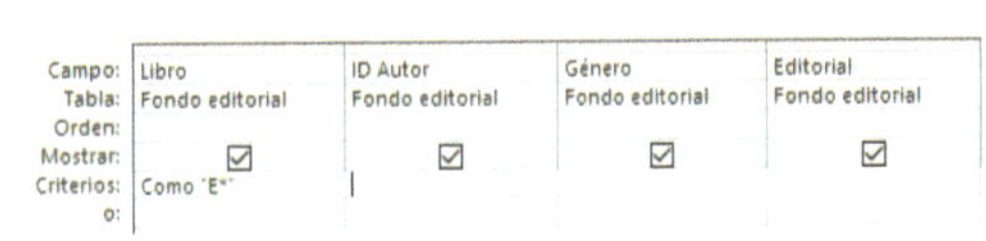

8
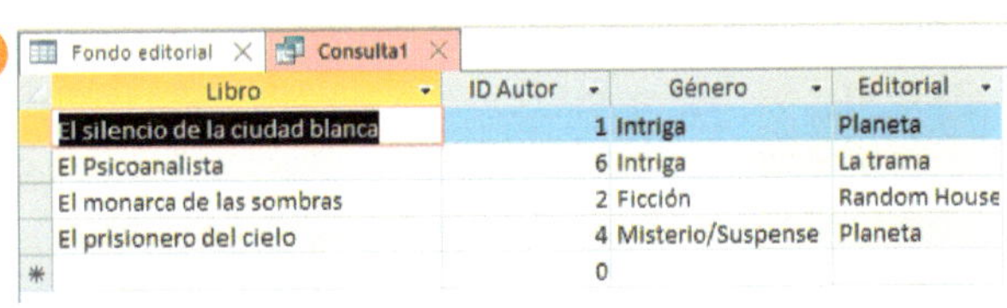

6
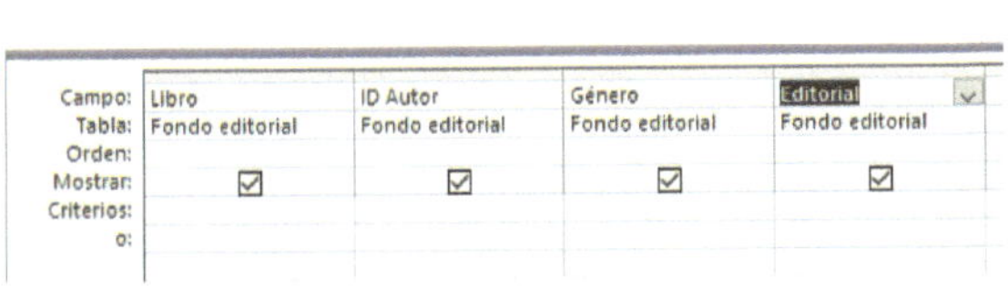

9
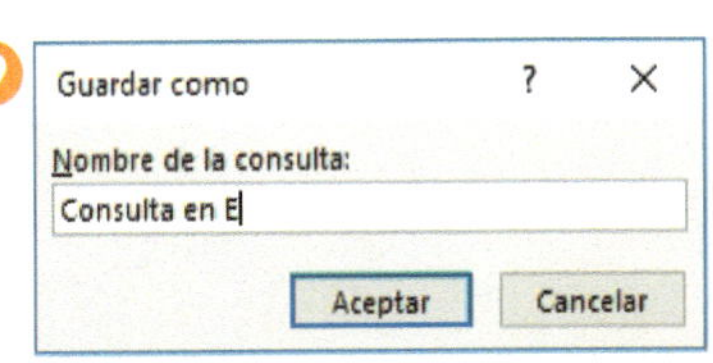

Crear una consulta de tabla de referencias cruzadas

LAS CONSULTAS DE REFERENCIAS CRUZADAS SON UN MODO de ejemplificar o resumir tablas mayores, como por ejemplo relacionar registros de letras y números. Sirven para cotejar datos. Relacionamos el promedio, calculamos la suma, hacemos un recuento u otro tipo de operaciones, agrupando la información en dos sentidos: horizontal y vertical. En el lado izquierdo de la hoja de datos y a lo largo de la parte superior. Como requisito mínimo para crear una consulta de referencias cruzadas, debe haber al menos un encabezado de fila y un encabezado de columna.

1. Nuestro objetivo en este ejercicio es crear una consulta donde podamos comparar un elemento con otros. En este caso, de todos los libros, en qué año se publicaron y por medio de qué editorial. Es un modo de resumir una búsqueda que podría parecer complicada en según qué bases de datos. Resumir y cotejar tres datos para ofrecerlos de un modo más claro y evidente. Para empezar con el ejercicio, haga clic en la pestaña **Crear**.
2. El Asistente para consultas de referencias cruzadas suele ser la forma más rápida y sencilla de crear una consulta del tipo que nos interesa en esta ocasión. ¿Por qué? Sencillamente porque realiza casi todo el trabajo. Sin embargo, también debe tener en cuenta que el diseño manual de este tipo de consultas proporciona algunas opciones que el asistente no ofrece. Haga clic sobre el comando **Asistente para consulta**; en el cuadro que se abre, elija el modo **Asist. consultas de tabla de ref. cruzadas** 1 y pulse en **Aceptar** para empezar el proceso.
3. En el primer paso del aistente, deberá elegir la tabla que contiene los campos que desea que aparezcan en la consulta. Si los campos que desea utilizar pertenecen a más de una tabla, deberá crear una consulta que agrupe todos estos campos y, a continuación, podrá utilizar dicha consulta para generar la consulta de tabla de referencias cruzadas. En este caso, seleccione **Tabla: Fondo editorial** 2 y pulse sobre el botón **Siguiente**.
4. En el siguiente paso deberá seleccionar el o los campos que desea que aparezcan como encabezado de fila. Recuerde que la consulta mostrará una especie de tabla en la cual cada campo elegido ocupará un elemento de la misma. Sepa que puede seleccionar hasta tres campos de fila. En este caso, haga doble clic sobre el campo Libro para agregarlo al cuadro **Campos seleccionados**, 3 que, como recordará, contiene los títulos de los diferentes libros de nuestro fondo editorial, y pulse el botón **Siguiente**

1
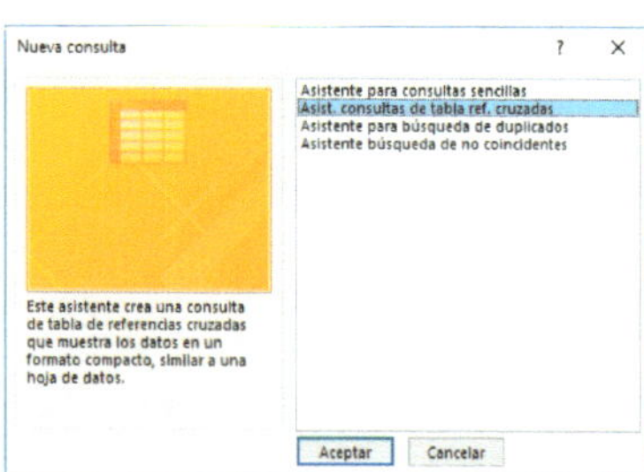

2
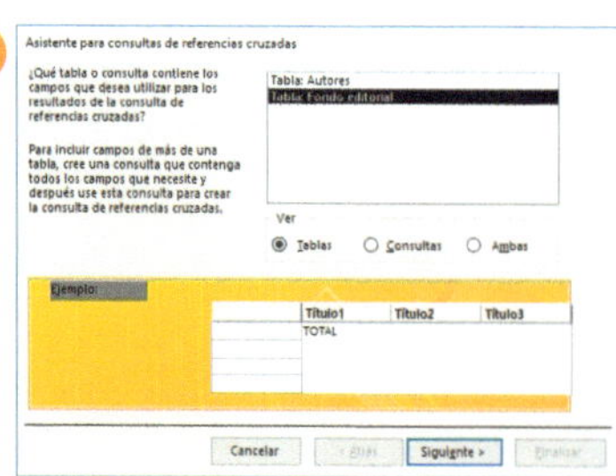

3
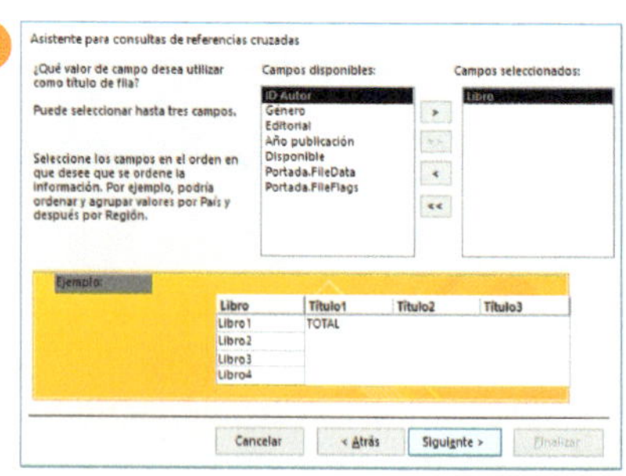

5. El siguiente elemento de la consulta que debe seleccionar es el encabezado de columna, que en este caso será el campo **Año de publicación**. Selecciónelo en el cuadro de la derecha y pulse el botón **Siguiente**.
6. A continuación, debe elegir el campo que contendrá el valor. Este es el valor que aparecerá en cada intersección entre fila y columna. Como hemos indicado, este valor será el de la editorial que ha publicado cada libro en cada uno de los años especificados. Para ello, seleccione **Editorial**.
7. En el cuadro de la derecha, y siempre según el tipo de datos con los que está trabajando y el objetivo de la consulta, puede elegir la función que se aplicará para este valor. Vamos a mantener la opción predeterminada **Cuenta** para que vea el resultado y, posteriormente, modificaremos esta función. En la parte izquierda del cuadro, existe la opción de realizar una suma de todos los valores de las filas, en el caso en que estemos trabajando con valores numéricos. Como este no es nuestro caso, desactive la casilla **Sí, incluir sumas de filas** y pulse sobre el botón **Siguiente**.
8. Hemos llegado al último paso del asistente, en el cual, además de poder asignar un nombre a la consulta, tiene dos opciones: o visualizar la consulta creada o bien modificar su diseño. En esta ocasión, y para poder comprobar el aspecto que tendrá nuestra consulta de tabla de referencias cruzadas, mantenga la primera opción seleccionada y pulse el botón **Finalizar**.
9. Como puede ver, la consulta muestra los títulos de los libros como encabezados de filas, los años de publicación como encabezados de columna y, en la intersección entre cada fila y cada columna se muestra un valor, que, en este caso, siempre es el mismo: 1. 4 Esto es así porque hemos mantenido como función la opción **Cuenta**, mediante la cual el programa realiza un recuento de los valores indicados. Así, cada editorial solo ha publicado un libro en cada año. Cambiemos esta función. Para ello, sitúese en la vista **Diseño**.
10. En la parte inferior de la ventana, despliegue la celda que muestra la opción **Valor**, en la columna **Editorial**, y elija en este caso la opción **Primero**. 5
11. Por último regrese a la vista **Hoja de datos** y compruebe como, ahora sí, el campo valor especificado muestra el nombre de las editoriales implicadas en la consulta. 6

4
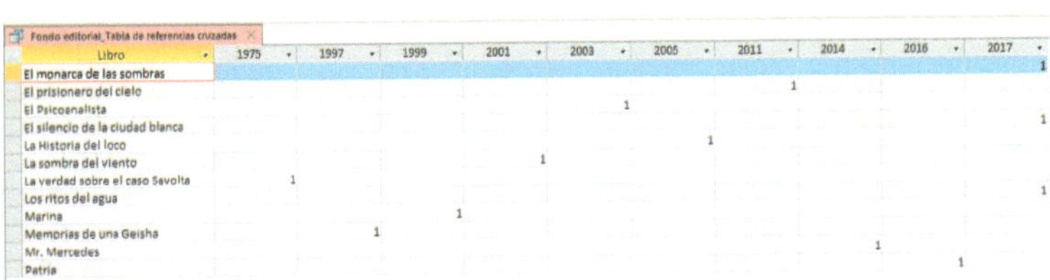

5
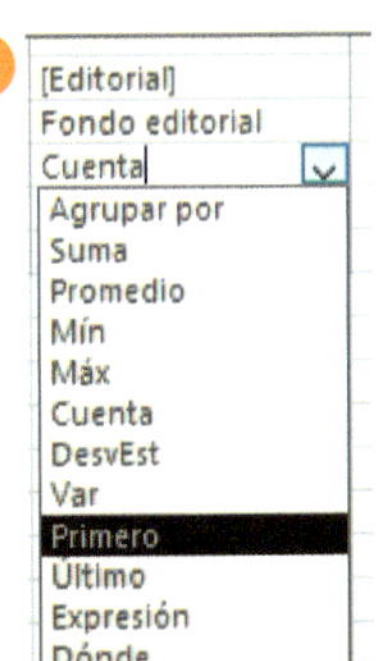

6
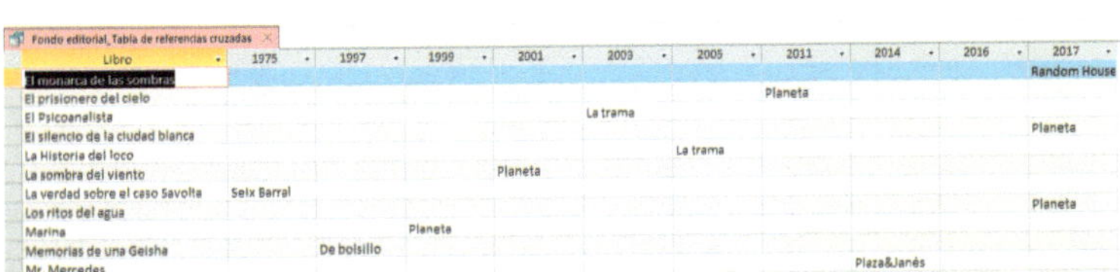

Utilizar autoformularios

IMPORTANTE

Si prevé que sean distintos usuarios los que utilicen la base de datos, es fundamental que disponga de unos formularios bien diseñados que permitan ser eficaces y poder especificar datos con precisión.

LOS FORMULARIOS SON LOS OBJETOS de la base de datos encargados de presentar la información almacenada en las tablas de forma ordenada y con un diseño efectivo que facilite la comprensión de los datos presentados. Los formularios sirven para añadir, editar, ver e imprimir datos en una tabla o consulta de la base de datos.

1. En este ejercicio vamos a crear nuestro primer formulario basado en la tabla **Fondo editorial**, utilizando para ello un autoformulario. Los autoformularios representan la forma más rápida de crear un formulario a partir de una tabla. El resultado de la creación de un autoformulario es la aparición de un formulario o ventana en la que figuran casillas correspondientes a los campos de la tabla y en las que usted puede ir introduciendo nuevos registros o incluso desplazarse por los registros ya introducidos originalmente en la tabla. Empecemos. Abra la tabla **Fondo editorial** y, en la **Cinta de opciones**, haga clic sobre la pestaña **Crear**.
2. Access cuenta con un grupo de herramientas denominado precisamente **Formularios**. En este grupo, haga clic sobre el comando **Formulario**. 1
3. Al pulsar este comando, aparece automáticamente en pantalla el formulario que muestra todos los campos contenidos en nuestra tabla. Además, el formulario adquiere de forma automática el mismo nombre que la tabla de origen. 2 Vamos a desplazarnos por los distintos registros del formulario. Para ello, en la barra de registros situada en la parte inferior del formulario, haga clic sobre el botón que muestra una punta de flecha que señala hacia la derecha. 3

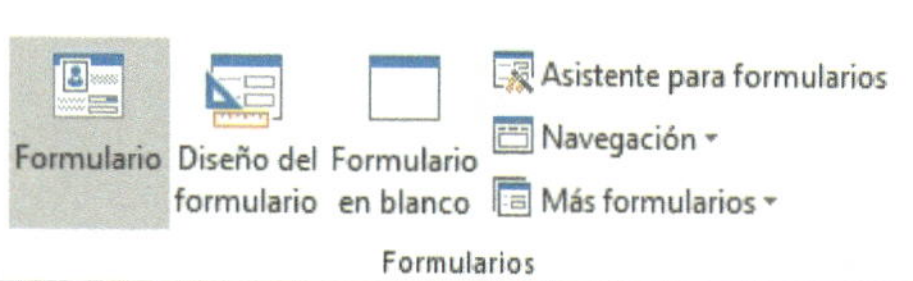

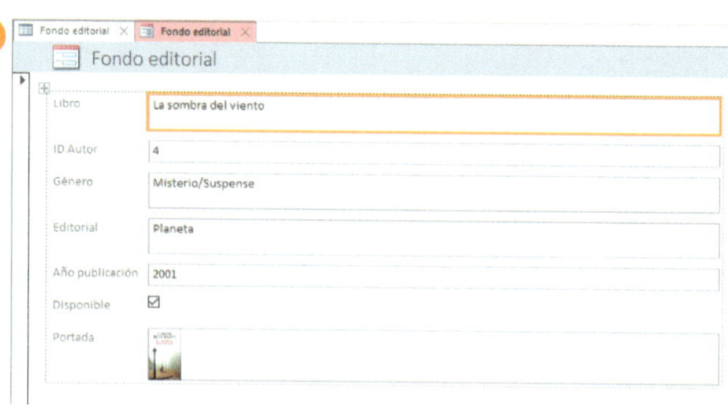

4. Compruebe en la barra de registros que nos encontramos en el registro número 2. 4 También puede saltar de registro en registro pulsando la tecla **AvPág** del teclado. El botón que muestra una punta de flecha junto a una barra vertical nos lleva directamente al último o al primer registro del formulario. Pulse en este caso sobre el botón que muestra la punta de flecha que señala hacia la derecha. 5
5. Nos encontramos ahora en el último registro. 6 El botón de la **Barra de registros** que muestra una punta de flecha junto a un asterisco de color amarillo permite, como veremos en el siguiente ejercicio, crear nuevos registros, insertando nuevos datos. Vuelva al primer registro pulsando sobre el botón que muestra una punta de flecha que señala hacia la izquierda junto a una línea vertical. 7
6. Terminaremos este ejercicio cerrando el nuevo formulario y guardando los cambios. Para ello, haga clic en el botón de aspa del formulario y, en el cuadro de diálogo **Microsoft Access**, pulse sobre el botón **Sí**. 8
7. En el cuadro de diálogo **Guardar como**, mantenga el nombre propuesto por el programa y haga clic en **Aceptar**.
8. Compruebe que en el **panel de Navegación** se muestra ahora una nueva sección denominada **Formularios**, que contiene, por el momento, el formulario que acabamos de crear. 9 A modo de resumen podría decirse que los formularios cumplen dos funciones: facilitar la inserción o modificación de los datos almacenados en las tablas y presentarlos de forma estética en pantalla.

9
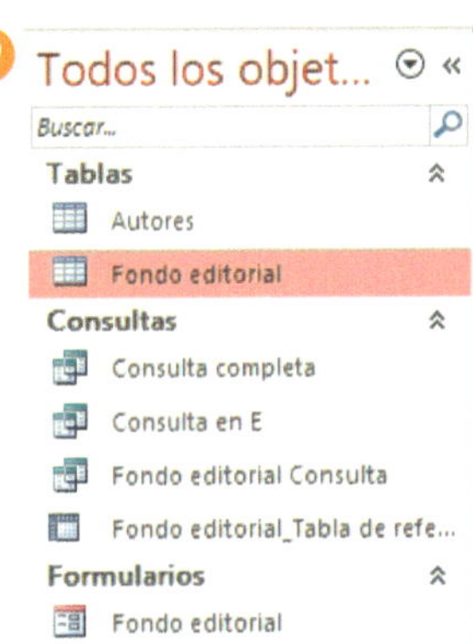

4

5

6
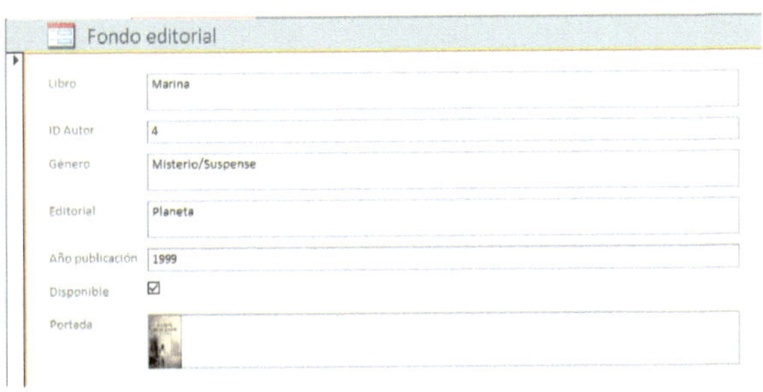

8
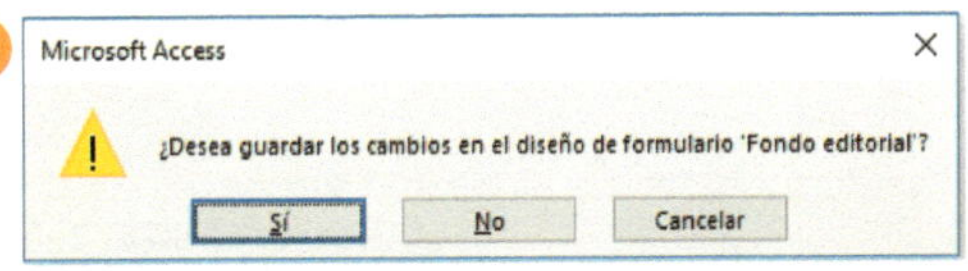

7
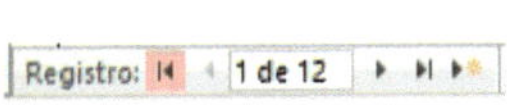

Crear y editar formularios

IMPORTANTE

Access incluye una interfaz de diseño de formularios con la que podemos diseñar y modificar el formulario en tiempo real y obtener una vista preliminar del mismo a medida que se realizan los cambios. Dicha interfaz de diseño WYSIWYG (iniciales del término inglés What you see is what you get, lo que se ve es lo que se obtiene) facilita la creación de formularios y reduce el tiempo de dedicación a su diseño y formato.

EL ASISTENTE PARA FORMULARIOS CONSISTE, básicamente, en una serie de preguntas que Access formula acerca de los datos que desea incluir en el formulario, su distribución en pantalla, su aspecto, color, fuentes, etc. Es posible aplicar los atractivos temas de Office a los objetos de una base de datos (también a los formularios), para darles una apariencia profesional.

1. En este ejercicio le mostraremos cómo crear un nuevo formulario utilizando para ello el correspondiente asistente. En este caso, la tabla en la que se basará el formulario es la denominada Autores y mostrará sólo el ID del autor y su nombre. Vamos allá. Seleccione en el **Panel de Navegación** la tabla **Autores** y haga clic sobre la pestaña **Crear** de la **Cinta de opciones**.
2. En el grupo de herramientas **Formularios**, pulse sobre el comando **Asistente para formularios** para iniciar así el proceso. 1
3. Aparece el cuadro de diálogo **Asistente para formularios**, donde debemos indicar, en primer lugar, de qué tabla o consulta se tomarán los datos y qué campos deberán aparecer en el formulario. Como en el paso anterior hemos seleccionado la tabla de autores, esta ya aparece especificada en el cuadro de lista **Tablas/Consultas**. Además, el cuadro **Campos disponibles** también muestra los campos incluidos en la tabla seleccionada. 2 En este caso, añadiremos sólo dos campos. Con el campo **ID Autor** seleccionado, pulse sobre el botón que muestra una flecha que señala hacia la derecha o bien haga doble clic sobre el nombre del campo.
4. Ahora, haga lo mismo con el campo **Nombre autor** para añadirlo también al cuadro de la derecha. 3

1
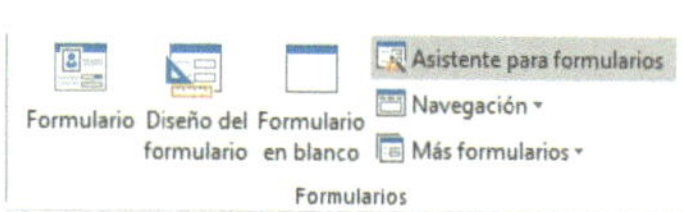

2
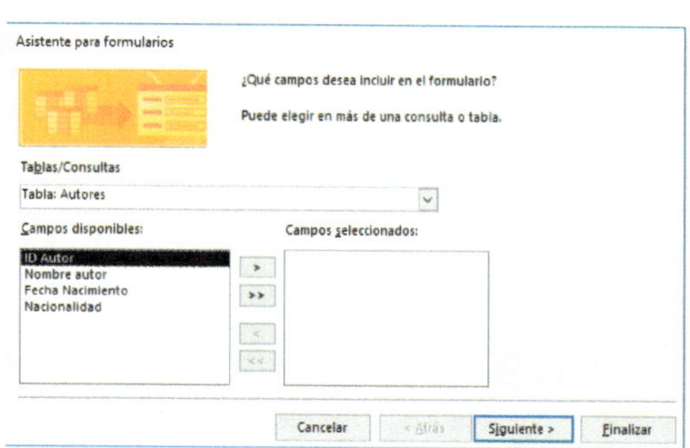

3
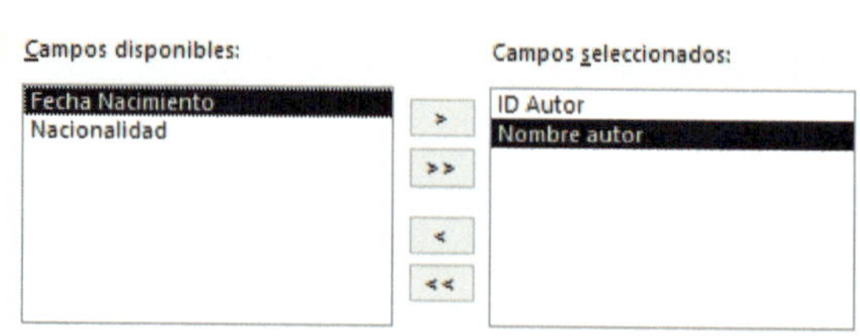

5. Una vez le hemos indicado al asistente que deseamos incluir estos campos de la tabla indicada en el formulario, pulse el botón **Siguiente**.
6. La nueva ventana del asistente nos muestra una representación gráfica del formulario que se está generando y nos ofrece la posibilidad de modificar su aspecto. 4 En este caso aceptaremos la opción marcada por defecto, **En columnas**, y pasaremos a la pantalla siguiente. Nuevamente, haga clic sobre el botón **Siguiente**.
7. En este paso el asistente nos propone un nombre para el formulario que, como es habitual, coincide con el nombre de la tabla seleccionada. Asimismo, la opción inferior propone abrir el nuevo formulario una vez creado. Mantenga el título por defecto indicado y pulse el botón **Finalizar**.
8. El nuevo formulario aparece en pantalla mostrando el primero de los ocho registros existentes, uno por cada autor de la tabla original. 5 Si desea editar algún aspecto del formulario, ya sea de contenido o de diseño, deberá hacerlo desde la vista **Presentación** o desde la vista **Diseño**. En este caso, imagine que decidimos que el formulario muestre un campo más, por ejemplo, el de Fecha de nacimiento. Sitúese en la vista **Diseño**.
9. Vea que en la parte derecha de la pantalla aparece un nuevo panel denominado **Lista de campos**. En él, haga doble clic en el campo **Año nacimiento** y compruebe cómo este se incorpora al formulario activo. 6
10. Los campos son completamente móviles, lo que signifca que puede desplazarlos mediante la técnica de arrastre para colocarlos en el punto del formulario que más le interese. Regrese a la vista **Formulario** para ver cómo se visualiza el nuevo campo.
11. Si lo que desea es cambiar el diseño del formulario en cuanto a colores y estilos se refiere, sepa que puede hacerlo desde la ficha contextual **Diseño**. Pruébelo. Cambie de nuevo a la vista Diseño, sitúese en la ficha contextual **Diseño** y, en el grupo de herramientas **Temas**, elija del comando **Temas** el estilo que desee para su formulario. Para ver el resultado, recuerde que debe volver siempre a la vista **Formularios**.

4
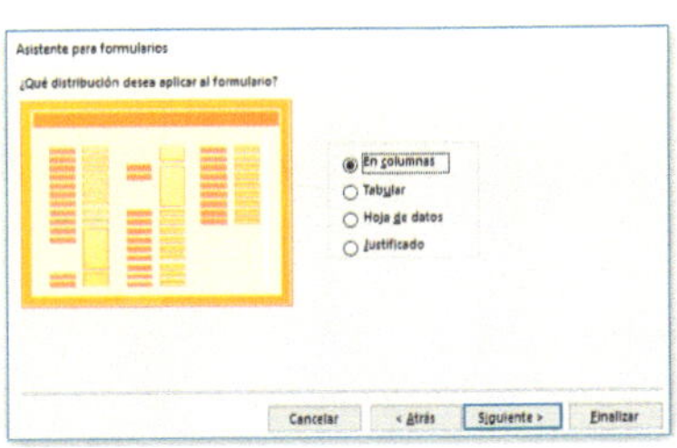

6
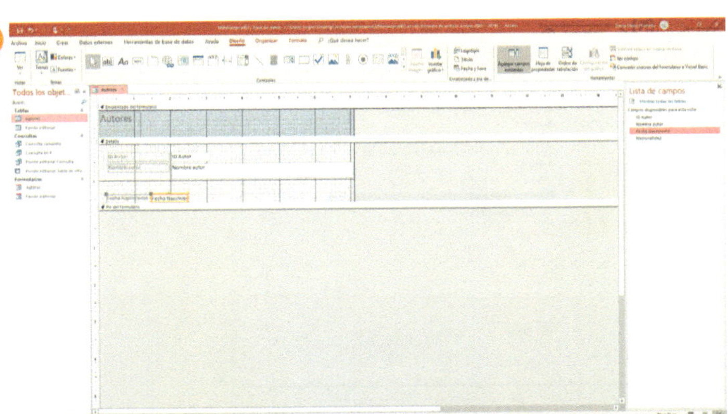

5
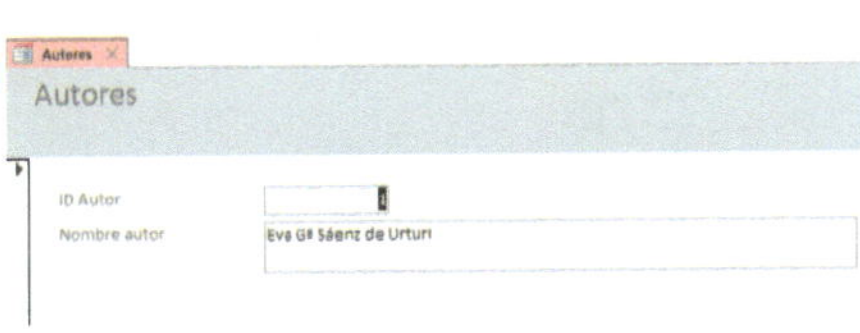

Agregar elementos en un formulario

TEXTOS DE AYUDA, BOTONES DE OPCIÓN, casillas de verificación, cuadros de lista, cuadros combinados, imágenes... Estos son solo algunos de los elementos que Access permite insertar en sus formularios. ¿Con qué fin? Con el fin tanto de mejorarlos visualmente como de completarlos. En este ejercicio veremos cómo agregar distintos elementos a un formulario y cómo funcionan dichos elementos una vez insertados.

1. Para llevar a cabo este ejercicio, le instamos a que recupere el primero de los formularios generado en lecciones anteriores, basado en nuestra tabla **Fondo editorial**. En él insertaremos, para empezar, un cuadro combinado desde el cual poder elegir el nombre del autor de nuestros libros. Para ello, sitúese en la vista **Diseño**.
2. En la ficha contextual **Diseño**, dentro del grupo de herramientas **Controles**, localice el elemento **Cuadro combinado** y haga clic sobre él. 1
3. Ahora se trata de insertar el elemento elegido en el punto del formulario que queramos. En este caso, trace mediante la técnica de arrastre un pequeño cuadro junto al campo **ID Autor**. 2
4. Al soltar el botón del ratón aparece el asistente para cuadros combinados, que nos guiará en el proceso de creación de nuestro nuevo elemento. Pase al segundo paso pulsando el botón **Siguiente** y, en él, indique que desea extraer los datos del cuadro combinado de la tabla **Autores**. 3
5. En el siguiente paso, agregue solo el campo **Nombre autor** con un doble clic, siga adelante hasta el último paso y finalice el proceso.
6. Para comprobar el uso del cuadro combinado en nuestro formulario, sitúese en la vista **Formulario**. 4
7. Veamos ahora cómo agregar un texto de ayuda en el campo **Editorial** en el caso en que otros usuarios tuvieran que trabajar sobre este formulario. Será una especie de instrucción acerca de los datos que debe incluir este campo. Cambie una vez más a la vista **Diseño** o **Presentación**, haga clic con el botón derecho del ratón sobre la etiqueta del campo **Editorial** y elija, del menú contextual, el comando **Propiedades**.

1

2
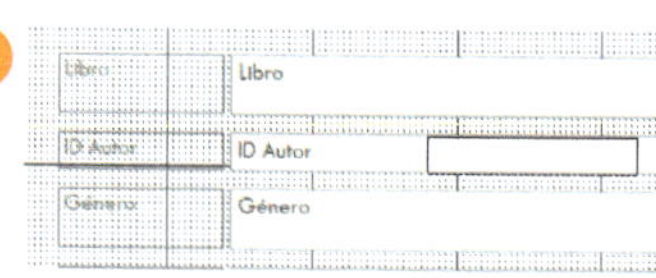

3
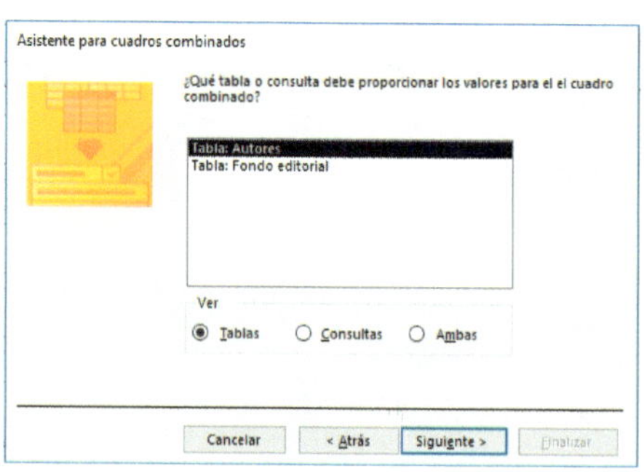

4
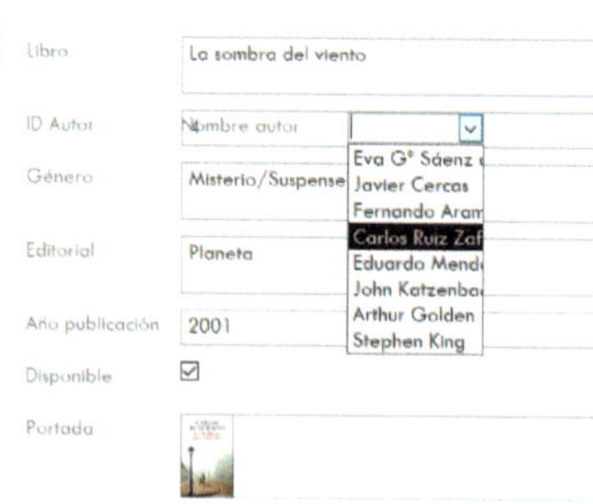

8. De este modo se abre en la parte derecha de la ventana el panel de propiedades del campo seleccionado. Pulse sobre la pestaña **Otras** del panel y, en el campo **Texto de ayuda de control**, escriba el siguiente texto: **Introducir la editorial que publicó el libro**. 5
9. Ya hemos creado la etiqueta emergente de ayuda para el campo seleccionado. Para comprobarlo, vaya a la vista **Formulario** y sitúe el puntero del ratón sobre el campo Editorial para ver como, efectivamente, aparece la etiqueta de ayuda. 6
10. Otro de los elementos que se pueden agregar a un formulario son imágenes. El modo de hacerlo resulta muy sencillo y se inicia, como en la mayoría de los casos, desde el grupo de herramientas **Controles**, por lo que acceda a la vista **Diseño** o **Presentación** y, en la ficha contextual **Diseño**, elija la opción **Imagen** del mencionado grupo de herramientas; haga clic en el punto del formulario en el cual desea insertar la imagen.
11. Se abre así el cuadro de diálogo **Insertar imagen** desde el cual debemos elegir el archivo que deseamos utilizar. En este caso, puede seleccionar la imagen libros.png que forma parte del material adicional de este libro o, en su defecto, cualquier otra que tenga almacenada en su equipo. Cuando acepte el cuadro de diálogo, la imagen se insertará en el formulario. Usted puede reubicarla y redimensionarla según sus necesidades. En este caso, sitúela mediante la técnica de arrastre junto al título del formulario. 7
12. Seguimos adelante insertando un nuevo elemento, un cuadro de texto, que, en esta ocasión, nos servirá para exponer la opinión que merece cada libro. Para ello, desde la vista **Diseño** o **Presentación**, seleccione la opción **Cuadro de texto** del grupo de herramientas **Controles** de la ficha contextual **Diseño** e inserte, en la parte inferior del formulario y mediante la técnica de arrastre, una área de escritura. 8
13. Acceda a las propiedades del campo y asígnele en la pestaña **Todas** el nombre **Opinión**. 9
14. Como puede ver son muchos los elementos que puede ir insertando en sus formularios una vez estos han sido creados. Como por motivos evidentes de espacio en estas páginas no es posible verlos todos, le instamos a que compruebe por su cuenta el resto de controles disponibles.

6
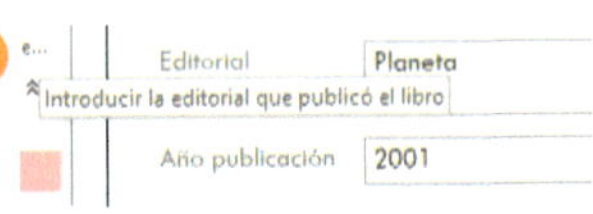

5
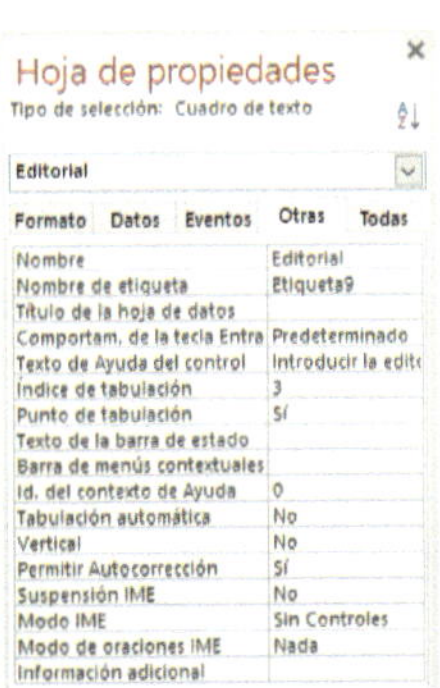

7

8
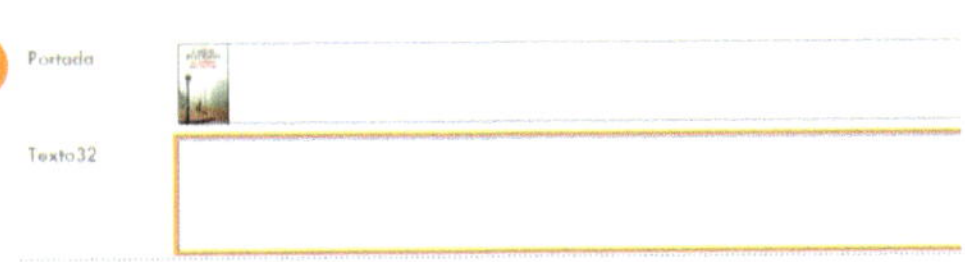

9
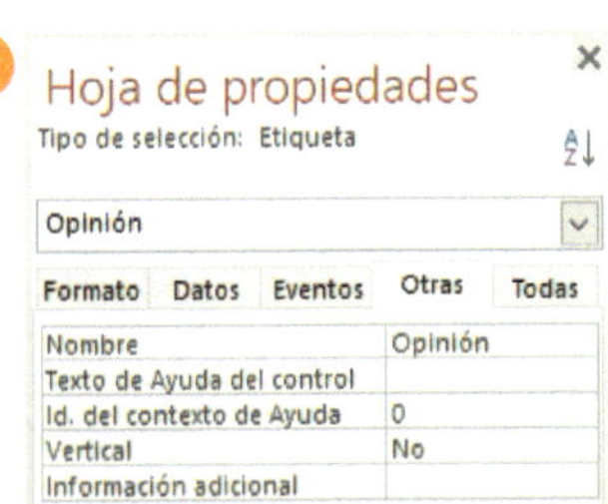

Crear un formulario dividido

ENTENDEMOS POR FORMULARIO DIVIDIDO aquel formulario que muestra una hoja de datos en la sección superior y un formulario en la sección inferior en el cual escribir información sobre el registro seleccionado en la hoja de datos. Estas dos vistas están conectadas al mismo origen de datos y están sincronizadas entre ellas. ¿Esto qué significa? Simplemente que al seleccionar un campo en una parte del formulario, se seleccionará el mismo campo en la otra parte del formulario.

1. Seguimos trabajando con nuestro formulario **Fondo editorial**, que convertiremos en un formulario dividido. Para ello, desde la vista **Formularios**, haga clic en la pestaña **Crear** de la **Cinta de opciones**.
2. En el grupo de herramientas **Formularios**, despliegue el comando **Más formularios** y elija de la lista la opción **Formulario dividido**. 1
3. El nuevo formulario dividido se genera utilizando como nombre el del formulario original seguido de un número 1. Como puede observar, el formulario se divide en dos partes: la superior es el formulario en sí y la inferior, la hoja de datos correspondiente. 2 Pase al siguiente registro.
4. De este modo comprobamos que ambas secciones se encuentran sincronizadas. En lugar de crear un nuevo formulario a partir del existente, lo podríamos haber convertido. Para ver cómo realizar este proceso, trabajaremos sobre el formulario **Autores**, por lo que debe abrirlo en el área de trabajo y situarse en la vista **Diseño**.
5. Muestre la **Hoja de propiedades** del formulario pulsando la tecla de función **F4**.
6. Seleccione **Formulario** en la lista desplegable situada en la parte superior de la hoja de propiedades y, en la pestaña **Formato**, en la lista desplegable **Vista predeterminada**, seleccione la opción **Formulario dividido**. 3

1
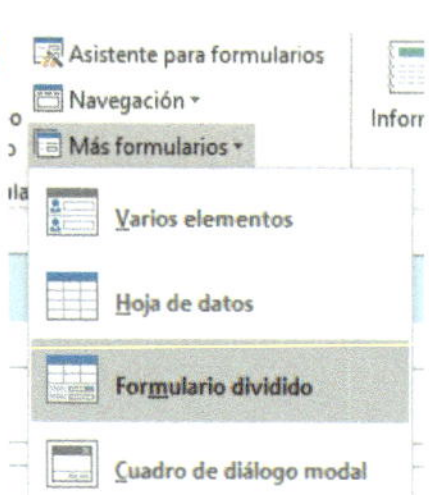

2
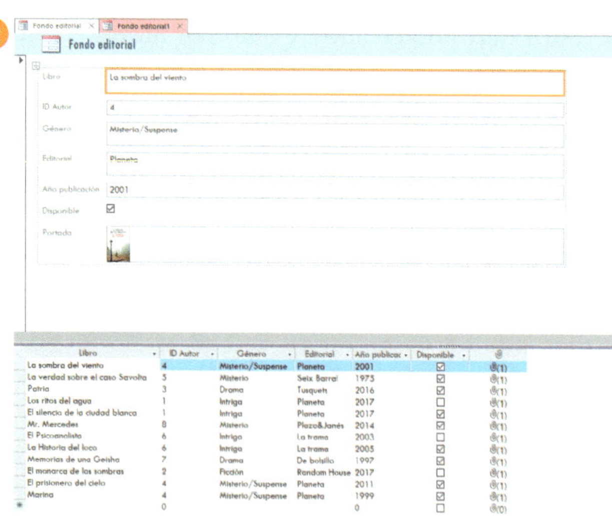

3

7. Para comprobar si la conversión se ha realizado correctamente, regrese a la vista **Formulario**.
8. Efectivamente, ahora el formulario muestra las dos secciones. 4 Lo que haremos a continuación es comprobar que estas dos secciones están conectadas. ¿Cómo? Agregando un nuevo campo en la **Hoja de datos** y comprobando como este se refleja también en el formulario. Sitúese en este caso en la vista **Presentación**.
9. Si no aparece en pantalla el panel **Lista de campos**, en la ficha contextual **Diseño**, en el grupo **Herramientas**, haga clic en **Agregar campos existentes**. 5
10. Vamos a agregar a nuestro formulario el único campo disponible: **Nacionalidad**. Debe saber que también puede arrastrar el campo a la hoja de datos, aunque podría ser que este no se colocara en la ubicación correcta. Por esta razón, es recomendable añadir los campos siempre en el formulario. Arrastre el mencionado campo debajo del denominado **Fecha de nacimiento**. 6
11. Efectivamente, los campos se reflejan también en la hoja de datos. Elimine ahora en el formulario el campo **Fecha Nacimiento** pulsando la tecla **Suprimir** y vea cómo este cambio también se actualiza en la hoja de datos.

IMPORTANTE

Una vez creado el formulario dividido es posible ajustar sus propiedades de formato desde la hoja de propiedades (accesible, como ya sabe, mediante la pulsación de la tecla F4). Así, usted puede cambiar el tamaño del formulario dividido, la disposición de las dos secciones en el área de trabajo, la posición de la barra divisoria, el accesso a la hoja de datos (Permitir ediciones o Solo lectura), entre otras acciones.

5
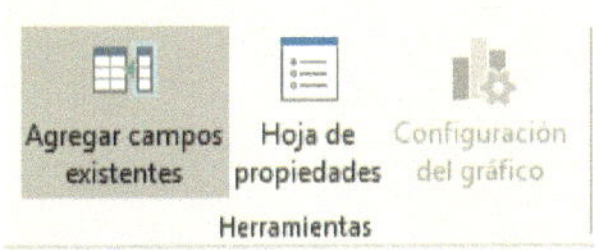

4
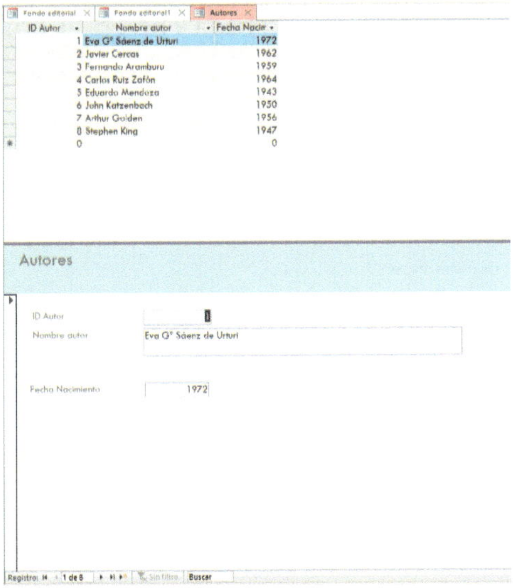

6
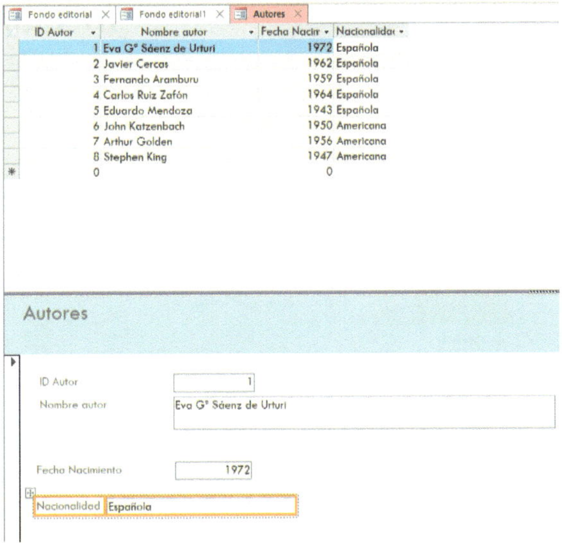

Trabajar con informes

IMPORTANTE

Los informes se pueden imprimir, consultar en pantalla, exportar a otro programa o enviar por correo electrónico. Además, puede personalizar los colores y las fuentes y agregar imágenes.

LAS HERRAMIENTAS DE CREACIÓN DE INFORMES de Access permiten crear informes sencillos o complejos a partir de los campos incluidos en una tabla. El Asistente para informes es una práctica y sencilla guía paso a paso que facilita la creación de informes a través de distintas pantallas en las que se debe especificar las condiciones que tiene que cumplir el informe.

1. En este ejercicio crearemos un informe basado en nuestra tabla Fondo editorial. Para empezar, y tras cerrar todos los elementos abiertos en pantalla, haga clic en la pestaña **Crear** de la **Cinta de opciones** y pulse sobre el comando **Asistente para informes** del grupo de herramientas **Informes**. 1
2. Se abre de este modo el **Asistente para informes**. En el primer paso debemos especificar la tabla o consulta de donde procederán los datos del nuevo informe así como definir los campos que aparecerán en él. En el campo **Tablas/Consultas** seleccione la opción **Tabla: Fondo editorial.** 2
3. Queremos que en el informe aparezcan todos los campos de esta tabla. Para que todos los campos disponibles se añadan al cuadro **Campos seleccionados** pulse el botón con dos puntas de flecha hacia la derecha 3 y haga clic sobre el botón **Siguiente** para pasar a la siguiente pantalla del asistente.
4. El segundo paso del asistente nos pregunta si deseamos agregar algún nivel de agrupamiento. En este caso, estableceremos que los registros se agrupen según el valor del campo **ID Autor.** Seleccione dicho campo, haga clic en el botón

1
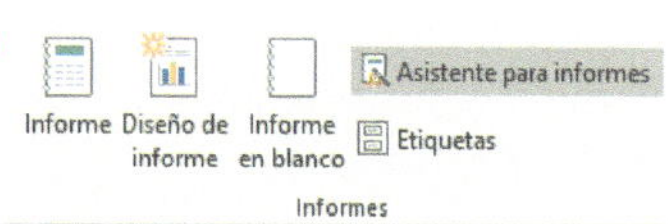

2
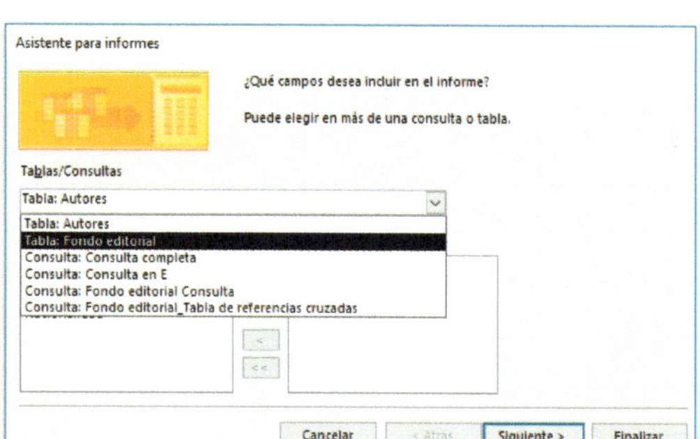

3
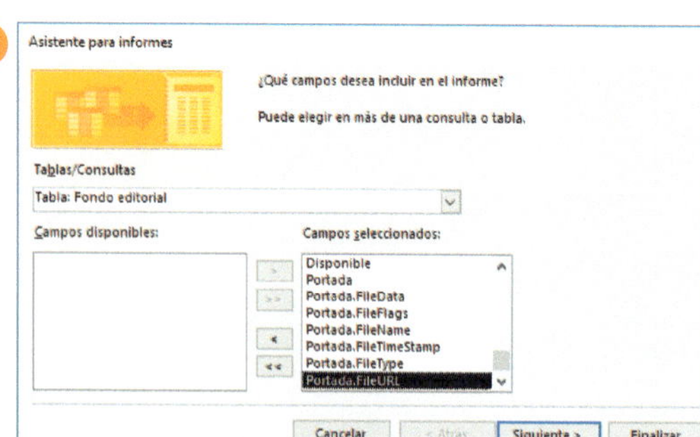

de punta de flecha hacia la derecha para crear el nivel de agrupamiento 4 y pulse el botón **Siguiente** para continuar.

5. El nuevo paso del asistente nos pregunta en función de qué campo ordenaremos los registros. Debe tener en cuenta que los datos aparecerán ordenados por el campo **ID Autor** en primer lugar, es decir, por el campo por el que se agrupa la información. Pulse el botón **Siguiente**.
6. En esta ventana, entre otras cosas, puede decidir la distribución de la información en el papel y su orientación. Por defecto, la orientación es vertical y la distribución, en pasos. Nuevamente, pulse el botón **Siguiente** sin realizar ningún cambio.
7. Tal y como indica el asistente, esta es toda la información necesaria para crear el informe, que, por defecto, se llamará igual que la tabla de la que toma los datos. Mantenga seleccionada la opción **Vista previa del informe** y pulse el botón **Finalizar**.
8. Aparece en pantalla el informe resultante en una vista preliminar. Observamos que el campo utilizado para agrupar los datos es el denominado **ID Autor**, tal y como se indicó en el asistente. 5 Cierre la vista previa del informe pulsando el comando **Cerrar vista previa de impresión**, en la **Cinta de opciones.** 6
9. Para acabar, guarde los cambios pulsando el icono **Guardar** de la **Barra de herramientas de acceso rápido** y cierre el informe desde su correspondiente botón de aspa.

IMPORTANTE

Al crear un nivel de agrupamiento, se activa el botón **Opciones de agrupamiento**, que da paso al cuadro **Intervalos de agrupamiento**. Desde ese cuadro es posible definir los intervalos de agrupamiento que se aplicarán a los campos de grupo.

6
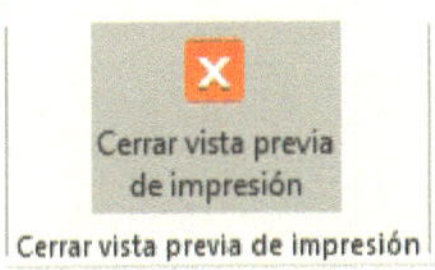

5
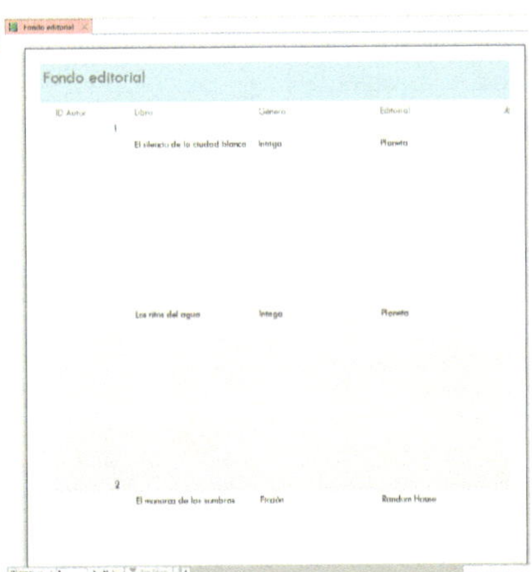

4
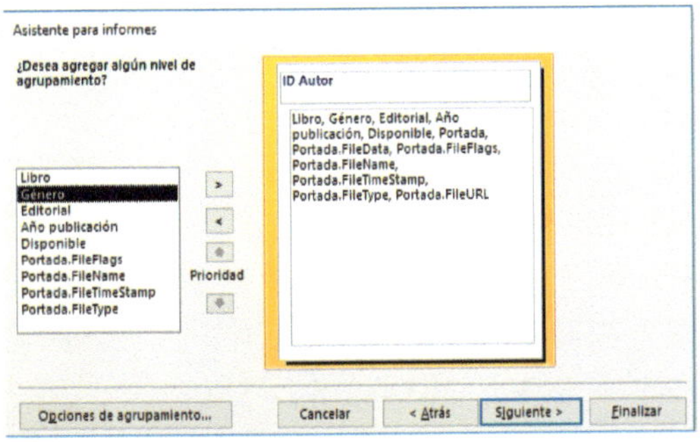

Crear relaciones entre tablas

IMPORTANTE

Existen tres tipos de relaciones de tablas en Access: la relación uno a varios, la relación varios a varios y la relación uno a uno.

UNO DE LOS OBJETIVOS DE UN BUEN DISEÑO de base de datos es eliminar la redundancia de los datos, es decir, los datos duplicados. Para ello, hay que desglosar los datos en muchas tablas basadas en temas para que cada hecho esté representado solo una vez. Posteriormente, Access debe contar con algún medio que le permita recopilar de nuevo la información desglosada, y esto se realiza colocando campos comunes en tablas relacionadas. Para poder llevar a cabo este paso correctamente, primero hay que conocer las relaciones existentes entre las tablas y, después, especificar dichas relaciones en la base de datos.

1. En este ejercicio, que supone solo una aproximación a la relación entre tablas, aprenderá a crear una relación entre la tabla principal de nuestra base de datos, denominada **Fondo editorial**, y la tabla **Autores**. Empecemos. Desde el **Panel de navegación**, pulse sobre la tabla **Fondo editorial** para seleccionarla. ❶
2. A continuación, haga clic en la pestaña **Herramientas de base de datos** de la **Cinta de opciones** y pulse sobre el comando **Relaciones** en el grupo de herramientas del mismo nombre. ❷
3. Se abre así el cuadro de diálogo **Mostrar tabla** en el cual debemos seleccionar las tablas que formarán parte de la relación. En este caso, seleccione la tabla **Fondo editorial** y pulse el botón **Agregar**.
4. Ahora debemos repetir el mismo paso pero con la tabla **Autores**. Haga doble clic sobre ella ❸ y pulse sobre el botón **Cerrar**.

❶
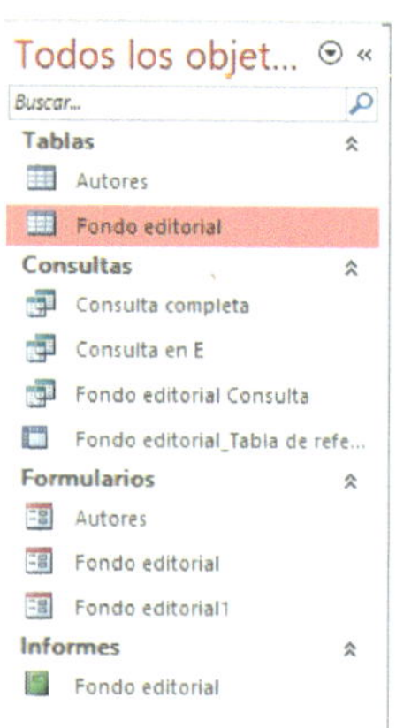

❷
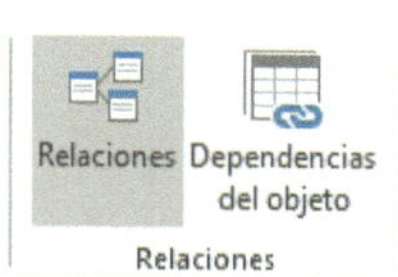

❸
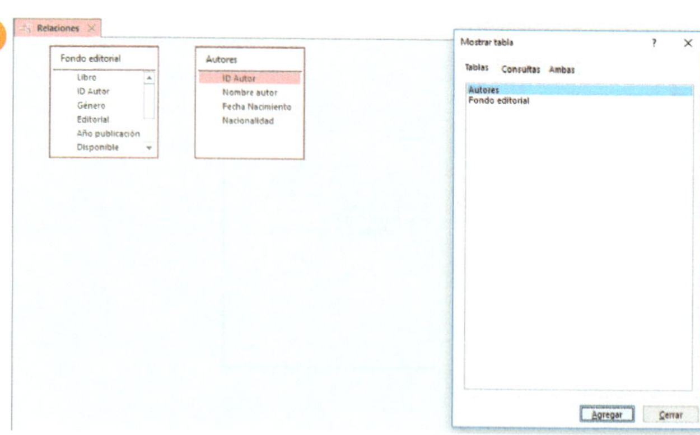

5. A continuación, haga clic en el campo **ID Autor** de la tabla **Fondo editorial** y arrástrelo hasta el campo **ID Autor** de la tabla **Autores**.
6. Aparece así el cuadro de diálogo **Modificar relaciones**. Pulse el botón **Crear** para cerrar el cuadro de diálogo y crear la relación. 4
7. Aparecerá entre las dos tablas una línea que relaciona los dos campos incluidos en el proceso. 5 De este modo, podríamos crear consultas, formularios e informes que muestren a la vez la información de estas dos tablas. Vamos a modificar esta relación de manera que en lugar de relacionar los dos campos con el mismo nombre relacione el **ID de autor** con el **Nombre del autor**. Para ello, todavía dentro de la ficha contextual **Diseño**, haga clic sobre el comando **Modificar relaciones** del grupo **Herramientas**. 6
8. Se abre de nuevo el cuadro **Modificar relaciones**, en el cual podemos realizar los cambios que creamos oportunos, incluso añadir nuevas relaciones. En este caso, despliegue la lista de campos de la Tabla **Autores** y elija el campo **Nombre Autor**. 7
9. Pulse en **Aceptar** y compruebe como la línea que relaciona ambas tablas ha modificado su forma. 8
10. En el grupo de herramientas **Relaciones**, pulse sobre el comando **Cerrar** para salir del modo de edición de estos elementos y, en el cuadro de diálogo que aparecerá acerca del almacenamiento del diseño de las relaciones, haga clic en **Sí** para mantenerlo.

IMPORTANTE

Existen varias razones por las que es recomendable la creación de relaciones de tablas antes de crear otros objetos de base de datos, como formularios, consultas e informes. Una de estas razones es que las relaciones de tabla inspiran los diseños de consulta. Si opta por utilizar uno de los asistentes para consultas, Access usará la información recopilada de las relaciones de tablas ya definidas para presentarle selecciones bien fundamentadas.

6
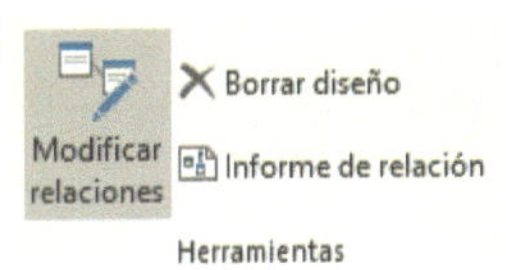

4
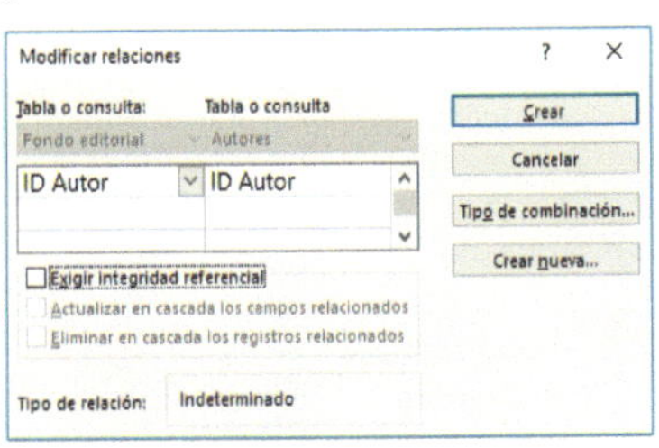

7
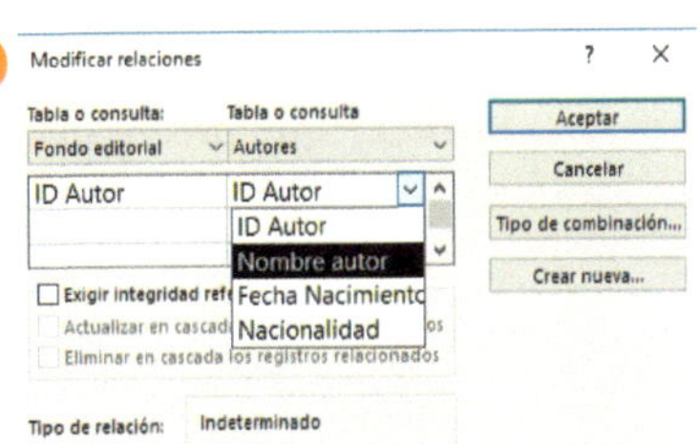

5
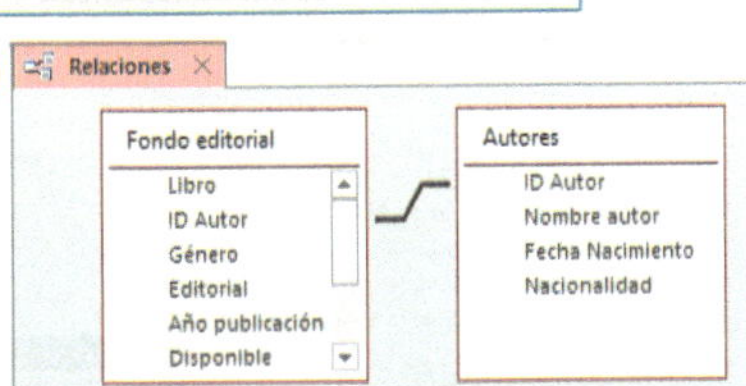

8
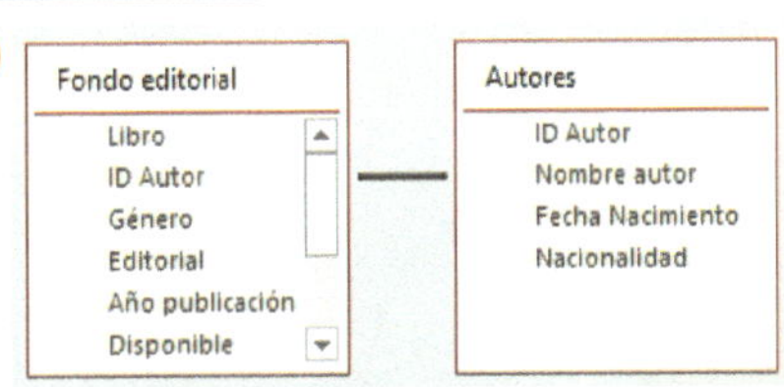

Indexar campos

EL INDEXADO DE VALORES DE CAMPOS permite impedir que haya valores duplicados en un campo de una tabla. ¿Y cómo se consigue este indexado? Creando un índice único. Un índice único es un índice que necesita que cada valor del campo indexado sea único. Access permite indexar campos de dos modos distintos: estableciendo la propiedad indexado del campo a la opción sí (sin duplicados), como veremos en este ejercicio, o bien creando un consulta de definición de datos que cree el índice único. Este proceso requiere el uso de SQL, que no hemos tratado en este libro y, por tanto, y dado que es un poco complicado, no lo visualizaremos con detalle en estas páginas.

1. Para empezar, abra la tabla **Fondo editorial** en la vista **Diseño**.
2. Como ya hemos visto en muchos ejercicios anteriores, esta vista permite acceder a las propiedades de los campos y trabajar sobre ellas. Seleccione en la tabla superior el campo **ID Autor** y compruebe como las propiedades se actualizan en la parte inferior de la ventana. ❶
3. A continuación, pulse sobre el cuadro de texto de la propiedad **Indexado**, situada en la pestaña **General**.
4. Una vez seleccionado este campo en el **Panel de propiedades**, se muestra en la parte derecha del mismo, a modo de ayuda, una descripción acerca de su funcionamiento y su finalidad en la tabla. ❷ Pulse sobre el botón de flecha que aparece en el cuadro activo y seleccione la opción **Sí (con duplicados)**. ❸

❶
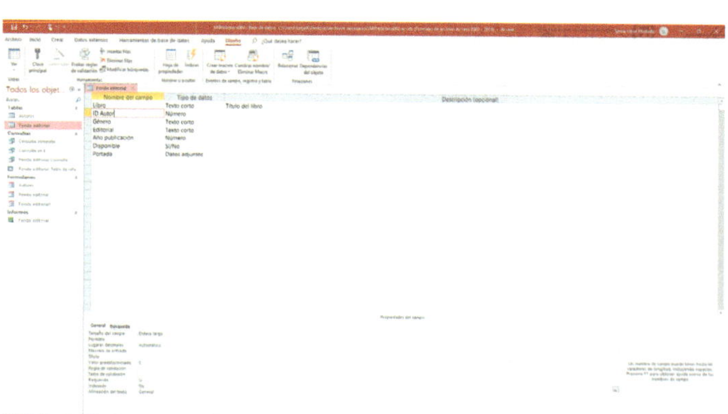

❷
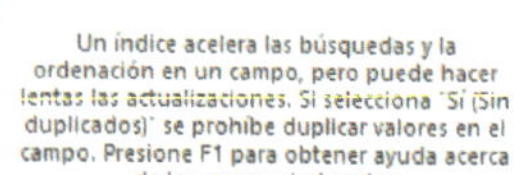

❸
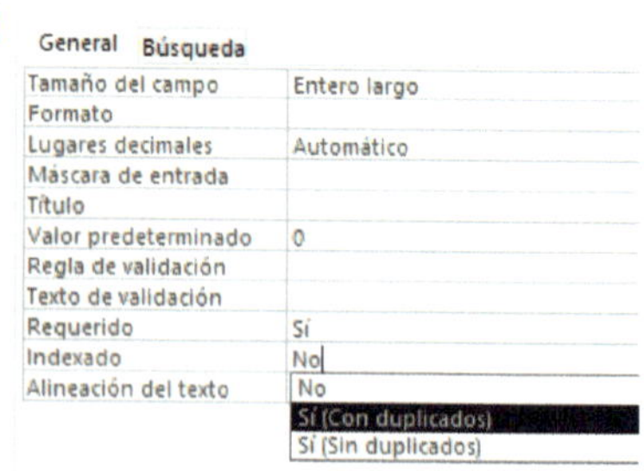

5. Hemos optado por los duplicados para poder tener dos o más registros con valores repetidos en este campo. Si se activara la opción **Sí (Sin duplicados)**, no podríamos tener dos o más registros con el mismo valor. Para terminar, también indexaremos el campo **Género**. Haga clic sobre el nombre de este campo en la columna **Nombre del campo**. 4
6. Ubique el cursor al final de la palabra **No** en el cuadro de texto de la propiedad de campo **Indexado**, pulse sobre el botón de flecha que aparece en el cuadro activo y seleccione de nuevo la opción **Sí (con duplicados)**. 5
7. Ya hemos indexado los campos que nos interesan como valores únicos. Tenga en cuenta que, si ya existen duplicados en el campo de los registros de la tabla, al intentar guardar los cambios de la tabla con el nuevo índice, Access mostrará un mensaje de error (concretamente, el error 3022). ¿Qué deberá hacer en tal caso? Deberá eliminar los valores de los campos duplicados de los registros de la tabla para poder establecer y guardar el nuevo índice único. Vamos a comprobar si es nuestro caso. Guarde los cambios en la tabla desde la **barra de herramientas de acceso rápido**. 6
8. Como ya hemos indicado en la introducción, la creación de una consulta de definición de datos que cree un índice único requiere el uso de SQL y, aunque no es tan sencillo como trabajar en la vista **Diseño**, presenta una ventaja: la consulta generada puede ser guardada y utilizada posteriormente. Este proceso empieza en el comando **Diseño de consulta** de la pestaña **Crear** y accediendo a la vista **SQL** del grupo **Resultados**. 7 En esta vista, escriba el siguiente texto (tras eliminar, si es que lo hay, cualquier texto existente):

```
CREATE UNIQUE INDEX index_name
ON table (field);
```

9. sustituyendo **index_name, table** y **field** por sus propios valores. 8 Seguidamente guarde la consulta y ejecútela.

4
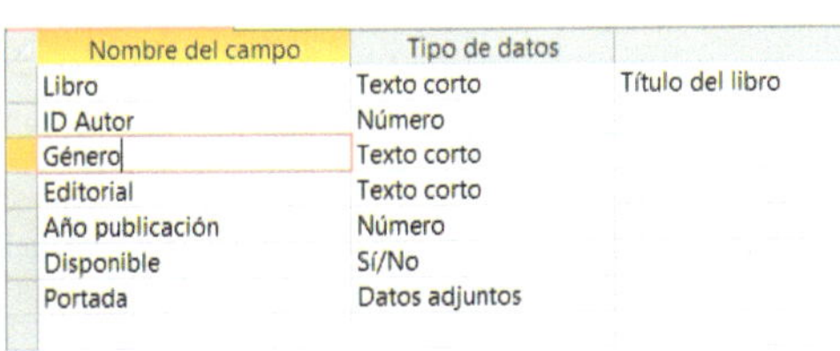

5
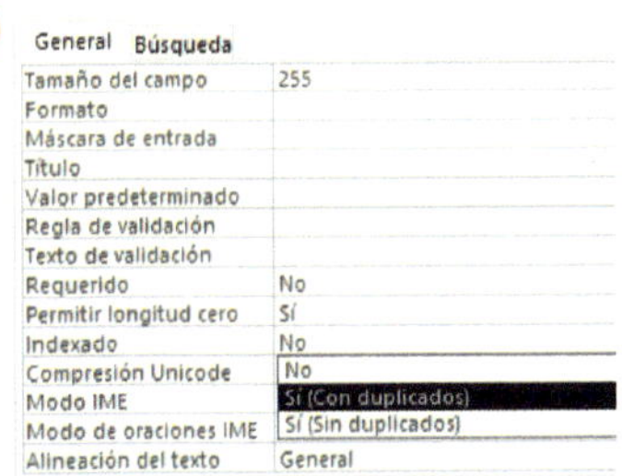

6

7

8
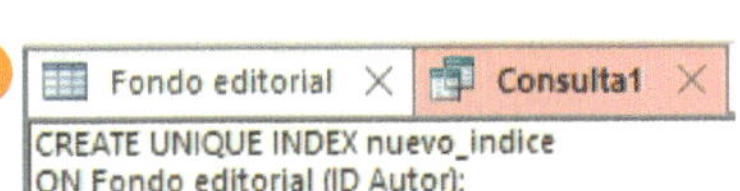

PowerPoint: Gestionar las diapositivas de una presentación

POWERPOINT ES UN PROGRAMA DE PRESENTACIONES con diapositivas incluido en la suite Office. Con este programa resulta muy sencillo presentar ideas y temas de un modo visualmente atractivo y dinámico. En este primer ejercicio nos adentraremos en la gestión de las diapositivas. Como verá, muchas de las acciones de gestión se llevan a cabo tanto desde la vista Normal como desde la vista Clasificador de diapositivas, pero nunca desde la vista Presentación con diapositivas.

1. Para este ejercicio, el primero de los que tratarán la aplicación PowerPoint, le recomendamos que utilice el archivo **presentación.pptx** que forma parte del material adicional proporcionado con este libro. Una vez abierta, observe que esta presentación cuenta con siete diapositivas. Puede comprobarlo en la parte inferior izquierda de la ventana, justo debajo del denominado **Panel de diapositivas**. Puede utilizar la barra de desplazamiento para visualizar todas las diapositivas disponibles. Además, si pulsa sobre cada una de ellas se irán mostrando de forma individual en el centro de la ventana. Vamos a empezar el ejercicio aprendiendo a insertar diapositivas. Seleccione la última diapositiva haciendo clic sobre ella y, en la ficha **Inicio**, despliegue el comando **Nueva diapositiva**. 1
2. Se despliega así un panel con los distintos diseños predeterminados de diapositiva, cada uno de los cuales ofrece distintas distribuciones de los objetos. Seleccione el diseño **Título y objetos** pulsando sobre esta opción.
3. La diapositiva se inserta a continuación de la seleccionada. 2 Otra manera de insertar nuevas diapositivas es desde el menú contextual de la diapositiva seleccionada. En cualquier caso, la nueva diapositiva siempre se inserta detrás del elemento seleccionado. Aprendamos ahora a duplicar diapositivas. Duplicar diapositivas es obtener una copia exacta de una diapositiva existente. Sitúese sobre la primera diapositiva, pulse con el botón derecho del ratón y, del menú contextual, escoja la opción **Duplicar diapositiva**.
4. Como en los casos anteriores, la nueva diapositiva se inserta a continuación de la anterior. 3 Sepa que puede duplicar más de una diapositiva a la vez con la ayuda de la tecla **Control**. Otra

3
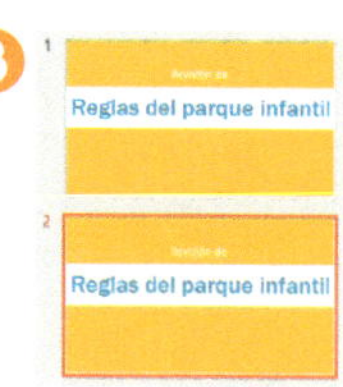

1
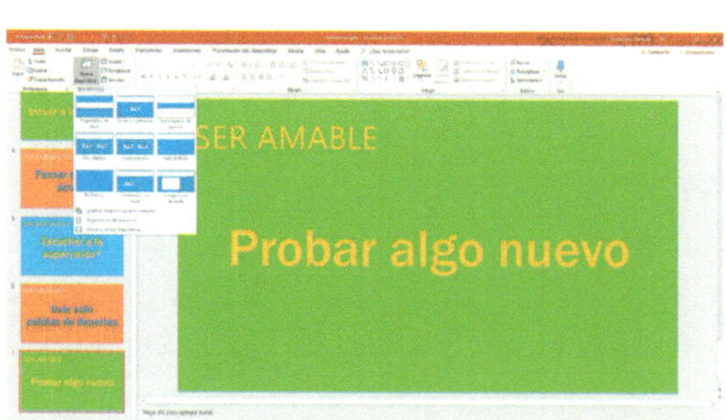

2
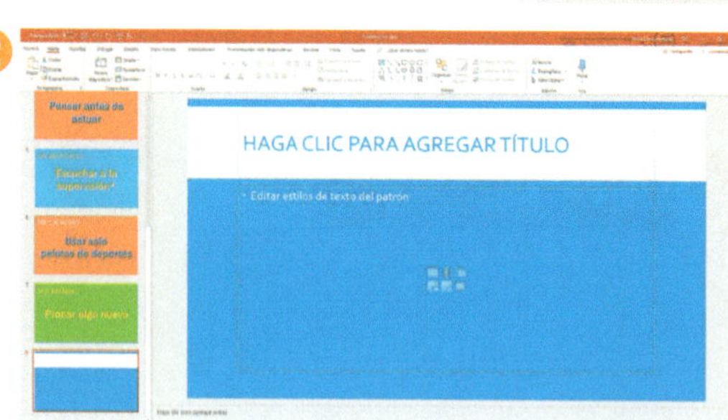

forma de obtener duplicados de diapositivas es mediante la combinaación de comandos típica **Copiar** y **Pegar**. Sepa también que puede copiar diapositivas de una presentación y pegarlas en otra. El **Panel de diapositivas** nos permite cambiar el orden de las diapositivas incluidas en la presentación mediante la técnica de arrastre. Haga clic sobre la segunda diapositiva y arrástrela hacia abajo, hasta situarla al final de la presentación, momento en que puede soltar el botón del ratón.

5. Evidentemente, también podemos eliminar las diapositivas existentes o simplemente ocultarlas. Al ocultar una diapositiva, esta sigue en la presentación pero no se muestra cuando se realiza el pase. Seleccione la penúltima diapositiva de la presentación, de color azul y sin contenido, active la pestaña **Presentación con diapositivas** de la **Cinta de opciones** y seleccione el comando **Ocultar diapositiva**. 4
6. En el **Panel de diapositivas** puede comprobar cómo la diapositiva oculta muestra el número que le corresponde tachado 5 y, sin embargo, el número total de diapositivas sigue siendo el mismo, en este caso, 9. Cuando desee volver a mostrar una diapositiva oculta, vuelva a pulsar sobre el comando **Ocultar diapositiva**.
7. Para eliminar definitivamente una diapositiva puede utilizar el comando de su menú contextual o la tecla **Suprimir**. Como ejemplo, con la misma diapositiva que ha ocultado y mostrado en pasos anteriores seleccionada, pulse la tecla **Suprimir** y compruebe como la diapositiva desaparece y la numeración se actualiza. 6

IMPORTANTE

PowerPoint ofrece una configuración 16:9 y una gran variedad de temas diseñados para sacar el máximo partido a las posibilidades de la pantalla panorámica. Si desea cambiar el tamaño de la diapositiva de estándar a panorámica o viceversa, pulse sobre la pestaña **Diseño** y despliegue **Tamaño de diapositiva**.

4
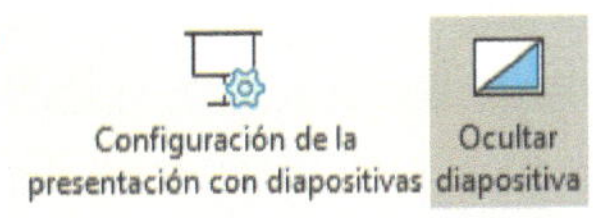

5

6
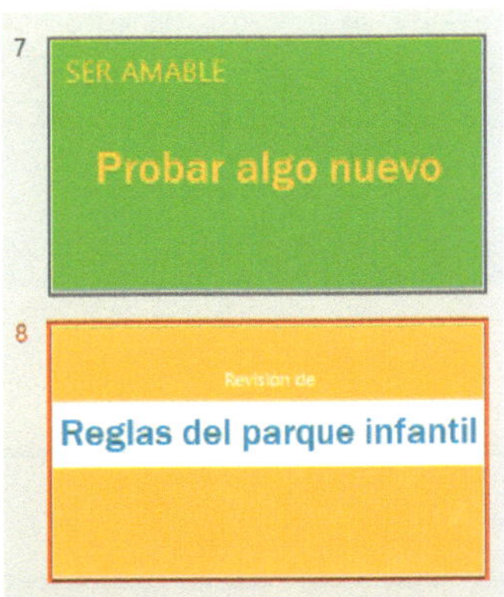

El diseño de la estructura de la diapositiva

IMPORTANTE

El diseño de una diapositiva también incluye el tema, es decir, todos los colores, las fuentes, los efectos y el fondo predeterminados para dicho diseño.

POWERPOINT INCLUYE DISEÑOS DE DIAPOSITIVA integrados que pueden ser modificados por el usuario para adaptarlos a sus necesidades específicas. Estos diseños cuentan con una estructura predeterminada personalizable con cuadros de formato, posicionamiento y marcadores de posición para todo el contenido que aparece en una diapositiva. Estos marcadores de posición son los contenedores de línea de puntos destinados a albergar elementos como títulos, texto, tablas, gráficos, imágenes, vídeos y sonidos.

1. En el ejercicio anterior hemos podido comprobar, al añadir una nueva diapositiva, los diseños disponibles en PowerPoint. Toda nueva diapositiva debe mostrar alguno de estos diseños que, posteriormente, serán personalizados por el usuario. En esta ocasión, y en un ejercicio más bien teórico, le mostraremos los elementos de diseño que se pueden incluir en una diapositiva de PowerPoint. Para ello, añadiremos al final de nuestra presentación nuevas diapositivas basadas en algunos de los diseños disponibles. Empecemos. haga clic sobre la última diapositiva y despliegue el comando **Nueva diapositiva** de la **Cinta de opciones**.
2. Cada una de estas opciones contiene un diseño de diapositiva estándar en PowerPoint, que muestra la ubicación de varios marcadores de posición para texto o gráficos. En este caso, elija la opción **Título y contenido**.

1

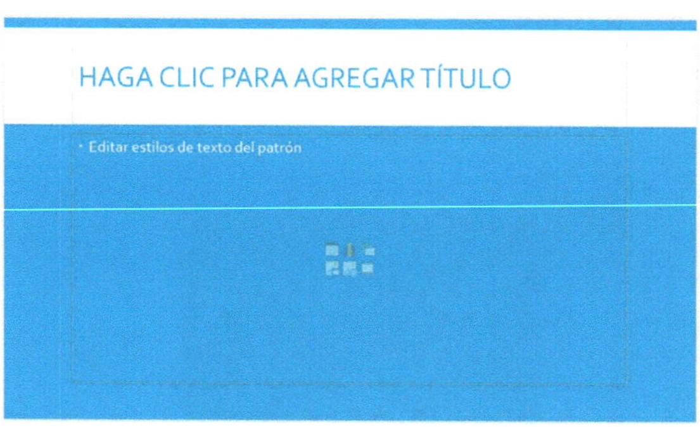

2

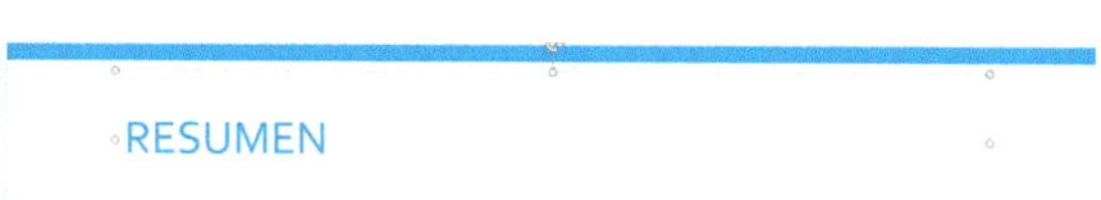

3

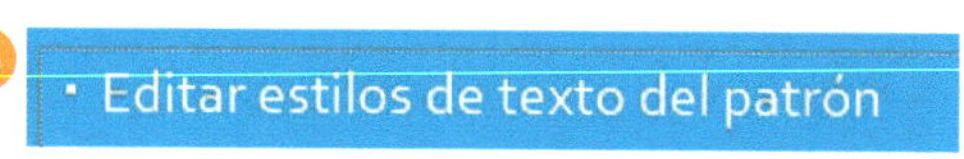

4

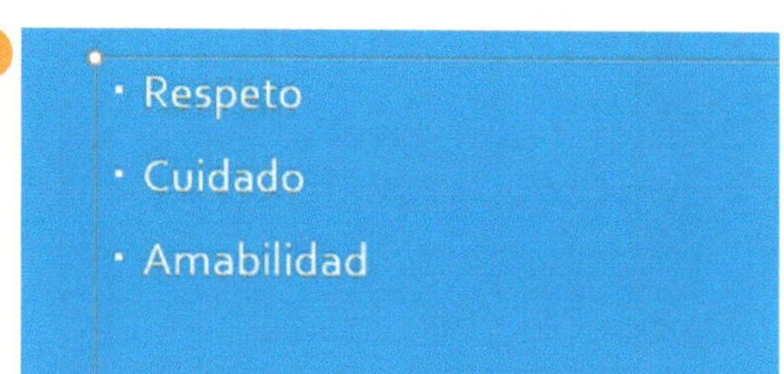

3. En primer lugar queremos mencionar que el color azul de la nueva diapositiva corresponde al tema aplicado a nuestra presentación. ❶ Si usted está trabajando en una presentación en blanco, el fondo de las nuevas diapositivas será blanco. Una vez dicho esto, veamos los elementos que incluye este diseño de diapositiva. En la parte superior se encuentra el marcador de posición para el título. Todos los elementos que son marcadores de posición muestran un borde punteado. El texto contenido en este marcador se puede seleccionar y sustituir por cualquier otro. Pruébelo. Pulse dentro del marcador de posición del título y escriba lo que desee. ❷
4. En la parte central de la diapositiva puede ver otros elementos del diseño. En primer lugar, lo que parece un primer elemento de lista. ❸ Para sustituir el texto predeterminado sencillamente debe pulsar sobre él e insertar sus propias palabras. ❹
5. En la parte central de la diapositiva, y ligeramente atenuado, aparecen seis marcadores de posición de cuerpo, gracias a los cuales puede insertar directamente determinados elementos: una tabla, un gráfico, un gráfico SmartArt, una imagen, una imagen en línea y un vídeo. ❺ Simplemente pulsando sobre uno de estos elementos se iniciará el proceso de inserción correspondiente. Como ejemplo, pulse sobre el segundo elemento de la segunda fila, correspondiente al elemento Imagen en línea. ❻
6. Ahora sencillamente debería elegir la imagen que desea insertar en la diapositiva. ❼ Más adelante en este libro le mostraremos con mayor detalle cómo insertar imágenes, vídeos y grabaciones de pantalla a sus diapositivas.
7. Antes de terminar diremos que puede cambiar el diseño de una diapositiva una vez ya se encuentra insertada en la presentación. ¿Cómo? Desde el comando **Diseño** del grupo de herramientas **Diapositivas**, en la ficha Inicio de la **Cinta de opciones**. Este comando contiene exactamente los mismos diseños que puede encontrar en el comando **Nueva diapositiva**. ❽

5

8
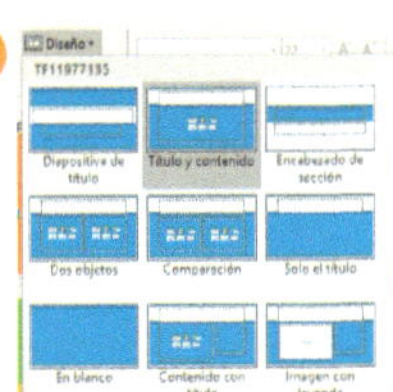

6

7

Trabajar con el Patrón de diapositivas

IMPORTANTE

No debe confundir la vista **Patrón de diapositivas**, descrita en este ejercicio, con la denominada **Clasificador de diapositivas**, puesto que su finalidad de uso es totalmente distinta. El Clasificador de diapositivas muestra las diapositivas organizadas horizontalmente y en miniaturas de manera que pueda organizarlas de un modo rápido y visual. Esta vista forma parte de las vistas de presentación, mientras que el Patrón de diapositivas forma parte de las vistas patrón.

IMAGINE QUE DEBE CREAR UNA PRESENTACIÓN en la cual todas las diapositivas muestren, además de un diseño igual o similar, una serie de elementos comunes (un logotipo, un título, una imagen...). En lugar de duplicar las diapositivas e ir cambiando su contenido, resulta mucho más sencillo utilizar un patrón de diapositivas. Todos los cambios que realice en el patrón se aplicarán a todas y cada una de las diapositivas de la presentación.

1. Para acceder a la vista **Patrón de diapositivas**, pulse sobre la pestaña **Vista** y haga clic sobre el comando **Patrón de diapositivas** del grupo de herramientas **Vistas Patrón.** 1
2. El patrón de diapositivas es la diapositiva superior en el panel de miniaturas situado a la izquierda de la ventana. Los diseños de diapositiva relacionados aparecen justo debajo del patrón de diapositivas. 2 Puede realizar los ajustes que necesite tanto en el patrón como en los diseños; de hecho, es habitual realizar más cambios en los diseños que en el mismo patrón. Vamos a realizar una prueba. Vamos a cambiar el color de fondo del patrón para comprobar como, efectivamente, cambia en todos los diseños. Para ello, con el **Patrón de diapositivas** seleccionado en el panel, despliegue el comando **Estilos de fondo** del grupo de herramientas **Fondo**, en la ficha contextual **Patrón de diapositivas**, y elija uno de los estilos disponibles. 3

1
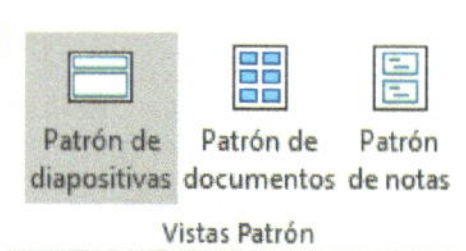

2
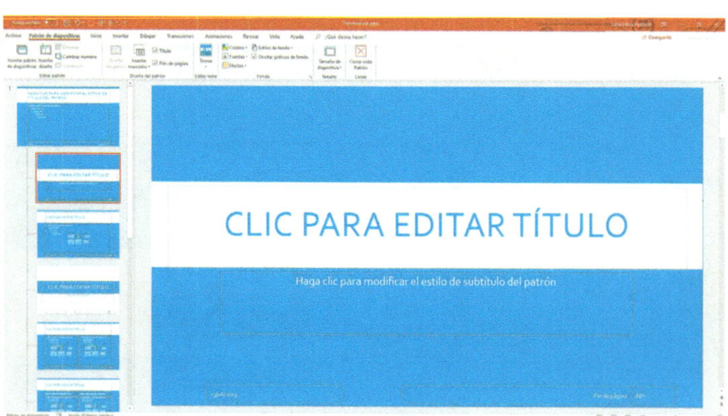

3

3. Automáticamente, el estilo seleccionado se aplica tanto al patrón como a los diseños de diapositiva. 4 Regrese a la vista **Normal** pulsando sobre **Cerrar vista Patrón**. 5
4. La última diapositiva, que añadimos con el diseño **Título y contenido**, muestra ahora el diseño asignado al **Patrón de diapositivas.** 6 El resto no porque muestran un color aplicado sobre el fondo. Para evitar estas situaciones, es totalmente recomendable ajustar el diseño en el patrón y en las diapositivas antes de insertar nuevas diapositivas y agregar en ellas el contenido.
5. Debe tener claro que todo cuanto se haya aplicado en el patrón y en el diseño de diapostivas desde esta vista no se podrá modificar desde la vista normal. Para comprobarlo, sencillamente vea que la **Cinta de opciones** muestra desactivadas todas las opciones de diseño de fuente y de color. 7 Para cambiarlo, deberá acceder a la vista **Patrón de diapositivas**.
6. Sepa que en Office 365, al abrir una presentación con 25 o más patrones de diapositivas y algunos de ellas no se utilizan, PowerPoint le ofrece la posibilidad de eliminar estos patrones de diapositivas sin usar. Usted puede aceptar o rechazar esta oferta.

4
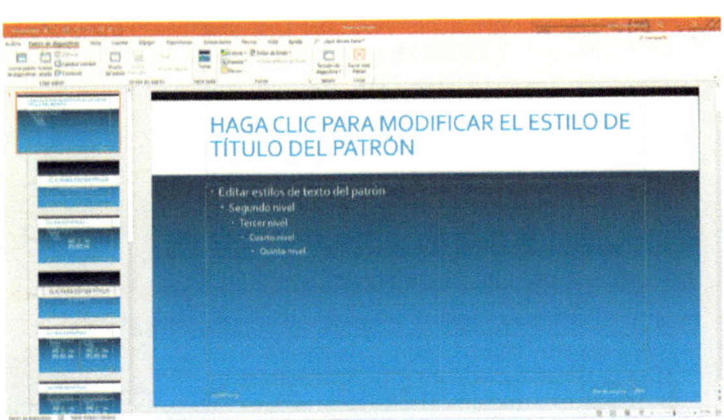

6

5

7
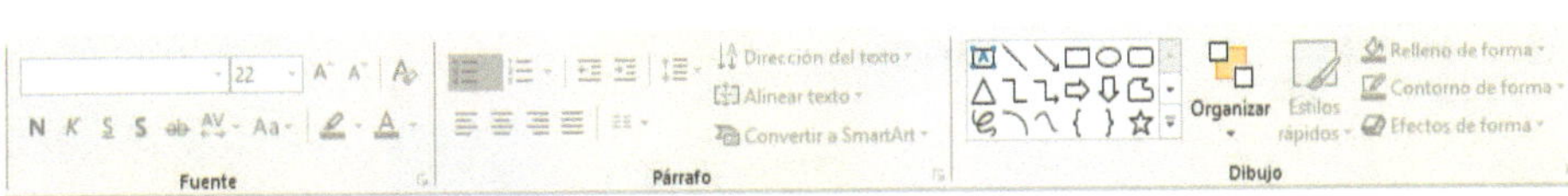

Crear y almacenar diseños personalizados

IMPORTANTE

Puede crear una presentación nueva con un tema aplicado directamente. Para ello, debe utilizar la opción **Temas** del comando **Nuevo** de la vista **Backstage**. Además, sepa que puede predeterminar la aplicación de un tema para que todas las presentaciones se creen usando dicho tema. Para ello, utilice la opción **Establecer como tema predeterminado**.

POWERPOINT OFRECE LA POSIBILIDAD DE crear y almacenar diseños de diapositivas, es decir, en vez de utilizar las predeterminadas, el usuario podrá gestionar y crear el diseño de sus propias diapositivas para utilizarlos siempre que sea necesario. Aun así, en el grupo de herramientas Temas de la ficha Diseño encontramos una amplia variedad de diseños de diapositivas cuyos elementos se pueden modificar con ayuda de las herramientas de ese grupo.

1. En este ejercicio le mostraremos el proceso a seguir si desea crear un diseño de diapositiva personalizado, basado en uno de los temas disponibles. Seleccione la diapositiva número 1, pulse en la pestaña **Diseño** y haga clic en el botón **Más** del grupo de herramientas **Temas**.
2. Seguidamente, pulse con el botón derecho del ratón sobre el tema que usted prefiera del grupo **Office** y, en el menú contextual, elija la opción **Aplicar a las diapositivas seleccionadas.** 1
3. Vamos a modificar alguna de las características del tema para, posteriormente, aplicárselo a todas las diapositivas de la presentación. Empecemos por los colores. Pulse sobre el botón **Más** del grupo de herramientas **Variantes**, haga clic en el comando **Colores**, y de las combinaciones de colores, elija una distinta a la actual. 2
4. Modificaremos también las fuentes del tema. Despliegue de nuevo el botón **Más** del grupo de herramientas **Variantes**, pulse sobre el comando **Fuentes** y seleccione la combinación que más le guste para aplicarla.

1
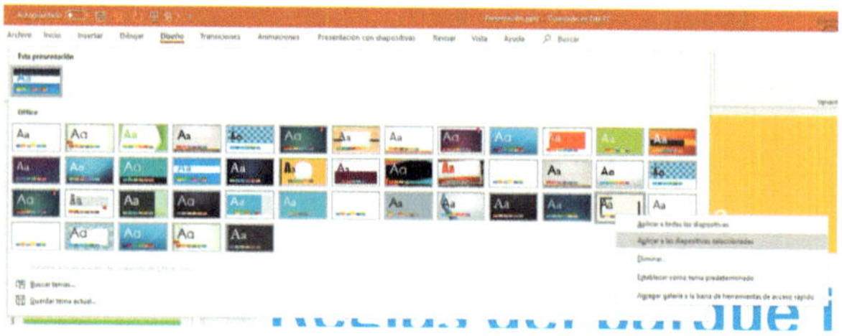

2
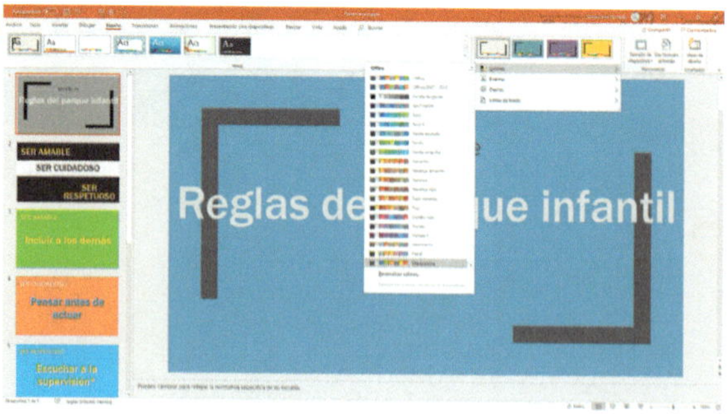

5. Cuando apliquemos este mismo tema a otras diapositivas, se aplicará también la fuente. Comprobémoslo. En el grupo de herramientas **Temas**, pulse con el botón derecho del ratón sobre el tema que hemos estado modificando y, del menú contextual, elija la opción **Aplicar a todas las diapositivas.** 3
6. Observe cómo se ha actualizado la presentación completa con el nuevo tema. Seguidamente, guardaremos el diseño personalizado para poder utilizado sobre otras presentaciones. Despliegue el comando **Más** del grupo de herramientas **Temas** y seleccione la opción **Guardar tema actual.** 4
7. Los temas se almacenan en una carpeta de plantillas de temas predeterminada. Mantenga el nombre propuesto por el programa y pulse sobre el botón **Guardar**.
8. El diseño personalizado se almacena en la biblioteca de temas y está listo para ser usado en cualquier momento. Compruébelo. Entre en la vista **Backstage** y, en el comando **Nuevo**, pulse sobre el elemento **Presentación en blanco**.
9. Con la presentación en blanco abierta, active la ficha **Diseño** y despliegue el botón **Más** de la galería de temas. 5
10. Compruebe que ahora aparece una nueva sección, denominada **Personalizados**, en la que se encuentra el tema que acabamos de diseñar. Aplíquelo pulsando sobre él y, para terminar, cierre la nueva presentación sin guardar los cambios.

IMPORTANTE

Como novedad en la última versión de PowerPoint, al crear una nueva presentación en blanco, el programa abre un panel en la parte derecha del área de trabajo denominado Ideas de diseño, en el cual, como su nombre indica, incluye algunas ideas de diseño para empezar nuestras presentaciones.

3
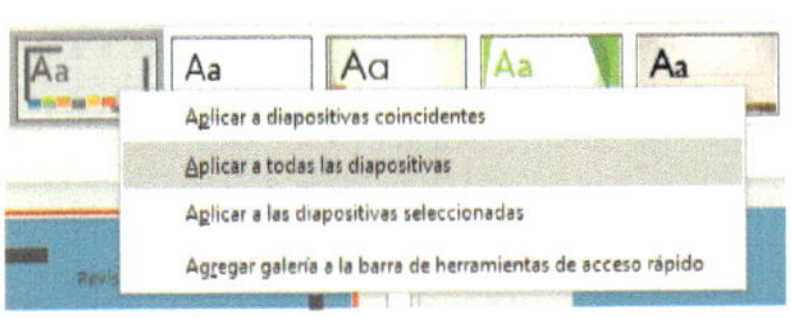

5
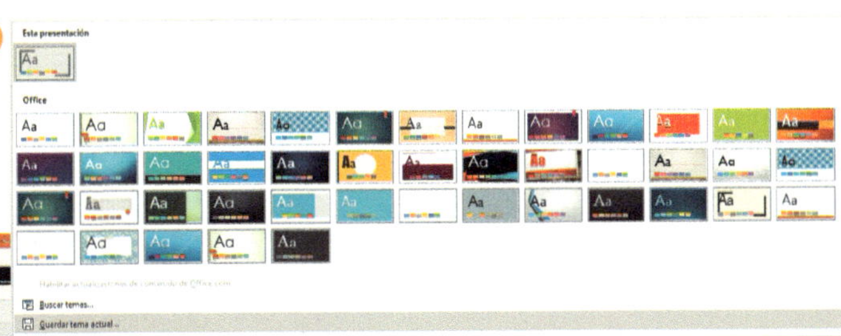

4

Cambiar la entrada manuscrita a formas o texto

IMPORTANTE

Las capacidades de reconocimiento de entrada de lápiz a texto para PowerPoint admiten muchos idiomas para la conversión, pero no todos los idiomas que admite Office. Esta es la lista de lenguas admitidas: Afrikáans, Albanés, Bosnio, Catalán, Checo, Chino, Danés, Alemán, Griego, Inglés, Español, Euskera, Finés, Francés, Croata, Irlandés, Gaélico escocés, Gallego, Japonés, Luxemburgués, Indonesio, Italiano, Coreano, Malayo, Noruego, Holandés, Neerlandés, Polaco, Portugués, Romanche, Rumano, Ruso, Kinyarwanda, Eslovaco, Esloveno, Serbio, Sueco, Swahili, Setsuana, Turco, Xhosa y Zulú.

LA CARACTERÍSTICA QUE MOSTRAREMOS en este ejercicio es exclusiva para PowerPoint 365, en su versión de suscripción, PowerPoint para iPad y PowerPoint para Office. Dicha característica nos permite reemplazar una entrada de lápiz a una entrada de forma, de texto o una entrada de matemáticas. Para ello, se pueden llevar a cabo distintos procedimientos, como mostraremos a continuación.

1. Antes de empezar, debe saber que las opciones de conversión de entradas manuscritas requieren la activación de las denominadas "Experiencias conectadas" de Office. Por esta razón, y para asegurarnos de que pueda realizar sin problemas este ejercicio, vamos a ver cómo comprobar si esta característica se encuentra activada en su versión de Office. Para ello, diríjase a la vista **Backstage**, pulse en el comando **Cuenta** y pulse sobre el botón **Administrar configuración**, dentro de la sección **Privacidad**. 1
2. Se abre la ventana **Sus datos controlados por usted**, en la cual debe localizar la opción **Experiencias conectadas** y ver si, efectivamente, se encuentra activada. 2 De no ser así, hágalo.
3. Una vez hecho esto, ya podemos empezar. Primero, vamos a dibujar una pequeña forma en una de nuestras diapositivas. Si usted dispone de un lápiz digital, utilícelo; si no, el ratón nos servirá. Y si usted trabaja en un iPad o iPhone, puede realizar la práctica con el dedo. Empecemos. En la pestaña **Dibujar**, active el comando **Dibujar** del grupo **Herramientas** y trace un cuadrado, un triángulo o cualquier otra forma geométrica.

1

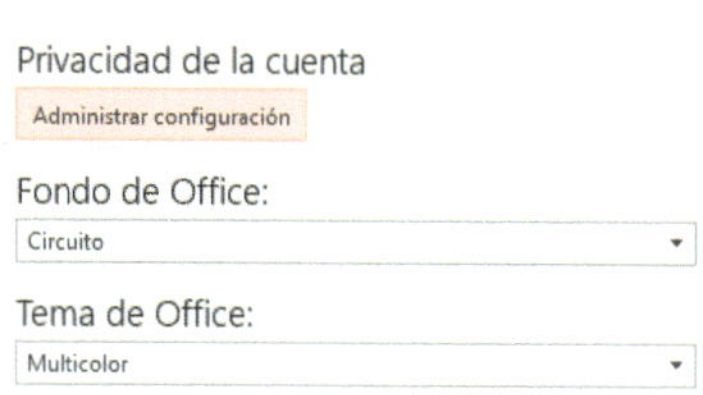

2

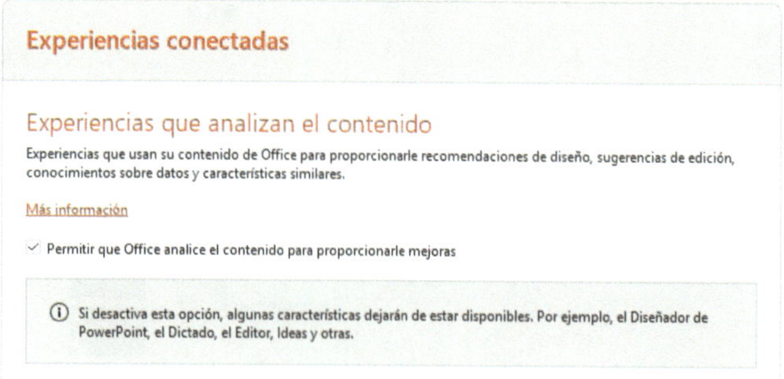

077

4. En el mismo grupo **Herramientas**, active el comando **Selección de lazo** (3) y trace una línea que delimite toda la forma dibujada. Al soltar el botón del ratón, la forma queda seleccionada y aparece un botón con las opciones de conversión disponibles. (4) Si sitúa el puntero del ratón sobre la opción **Convertir texto y formas** el programa le ofrece una vista previa del resultado. (5) Si le convence, pulse sobre dicha opción para que la conversión de la entrada se lleve a cabo. (6)
5. Hagamos ahora la prueba con un texto. Para ello, utilizaremos un segundo procedimiento un tanto distinto. Active una de las herramientas de dibujo disponibles y escriba en una zona libre de la diapositiva un pequeño texto. (7)
6. A continuación, haga clic sobre el comando **Entrada de lápiz a texto** del grupo de herramientas **Convertir**, en la misma pestaña **Dibujar**.
7. Como puede ver, se activa automáticamente el comando **Selección de lazo**. Trace de nuevo una línea que delimite todo el texto que ha dibujado y, al soltar el botón del ratón, vea lo que ocurre.
8. El programa convierte de forma automática el texto manuscrito en entrada digital, con mayor o menor acierto según su destreza o la claridad con la que haya dibujado el texto. (8) Por si la conversión no fuera correcta, en la etiqueta emergente propone otras opciones que se aproximan al elemento trazado. (9) Solo debe pulsar sobre la palabra correcta para sustituir la entrada manuscrita.

IMPORTANTE

Debe saber que, por el momento, la conversión de entrada manuscrita a formas o texto no está disponible en la escritura de derecha a izquierda. Sepa también que también encontrará esta característica de conversión en Word 365.

7

8

3
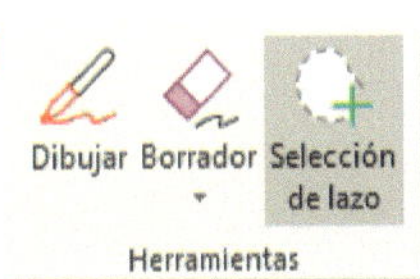

5

4
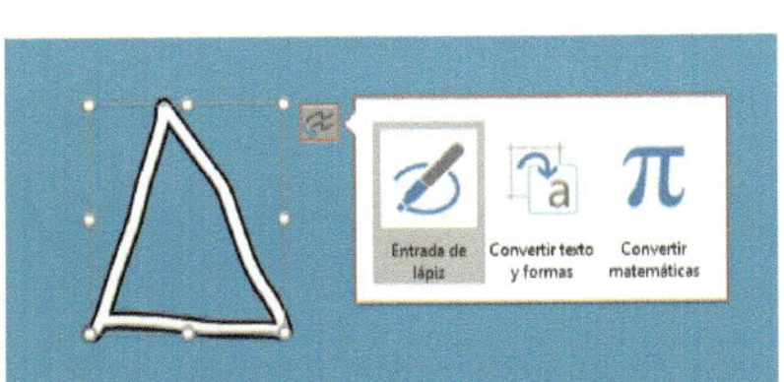

6
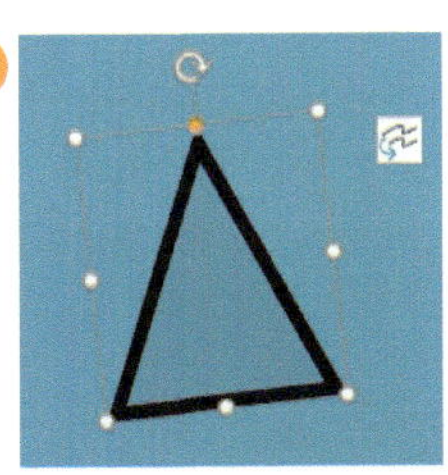

9
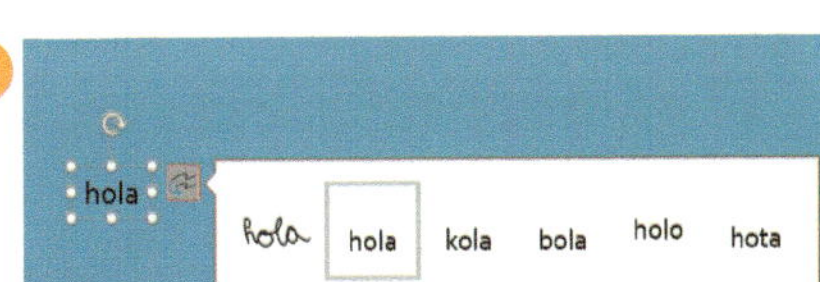

Añadir objetos vinculados en las diapositivas

PODEMOS INSERTAR OBJETOS EN LAS DIAPOSITIVAS de modo que queden vinculados a su original, modificándose en el momento que se modifica el archivo original. Algunos ejemplos de objetos son bitmaps, gráficos y hojas de cálculo de Excel, documentos PDF, etc. No sólo es posible insertar el objeto en cuestión, sino que también es posible mostrarlo como icono.

1. Para llevar a cabo ejercicio, necesitaremos un documento de texto, que vincularemos en nuestra presentación. Para ello, si lo desea, puede utilizar el archivo denominado **Parque_infantil.docx**, que forma parte del material adicional proporcionado con este libro de forma gratuita. Una vez disponga de este archivo guardado en su equipo, inserte una nueva diapositiva al final de nuestra presentación, haga clic en la pestaña **Insertar** y pulse sobre el comando **Objeto**, el último del grupo de herramientas **Texto**. ❶
2. En el cuadro de diálogo **Insertar objeto**, seleccione la casilla de verificación **Crear desde archivo** para que podamos elegir el documento que nos interesa. ❷
3. Seguidamente, pulse sobre el botón **Examinar**, localice en el cuadro del mismo nombre el documento **Parque_infantil** y pulse sobre el botón **Aceptar**.
4. En el campo **Archivo** puede ver la ruta del documento seleccionado. Pulse sobre el botón **Aceptar** para insertarlo en nuestra diapositiva. ❸

❶
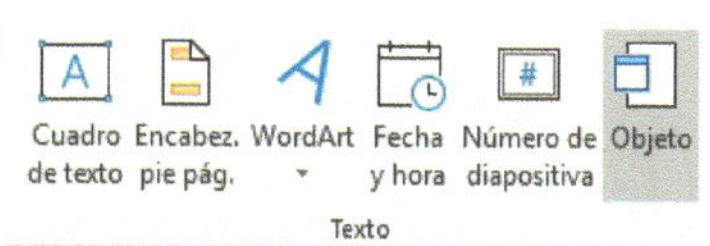

❸
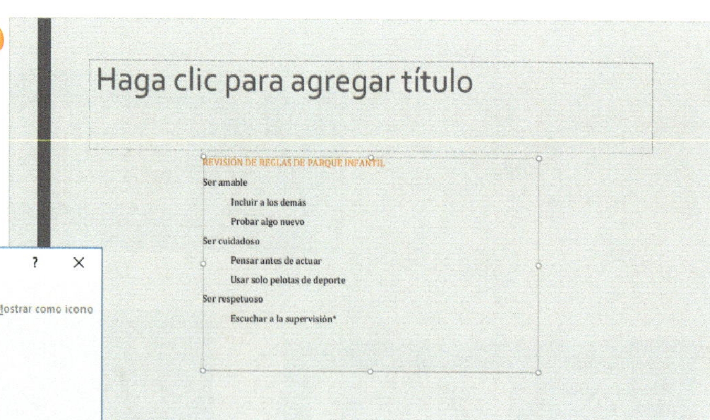

❷
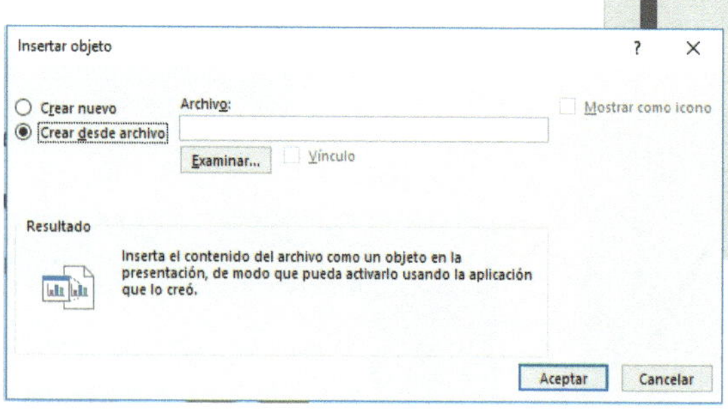

5. El contenido del documento de Word se ha insertado en el centro de la diapositiva dentro de un cuadro de texto. Si en el cuadro **Insertar objeto** hubiéramos activado la opción **Vínculo**, se habría insertado en la diapositiva una imagen del contenido del archivo seleccionado. En este caso, al estar ambos objetos vinculados, si se realizan cambios en el original, estos se reflejan en el objeto de PowerPoint. Para ello, una vez realizadas las modificaciones pertinentes, solo hay que pulsar con el botón derecho del ratón sobre el elemento incrustado y seleccionar la opción **Actualizar vínculo**. Tenga en cuenta que esta opción no estará disponible si no ha marcado la opción **Vínculo** en el cuadro **Insertar objeto**. Veamos ahora cómo modificar el contenido del objeto incrustado. Haga clic sobre el cuadro de texto con el botón derecho del ratón, pulse sobre la opción **Objeto de documento** y, de las distintas opciones, seleccione la denominada **Edición**. 4
6. Vea lo que ha ocurrido. De forma automática, la interfaz del programa adquiere algunos aspectos en Word, como el color (azul) y determinadas características. 5 Seleccione alguna parte del texto y, desde la **Cinta de opciones** de Word dentro de PowerPoint, cambie el tipo de letra y aplíquele algún estilo (negrita, cursiva...).
7. Para restablecer el área de trabajo y fijar los cambios, pulse con el ratón sobre cualquier parte de la superficie del área de trabajo, sobre la diapositiva.

4
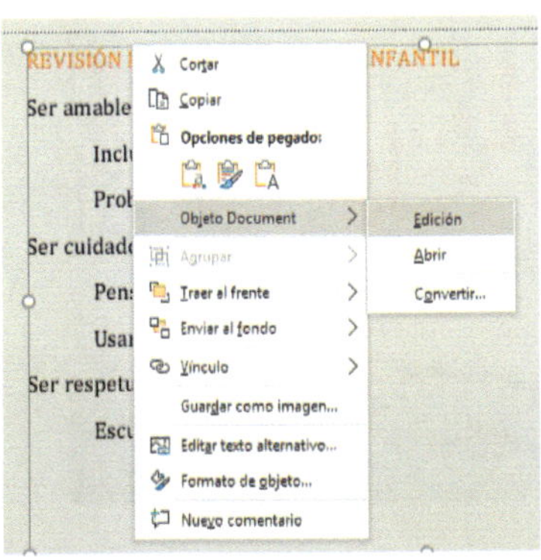

5
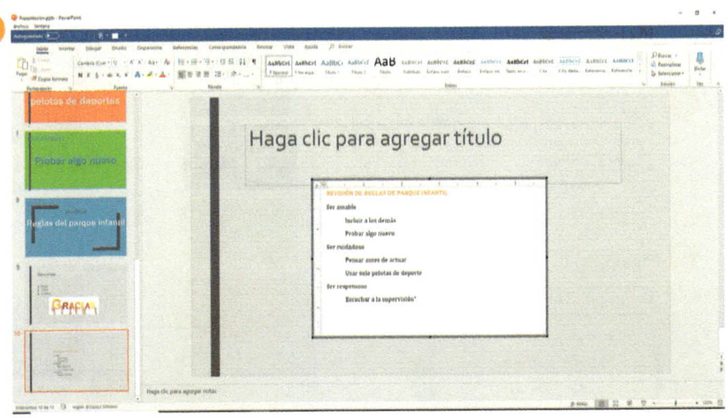

Insertar imágenes y vídeos

INSERTAR IMÁGENES EN UNA PRESENTACIÓN es un proceso sencillo que se lleva a cabo desde la ficha Insertar de la Cinta de opciones. Las imágenes insertadas desde un archivo se pegan en la diapositiva, de modo que la información contenida pasa a formar parte de la presentación. PowerPoint también ofrece la posibilidad de insertar vídeos, y no sólo eso, también es capaz de asimilar conceptos de edición tan profesionales como la sincronización de texto, vídeo e imágenes.

1. Para llevar a cabo este ejercicio le instamos a que utilice la imagen **parque.jpeg** y el archivo de video **parque.mp4**, que forman parte del material adicional suministrado con este libro. Empezaremos esta práctica viendo el proceso necesario para insertar una imagen. Seleccione una de las diapositivas de nuestra presentación, haga clic sobre la pestaña **Insertar** y pulse sobre el comando **Imágenes** del grupo de herramientas del mismo nombre. ❶
2. Se abrirá el cuadro de diálogo **Insertar imagen**. Localice en ella el archivo que desea utilizar, selecciónelo y despliegue el comando **Insertar**.
3. Observará que hay tres opciones disponibles: **Insertar**, **Vincular al archivo** e **Insertar y vincular**. ❷ Lógicamente, para insertar una imagen, sólo tenemos que utilizar la opción **Insertar**. En este caso, en cambio, la vincularemos para que los cambios que realicemos en el archivo de origen se apliquen automáticamente en la imagen insertada en la diapositiva. Pulse sobre el comando **Insertar y vincular**.
4. La imagen se inserta en el centro de la diapositiva, y se activa la subpestaña **Formato de la imagen** de la ficha contextual **Herramientas de imagen**. ❸ El comando **Correcciones** contiene distintas opciones para modificar, por ejemplo, la nitidez, el brillo y el contraste de la imagen. Reduzca si es necesario las dimensiones de la imagen mediante los tiradores de sus bordes y arrástrela hasta situarla en una parte de la diapositiva que no entorpezca la lectura del contenido de la misma. Recuerde que si mantiene pulsada la tecla **Mayúsculas** al tiempo que arrastra alguno de los tiradores situados en una esquina de la imagen, ésta se reducirá o ampliará proporcionalmente. Ahora, despliegue la galería de estilos de imagen y elija uno de los estilos disponibles; cuando termine de retocar la imagen, pulse fuera de la misma para eliminar la selección.

❸

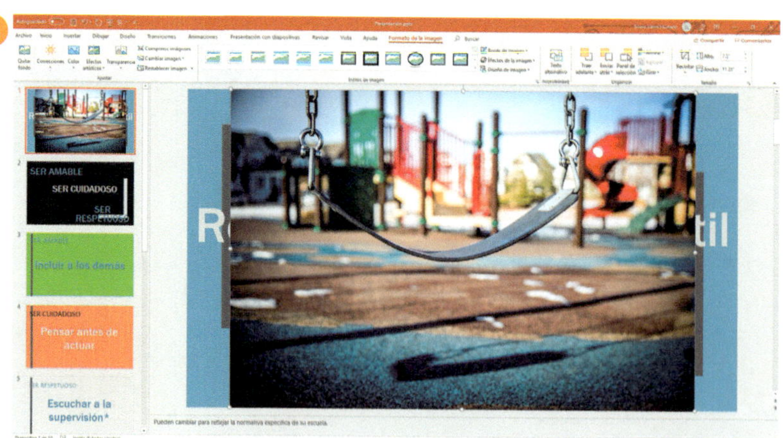

❶

❷

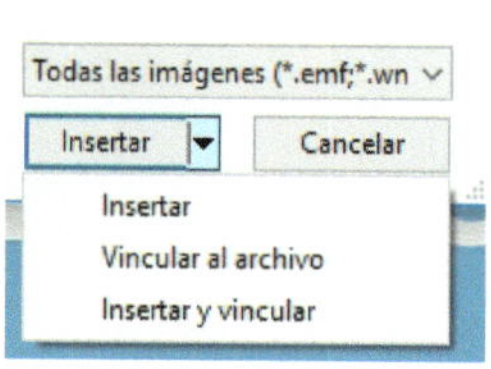

5. En la segunda parte de este ejercicio veremos cómo insertar un video en una diapositiva. Active la pestaña **Insertar** y, en el grupo de herramientas **Multimedia**, pulse sobre el comando **Vídeo**. 4
6. Se despliegan así dos opciones: **Vídeo en línea** y **Vídeo en Mi PC**. Con la primera opción podemos buscar e insertar un vídeo colgado en la red y con la segunda podemos localizar y seleccionar un archivo que tengamos almacenado en nuestro equipo. Dicho esto, pulse sobre esta segunda opción, localice en el cuadro Insertar vídeo el archivo **parque.mp4** y despliegue el botón **Insertar**. 5
7. A diferencia del caso de las imágenes, este botón contiene solo dos opciones: la que nos permite agregar el video directamente en la diapositiva o la que nos permite vincularlo al original. Al elegir esta segunda opción, como ocurre con las imágenes, cualquier edición del video original se reflejará en el objeto de PowerPoint una vez actualizado. En este caso, haga clic en **Insertar** para insertar sencillamente el archivo en nuestra diapositiva. 6
8. Al insertar el vídeo se activa la correspondiente ficha contextual **Herramientas de vídeo**. Active la ficha **Reproducción** y observe las distintas opciones. 7
9. Desde esta misma ficha, puede recortar el vídeo mediante el comando **Recortar vídeo**, puede seleccionar cómo quiere que se reproduzca, qué hacer en el momento de reproducirse o cuando no se tiene la diapositiva seleccionada. Además, puede añadir y quitar marcadores e, incluso, insertar subtítulos. En este caso, añadiremos un efecto de fundido tanto al inicio como al final del video. Para ello, asigne el valor 1 en los campos **Fundido de entrada** y **Fundido de salida**.
10. Si lo desea, realice otros cambios de edición en el video. Cuando termine, haga clic sobre el comando **Reproducir** del grupo de herramientas **Vista previa** y, una vez visualizado el vídeo, elimine su selección y guarde los cambios realizados.

4
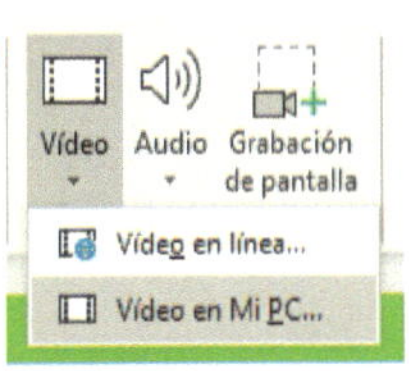

5
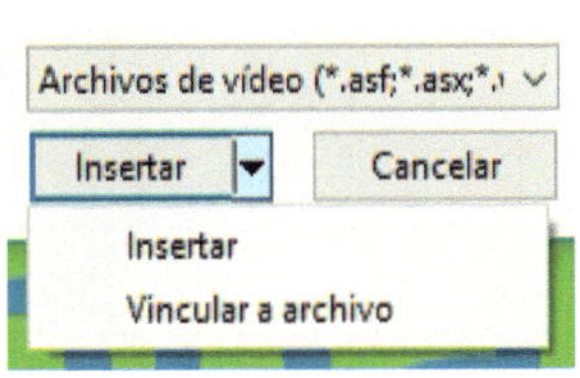

6
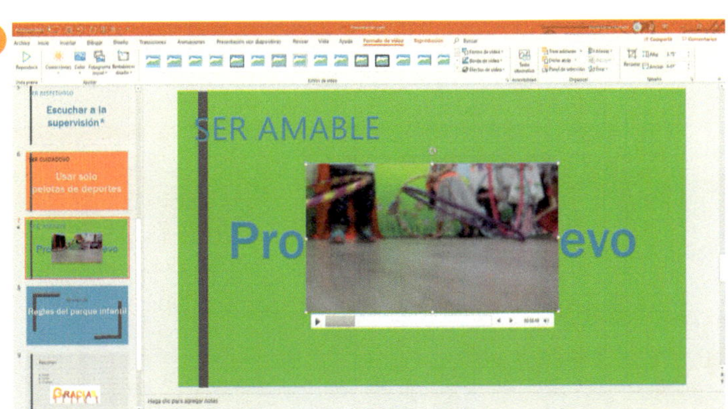

7
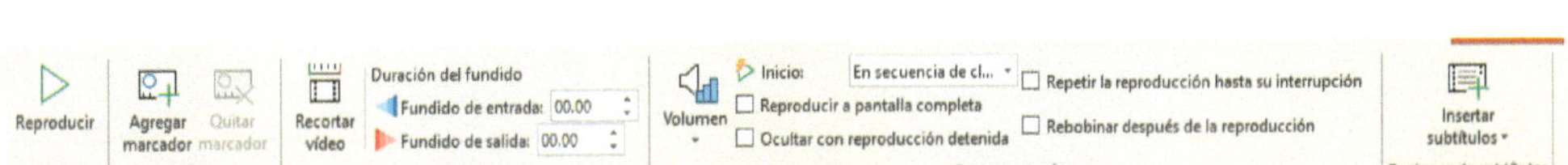

Grabar la pantalla

POWERPOINT PERMITE GRABAR LA PANTALLA y el audio relacionado y, seguidamente, insertarlos en la diapositiva de PowerPoint, o, si lo prefiere, puede guardar la grabación como un archivo independiente. Solo deberá tener en cuenta que para grabar y escuchar el audio asociado a la grabación de pantalla necesitará una tarjeta de sonido, un micrófono y unos altavoces. También resulta imprescindible que disponga de suficiente espacio en la unidad local de su equipo para grabar y guardar la grabación.

1. En este ejercicio le mostraremos cómo puede grabar desde PowerPoint una serie de pasos realizados en su pantalla y cómo puede insertarlos en una diapositiva. Para ello, vamos a situarnos en la última diapositiva de nuestra presentación o bien inserte una nueva.
2. Una vez hecho esto, pulse en la pestaña **Insertar** y haga clic en el comando **Grabación de pantalla**, en el grupo de herramientas **Multimedia**. ❶
3. Lo primero que debe hacer es indicar al comando de grabación si desea grabar toda la pantalla o bien solo una parte de la misma. Como en nuestro caso nos interesa grabar una acción que realizaremos sobre la misma diapositiva, debemos seleccionar esta área. El tamaño mínimo de área que el programa permite grabar es de 64 x 64 píxeles. Para ello, pulse sobre el comando **Seleccionar área** del planel flotante que aparece en la parte superior de la ventana ❷.
4. Cuando necesite grabar toda la pantalla, no es necesario trazar el área de selección, si no simplemente pulsar la combinación de teclas **logotipo de Windows + Mayús + F**. A continuación, trace un marco que delimite solo la diapositiva; el área seleccionada mostrará un marco de línea punteada de color rojo. Además, toda la pantalla muestra un color atenuado. ❸
5. Ahora ya puede empezar la grabación. Para ello, pulse el comando **Grabar** del panel flotante.

❶
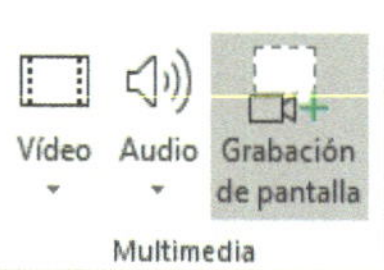

❷

❸
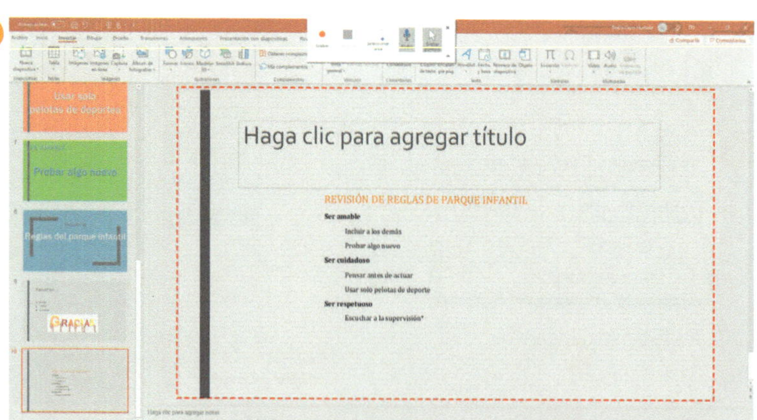

6. El programa muestra activada por defecto tanto la grabación del sonido como del movimiento del ratón. Si no desea grabar alguno de estos dos elementos, sencillamente desactívelos en el panel flotante. Para empezar nuestra sencilla acción, haga clic dentro del cuadro de texto **Haga clic para agregar título** y escriba la siguiente frase: **Recuerde, es por el bien de todos.** [4]
7. Si en algún momento desea pausar la grabación, puede utilizar el comando **Pausar** del planel de grabación o bien pulsar la combinación de teclas **logotipo de Windows + Mayús + R**. Seguidamente, seleccione el nuevo texto y pulse el comando **Negrita**, que muestra una letra N en la **Barra de herramientas mini** que aparece tras la selección del texto [5]; pulse fuera del cuadro de texto para confirmar la entrada.
8. Ya podemos detener la grabación. Para ello, puede acercar el puntero del ratón hacia la parte superior de la pantalla para que aparezca el panel flotante de grabación y, en él, pulsar el botón **detener** (el cual muestra el tiempo transcurrido para la grabación), [6] o bien pulsar directamente la combinación de teclas **logotipo de Windows + Mayús + Q**.
9. Al detener la grabación, se inserta en la diapositiva seleccionada un nuevo cuadro idéntico al de video que vimos en el ejercicio anterior, aunque en esta ocasión contiene la grabación realizada. Para comprobar si esta responde a nuestro cometido, pulse el botón **Reproducir** de la barra de controles del mismo cuadro. [7]
10. Si además o en lugar de insertar la grabación en la diapositiva desea guardarla en un archivo independiente, [8] debe proceder del siguiente modo: haga clic con el botón derecho del ratón sobre el cuadro que contiene la grabación y, en el menú contextual, elija la opción **Guardar multimedia como**. En el cuadro que aparece, especifique una ubicación y asigne un nombre al archivo y pulse el botón **Guardar**.

4
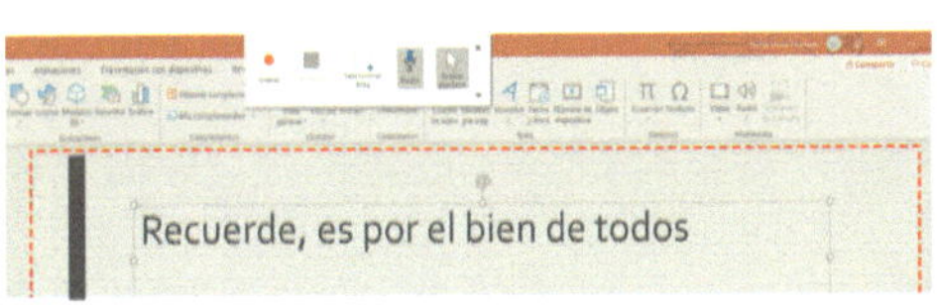

5

7
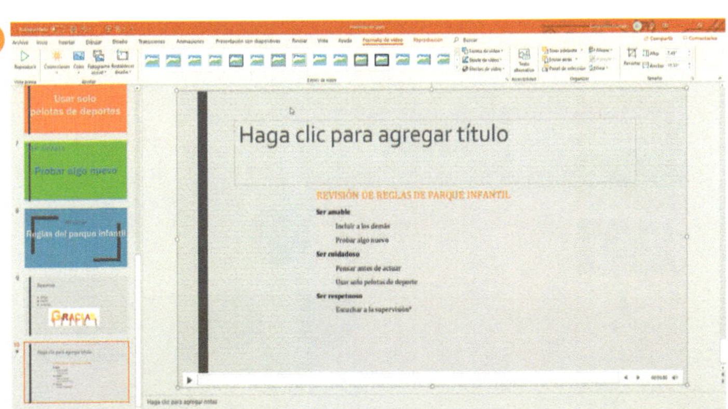

6

8

Convertir texto en un gráfico SmartArt

LAS LISTAS CON VIÑETAS SON MUY FRECUENTES en las presentaciones de PowerPoint. Estas listas pueden adquirir un destacado atractivo visual si las convertimos en un tipo de gráfico de Office denominado SmartArt. Un gráfico SmartArt es una representación visual de la información que se puede personalizar completamente.

1. Para llevar a cabo este ejercicio trabajaremos con la diapositiva número 9, que muestra una breve lista de elementos, en concreto 3. Si no dispone de esta diapositiva, no se preocupe; cree usted mismo en una nueva una lista sencilla.
2. Lo que haremos a continuación y de un modo muy sencillo será convertir esta lista en un gráfico SmartArt, que nos proporcionará un mayor atractivo a nuestra diapositiva. Tenga en cuenta que si desea mantener el texto original además del gráfico SmartArt deberá crear un duplicado de la diapositiva antes de realizar la conversión. Vamos allá. Seleccione el marcador de posición que contiene la lista de elementos y, en la pestaña Inicio de la **Cinta de opciones**, pulse sobre el comando **Convertir a SmartArt** del grupo de herramientas **Párrafo**. ❶
3. Se despliega el panel con los diseños de SmartArt disponibles. Si sitúa el puntero del ratón sobre cada uno de ellos verá una vista previa sobre el elemento seleccionado. Cuando encuentre uno de los diseños que le guste, pulse sobre él para aplicarlo definitivamente.
4. La interfaz del programa se actualiza para mostrar todas las herramientas correspondientes a los gráficos SmartArt. Además, relacionado directamente con el diagrama, aparece un panel de texto con el contenido de la lista. ❷ Desde aquí puede controlar y modificar el texto. Si selecciona un elemento en el panel, este se selecciona también en el gráfico. De hecho puede cambiar la posición de estos elementos desde la **Cinta de opciones**, concretamente mediante los comandos **Subir** y **Bajar** del grupo de herramientas **Crear gráfico**. ❸ Para ello, seleccione en el panel el elemento que desea cambiar de posición y utilice los comandos indicados según sus preferencias.

❶

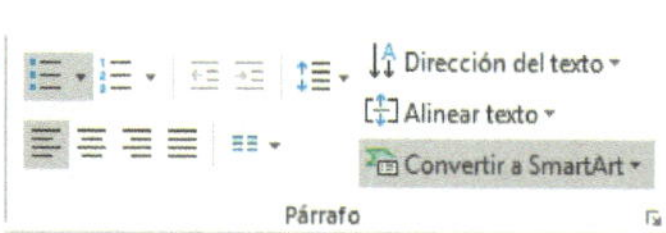

❷

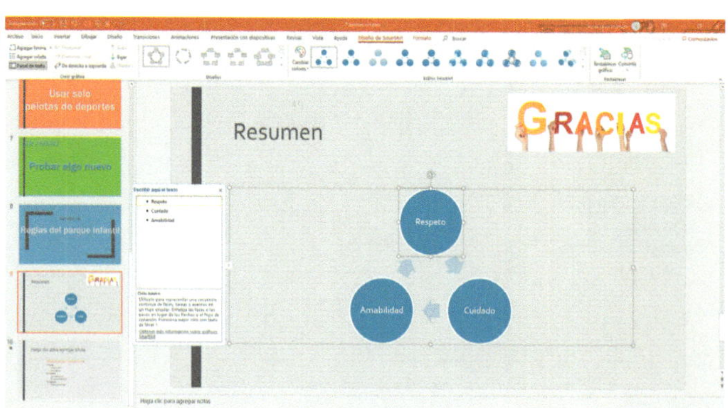

❸

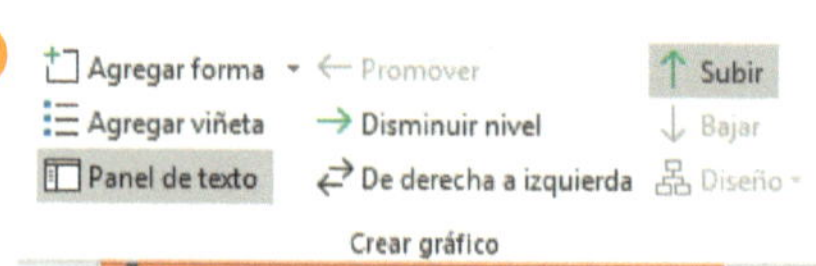

5. Desde el grupo de herramientas **Diseños** puede cambiar el diseño elegido inicialmente para su SmartArt, mientras que puede modificar el estilo desde el grupo de herramientas **Estilos SmartArt**. La vista previa en directo le permite ver el aspecto de cada uno de los estilos y diseños sencillamente situando el puntero sobre cada uno de ellos. 4 En el caso de realizar muchos cambios sobre el formato del gráfico y de querer recuperar su aspecto inicial, sepa que dispone del comando **Restablecer gráfico**, dentro del grupo de herramientas **Restablecer**. Imagine ahora que le interesa ampliar la lista de elementos. Ningún problema, puesto que el panel de texto (el cual puede mostrar y ocultar desde el grupo de herramientas **Crear gráfico**) nos lo permite. Sitúese al final del último elemento, pulse la tecla **Retorno** y escriba el nuevo texto.
6. Efectivamente, el gráfico se actualiza para mostrar ahora cuatro elementos. 5 Otra forma de añadir elementos es mediante el comando **Agregar forma** del grupo de herramientas **Crear gráfico**, desde el cual podemos elegir incluso si deseamos colocar el nuevo elemento antes o después del seleccionado. Por su parte, el comando **Agregar viñeta** nos permite agregar nuevo texto a la lista, siempre y cuando el gráfico elegido admita el uso de viñetas.
7. Ahora imagine que nos interesa volver a obtener la lista original, sin el gráfico SmartArt. Al inicio del ejercicio hemos indicado que podemos conservar el texto original antes de convertirlo realizando una copia de la diapositiva en la que se encuentra. Sin embargo, PowerPoint dispone del comando adecuado para convertir el gráfico en texto. Para comprobarlo, con el marcador del gráfico seleccionado, despliegue el comando **Convertir a** del grupo de herramientas **Restablecer**. 6
8. Este comando nos permite convertir el gráfico en texto o en formas. Si opta por la conversión en formas, sepa que el gráfico mantendrá las mismas formas pero de forma independiente y sin estar vinculadas a ninguna lista de texto. En este caso pulse sobre la opción **Convertir en texto** para recuperar la lista original aunque actualizada con el nuevo elemento.

4
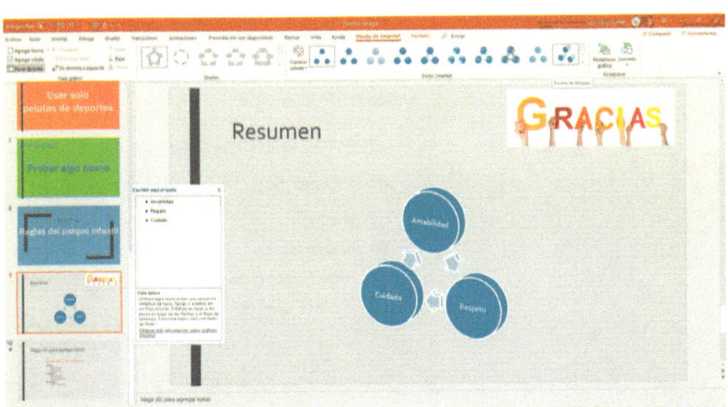

6
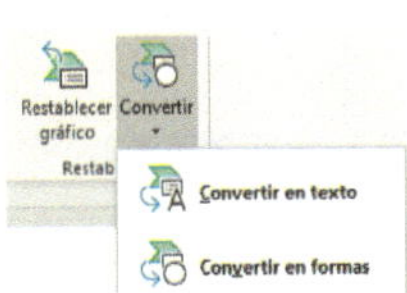

5
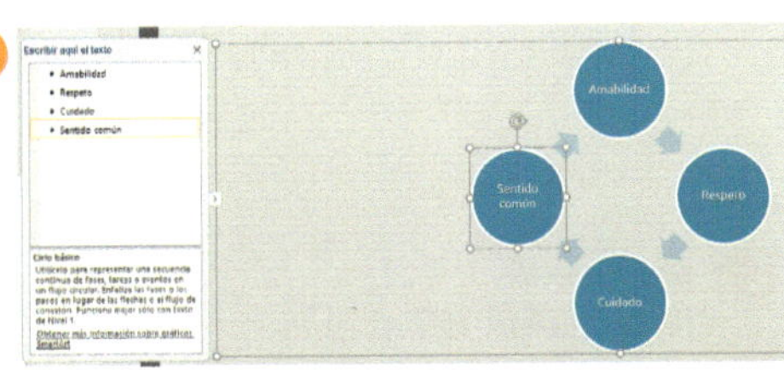

Añadir botones de acción e hipervínculos

IMPORTANTE

Puede quitar un hipervínculo seleccionando el elemento de origen, utilizando el comando **Quitar vínculo** del menú contextual del objeto al cual se ha aplicado.

LOS BOTONES DE ACCIÓN PUEDEN INSERTARSE en una presentación y definirse como hipervínculos. Se utilizan para presentaciones autoejecutables. Cuando la presentación está destinada a ser expuesta al público, gracias a estos botones puede moverse de forma libre de una diapositiva a otra. En este ejercicio aprenderemos a insertar botones de acción en una presentación.

1. Nuestro objetivo será incorporar en la última diapositiva de nuestra presentación un botón que nos lleve otra vez al inicio de la misma. Lo primero que debemos hacer es crear físicamente el botón. Para empezar, sitúese en la mencionada diapositiva, active la pestaña **Insertar** y despliegue el comando **Formas** del grupo de herramientas **Ilustraciones**. 1
2. En la sección **Botones de acción** del desplegable, pulse sobre el quinto icono, representado por una casa. 2
3. Seguidamente, haga clic en la esquina inferior derecha de la diapositiva para dibujar, mediante la técnica de arrastre, la forma seleccionada. 3
4. Al terminar el trazado, se abre el cuadro **Configuración de la acción**. Por defecto, como muestra el campo **Hipervínculo a**, el botón insertado se vincula con la primera diapositiva. Marque la casilla **Reproducir sonido**, elija el campo siguiente el sonido **Aplauso** y pulse en **Aceptar**. 4
5. Para comprobar si el botón funciona correctamente debemos situarnos en el modo de presentación de las diapositivas. Ac-

3
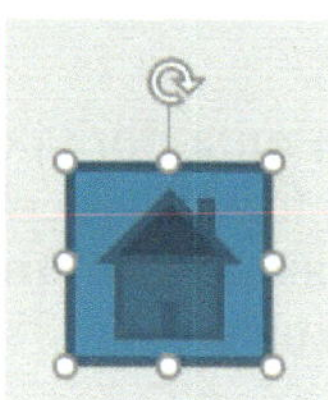

1
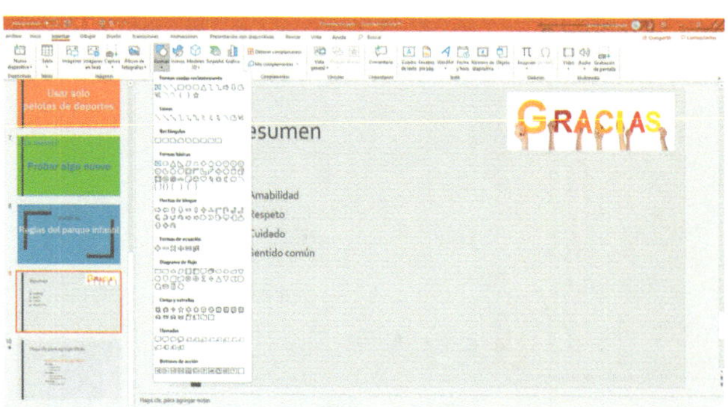

2

4
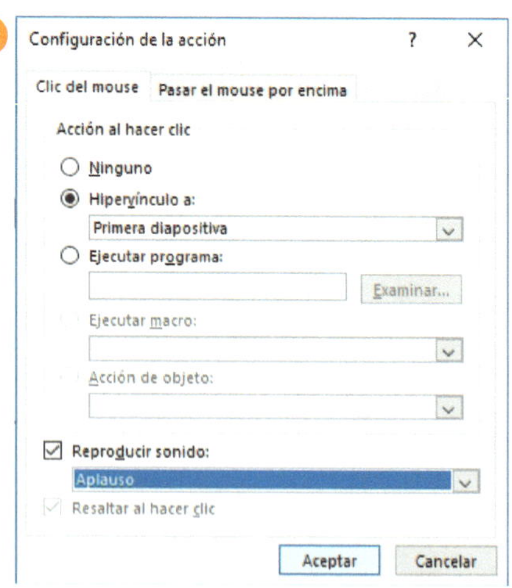

tive la pestaña **Presentación con diapositivas** y seleccione la opción **Desde la diapositiva actual**, ubicada dentro del grupo de herramientas **Iniciar presentación con diapositivas**. 5

6. La presentación se muestra a pantalla completa. 6 Pulse sobre el botón de acción y compruebe cómo, efectivamente, regresamos a la primera diapositiva, al tiempo que se escucha el sonido asignado a la acción (unos aplausos).
7. También puede insertar un hipervínculo a una página web. Veámoslo. Salga de la presentación pulsando la tecla **Escape** y manténgase en la primera diapositiva.
8. En la pestaña **Insertar**, despliegue el campo **Formas**, seleccione la primera de la sección **Cintas y estrellas** 7 y trace la forma en una zona libre de la diapositiva.
9. A continuación, active de nuevo la pestaña **Insertar** y, en el grupo de herramientas **Vínculos**, pulse sobre el comando **Hipervínculo**; 8 en el campo **Dirección** del cuadro **Insertar hipervínculo**, escriba la dirección **https://www.unicef.es/causas/derechos-infancia** (puede utilizar cualquier otra dirección web) y pulse el botón **Aceptar**. 9
10. Solo nos queda comprobar si el hipervínculo funciona. Active la pestaña **Presentación con diapositivas**, pulse sobre la opción **Desde la diapositiva actual** y haga clic sobre el botón creado para que se cargue en su navegador habitual la página asignada al hipervínculo.

5
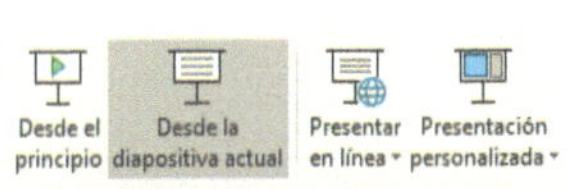

7

8
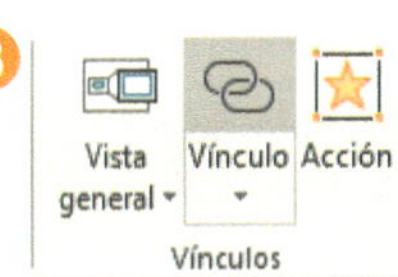

6
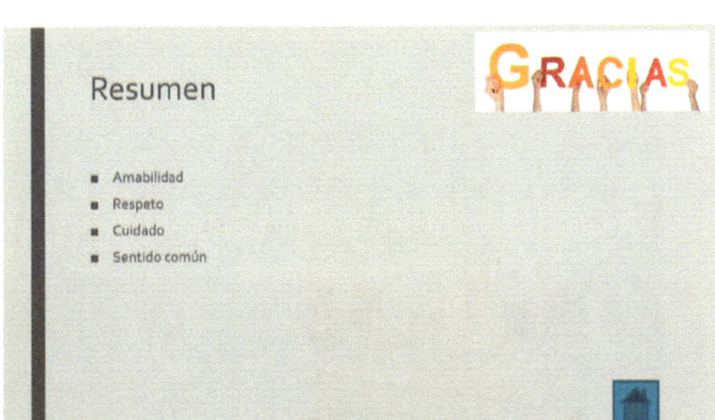

9
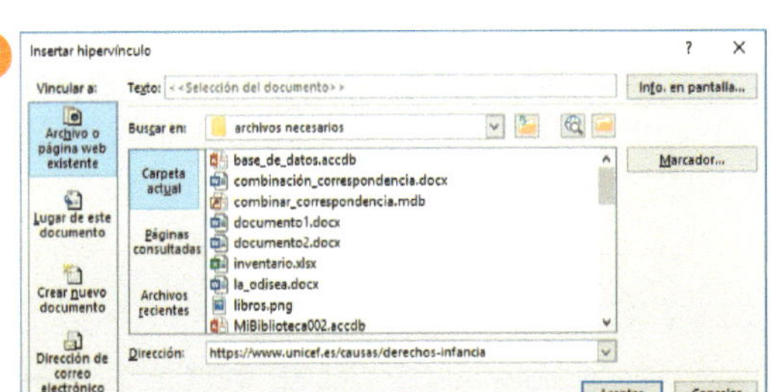

Añadir sonidos a la presentación

DE ENTRE TODAS LAS FUNCIONALIDADES y procesos de inserción de elementos que admite PowerPoint, no podíamos olvidarnos del sonido. En una presentación con diapositivas podemos tratar el sonido de dos modos: o bien insertando efectos sonoros que pueden aplicarse en la transición de diapositivas o los archivos de sonido que se insertan en una diapositiva para que se reproduzcan en el momento de visualizarse la diapositiva, o bien cuando se indique.

1. Para llevar a cabo este ejercicio puede utilizar cualquier archivo de sonido que tenga almacenado en su equipo o bien el denominado **sonido.mp3**, que forma parte del material adicional suministrado con este libro. Recuerde que tanto el sonido como las películas son considerados clips multimedia. En esta presentación haremos que el sonido se reproduzca cuando comience la presentación. Por tanto, sitúese en la diapositiva número 1 en el Panel de diapositivas.
2. A continuación, active la ficha **Insertar** de la **Cinta de opciones**, despliegue el comando **Audio** del grupo de herramientas **Multimedia** y haga clic sobre la opción **Audio en Mi PC.** 1
3. Se abre la ventana **Insertar audio**, en la cual debe localizar el archivo de sonido que desea agregar a la presentación. Selecciónelo y haga clic en **Insertar**. 2
4. El icono que representa el archivo de sonido se inserta en el centro de la diapositiva, como si fuera un objeto. 3 Pulse sobre él y desplácelo, mediante la técnica de arrastre, hasta una zona libre de la diapositiva.

1

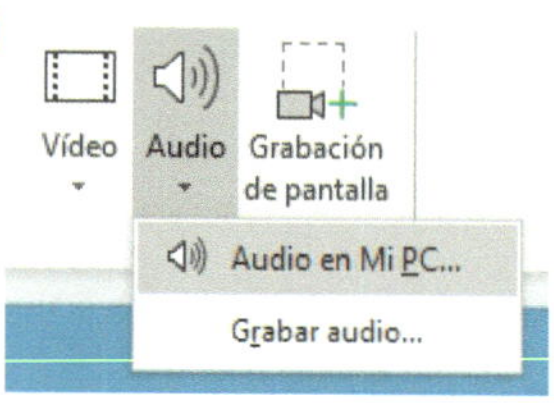

2

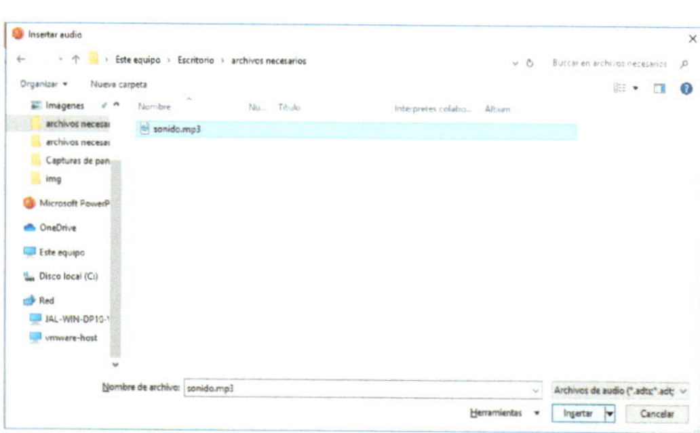

3

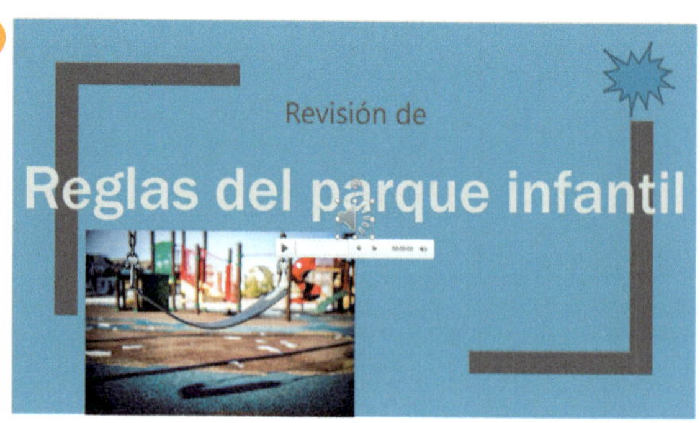

083

5. Para que el audio se reproduzca de forma automática al avanzar a la diapositiva que lo contiene, despliegue el campo del comando **Iniciar** del grupo de herramientas **Opciones de audio** de la ficha contextual **Reproducción** y seleccione **Automáticamente.** 4
6. Si desea que el archivo se reproduzca automáticamente solo al hacer clic sobre él, debe seleccionar la opción **En secuencia de clics**. Desde el comando **Volumen** puede modificar, establecer o fijar el volumen con que deberá reproducirse el archivo. Active la ficha de verificación **Ocultar durante la presentación** para que el icono que representa el sonido quede oculto.
7. Sepa que desde el grupo de herramientas **Vista previa** de la ficha contextual **Reproducir** puede obtener una reproducción previa del archivo insertado. De este modo, si fuera preciso, podría editarlo, por ejemplo, mediante el comando **Recortar audio** del grupo de herramientas **Edición**. 5 Ahora, para que el audio se reproduzca de forma continua en todas las diapositivas en segundo plano, haga clic en **Reproducir en el fondo**. 6 Active la ficha **Presentación con diapositivas**, pulse sobre el comando **Desde el principio** del grupo de herramientas **Iniciar presentación con diapositivas**.
8. Observe que, además de reproducirse las diapositivas, se oye durante toda la presentación el sonido insertado en este ejercicio. Compruebe también que el icono de sonido no aparece, tal y como hemos indicado en un paso previo. 7 Pulse la tecla **Escape** para salir de la presentación.
9. Además de la inserción de sonidos guardados en su equipo, también puede insertar o reproducir pistas de un CD, por ejemplo, o grabar sonidos propios para añadirlos en la presentación. En el caso de la grabación de audio, por ejemplo, una narración para sus diapositivas, para grabar y reproducir el audio, el equipo tiene que disponer de una tarjeta de sonido, micrófono y altavoces. Además, resulta importante saber que no puede estar utilizando ninguna otra aplicación de grabación de sonido, como el reconocimiento de voz, mientras está grabando. Mediante la opción **Grabar audio** incluida en el comando **Audio** del grupo de herramientas **Multimedia** puede realizar las grabaciones 8 y, posteriormente, insertarlas en sus diapositivas.
10. Si una vez insertado el audio en la dispositiva desea eliminarlo, sencillamente, seleccione su icono y pulse la tecla **Suprimir** del teclado.

4
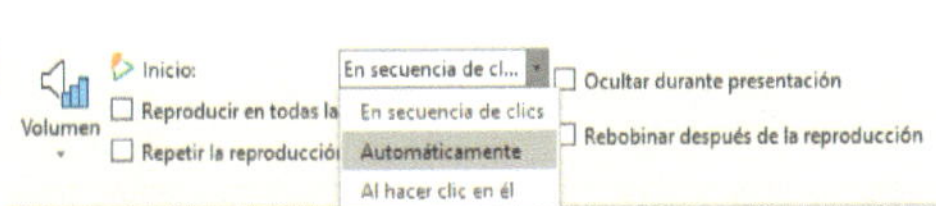

5
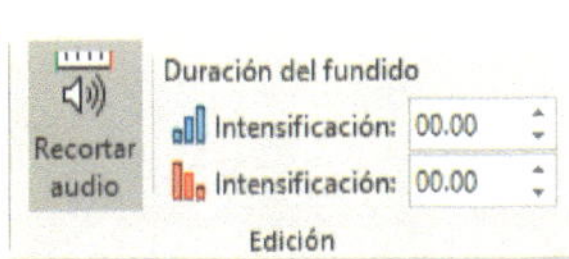

7
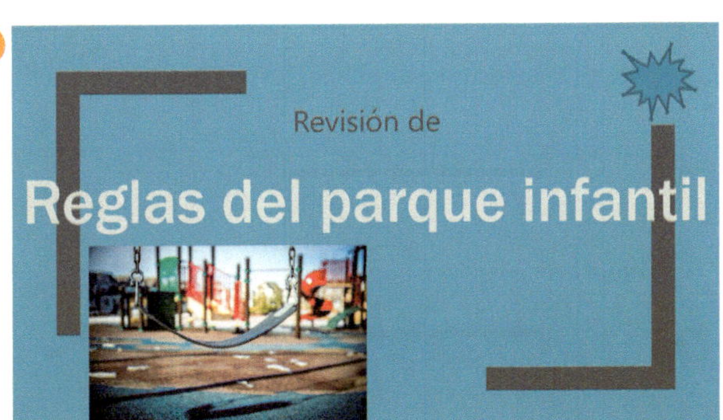

6
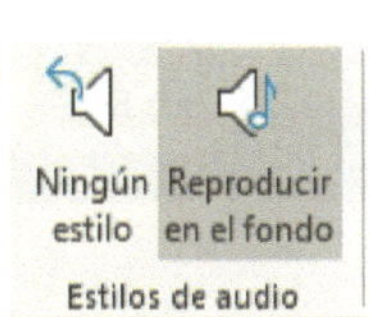

8
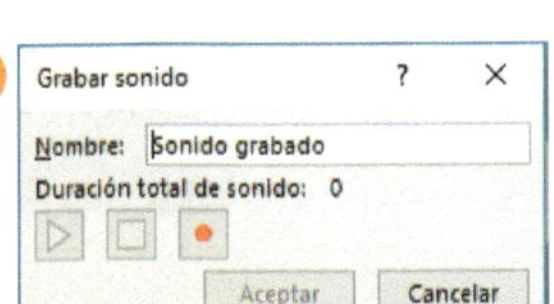

Las notas del orador

LAS NOTAS DEL ORADOR PUEDEN SERVIR de ayuda a la persona que expone una presentación, es decir, al orador, y además lo sustituyen cuando las diapositivas se imprimen en la vista Páginas de notas, puesto que dichas notas se reflejan en cada diapositiva en la que se encuentran.

1. En este ejercicio le mostraremos cómo puede introducir notas del orador en las diapositivas. Para empezar, sitúese en la primera diapositiva y compruebe como, en la parte inferior de la misma, en una área específica para ello, se puede leer el siguiente texto: "Pueden cambiar para reflejar la normativa específica de su escuela." Se trata precisamente de una nota del orador insertada previamente en la presentación que, si lo desea, puede modificar a su gusto. ❶ Para ello, simplemente selecciónela con el ratón y escriba el texto que desee. ❷
2. Veamos ahora cómo se insertan este tipo de notas. Se trata de un proceso muy sencillo. Sitúese en la diapositiva 2 y observe que en la zona de notas se visualiza el texto **Haga clic para agregar notas**. ❸ Pulse dentro de este espacio y escriba, por ejemplo, el siguiente texto: **Puntos clave de nuestra normativa**. ❹
3. Aunque cambie de vista en el **Panel de diapositivas**, el espacio reservado para las notas en la diapositiva continúa mostrándose en la pantalla. La vista **Esquema** muestra un panel con el contenido textual de las diapositivas esquemáticamente en lugar de una vista de la propia diapositiva en miniatura. Pulse sobre la pestaña **Vistas** de la **Cinta de opciones** y, en el grupo de herramientas **Vistas de presentación**, haga clic sobre el comando **Vista esquema**. ❺
4. Efectivamente la vista **Esquema** nos muestra en el panel el contenido de las diapositivas esquemáticamente, sin imágenes ni colores. ❻ Fíjese también en que esta vista afecta únicamente al **Panel de diapositivas** y que en la diapositiva seleccionada sigue estando visible la nota del orador recién introducida. Comprobemos ahora qué ocurre con las notas si activamos otro tipo de vistas. Haga clic sobre la vista **Clasificador de diapositivas**.

❶
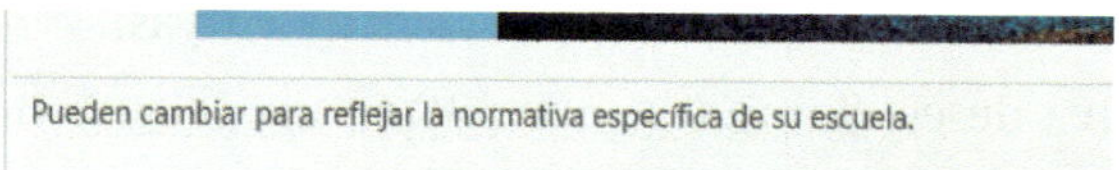

❺
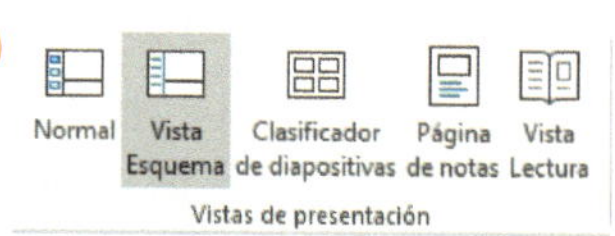

❷
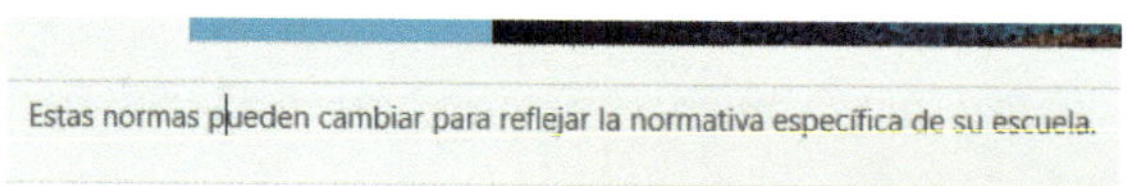

❻
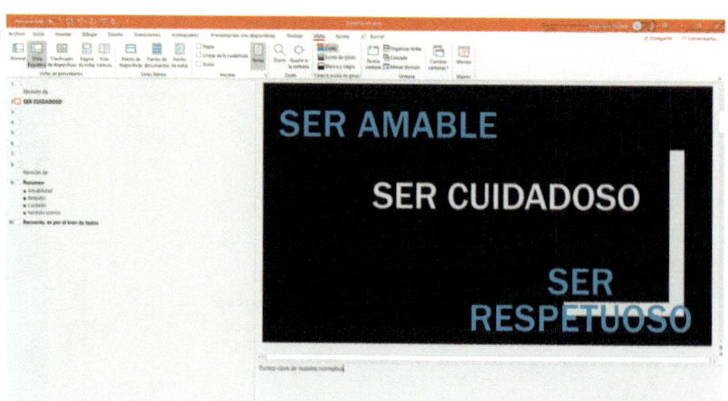

❸
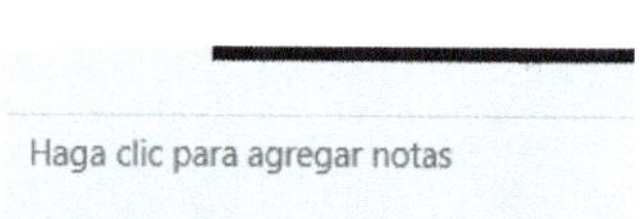

❹
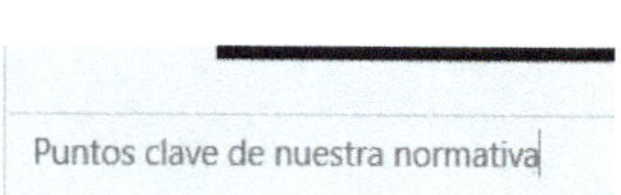

5. En esta vista, se visualizan todas las diapositivas en un tamaño reducido de forma que resulta fácil verlas todas y cambiarlas de posición fácilmente mediante el arrastre. 7 Esta vista se utiliza sobre todo para ordenar y mover diapositivas, y no permite editar el contenido ni ver los detalles, como las notas del orador. Haga clic sobre el comando **Página de notas** del mismo grupo de herramientas.
6. Esta vista es la más adecuada para crear y editar notas del orador, ya que se les concede un espacio mucho mayor que en la vista **Normal** y pueden leerse todas ellas a vista de página. 8 Además, esta vista también permite comprobar el aspecto que tendrá la presentación al imprimirla con las notas. La última de las vistas disponibles, la **Vista Lectura**, muestra las diapositivas a pantalla completa pero omite las notas del orador. Ahora veremos cómo podemos imprimir una presentación de manera que se muestren tanto las diapositivas como las notas del orador. Haga clic sobre la pestaña **Archivo** y seleccione el comando **Imprimir**.
7. En la sección **Configuración**, despliegue el campo en el que se puede leer el texto **Diapositivas de página completa.** 9
8. La opción seleccionada por defecto, **Diapositivas de página completa**, hace que se impriman solamente las diapositivas y que estas ocupen toda la página. Si lo que nos interesa, como hemos comentado, es tener tanto las diapositivas como las notas impresas en una sola página, seleccione la opción **Página de notas**.
9. Fíjese que, tras haber seleccionado esta opción, la apariencia de la vista previa se ha modificado y ahora podemos ver la diapositiva en la parte superior, seguida de la nota que hemos insertado anteriormente. Si pulsa el botón **Imprimir** y dispone de una impresora conectada y configurada en su equipo, obtendrá en papel las diapositivas con notas.

7
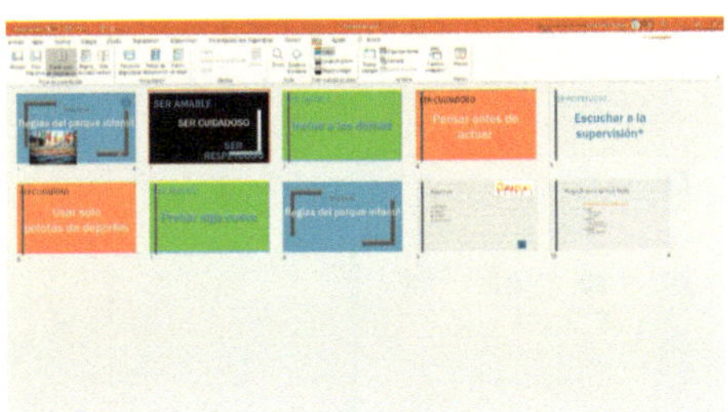

8

9
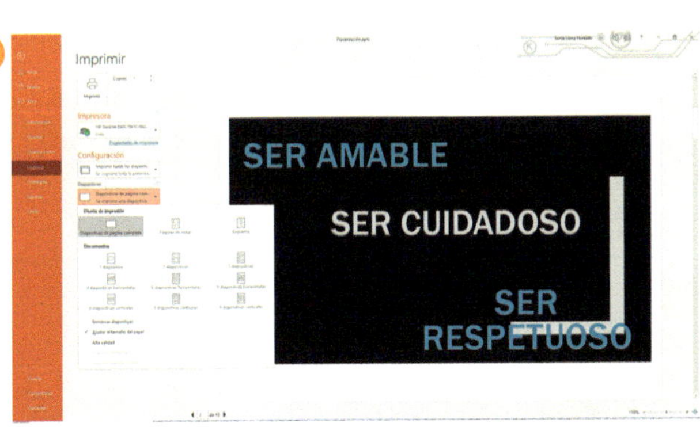

Añadir transiciones entre diapositivas

UNA TRANSICIÓN ENTRE DIAPOSITIVAS en PowerPoint es el paso de una diapositiva a otra en la vista Presentación mediante los efectos de animación aplicados por el usuario. Además de incluir sonidos, podemos definir el tiempo que producen las diferentes velocidades. Como novedad en las versiones 365 y 2019 del programa se ha incluido la denominada transición de transformación, que permite animar un movimiento suave de un mismo objeto de una diapositiva a la siguiente. Tenga en cuenta que esta característica solo está disponible para las suscripciones a Office 365 o PowerPoint 2019.

1. En este ejercicio aprenderemos a aplicar un efecto de transición a las diapositivas de una presentación e introduciremos la nueva transición Transformación de PowerPoint 365/2019. Empezaremos mostrando cómo aplicar un efecto de transición a la primera diapositiva para establecer el modo en el que entra en pantalla. Active la pestaña **Transiciones** de la **Cinta de opciones**.
2. PowerPoint le ofrece una gran variedad de efectos de transición entre diapositivas. Tiene, asimismo, la posibilidad de configurar personalmente cada efecto. Para empezar, apliquémosle una de las transiciones predeterminadas. Despliegue el panel de transiciones pulsando el botón **Más** 1 y seleccione el efecto que usted desee, excepto el efecto **Transformación**, que le mostraremos en la segunda parte de este ejercicio.
3. Para comprobar el efecto elegido sobre la diapositiva, haga clic sobre el comando **Vista previa**, en la misma pestaña **Transiciones.** 2
4. Sitúese en la segunda diapositiva y aplique la transición **Desvanecer** 3; despliegue el comando **Opciones de efectos** y seleccione la segunda opción, **En negro.** 4
5. Aplicaremos ahora un efecto de transición al resto de las diapositivas a la vez. Seleccione la diapositiva número 3 en el **Panel de diapositivas**, mantenga presionada la tecla **Mayúsculas** y haga clic sobre la penúltima diapositiva.

1
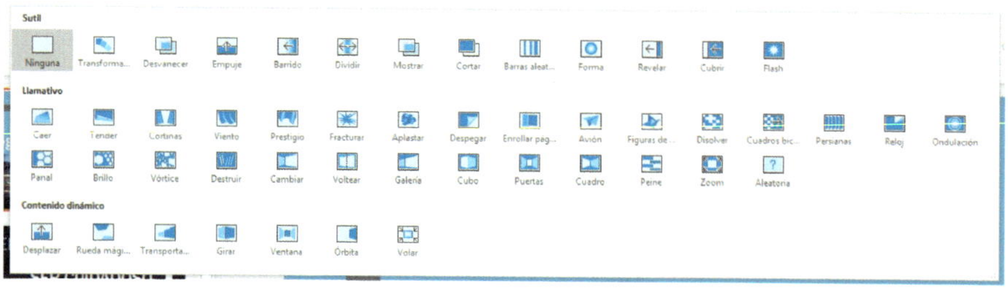

2

4
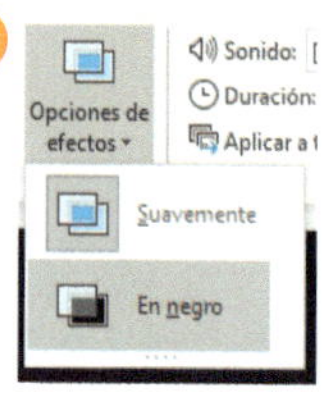

3

6. Despliegue nuevamente el panel de transiciones pulsando sobre el botón **Más** y seleccione el efecto **Destruir**, dentro de la categoría **Llamativos**.
7. Como hemos indicado, la última versión de PowerPoint cuenta con una nueva transición denominada **Transformación**. Esta transición se puede aplicar para crear la sensación de movimiento en una amplia variedad de objetos, como texto, formas, imágenes, gráficos SmartArt, WordArt y gráficos. Para poder trabajar con esta transición de forma eficaz, necesitamos disponer de una misma forma en las dos o más diapositivas implicadas. Por esta razón, trabaje sobre alguna de las diapositivas con uno de los elementos mencionados y duplíquela; en el duplicado, cambie la posición o el tamaño de dicho elemento y manténgalo seleccionada, puesto que será sobre este que debemos aplicar la transición. 5
8. Desde el panel de transiciones, seleccione el estilo **Transformación** 6 y compruebe al instante el efecto conseguido.
9. El objeto repetido en las dos diapositivas se anima mostrando la transformación indicada (cambio de posición, de tamaño, de color...). El efecto es predeterminado, lo que significa que usted puede personalizarlo según unos parámetros existentes y según el objeto elegido. Esto significa que si el elemento que desea animar es un texto puede conseguir que cada una de las letras o de las palabras de dicho texto realice una animación. Para elegir el efecto que desea aplicar, despliegue el comando **Opciones de efecto** y elija la opción adecuada. 7
10. Termine este ejercicio realizando la presentación de sus diapositivas para comprobar el efecto de las transiciones asignadas a cada una de ellas. 8

5
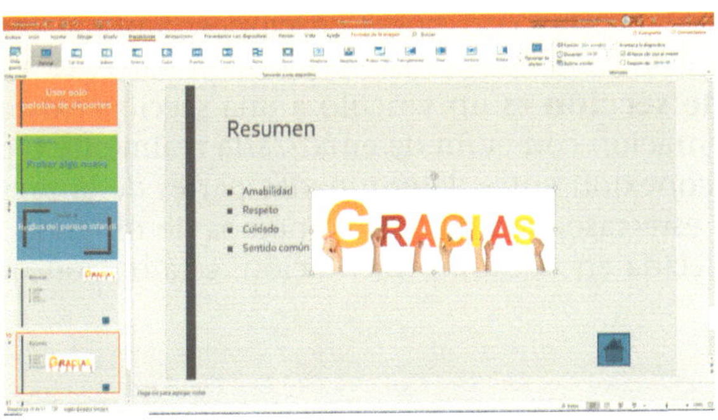

6
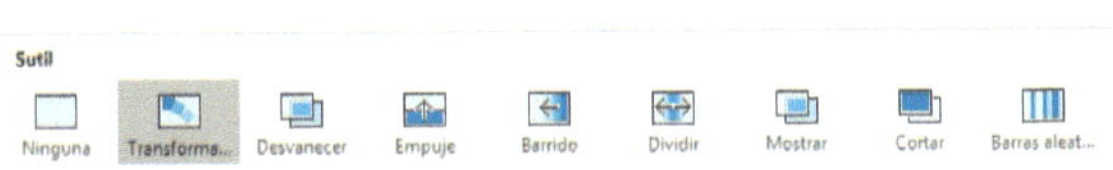

7
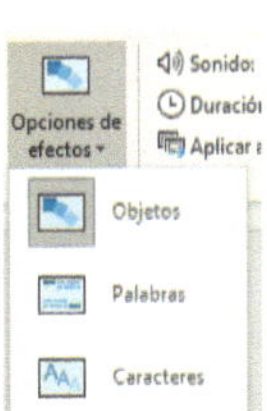

8
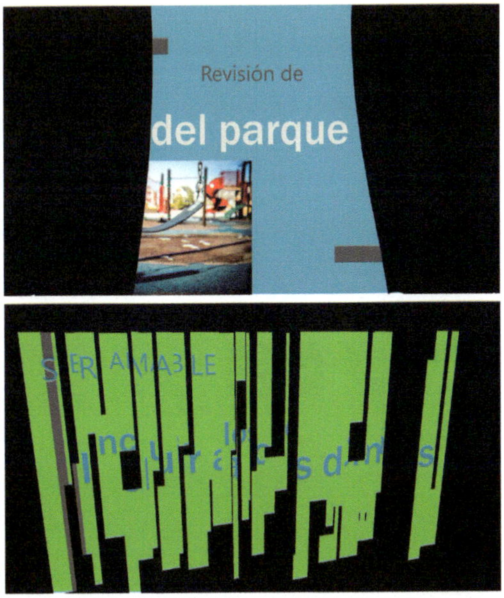

Vista general de resumen para animar presentaciones

PODRÍAMOS DESCRIBIR LA VISTA GENERAL de resumen como una página de destino en la que se muestran todas las partes de la presentación al mismo tiempo. Al crear una presentación, se puede utilizar la vista general para ir de una diapositiva a otra en el orden que prefiera. Gracias a esta vista, es posible desplazarse a una de las diapositivas finales o volver a visualizar partes de la presentación con diapositivas sin interrumpir el flujo de la misma. La Vista general de resumen es una característica exclusiva para los suscriptores de Office 365, así como para los usuarios de PowerPoint 2019.

1. En este ejercicio le mostraremos otra forma de animar sus presentaciones utilizando en este caso la nueva Vista general de resumen. De este modo conseguiremos que nuestra presentación sea más dinámica e interesante. Para crear una vista general de resumen, vaya a la pestaña **Insertar** y despliegue el comando **Vista general.** ❶
2. Además de la Vista general de resumen con la que practicaremos en este ejercicio, este comando contiene dos opciones más. La opción **Vista general de diapositiva** permite desplazarse libremente entre las diferentes diapositivas en el orden que usted desee. Esta vista general es óptima para presentaciones cortas con pocas secciones, aunque puede utilizarla en muchas otras ocasiones. Por su parte, la **Vista general de sección** es un vínculo a una sección existente en la presentación con el fin de enfatizarla realmente o para indicar la conexión entre determinadas partes de la presentación. En este caso, como no disponemos de ninguna sección establecida en nuestra presentación, esta opción no se

❶
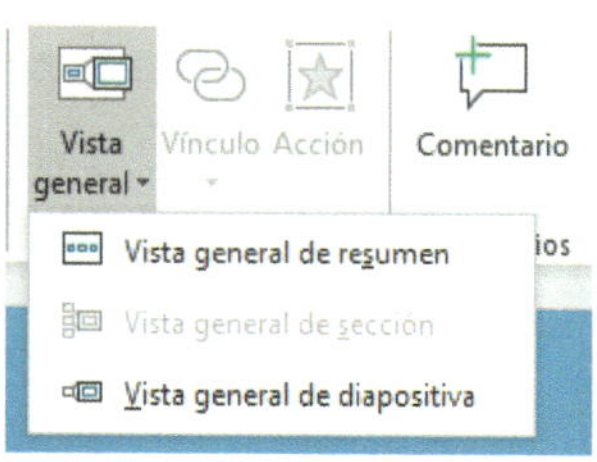

❷
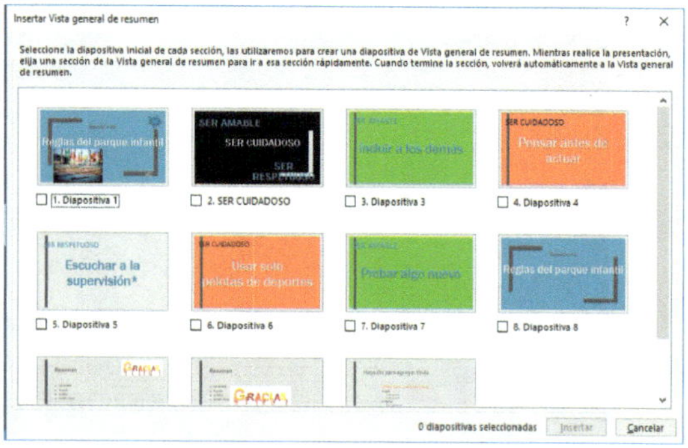

❸
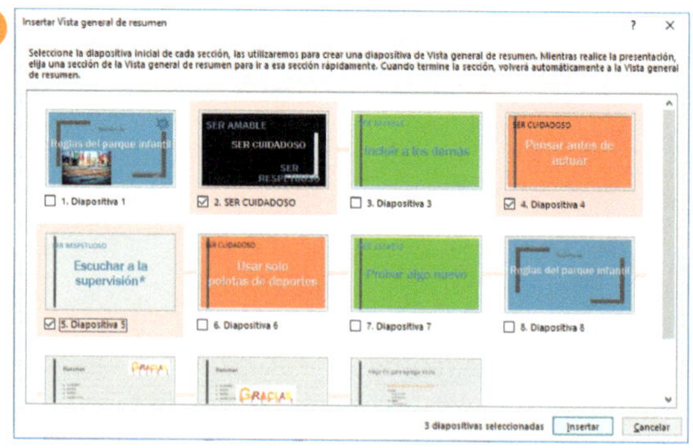

muestra disponible. Pulse sobre la opción **Vista general de resumen**.

3. Aparece el cuadro **Insertar vista general de resumen**, en el cual debemos seleccionar aquellas diapositivas que deseamos que formen parte del resumen. 2 Cada una de las diapositivas seleccionadas quedarán asignadas como sección. En el caso de que la presentación ya tuviera las secciones designadas, la primera de las diapositivas de cada sección se mostraría seleccionada por defecto. Marque las diapositivas que desee y pulse el botón **Insertar**. 3
4. Automáticamente se crea la vista general de resumen y se inserta como una nueva diapositiva justo antes de la primera que ha seleccionado en el proceso anterior. 4 Compruebe también que en el **Panel de diapositivas** aparecen indicadas las secciones designadas para la vista general de resumen. Ahora despliegue de nuevo el comando **Vista general** y compruebe cómo, ahora sí, la opción **Vista general de sección** se encuentra habilitada. 5
5. Para ver cuál es la utilidad real de la vista general de resumen, active la vista **Presentación con diapositivas**. 6
6. Pulse sobre una de las secciones y vea cómo se aplica un zoom, de manera que la diapositiva queda completamente resaltada y enfatizada. 7

4

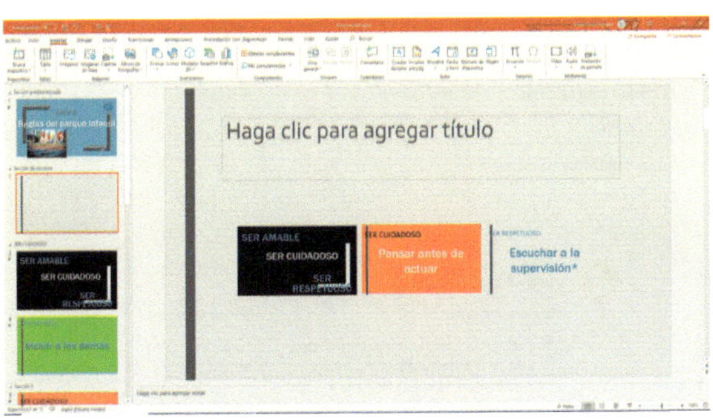

6

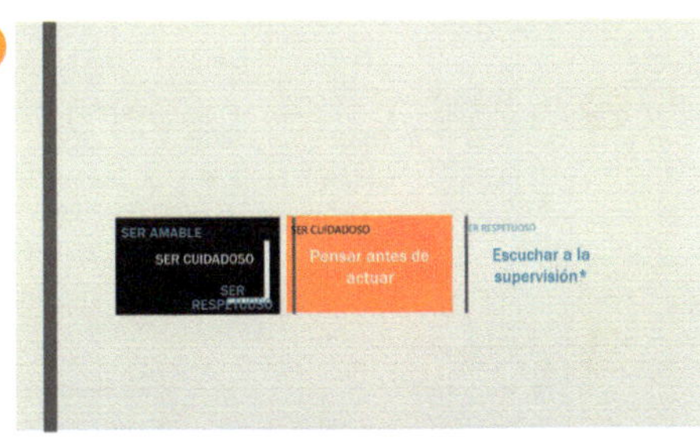

5

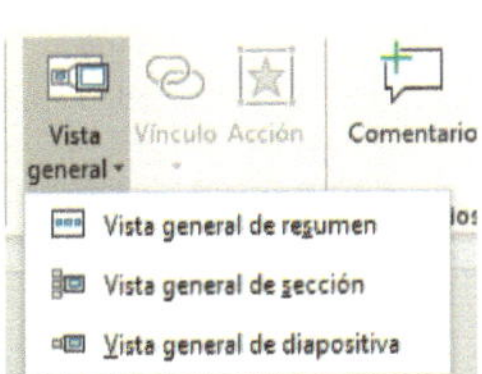

7

Realizar pruebas de temporización

ADEMÁS DE LOS EFECTOS DE TRANSICIÓN, podemos aplicar intervalos de tiempo entre diapositivas. La aplicación de un lapso de tiempo diferente entre cada diapositiva es algo normal y lógico dependiendo de la importancia, del contenido o de la incidencia que quiera el usuario otorgarle.

1. En este ejercicio aprenderemos a modificar el intervalo de tiempo entre diapositivas utilizando las pruebas de temporización. Para empezar, active la pestaña **Presentación con diapositivas**.
2. Tenga en cuenta que para que se efectúen los intervalos aplicados, antes debe tener activada la opción **Usar intervalos**, ubicada en el grupo **Configurar** de esta pestaña. 1 A continuación, pulse sobre el comando **Configuración de la presentación con diapositivas** del grupo de herramientas **Configurar**. 2
3. En el cuadro **Configurar presentación** podemos modificar el tipo y las opciones de presentación y el modo en que se muestran o avanzan las diapositivas, así como su resolución. 3 En la sección **Mostrar diapositivas**, active la opción **Desde** e inserte el valor **5**.
4. En el campo **Hasta** inserte el valor **6** y pulse sobre el botón **Aceptar** para confirmar los cambios. 4

1
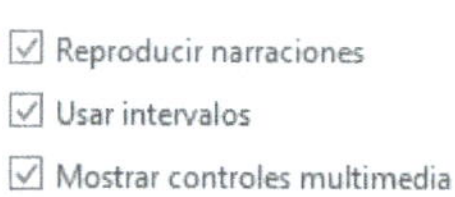

2
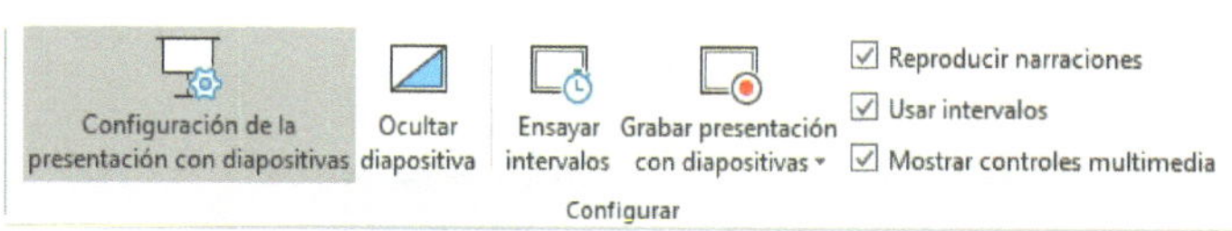

3
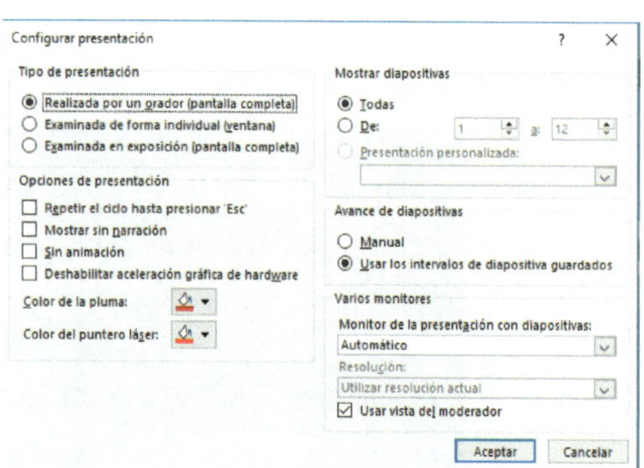

4
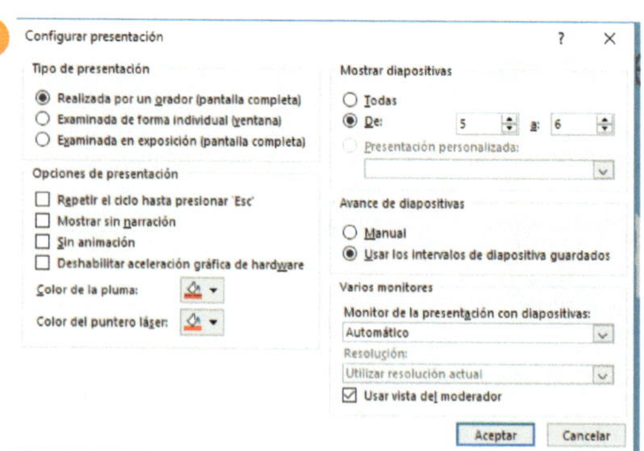

5. Seleccione la opción **Ensayar intervalos**, ubicada en el grupo de herramientas **Configurar**, 5 para que aparezca la presentación con la primera de las diapositivas indicadas con una barra denominada **Grabación** en la parte superior. 6
6. En la barra **Grabación** pulse el botón de punta de flecha hacia la derecha cuando el cronómetro muestre aproximadamente el tiempo de 15 segundos 7 y salga del modo de ensayo pulsando el botón con forma de aspa.
7. Si desea guardar los intervalos en la diapositiva, pulse el botón **Sí** en el cuadro que aparece. 8
8. Pulse de nuevo sobre el comando **Configuración de la presentación con diapositivas**.
9. En el cuadro **Configurar presentación** marque la opción **Todas** del apartado **Mostrar diapositivas** 9 y haga clic sobre el botón **Aceptar**.
10. Para verificar la modificación del tiempo de duración de la diapositiva número 5, haga clic sobre ella para seleccionarla y pulse sobre el comando **Desde la diapositiva actual**, del grupo de herramientas Iniciar presentación con diapositiva.
11. En el momento en que termine la reproducción de la diapositiva, salga de la presentación usando la tecla **Escape**.

5
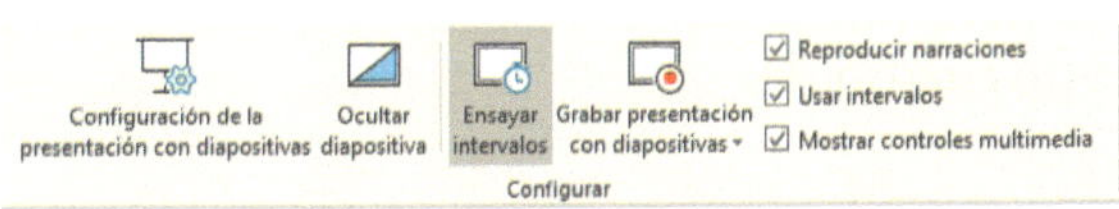

6
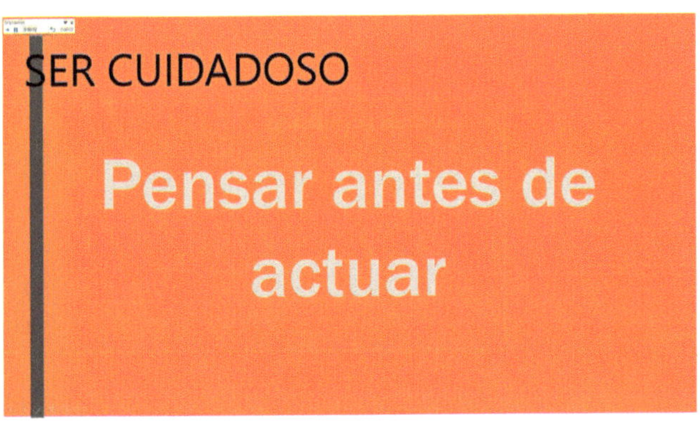

9
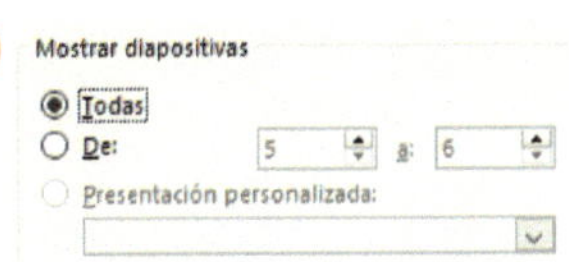

7
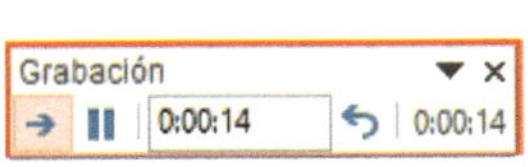

8
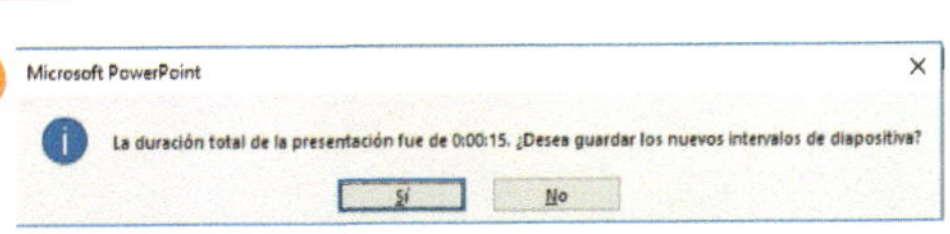

Crear presentaciones personalizadas

ENTENDEMOS POR PRESENTACIÓN PERSONALIZADA aquella que ha sido creada a partir de otra presentación. Es decir, la presentación creada para una audiencia determinada a partir de una presentación dirigida a un público más general. Gracias a esta personalización, la nueva audiencia solo verá las diapositivas seleccionadas para la ocasión y en el orden establecido para ella. No hay que confundir las presentaciones personalizadas con la creación de diseños personalizados, que tratamos con detalle en un ejercicio anterior de esta sección.

1. En este último ejercicio dedicado a PowerPoint crearemos una presentación personalizada a partir de nuestra presentación. Empecemos. Active la pestaña **Presentación con diapositivas**, pulse sobre el comando **Presentación personalizada** del grupo de herramientas **Iniciar presentación con diapositivas** y haga clic sobre la única opción existente, **Presentaciones personalizadas**. 1
2. Se abre el cuadro de diálogo **Presentaciones personalizadas**, el cual por el momento se encuentra vacío. Para crear nuestra nueva presentación, pulse sobre el botón **Nueva**. 2
3. Aparece el cuadro **Definir presentación personalizada**. En primer lugar debemos elegir qué diapositivas formarán parte de la nueva presentación. Seleccione las diapositivas que usted prefiera pulsando sobre ellas en el área de la izquierda de este cuadro. 3

1
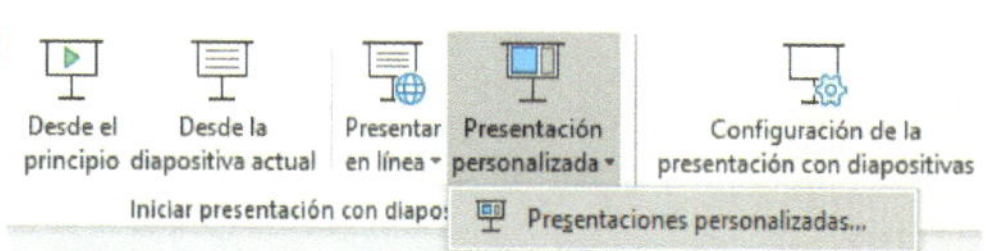

2
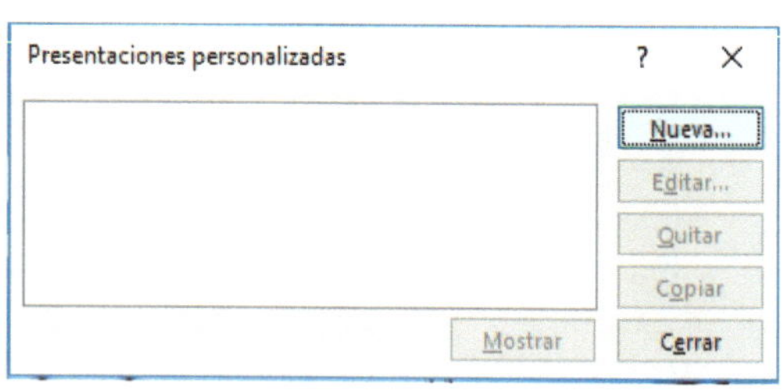

3
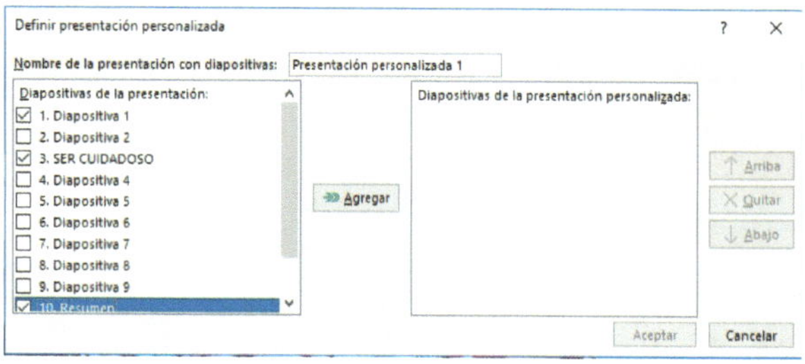

4. Pulse sobre el botón **Agregar** para que las diapositivas seleccionadas se agreguen a la nueva presentación. 4
5. Con los botones situados a la derecha de este cuadro (**Arriba** y **Abajo**) puede cambiar el orden de las diapositivas para la nueva presentación y con el botón **Quitar** puede eliminarlas. Seguidamente, en el campo **Nombre de la presentación** con diapositivas, escriba la palabra **Personalizada** y pulse sobre el botón **Aceptar** para salir de este cuadro. 5
6. En el cuadro **Presentaciones personalizadas** aparece ahora el la presentación que acabamos de crear. 6 Con los botones de la derecha puede editarla, eliminarla y realizar una copia. En este caso, pulse el botón **Mostrar** para comprobar el aspecto de la nueva presentación.
7. La presentación se inicia en el modo presentación con diapositivas. Una vez haya terminado, para salir de la misma, pulse cualquier tecla. A continuación, despliegue de nuevo el comando Presentación personalizada. 7
8. Vea que ahora aparece en el menú desplegado el nombre de nuestra presentación, **Personalizada**. Desde aquí también puede iniciarla cuando lo necesite.

4
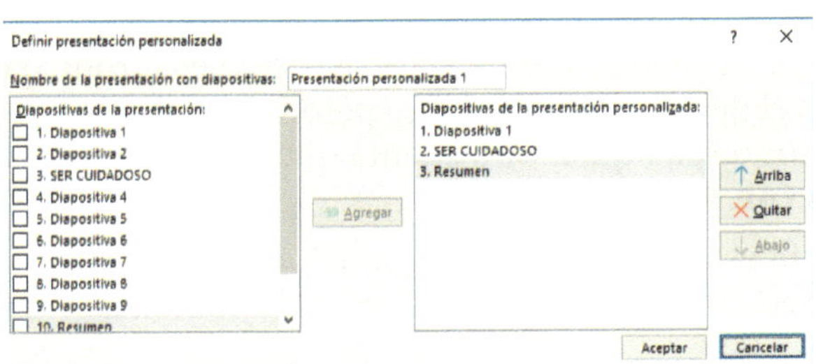

5
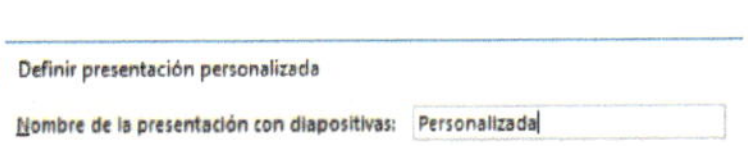

6
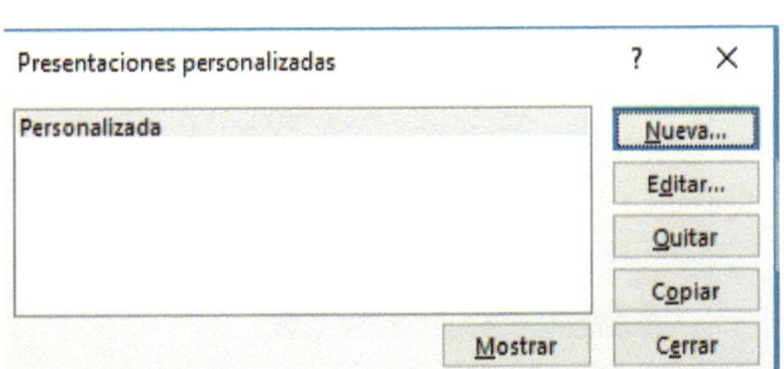

7
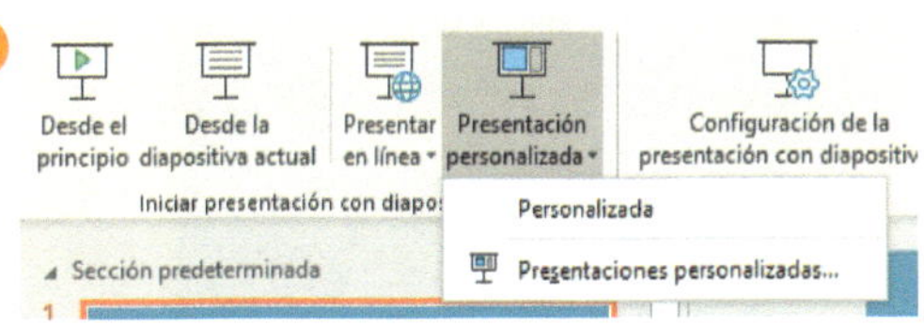

Outlook: Agregar una cuenta de correo electrónico

IMPORTANTE

Si desea actualizar la configuración de alguna de sus cuentas de correo electrónico, puede hacerlo accediendo a la ventana **Información de cuentas** de la vista **Backstage**. Allí, deberá pulsar el comando **Configuración de cuenta** y elegir la opción con el mismo nombre. De este modo, se abrirá la ventana desde la cual podrá editar su cuenta y realizar los cambios que desee.

OUTLOOK ES EL GESTOR DE CORREO ELECTRÓNICO de Office. Con este programa podrá administrar el correo electrónico en su Bandeja de entrada y enviar mensajes a otras personas, utilizando para ello múltiples características, mejoradas en la versión 365 de la suite. Pero no solo eso. Tanto si usted dispone del programa instalado en su dispositivo móvil como en su PC o Mac, también podrá administrar un calendario para programar reuniones y eventos tanto a nivel profesional como familiar, compartir archivos desde la nube con el fin de que todos los destinatarios de los mismos dispongan de la última versión o, entre otras muchas acciones, seguir trabajando y conectado desde cualquier lugar.

1. Empezaremos este primer ejercicio dedicado a Outlook aprendiendo cómo agregar una nueva cuenta al programa para poder gestionar y administrar el correo electrónico, así como el resto de elementos presentes en el programa. Partimos del supuesto que usted dispone de una cuenta; sepa que Outlook admite una gran variedad de tipos de cuentas de correo electrónico, como de Office 365, Gmail, Yahoo, iCloud y Exchange. Empiece este ejercicio abriendo Outlook. 1
2. Si es la primera vez que accede al programa, antes de cargar la interfaz, se muestra una ventana en la cual puede insertar los datos de su cuenta. Por defecto, el correo electrónico que aparece es el de su cuenta de Office pero sepa que puede utilizar los datos de cualquier otra cuenta que desee utilizar. Pulse en **Conectar**. 2
3. Si la cuenta es de Office, la configuración se realiza automática e inmediatamente y así se indica en la ventana. 3 Como

1

2
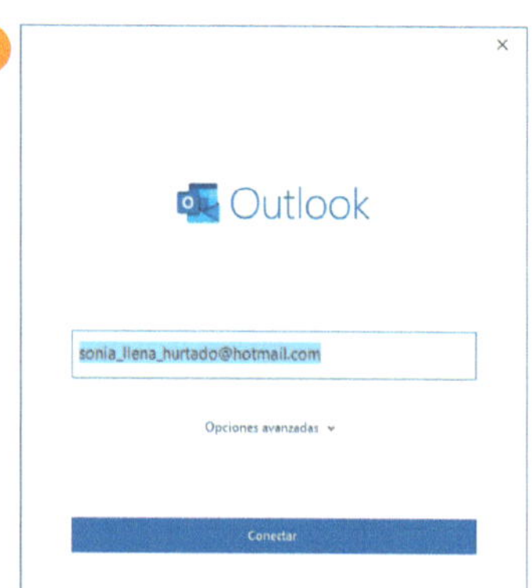

3
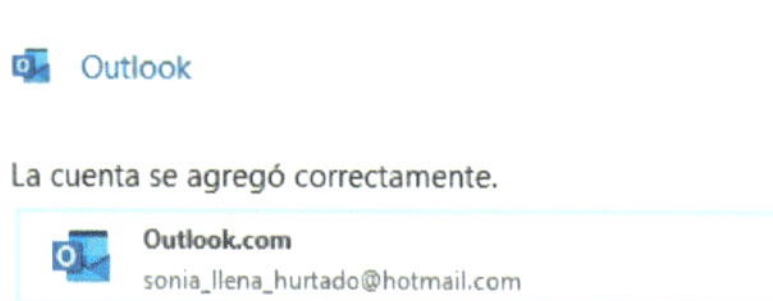

puede comprobar, puede configurar otra cuenta para administrar desde el mismo programa. Si está utilizando una cuenta distinta a la de Office, también deberá indicar la contraseña de la misma. Escríbala en el campo destinado para ello y pulse el botón **Conectar**. Cuando termine, pulse el botón **Hecho** para entrar, ahora sí, en el programa. Si lo desea, mantenga la opción **Configurar Outlook Mobile en mi teléfono** también antes de pulsar este botón para disponer de la aplicación en su dispositivo móvil. 4

4. Así de sencillo. Ya dispone de Outlook listo para ser usado. En estos momentos se encuentra en la **Bandeja de entrada**; si dispone de mensajes estos se mostrarán en la misma. 5 Sepa que la versión más reciente de la suite incluye ahora la denominada Bandeja de entrada **Prioritarios**, en la cual se muestran aquellos mensajes que requieren alguna acción prioritaria por su parte. De esta forma será imposible que olvide responder o reenviar algún mensaje importante. El resto de mensajes considerados no prioritarios van directamente a la bandeja **Otros**. 6 Si no le interesa mantener activa esta nueva bandeja de prioritarios, puede desactivarla. Para ello, vaya a la pestaña **Vista** de la **Cinta de opciones** y pulse sobre el comando **Mostrar Bandeja de entrada Prioritario**, la cual, por defecto, como ve, se encuentra activa. 7
5. ¿Qué ocurre si, una vez realizado el primer acceso a Outlook y, por tanto, configurada la cuenta de correo inicial desea agregar una nueva cuenta? No hay problema. Ahora le mostraremos cómo hacerlo. Vaya a la vista **Backstage** pulsando sobre la pestaña **Archivo** y, en la sección principal **Información de cuentas**, pulse sobre el botón **Agregar cuenta**. 8
6. Se abre la ventana de configuración, la misma que aparece al acceder a Outlook por primera vez. En ella debe introducir los datos de la nueva cuenta y pulsar el botón **Conectar**. Si el proveedor de correo es de terceros, se le solicitará que inserte también su contraseña. Siga los pasos indicados y agregue la cuenta sin problemas. Tenga en cuenta que algunos proveedores de correo electrónico de terceros (como Gmail, Yahoo y iCloud) necesitan que cambie la configuración en sus sitios web. Hágalo con los datos de la correspondiente cuenta. Las cuentas de Gmail, Yahoo, iCloud, Outlook.com y AOL utilizan la autenticación en dos fases para ayudarle a verificar que usted es la persona que desea acceder a su cuenta de correo electrónico.
7. En cualquier caso, todas las cuentas agregadas a Outlook se mostrarán de forma ordenada en el panel de carpetas, en la parte izquierda de la interfaz del programa.

4
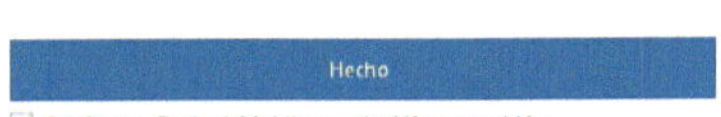

5
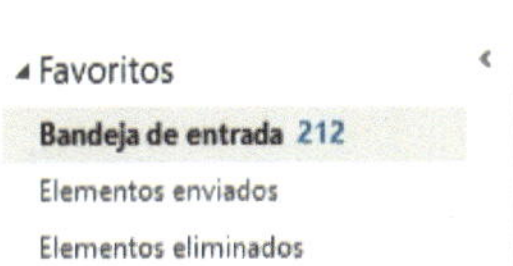

7

8
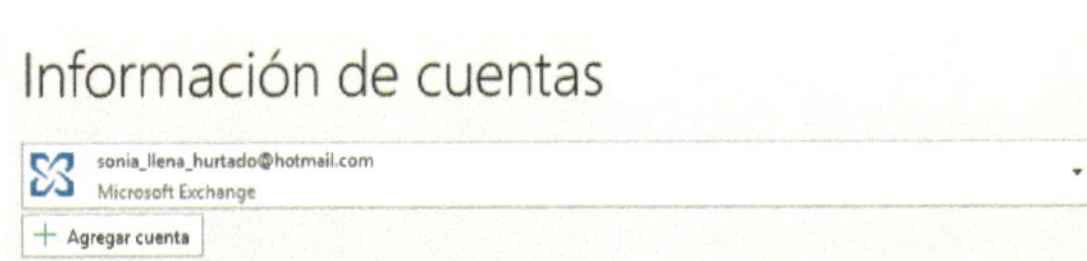

6
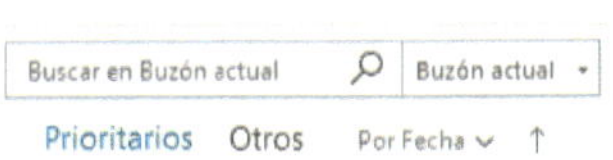

Crear y enviar un mensaje de correo electrónico

OUTLOOK ES, ANTE TODO, UN GESTOR DE CORREO ELECTRÓNICO con el cual usted podrá enviar y recibir mensajes, tanto a nivel personal como profesional. La creación de nuevos mensajes de correo no reviste dificultad alguna, al contrario, resulta una acción de lo más sencilla y, si añadimos algunas de las nuevas características del programa, como las menciones a destinatarios, hace que sea la mejor forma de estar conectados y productivos.

1. En este ejercicio le mostraremos cómo crear y enviar un nuevo mensaje de correo electrónico con Outlook. Para empezar, en la **Bandeja de entrada**, pulse sobre el comando **Nuevo correo electrónico**, en el grupo de herramientas **Nuevo** de la pestaña **Inicio**. 1
2. Se abre en una nueva ventana un nuevo mensaje de correo electrónico. 2 En él deberá indicar en el campo **Para** el destinatario del mensaje, en el campo **Asunto**, el tema sobre el cual trata y en el cuerpo del mensaje el texto que desea que reciba el destinatario. Haga clic en el campo **Para** y escriba la dirección de correo electrónico del destinatario.
3. Si usted dispone de una libreta de direcciones con sus contactos (de los cuales hablaremos en un ejercicio posterior) puede escribir directamente el nombre de la persona y el programa mostrará una propuesta de dirección. Si es la correcta solo tendrá que aceptarla. 3 Puede enviar el mismo mensaje a más de un destinatario incluyendo todas las direcciones en el campo **CC** (copia carbón) o, también, puede incluir direcciones para que reciban el mensaje con copia oculta. ¿Qué significa? Que el resto de destinatarios no verán que esta o estas personas también reciben el mismo mensaje y viceversa. De igual forma, si usted es el destinatario del mensaje, no podrá ver aquellos destinatarios agregados en el campo **CCO**. El campo **CCO** (copia carbón oculta) normalmente no se muestra por defecto en la ventana del mensaje. Si necesita agregarlo, vaya a la pestaña **Opciones** de la ventana del mensaje y active el comando **CCO** del grupo de herramientas **Mostrar campos** (vea que en este mismo grupo también activar el campo **De**). 4

1

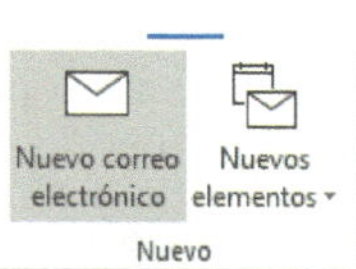

3

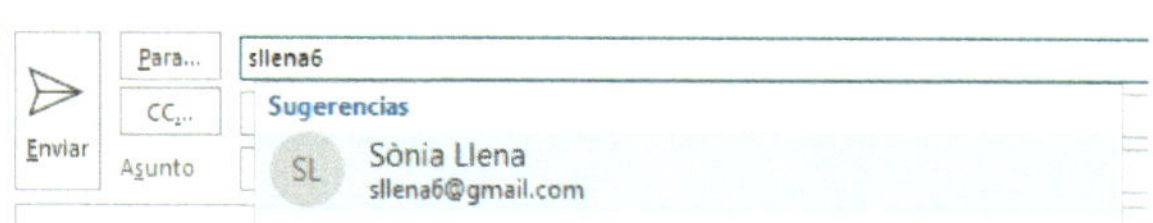

2

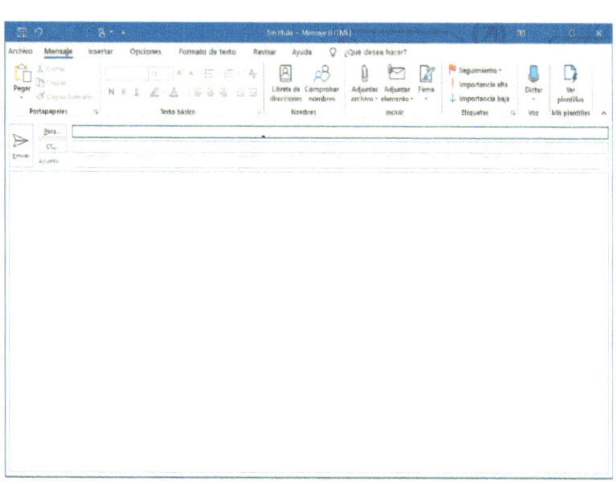

4

5

4. El campo se sitúa debajo del campo **CC.** 5 Inmediatemente después se encuentra el campo **Asunto**, en el cual debe escribir el tema del mensaje, de manera que el destinatario sepa de qué va. 6 El asunto se mostrará en la **Barra de título** de la ventana del mensaje en curso. Si hace clic en el cuerpo del mensaje ya puede empezar a escribir todo cuanto desee comunicar a sus destinatarios. No queremos dejar pasar la oportunidad de hablar de las menciones, un modo de llamar la atención directa de uno o más destinatarios del mensaje. ¿Cómo se realizan las menciones? Muy sencillo. En el cuerpo del mensaje, y delante del texto que desea destacar para aquella persona, escriba el símbolo @ seguido del nombre de dicha persona. De hecho, al insertar el símbolo @ el programa ya despliega una lista de sugerencias de contactos en la cual, si lo desea, puede seleccionar el nombre del destinatario de la mención especial. 7
5. Una vez preparado el correo electrónico, ya puede enviarlo. Para ello, pulse el botón **Enviar** de la ventana del mensaje. Si desea comprobar la lista de mensajes enviados, puede consultar la carpeta **Elementos enviados**, accesible desde el **Panel de carpetas**, en la parte izquierda de la interfaz de Outlook. 8
6. Por último diremos que si selecciona cualquier mensaje en la **Bandeja de entrada** o de elementos enviados puede ver su contenido en la parte central de la interfaz del programa. 9

IMPORTANTE

Una vez activado el campo CCO, este aparecerá por defecto en todos los mensajes de correo electrónico que cree a partir de este momento. Si no desea mostrarlo más, deberá desactivarlo tal y como hemos indicado en este ejercicio.

6

8

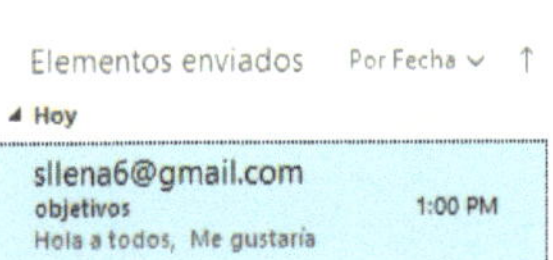

7

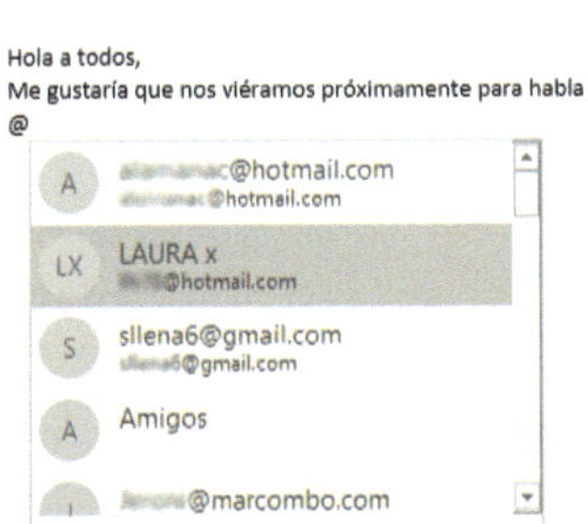

9

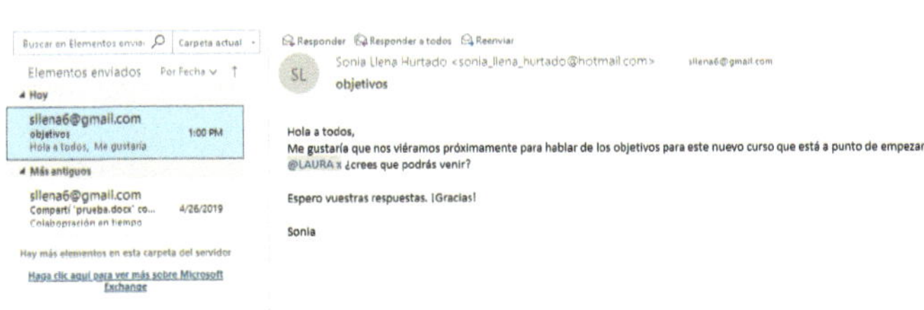

Adjuntar elementos a un mensaje de correo

LOS MENSAJES DE CORREO ELECTRÓNICO pueden contener múltiples tipos de elementos adjuntos, desde archivos hasta imágenes pasando por contactos o calendarios. Sin tener en cuenta la ubicación en que se encuentran almacenados estos elementos, Outlook permite elegir de un modo muy sencillo si se desea enviar el documento como un archivo adjunto tradicional o cargarlo en OneDrive y compartir un vínculo a dicho documento. De este modo, los destinatarios del archivo siempre dispondrán de la última versión del mismo.

1. En este ejercicio le mostraremos cómo adjuntar un archivo en un mensaje de correo electrónico. Empezaremos en un nuevo mensaje, en el cual ya habrá insertado el o los destinatarios, el asunto y el texto. Para agregar un archivo adjunto, pulse sobre el comando **Adjuntar archivo**, situado tanto en la pestaña **Mensaje** como en la pestaña **Insertar**. 1
2. Se despliega una lista en la cual puede elegir entre tres orígenes para seleccionar sus archivos 2: la opción **Elementos recientes** contiene los 12 archivos más recientes en los que haya estado trabajando. Y es que Outlook realiza un seguimiento de los documentos en los que ha trabajado recientemente y los muestra como sugerencia de archivo adjunto. Tenga en cuenta que los archivos que se muestran en esta ubicación pueden estar almacenados en su equipo, en OneDrive o en otras bibliotecas de documentos *online*. La segunda ubicación es **Explorar sitios web**, que además de OneDrive incluye otras ubicaciones de documentos *online*. Y por último, la opción **Examinar** le permite elegir cualquier documento almacenado en su equipo u otras unidades de almacenamiento. Seleccione en cualquier caso el archivo que desea adjuntar y pulse el botón **Adjuntar**.
3. Si el archivo seleccionado se encuentra almacenado en el equipo, este se inserta como archivo adjunto. 3 Si, por el contrario, ha elegido una ubicación en la nube, como OneDrive, Outlook le proporcionará distintas informaciones y opciones adicionales de permisos.

2

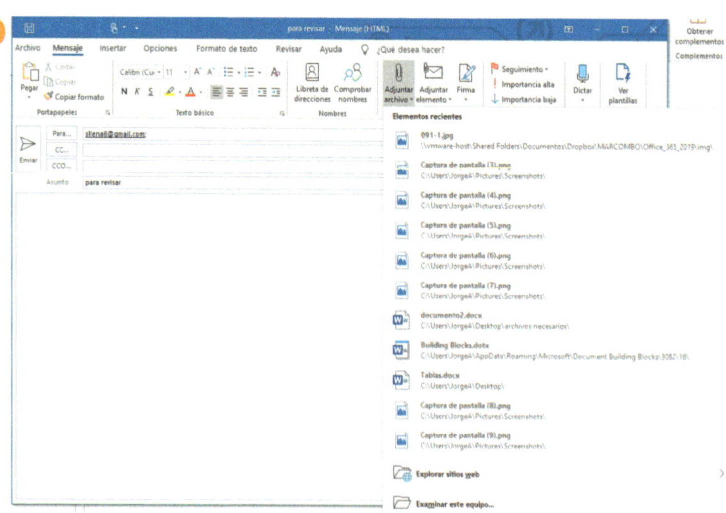

1

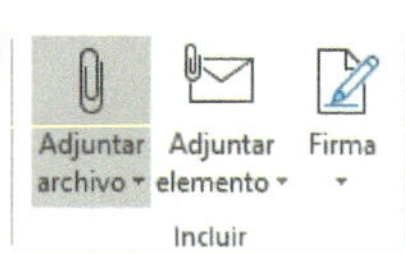

3

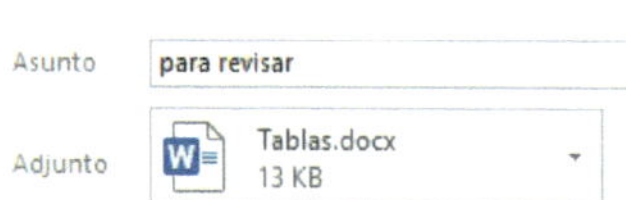

091

4. Como ya hemos indicado, una de las ventajas de compartir documentos con los que trabaja habitualmente en la nube es que los destinatarios de los mismos dispondrán siempre de la última versión de los mismos. En estos casos, una buena idea es enviar un vínculo en lugar de los archivos, sobre todo en el caso en que estos pesen mucho. Si opta por esta opción, deberá seleccionar la opción adecuada en el cuadro que aparece al seleccionar el archivo. 4 Sepa que si envía un vínculo a un archivo también puede establecer los permisos de edición.
5. Estos permisos pueden ser solo de lectura o también de edición. Por defecto, y si usted trabaja en un entorno de empresa (grupos u organizaciones de personas), todos los destinatarios pueden editar el documento. 5 Si desea asignar restricciones, utilice el menú desplegable situado junto al archivo adjunto y elija la opción que mejor se adapte a sus necesidades. 6
6. Entre los elementos que se pueden agregar a un mensaje de correo se encuentran las imágenes, las cuales se pueden adjuntar o bien insertar en el cuerpo del mensaje. Para adjuntarlas como archivo adjunto debe seguir los mismos pasos que hemos descrito en pasos anteriores, mientras que si desea insertarlas en el cuerpo del mensaje, deberá utilizar el comando **Imágenes** de la pestaña **Insertar**.
7. Una vez insertada en el cuerpo del mensaje, puede modificar su tamaño arrastrando los tiradores situados en sus lados. 7

IMPORTANTE

Si desea adjuntar un archivo almacenado en la nube, en OneDrive u otra ubicación *online*, también tiene la posibilidad de enviar una copia del mismo, en cuyo caso todo el archivo se adjunta al correo electrónico, igual que si hubiera seleccionado un archivo en el equipo. En este caso, debe tener en cuenta que si el destinatario realiza cualquier cambio en el documento este no se sincronizará con la versión original. Para adjuntar como copia un archivo, seleccione el comando **Adjuntar como copia**.

4
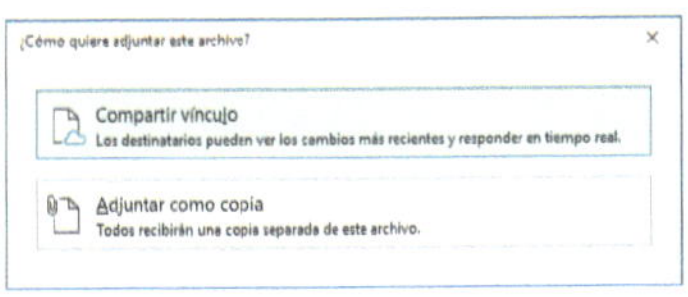

5

7
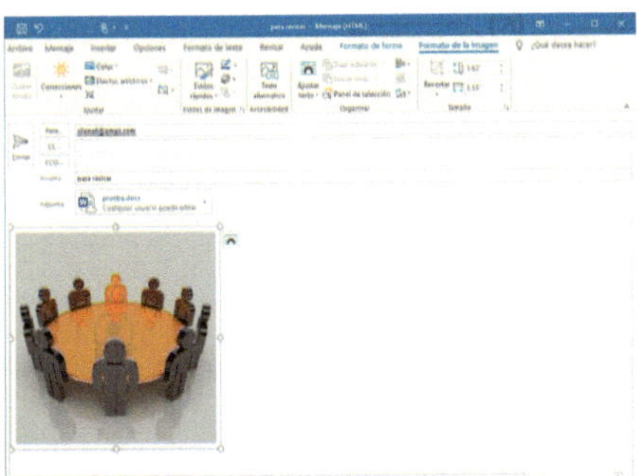

6
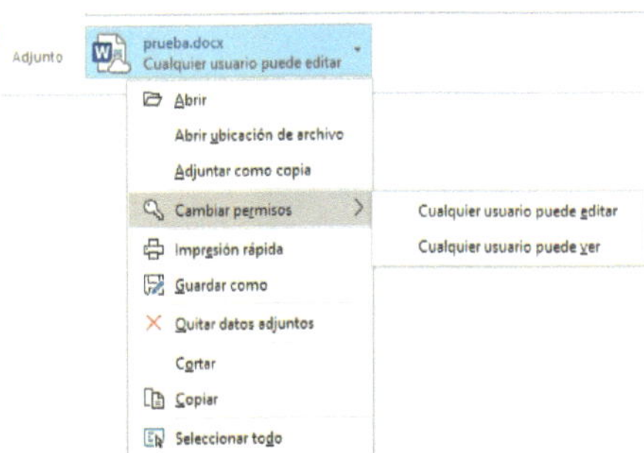

Marcar un seguimiento para el mensaje

EN OCASIONES DEBEMOS ENVIAR MENSAJES de correo que conllevan cierta urgencia o son prioritarios. Outlook permite realizar un seguimiento de los mensajes enviados para saber en todo momento si estos han sido recibidos y leídos. El programa permite agregar y solicitar confirmaciones de lectura y notificaciones de entrega. Sin embargo, es preciso tener en cuenta que el destinatario del mensaje puede rechazar el envío de la confirmación de lectura y que, además, puede pasar que el programa de correo electrónico que usa el destinatario no admita confirmaciones de lectura.

1. En este sencillo ejercicio le mostraremos cómo puede realizar un seguimiento de los mensajes enviados por correo electrónico. Empezaremos viendo cómo marcar el seguimiento de forma individual, es decir, para un único mensaje. En la ventana del mensaje, haga clic en la pestaña **Opciones** y, en el grupo de herramientas **Seguimiento**, marque las opciones **Solicitar confirmación de entrega** y **Solicitar una confirmación de lectura**. 1
2. La primera de las opciones confirma la entrega del mensaje de correo en el buzón del destinatario, pero no si este lo ha visto o leído. En cambio, la segunda de las opciones sí que confirma que el mensaje, como mínimo, se ha abierto. Aun así, debe saber que ningún destinatario está obligado a enviar una confirmación de lectura. Una vez marcadas las opciones, ya puede completar los diferentes campos del mensaje y enviarlo.

2

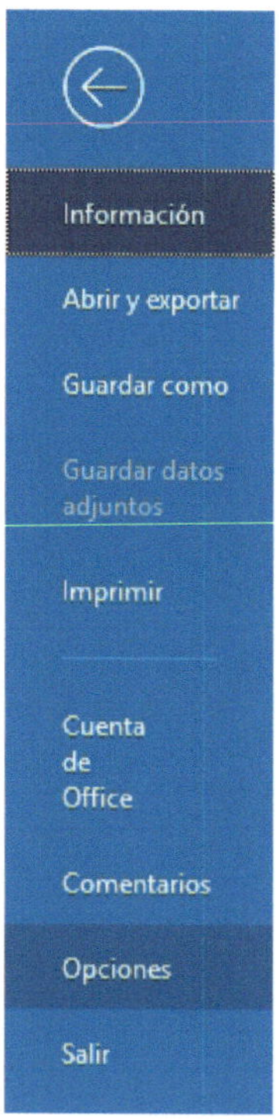

1

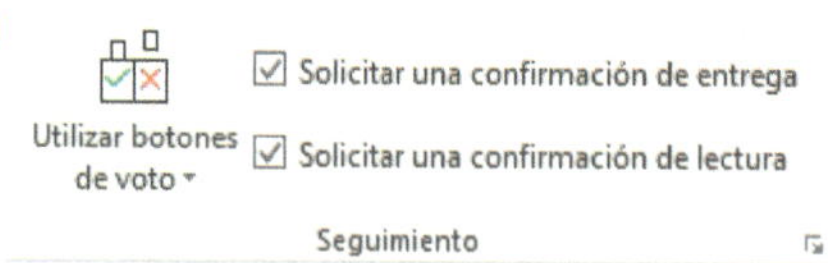

3. Si usted decide marcar como predeterminadas las confirmaciones de entrega o de lectura o ambas, deberá llevar a cabo un proceso distinto, aunque igual de sencillo. Diríjase a la vista **Backstage** desde la pestaña **Archivo** y acceda a las opciones del programa desde el comando **Opciones**. ❷
4. En el cuadro de opciones, localice la sección **Correo** y, dentro de ella, el apartado **Seguimiento**.
5. En este apartado, deberá marcar las opciones **Confirmación de entrega de que el mensaje se entregó al servidor de correo electrónico del destinatario** y/o **Confirmación de lectura que al destinatario vio el mensaje**. ❸
6. Es preciso saber que no es recomendable mantener esta configuración por defecto para todos y cada uno de los mensajes que envía; considere siempre la posibilidad de realizar el seguimiento de mensajes individuales. ¿Cómo gestionar las notificaciones de entrega y de lectura? Muy sencillo. Las confirmaciones se entregan en nuestra **Bandeja de entrada** como si fueran un mensaje más y se muestran con un símbolo exclusivo. ❹
7. Si son muchas las confirmaciones pendientes, Outlook le da la posibilidad de realizar un seguimiento de las mismas. Cuando recibe la primera notificación en su **Bandeja de entrada**, aparece en el grupo de herramientas **Mostrar** de la pestaña **Mensaje** de la ventana del correo electrónico el comando **Seguimiento**. Mediante este comando puede ver la lista de notificaciones y confirmaciones recibidas y su estado.

❸
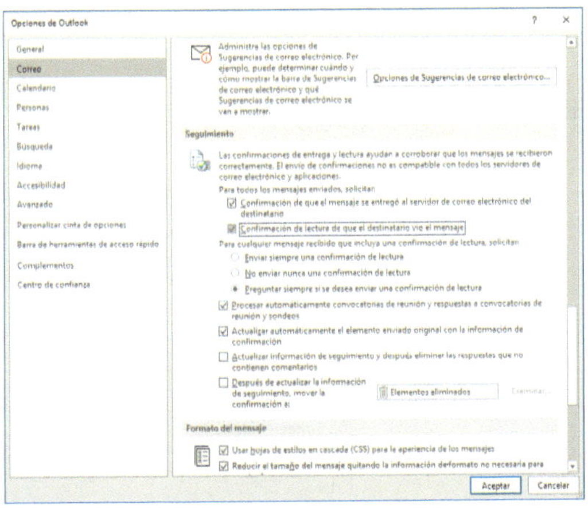

❹
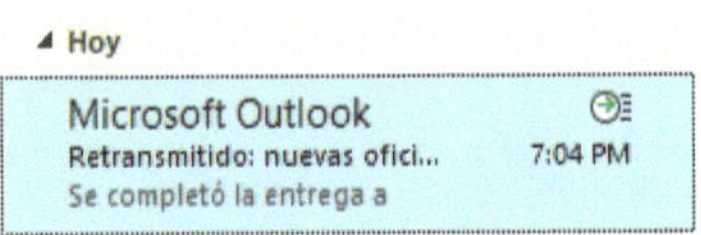

Definir reglas

IMPORTANTE

Una vez creadas las reglas que necesite, puede aplicarlas de forma manual cuando lo necesite. Para ello, acceda al cuadro **Administrar reglas y alertas** desde la vista **Backstage** y, en la pestaña **Reglas de correo electrónico**, utilice el comando **Ejecutar reglas ahora**. A continuación, deberá marcar las reglas que desea ejecutar y pulsar el botón **Aceptar**. Siga los pasos indicados para ejecutar las reglas.

OUTLOOK PERMITE CREAR REGLAS CON EL objetivo de mover, marcar y responder a mensajes de correo electrónico automáticamente. Otras acciones que se pueden definir en las reglas para Outlook son reproducir sonidos, mover mensajes a carpetas o mostrar alertas de nuevos elementos. Una vez creadas las reglas se pueden gestionar, tanto para editarlas como para eliminarlas.

1. Una de las reglas más creadas y más sencillas de definir es aquella que permite mover ciertos mensajes de correo recibidos a una carpeta o ubicación determinadas. Los mensajes que seguirán esta regla deberán cumplir uno o más requisitos, como un remitente concreto o un asunto determinado. Podemos crear las reglas desde la misma ventana del mensaje recibido o mediante un asistente. Veamos en este caso la primera opción. Haga clic con el botón derecho del ratón sobre el mensaje recibido que desea gestionar y, en el menú contextual, seleccione el comando **Reglas**. ❶
2. De forma automática, Outlook sugiere crear una regla basada en el remitente y los destinatarios. De todas maneras, si usted desea crear una regla basada en otros criterios, puede utilizar el comando **Crear regla** de este mismo menú contextual. Imagine que desea enviar todos los mensajes recibidos de este remitente a una carpeta en concreto, que crearemos a continuación. Seleccione la opción **Mover siempre los mensajes de...** (al final de esta opción aparecerá la dirección del remitente del correo seleccionado). ❷

❷
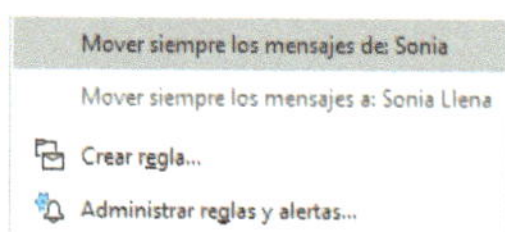

❶

❸
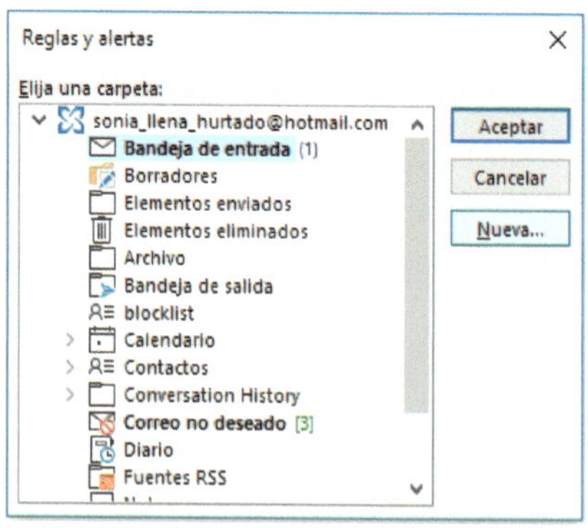

3. De este modo abrimos el cuadro **Reglas y alertas**, que muestra el árbol de carpetas existentes en Outlook. Puede elegir una de las disponibles o bien, como hemos indicado, crear una nueva. Para ello, pulse el botón **Nueva**. 3
4. Asigne un nombre a la nueva carpeta, por ejemplo, el nombre del remitente y acepte el proceso. 4
5. Compruebe que la nueva carpeta ya forma parte de la lista de carpetas y, a continuación, haga clic en **Aceptar**.
6. A partir de ahora, los mensajes recibidos de parte del remitente indicado, incluso los que ya se encuentran en la Bandeja de entrada, irán directamente a la carpeta que acabamos de crear. 5
7. Puede personalizar las reglas de un modo casi indefinido. Para poder generar reglas del todo personalizadas, desde cero, sin plantillas, puede acudir al **Asistente para reglas** que Outlook pone a su disposición. Para iniciar este asistente, vaya a la vista Backstage y pulse en **Administrar reglas y alertas**. 6
8. De este modo se abrirá el cuadro **Reglas y alertas**. En la pestaña **Reglas de correo electrónico**, pulse sobre el botón **Nueva regla**. 7 En el primer paso debe elegir si la regla que desea crear se aplicará a ciertos mensajes recibidos o a algunos de los que envíe. Una vez hecho esto, deberá seguir los pasos indicados por el asistente, definiendo los criterios que necesite utilizar.

IMPORTANTE

Puede eliminar una regla cuando crea que ya no la necesita. Para ello, acceda a la vista **Backstage** y pulse sobre el comando **Administrar reglas y alertas.** En el cuadro de diálogo **Reglas y alertas**, dentro de la pestaña **Reglas de correo electrónico**, seleccione la regla que desea eliminar y pulse el botón **Eliminar**. Acepte el cuadro para confirmar el proceso.

4
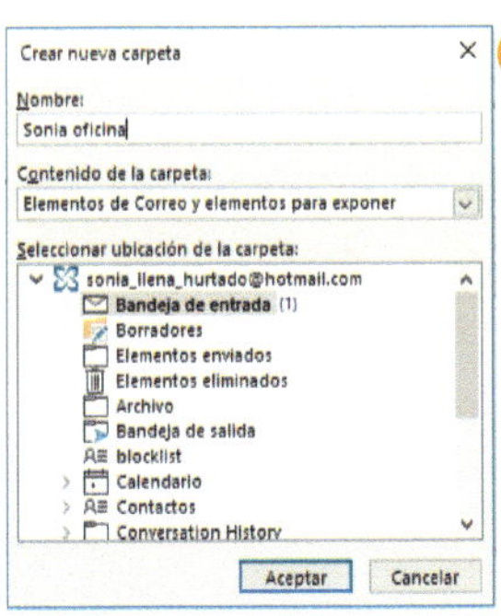

5
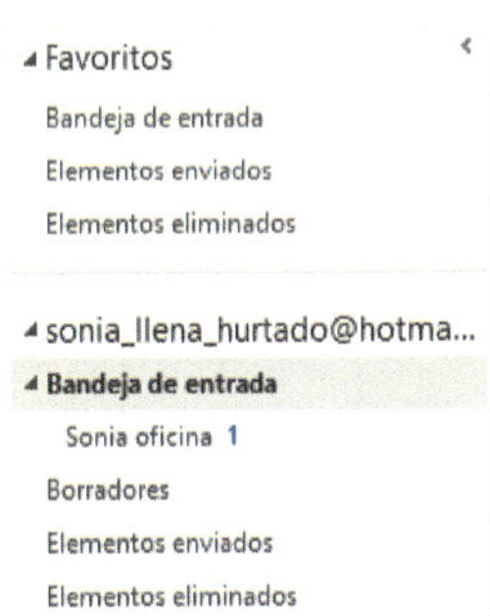

7
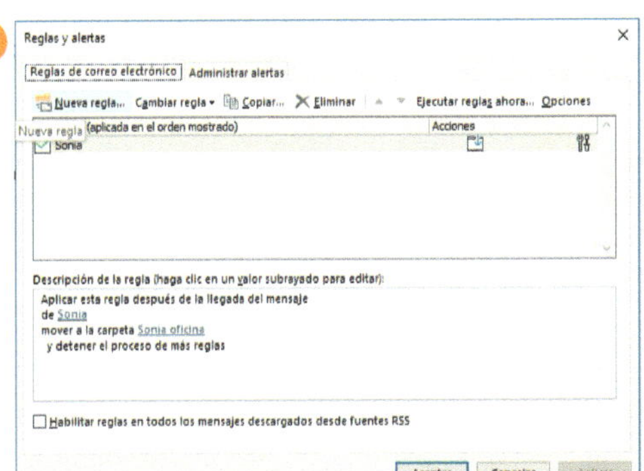

6
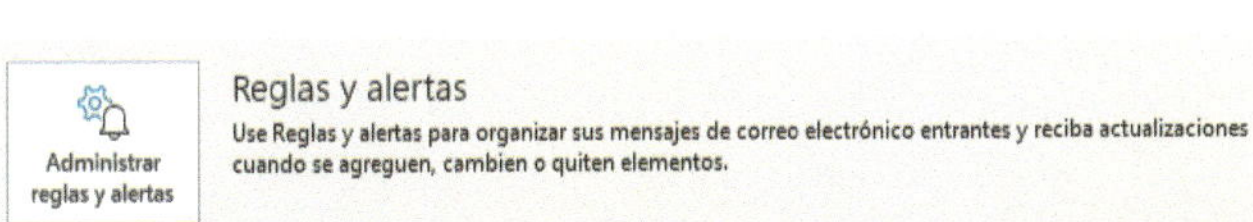

Crear y administrar contactos

> **IMPORTANTE**
>
> Además de utilizar el elemento **Contactos**, existen otras formas de agregar contactos en Outlook. Por ejemplo, puede importar dichos contactos desde un archivo .csv o .pst. Un archivo .csv contiene los contactos que ha exportado en un archivo de texto, donde cada parte de la información del contacto está separada por comas (.csv significa "valores separados por comas"). Por su parte un archivo Un archivo .pst es un archivo exportado desde Outlook a un formato que puede leer otro equipo que ejecute este programa.

LA LIBRETA DE DIRECCIONES ES EL ESPACIO en Outlook en el cual usted puede guardar todos sus contactos. Los contactos son como tarjetas electrónicas que contienen información de personas, como su dirección de correo electrónico, nombre y apellidos, dirección postal e, incluso, foto. Los contactos pueden agregarse desde cero como nueva tarjeta electrónica, o bien a partir de un mensaje de correo recibido. La ventaja de mantener una libreta de direcciones bien organizada es que Outlook puede ayudarle en el momento de completar el campo Para de sus mensajes.

1. En este ejercicio aprenderá a crear y administrar sus contactos en Outlook. Para empezar, en la parte inferior de la lista de carpetas, haga clic sobre el icono **Contactos**, que muestra la silueta de dos personas. 1
2. La interfaz del programa cambia: el buzón de correo desaparece para dejar espacio a su libreta de direcciones. Si ya dispone de contactos almacenados, se mostrarán en un panel a la derecha de la lista de carpetas. Para agregar un nuevo contacto, pulse en el comando **Nuevo contacto**, en el grupo de herramientas **Nuevo** de la pestaña **Inicio**. 2
3. Se abre la ventana en la cual deberá empezar a introducir la información acerca del nuevo contacto. 3 Como ve, son muchos los campos disponibles y que usted puede rellenar, aunque los más básicos son **Nombre completo** y **Correo**

1

2
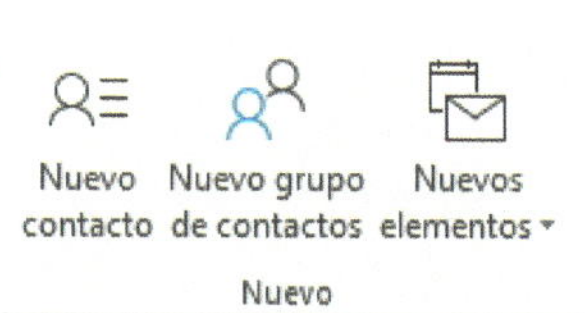

3
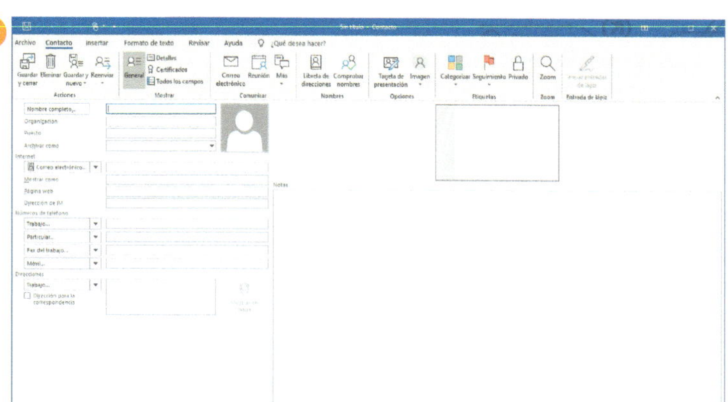

electrónico. Si se mueve en un entorno profesional, puede ser recomendable agregar también el nombre de la compañía en la que trabaja el contacto. En este caso, complete los campos que considere oportuno.

4. Si dispone de una imagen del contacto almacenada en su equipo (o en cualquier otra ubicación), puede utilizarla para la información de ese contacto. Para agregarla, haga clic en el icono de imagen de este cuadro, 4 localice la imagen que desee usar en el cuadro **Agregar fotografía de un contacto** y luego haga clic en **Aceptar**.
5. Una vez haya completado el cuadro con los datos necesarios, pulse el comando **Guardar y cerrar** del grupo de herramientas **Acciones**, en la pestaña **Contacto** de esta ventana para guardarlo en la libreta de direcciones. 5 Por el contrario, si desea crear un nuevo contacto que trabaje en la misma compañía que el que acaba de insertar, pulse el comando **Guardar y Nuevo** y, a continuación, seleccione la opción **Contacto de la misma compañía**. 6
6. Así de sencillo. Ahora, cuando empiece a escribir la dirección o el nombre del contacto en el campo Para de un nuevo mensaje de correo electrónico, el programa detectará que forma parte de la libreta de sus contactos y completará por usted dicho campo a modo de sugerencia.
7. También puede agregar contactos a Outlook directamente desde un correo electrónico recibido. Para ello, sencillamente abra el mensaje de correo electrónico, pulse con el botón derecho del ratón en el campo que contiene la dirección del contacto que desea agregar (**De**, **CC** o **CCO**) y seleccione la opción **Agregar a contactos de Outlook**. 7
8. Se abrirá la ventana de nuevo contacto para que usted complete los datos del contacto agregado; por defecto, el programa inserta la dirección de correo electrónico del contacto en el campo correo electrónico, así como cualquier otra información disponible en el mensaje en los cuadros correspondientes.

4

5
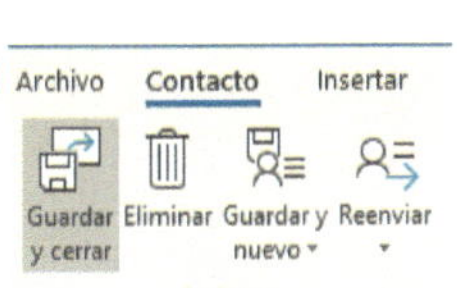

6
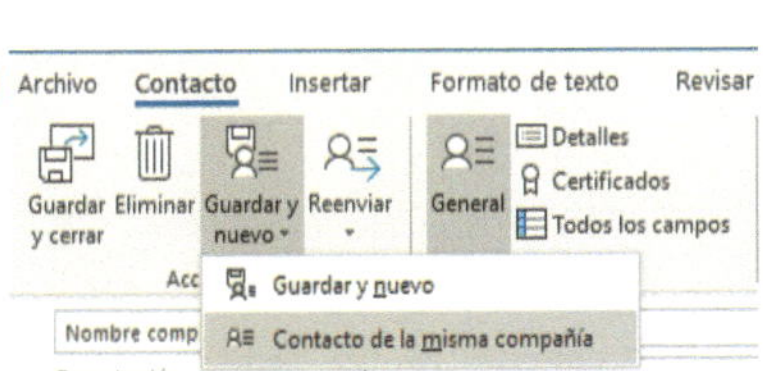

7
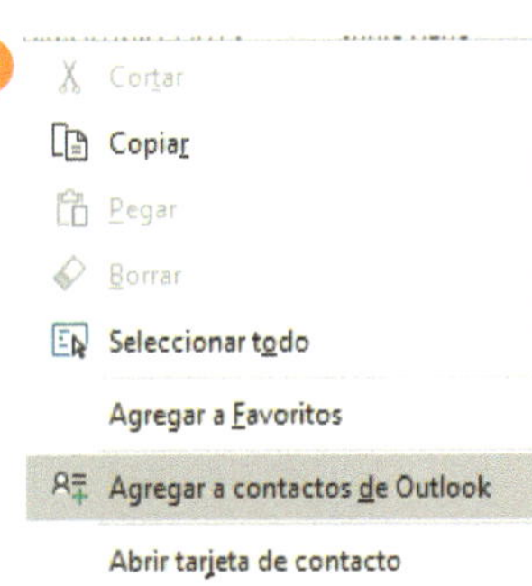

Crear y gestionar grupos de contactos

OUTLOOK PERMITE CREAR UN GRUPO DE CONTACTOS para enviar el mismo correo electrónico a varias personas que, por ejemplo, formen parte de un mismo equipo de trabajo. Si usted utiliza Outlook fuera del entorno profesional, este grupo de contactos podría estar formado por una lista de amigos. De este modo, no deberá agregar cada nombre en los campos Para, CC o CCO de forma individual. Tenga en cuenta que los grupos de contactos son lo mismo que las antiguas listas de distribución, término utilizado en versiones anteriores del programa.

1. En este ejercicio le mostraremos cómo ahorrar tiempo en el momento de insertar nombres de destinatarios de sus correos electrónicos gracias a los grupos de contactos. Para crear un grupo de contactos, es preciso que se sitúe en el elemento **Contactos** de Outlook, tal como vimos en el ejercicio anterior. 1
2. Como primer paso, pulse sobre el comando **Nuevo grupo de contactos**, situado en el grupo de herramientas **Nuevo** de la pestaña **Inicio**. 2
3. Se abre la ventana **Grupo de contactos**, que, como la ventana **Contactos** que vimos en el ejercicio anterior, cuenta con su propia **Cinta de opciones**. Desde aquí debemos empezar a agregar los contactos que formarán parte de este grupo. Sin embargo, antes asigne un nombre al grupo en el campo grupo, situado debajo de la **Cinta de opciones**. 3

1

2
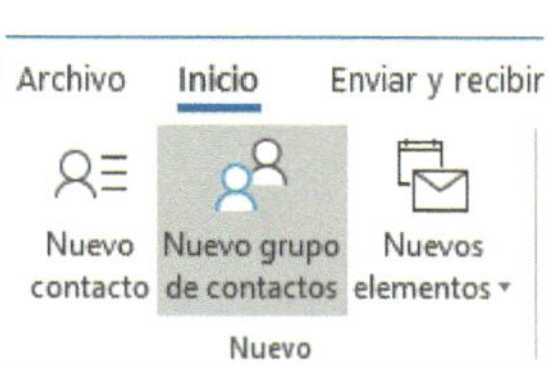

3
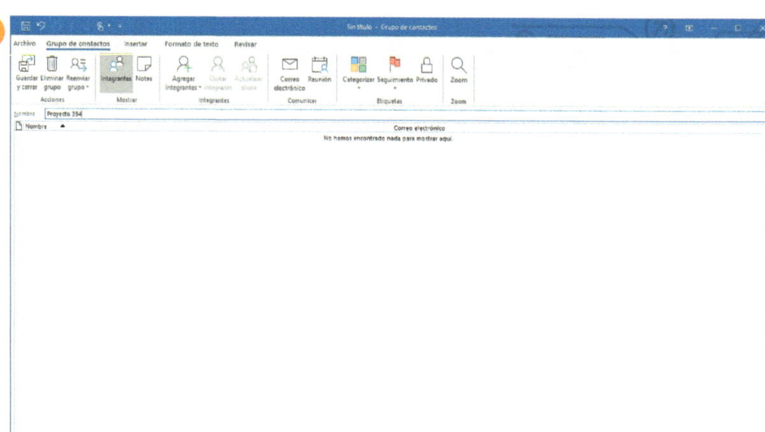

4. El nombre del grupo debe ser significativo, es decir, que sea fácil de identificar los miembros que lo componen. Seguidamente, despliegue el comando **Agregar integrantes** del grupo de herramientas **Integrantes**. 4
5. Este comando contiene una lista de opciones desde la cual usted puede elegir el origen de los contactos: libreta de direcciones, lista de contactos o nuevo contacto de correo electrónico. Elija la opción que desee utilizar.
6. Se abrirá una ventana desde la cual deberá seleccionar los integrantes del grupo. Hágalo mediante un doble clic sobre su dirección o nombre y compruebe que se van agregando en el campo de la parte inferior. 5
7. Cuando termine, pulse el botón **Aceptar** y compruebe que los contactos seleccionados aparecen en la ventana **Grupo de contactos**. 6 Si cree que ha olvidado de insertar algún contacto, pulse de nuevo sobre el comando **Agregar integrante** y repita el proceso anterior. Del mismo modo, si cree que alguno de los contactos añadidos no debería formar parte del grupo, selecciónelo y pulse el comando **Quitar integrante**. 7
8. Desde la **Cinta de opciones**, puede guardar y cerrar el grupo, eliminarlo o reenviarlo a otras personas. 8

4

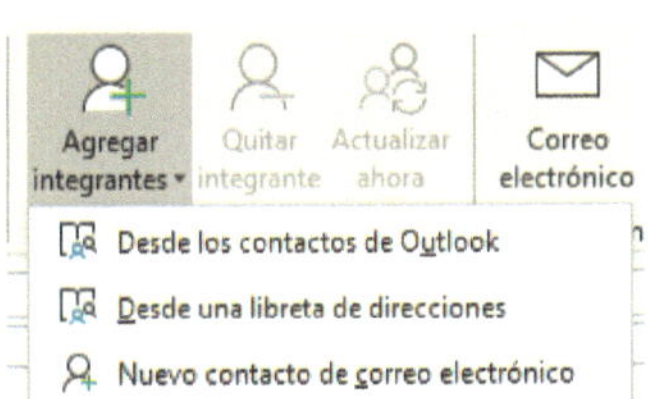

5

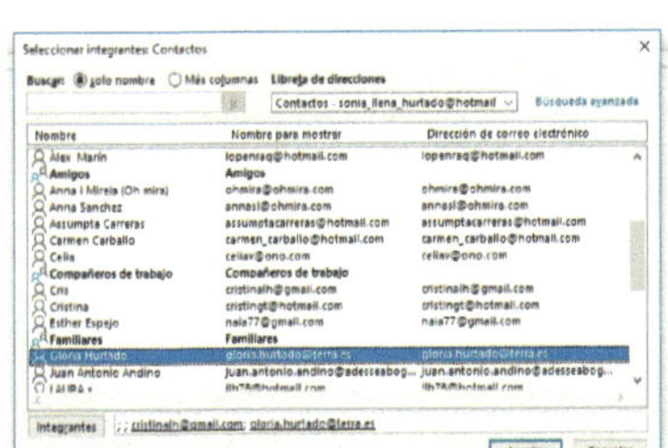

6

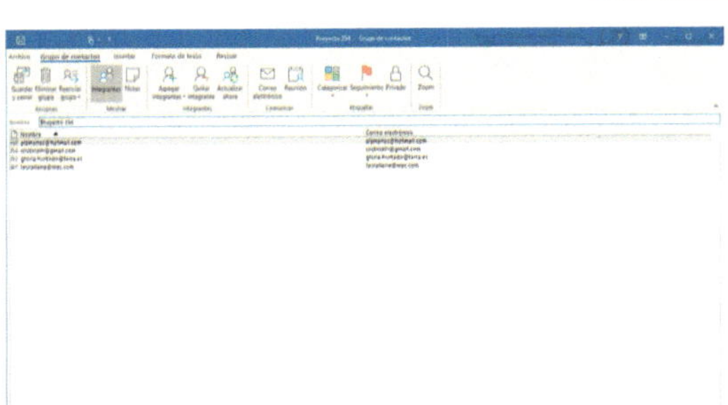

7

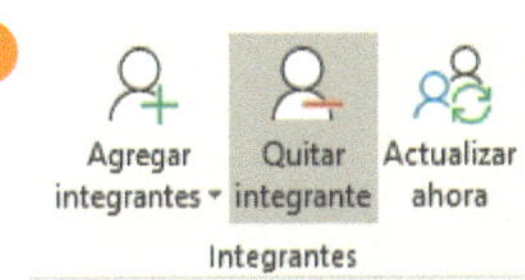

8

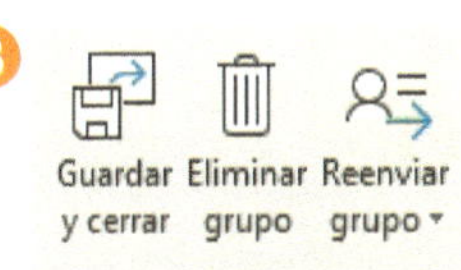

Trabajar con el Calendario

EL CALENDARIO ES EL ELEMENTO DE PROGRAMACIÓN de Outlook que está totalmente integrado con el correo electrónico, los contactos y otras características del programa. Gracias al calendario, puede crear citas y eventos, organizar reuniones, visualizar calendarios de grupo, entre otras muchas acciones.

1. En este primer ejercicio dedicado al elemento Calendario de Outlook le mostraremos algunas de las acciones que se pueden llevar a cabo. Para empezar, y para situarse en este elemento programador de Outlook, pulse en el correspondiente icono situado en la parte inferior de la lista de carpetas. ❶
2. Las citas son actividades programadas en el calendario que no implican invitar a otras personas ni reservar recursos. Los reuniones son eventos a los cuales sí que se requiere la invitación a otros integrantes. Para crear una cita, pulse sobre el comando **Nueva cita**, en el grupo de herramientas **Nuevo**. ❷
3. También puede crear sus citas desde la **Bandeja de entrada**, concretamente desde el comando **Nuevos elementos**. ❸ En cualquier caso, se abre la ventana **Nueva cita**, en la cual deberá insertar un asunto, una ubicación y las horas tanto de inicio como de finalización. ❹ Tenga en cuenta que, por defecto, Outlook inicia y termina las citas de la hora o de media hora, aunque si necesita personalizarlas solo tiene que insertar los tiempos exactos en los campos destinados a ello.
4. Directamente relacionada con las horas en que debe producirse la cita, esta versión de Outlook cuenta con una interesante característica para aquellos usuarios de Outlook para IOS, el sistema operativo de Apple para dispositivos móviles. Y es que ahora, su dispositivo móvil puede recordarle a qué hora debe salir de su ubicación para llegar a tiempo a sus citas. Para configurar esta característica, en Outlook para IOS, pulse en **Configuración** y pulse en **Hora de salida**. ❺

❷
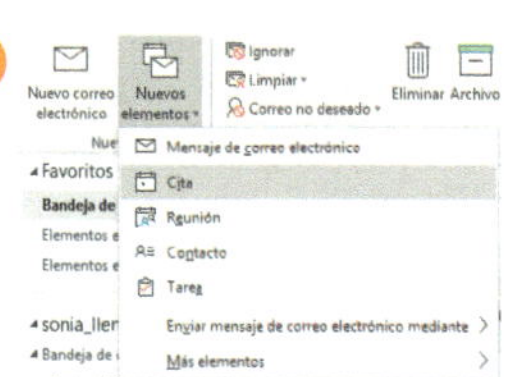

❶

❺

❹
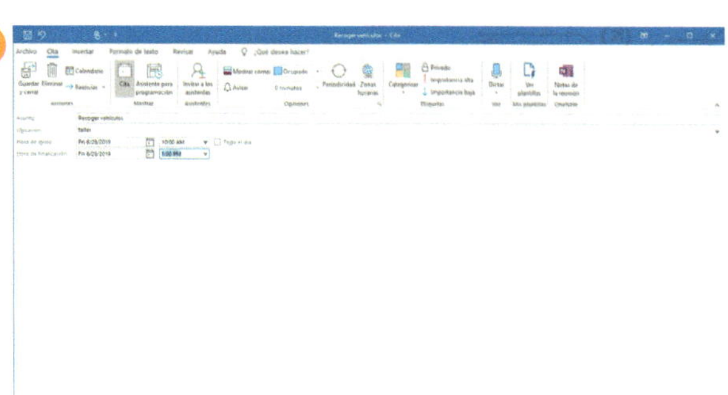

❸
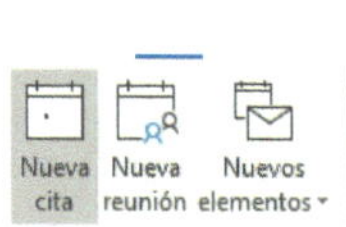

5. Por el momento, solo se admiten las cuentas Office 365, Outlook.com y algunas cuentas de Gmail. Si su cuenta es una de estas, selecciónela y habilite así el tiempo de salida mediante el control deslizante. 6
6. Una vez hecho este interesante inciso, y regresando a nuestra nueva cita, ya puede pulsar el comando **Guardar y cerrar** para almacenarla, la cual aparecerá ya en su Calendario debidamente programada. 7
7. Puede convertir esta cita en una reunión sencillamente agregando asistentes a la misma. Veamos cómo hacerlo. Haga doble clic sobre la cita para editarla y, desde la **Cinta de opciones**, agregue los integrantes que desee que asistan a la reunión. 8
8. Todo cuanto programe en su calendario de Outlook puede ser configurado para que el programa le avise acerca del inicio del evento. Además, puede configurar Outlook para que muestre la ventana de aviso en primer plano, encima de otros programas en los que esté trabajando. Para configurar un aviso, acceda a la vista **Backstage**, entre en las opciones del programa y sitúese en la sección **Avanzado**.
9. En el apartado **Avisos**, marque la opción **Mostrar avisos**, indique si desea o no que se reproduzca un sonido al tiempo que aparece el aviso y si quiere que la ventana de aviso se muestre en primer plano. 9
10. Si usted dispone de más de un calendario, sepa que Outlook permite visualizarlos ambos en paralelo o combinados en una vista superpuesta apilada, de manera que puede ver la disponibilidad en ambos calendarios. Para ello, en el Panel de navegación del elemento Calendario, sencillamente marque la casilla de verificación de los calendarios que desea visualizar y estos se mostrarán en paralelo. Si prefiere verlos en una vista superpuesta, elija el comando **Superposición**, en la pestaña de uno de los calendarios abiertos.

6
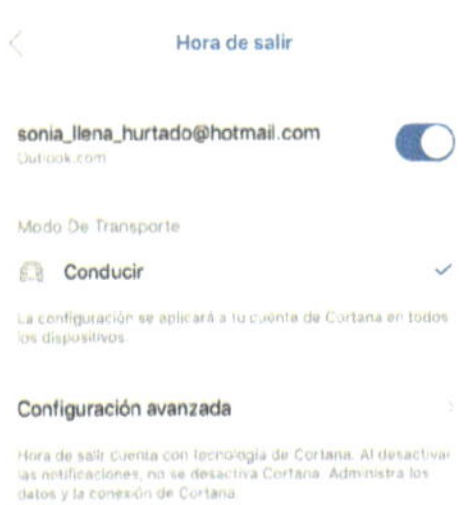

8

7
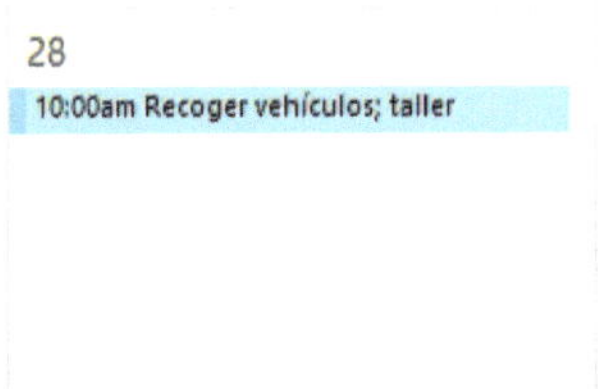

9
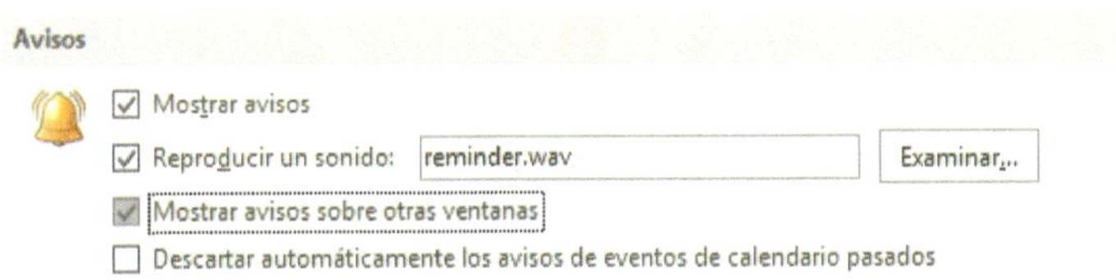

Compartir eventos del Calendario

UNA DE LAS CARACTERÍSTICAS Y VENTAJAS de trabajar con el Calendario de Outlook es, como ya hemos indicado, su integración con otros elementos del programa, como el correo electrónico y los contactos. Así, cualquier evento que programe puede ser compartido con sus contactos mediante un mensaje de correo, directamente desde el mismo espacio de trabajo.

1. En este segundo ejercicio dedicado al calendario de Outlook veremos otras acciones que puede llevar a cabo desde este elemento. Veamos cómo crear una convocatoria de reunión y cómo enviarla a los asistentes. Para empezar, desde el Calendario, pulse sobre el comando **Nueva Reunión**. 1 Si usted se encuentra en la **Bandeja de entrada**, despliegue el comando **Nuevos elementos** y elija de la lista la opción **Reunión**.
2. En cualquiera de estos dos casos, el siguiente paso consiste en agregar a los asistentes a la reunión. Las direcciones deberán insertarse en el campo **Para** y pueden ser escritas directamente o seleccionadas de su lista de contactos o Libreta de direcciones.
3. A continuación, añada el asunto, la hora de inicio y la hora de finalización de la reunión y la ubicación de la misma en los campos destinados para ello. 2 En cuanto a la ubicación, resulta interesante saber que Outlook busca coincidencias y muestra sugerencias cuando usted empieza a escribir algo en el campo **Ubicación**. Si alguna de las sugerencias coincide con la ubicación real, puede seleccionarla; si no, siga escribiendo hasta especificar la información exacta.
4. Puede adjuntar uno o más archivos a la convocatoria de reunión, como imágenes o, por qué no, el mismo programa de la reunión. Para ello, utilice el comando **Adjuntar archivo** de la pestaña **Insertar** y seleccione el archivo correcto. 3
5. Esto es todo cuanto necesita para crear una reunión y enviarla a los asistentes a la misma. Sin embargo, sepa que tiene la posibilidad de crear esta convocatoria como periódica, es decir, que se repite cada cierto tiempo. Para ello, antes de enviar la convocatoria, haga clic en el comando **Periodicidad** del grupo de herramientas **Opciones** 4 y, en el paso siguiente, seleccione las opciones de periodicidad.

1
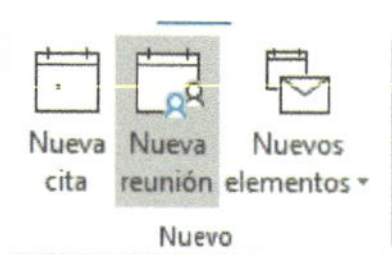

2
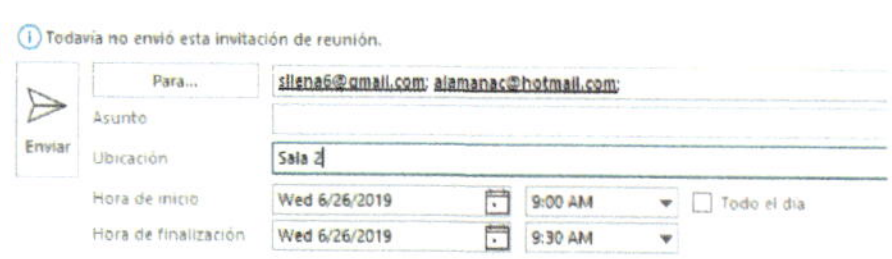

3
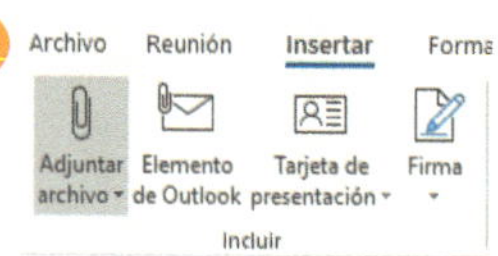

4
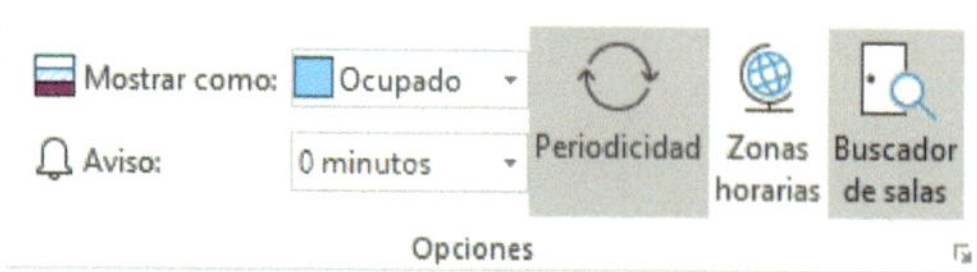

6. Eso es todo. Ahora sí, haga clic en **Enviar** para enviar la convocatoria de reunión.
7. Como novedad en la versión 365 de Outlook, tiene la posibilidad de que Outlook termine sus reuniones unos minutos antes. ¿Para qué? Por ejemplo, para gestionar el tiempo entre reuniones. Para ello, acceda al cuadro de opciones del programa y, en el apartado **Opciones de Calendario**, asigne los valores que crea oportunos en los campos de la opción **Terminar citas y reuniones pronto**. ❺
8. Otra manera de compartir una reunión con otras personas es respondiendo a un correo electrónico. Para ello, desde un mensaje de correo recibido en la **Bandeja de entrada**, pulse sobre el comando Reunión, en el grupo de herramientas **Responder**. ❻
9. Se abrirá la ventana de creación de una nueva convocatoria de reunión. Ahora deberá completar los campos tal y como hemos hecho en pasos anteriores y enviar la convocatoria. Sencillo, ¿verdad?
10. Outlook para Office 365 permite impedir que los asistentes a una reunión reenvíen una convocatoria de reunión a otras personas. (Esta nueva opción está disponible solo para los clientes de suscripción mensual después de actualizar a la versión 1808). Para configurar esta interesante funcionalidad, pulse sobre el comando **Opciones de respuesta** del grupo de herramientas **Asistentes** y desactive la opción **Permitir nuevas propuestas de plazos** ❼ (cuando lo desee, puede volver a activar esta opción).
11. En ocasiones puede ser necesario cancelar una reunión y, por consiguiente, notificar a los asistentes dicha cancelación. Solo si es usted la persona que ha programado la reunión, puede cancelarla del siguiente modo: desde el Calendario, abra la reunión y, en la **Cinta de opciones**, pulse sobre el comando **Cancelar reunión**. ❽
12. La convocatoria de reunión pasará a ser un formulario de cancelación que enviará de forma habitual a los asistentes a modo de comunicado. Para evitar confusiones, es recomendable redactar un breve mensaje antes de enviar la cancelación y pulse el botón **Enviar cancelación**.

5
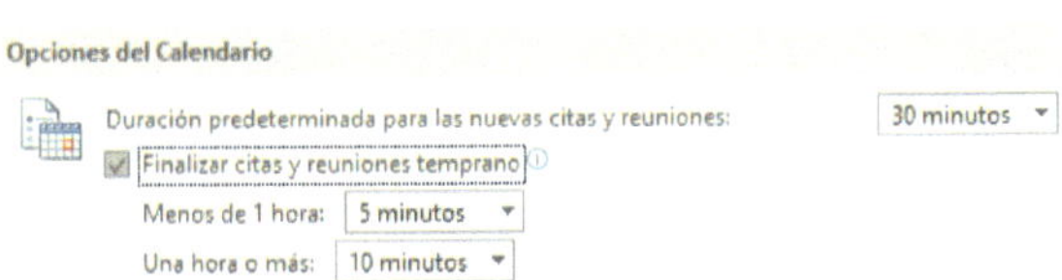

6
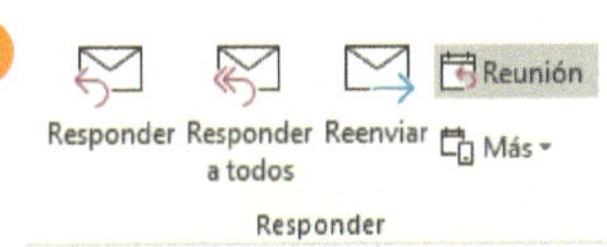

7
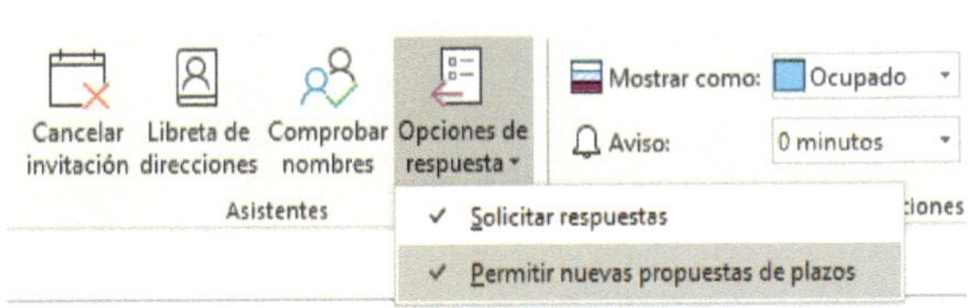

8

Crear y asignar tareas

LAS TAREAS EN OUTLOOK SON SENCILLAMENTE eso, tareas. Son aquellas cosas que tiene pendientes de realizar y, como tales, las puede realizar usted o bien asignar a otras personas. Una vez más, este elemento de Outlook se integra a la perfección con el resto de elementos del programa: Correo electrónico, Calendario y Contactos.

1. En este único ejercicio dedicado a las tareas realizaremos una breve aproximación a este elemento. Empezaremos creando una nueva tarea. Para ello, despliegue el comando **Nuevos elementos** y elija la opción **Tarea.** ❶
2. Se abre la ventana para definir la nueva tarea. Empiece asignando un asunto, para el cual es recomendable utilizar un nombre corto y, posteriormente, en el cuerpo de la misma, asignar una descripción más larga. ❷
3. Puede establecer un intervalo de fechas para la realización de la misma insertando los valores adecuados en los campos **Fecha de inicio** y **Fecha de vencimiento** y, además, puede definir la prioridad desde el comando **Prioridad.** ❸
4. También puede configurar un aviso para sus tareas desde el comando **Aviso**, definiendo para ello una fecha y una hora para el mismo. ❹
5. Una vez haya definido todos los aspectos para la tarea, pulse el comando **Guardar y cerrar.** ❺

❶
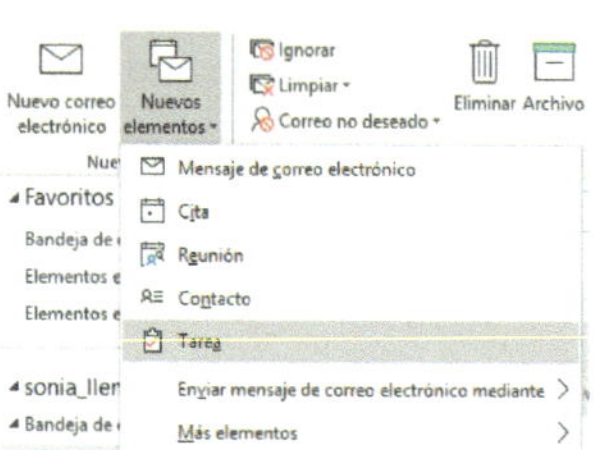

❷
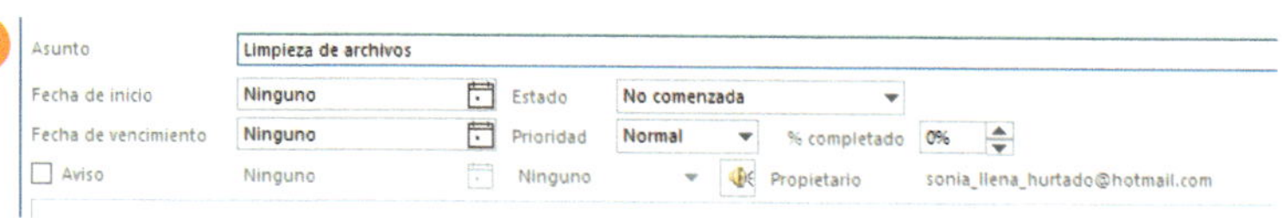

❸
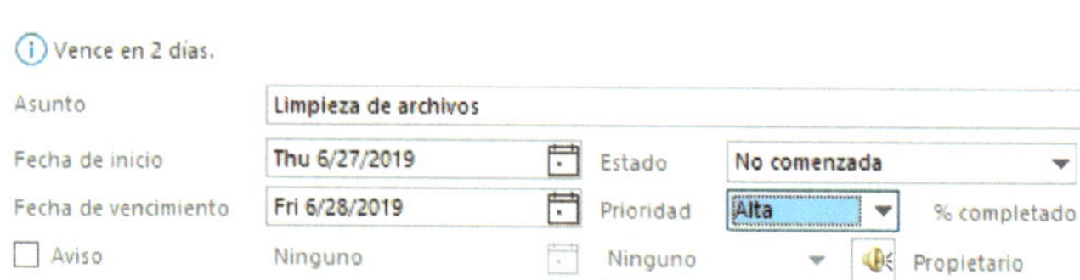

❹
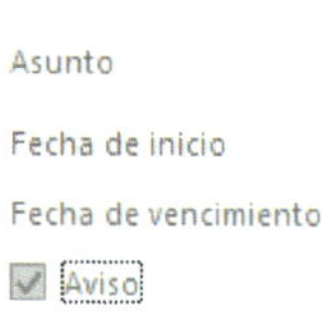

❺
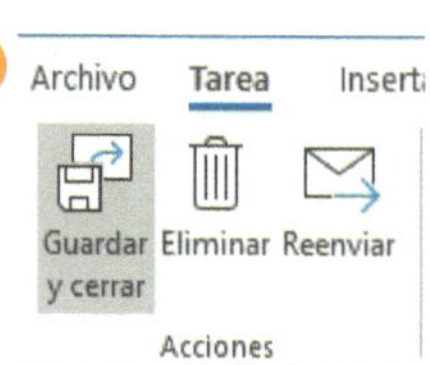

098

6. Para visualizar las tareas definidas, pulse sobre el icono **Tareas** del **Panel de navegación**, el último de los elementos existentes. 6
7. Si pulsa sobre una tarea, esta se mostrará en la vista de lectura, en la parte derecha de la ventana de Outlook 7, mientras que si hace doble clic sobre ella podrá editarla para modificarla.
8. Si desea asignar una tarea a alguien, utilice el comando **Asignar tarea** de la **Cinta de opciones** de la ventana de la tarea en cuestión. A continuación, escriba en el campo **Para** la dirección de correo electrónico o el nombre del destinatario de la tarea.
9. Una vez enviada la tarea al contacto al que la ha asignado, sepa que puede realizar un seguimiento de la misma. Para ello, pulse en la pestaña **Ver** y sobre el comando **Cambiar vista** y, de las opciones disponibles, elija **Asignadas**. 8
10. Sin embargo, podría ser que Outlook no estuviera configurado para conservar copias de las tareas asignadas, en cuyo caso no aparecerían en la vista anteriormente mencionada. Para solventar esta situación, acceda a las opciones del programa desde la vista **Backstage**, concretamente, a la sección **Tareas**. Allí, podrá activar la opción **Mantener mi lista de tareas actualizada con copias de las tareas que asigno a otras personas**. Tenga en cuenta que el seguimiento se realizará de las nuevas tareas creadas y asignadas, no de las que ya han sido creadas.

8
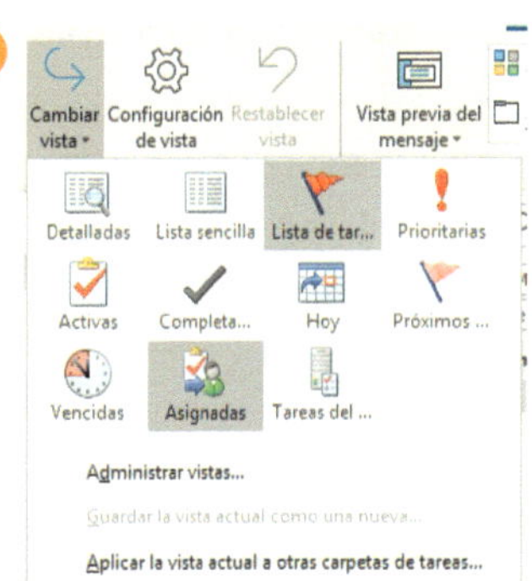

6

7
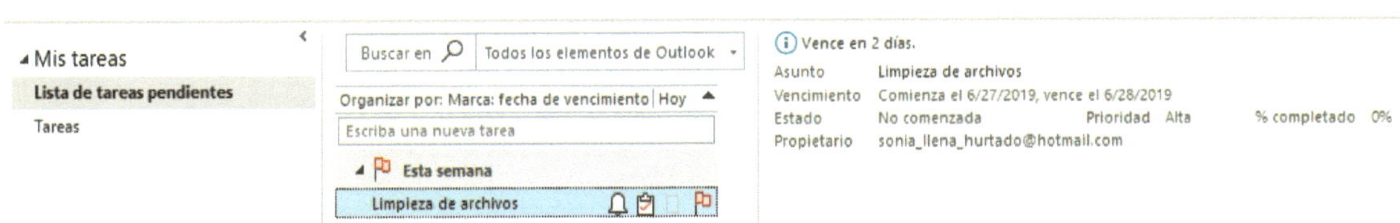

Personalizar Outlook

LA PERSONALIZACIÓN DE OUTLOOK se puede llevar a cabo en múltiples aspectos, desde el modo de visualizar los distintos elementos que forman parte del programa (Calendario, Correo electrónico, Contactos y Tareas) hasta la definición de filtros para mostrar los diferentes objetos, o el cambio de sonido que emite el programa por defecto cuando llegan nuevos mensajes de correo.

1. En este último ejercicio dedicado a Outlook aprenderá a personalizar en diferentes aspectos el programa. Para empezar, veremos cómo cambiar el tamaño de fuente de los mensajes que llegan a nuestra Bandeja de entrada. Para ello, desde el elemento **Correo**, diríjase a la pestaña **Vista** de la **Cinta de opciones** y pulse sobre el comando **Configuración de vista** del grupo de herramientas **Vista actual.** 1
2. Se abre así el cuadro **Configuración de vista avanzada: Compacta**, desde el cual puede modificar prácticamente cualquier aspecto de la Bandeja de entrada del programa. En este caso, pulse sobre el botón **Más opciones.** 2
3. Si lo que desea es cambiar el tamaño de la fuente de la vista previa del mensaje, el nombre del remitente y el asunto en la vista predeterminada de la bandeja de entrada, pulse el botón **Fuente de fila** en el cuadro de diálogo **Más opciones** 3 y defina las características que usted desee.
4. No es posible cambiar la fuente o el tamaño de fuente predeterminados del panel de lectura. Por ello, si usted realmente necesita ampliar la visualización de este espacio, en la esquina inferior derecha de este panel, haga clic sobre el icono que muestra el porcentaje actual (normalmente 100%) 4 para mostrar el cuadro de diálogo **Zoom mientras se lee.** 5
5. Sepa que si dispone de una suscripción a Office 365, desde este cuadro puede seleccionar un porcentaje de ampliación y, además, marcar la opción **Recordar mi elección** para que el nuevo valor se aplique a todos los mensajes que lea. Si no es usted suscriptor de Office 365, cada vez que cambie de mensaje deberá realizar manualmente la ampliación o reducción.

1

4

5
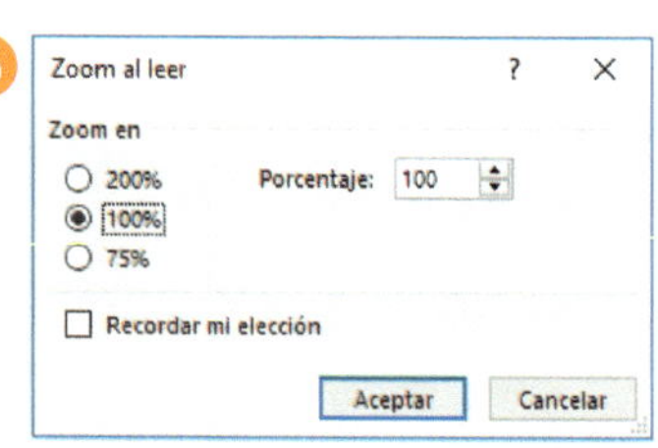

2
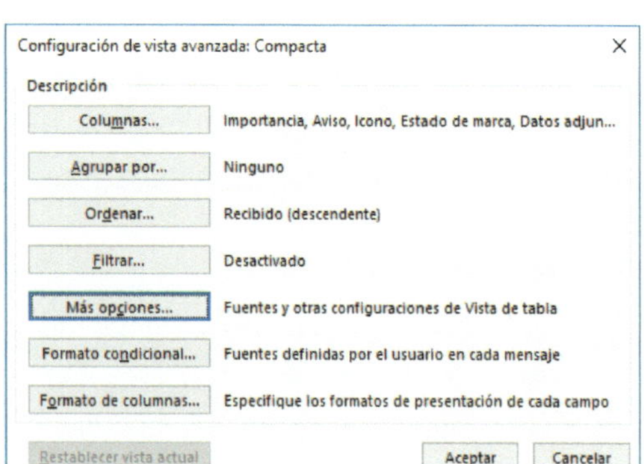

3
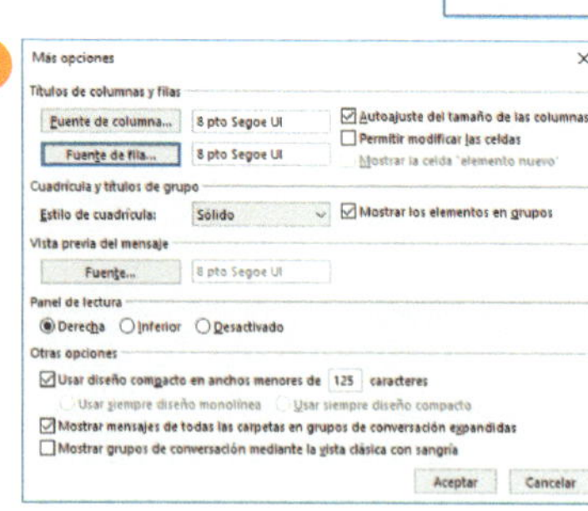

6. Por defecto, Outlook muestra notificaciones de llegada de nuevos correos, de convocatorias de reunión o de solicitudes de tarea: son las denominadas alertas de escritorio. Según el elemento recibido, la información que se muestra en la alerta de escritorio varía. Si no le interesa que estas alertas estén activadas, puede desactivarlas desde el cuadro de opciones del programa. Acceda a dicho cuadro y muestre la sección **Correo**; a continuación, en el apartado **Llegada del mensaje**, desactive la casilla **Mostrar una alerta de escritorio** y acepte el proceso. (Puede mantener la opción **Mostrar un icono de sobre en la Barra de tareas** para que la notificación se realice igualmente aunque de forma más discreta).
7. Hablemos ahora del Calendario. Al abrir este elemento, el programa muestra todas las citas y reuniones programadas. Si desea que todos los eventos programados estén visibles mientras gestiona su correo electrónico, la mejor opción es acoplar la información del calendario a su **Bandeja de entrada**. ¿Cómo? Muy sencillo: en el **Panel de navegación**, y con el elemento **Correo** activo, sitúe el puntero del ratón sobre el icono del calendario y, cuando se muestre el panel flotante con la versión reducida del calendario, pulse sobre el icono situado en el vértice superior derecho del mismo. 6
8. Ahora el calendario se muestra anclado en la parte derecha de la ventana. 7 Cuando decida que ya no la necesita, pulse el botón de aspa situada en el extremo superior derecho.
9. El uso de colores en cualquiera de los elementos de Outlook puede ser una buena idea para agilizar la búsqueda visual de objetos. Por ejemplo, imagine que su lista de contactos es extremadamente larga. Si utiliza los colores puede agrupar los contactos por categorías, como amigos, familiares, trabajo, proyectos, etc. Las categorías de color integradas en Outlook incluyen los colores azul, naranja, púrpura, rojo, amarillo y verde. Quizás pensará que el proceso de asignación de colores a los contactos será muy largo, pero piense que una vez terminado lo agradecerá, puesto que le permitirá ahorrar mucho tiempo. En el elemento **Contactos**, seleccione la persona a la que desea asignar una categoría de color; en la **Cinta de opciones**, en el grupo de herramientas **Etiquetas**, despliegue el comando **Categorizar** y elija uno de los colores disponibles. 8

6

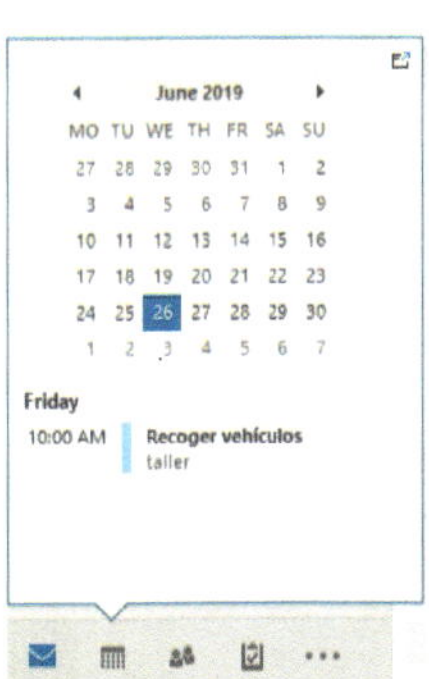

7

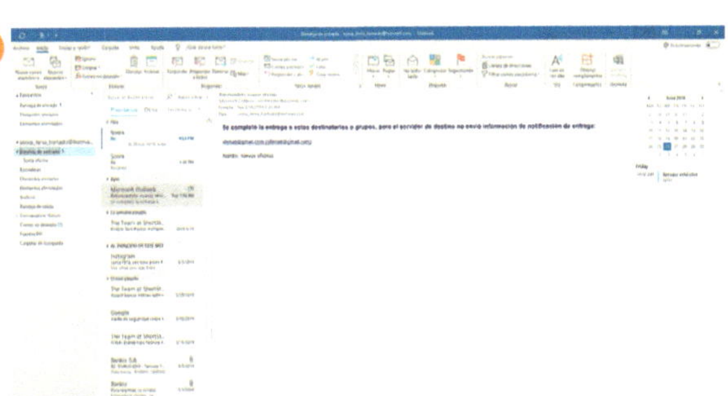

8

Otras aplicaciones y servicios de Office 365/2019

LLEGAMOS A LA ÚLTIMA LECCIÓN DE ESTE PASEO por Office en su versión de suscripción, 365, y de compra, 2019. Hasta aquí hemos podido obtener una visión general de las cinco aplicaciones principales de la suite: Word, Excel, Access, PowerPoint y Outlook, y hemos reservado esta última lección para hacer mención del resto de aplicaciones y servicios incluidos: Publisher, siempre y cuando la suite se instale en PC, OneNote y Skype.

1. Publisher es un software de autoedición. Con él podrá crear diseños limpios y profesionales de un modo muy sencillo. Como cualquier otro programa de la suite, Publisher dispone de plantillas **1** que le ayudarán a trabajar de una manera más segura para conseguir así resultados completamente profesionales. La precisión en el diseño es una de las características de Publisher. **2**
2. Todos los proyectos realizados con Publisher se pueden compartir según las necesidades de cada momento: así, se pueden compartir copias impresas con una definición perfecta, enviar las publicaciones por correo electrónico o exportarlas a formatos no editables que cumplen con los estándares de la industria. **3**
3. Otra de las aplicaciones que forman parte de Office 365 es OneNote, un extraordinario bloc de notas digital que puede descargar de forma gratuita o utilizar *online* gracias a su suscripción a la suite. Para obtener OneNote, diríjase a Microsoft Store, realice la búsqueda apropiada y descargue la

1

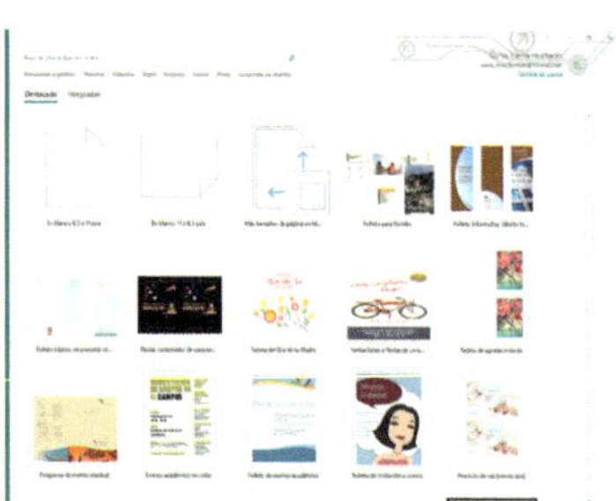

2

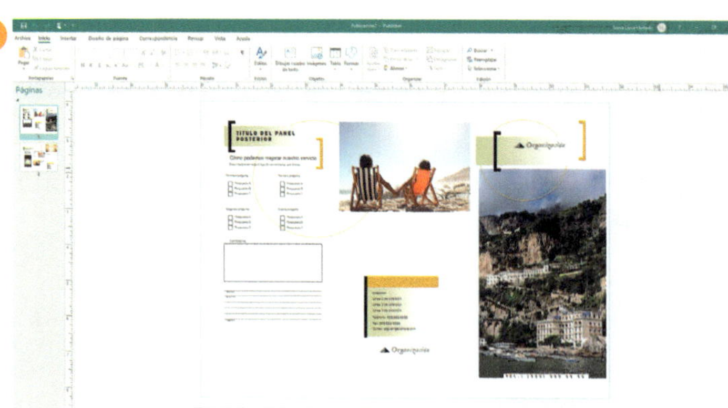

3

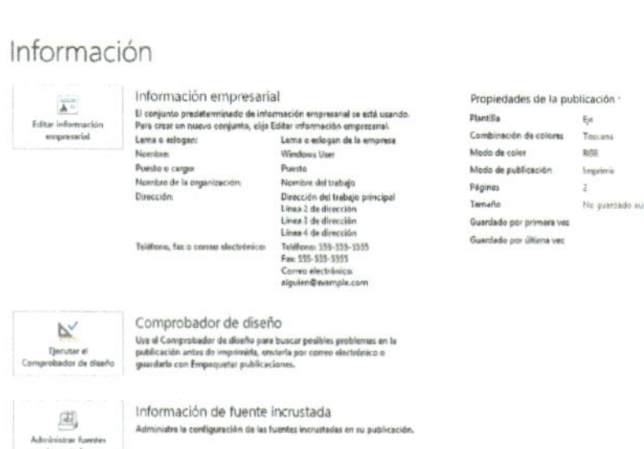

aplicación e instálela en su equipo. Además, puede descargar e instalar OneNote también en su dispositivo móvil (tanto Android como IOS). ❹

4. OneNote mantiene el contenido insertado siempre bien organizado gracias a que se puede dividir en secciones y páginas. Es posible agregar texto tanto desde el teclado como de forma manual si dispone de un lápiz digital o, si trabaja en su dispositivo móvil, con el dedo. ❺ Evidentemente, todo cuanto anote en el bloc de notas de OneNote podrá ser compartido con otras personas si así le interesa; todo cuanto cree se almacena en la nube con OneDrive. ❻
5. Si trabaja en un entorno profesional, su intranet móvil e inteligente se denomina SharePoint y también forma parte de Office 365. Se trata de una aplicación que impulsa el trabajo en equipo gracias al uso de sitios de grupo dinámicos y productivos destinados a cada uno de los equipos de proyecto, departamentos o divisiones. Con SharePoint podrá interactuar con todos los miembros que forman parte de su organización, así como mantenerlos puntualmente informados de todo cuanto sea necesario. Gracias a su suscripción a Office 365 solo necesitará sus credenciales para empezar a trabajar con esta plataforma.
6. No queremos terminar sin mencionar Skype, un servicio también incluido en Office que le permite realizar llamadas y mantener conversaciones telefónicas a través de su ordenador. ❼ Si dispone de una suscripción a Office 365, sepa que dispone de 60 minutos de llamadas gratuitos que deberá activar de forma sencilla cuando desee utilizarlos.
7. Skype necesita un nombre de usuario y una contraseña para poder funcionar, del mismo modo que usted deberá conocer las credenciales de sus contactos para poder hablar con ellos. La primera vez que acceda a la aplicación, un asistente le guiará, si así lo desea, por el simple proceso de configuración, obteniendo los contactos y activando el uso de micrófono y cámara.
8. No deje de descubrir por su cuenta aquellas aplicaciones y servicios incluidos en su suscripción para sacar el máximo provecho a Office 365.

❹

❺
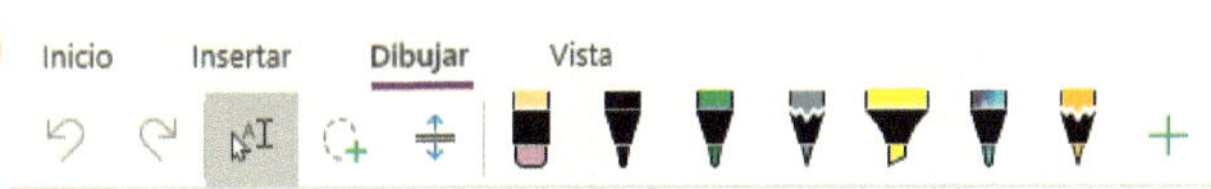

❻
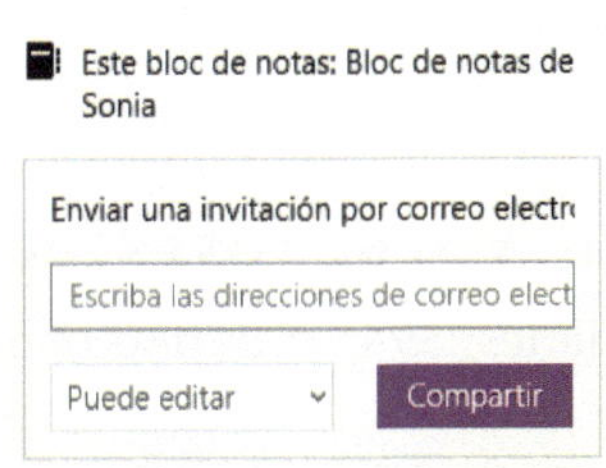

❼

Para continuar aprendiendo...

SI ESTE LIBRO HA COLMADO SUS EXPECTATIVAS

Este libro forma parte de una colección en la que se cubren los programas informáticos de más uso y difusión en todos los sectores profesionales.

Todos los libros de la colección tienen el mismo planteamiento que este que acaba de terminar. Así que, si con este hemos conseguido que aprenda a utilizar Office 365/2019 o ha aprendido algunas nuevas técnicas que le han ayudado a profundizar su conocimiento de esta suite, no se detenga aquí: en la página siguiente encontrará otros libros de la colección que pueden ser de su interés.

LENGUAJE DE PROGRAMACIÓN

"Aprender JavaScript con 100 ejercicios prácticos" le permitirá adquirir los conocimientos básicos para asignar interactividad a los elementos de una página web o una aplicación.

JavaScript es el lenguaje de programación que se ocupa de asignar la interactividad a cada uno de los elementos que conforman una página web o una aplicación. Este lenguaje, complicado pero a la vez muy mecánico, funciona mediante la asignación de elementos de diferentes tipos, cuyo uso y aplicación resulta imprescindible conocer.

Con este libro:

- Conocerá el lenguaje y la gramática de JavaScript.
- Aprenderá la interacción de HTML y CSS con JavaScript.
- Realizará pases de imágenes interactivos excepcionales y otros efectos.
- Trabajará con las librerías de jQuery para aportar todavía más potencia a sus sitios web.
- Conocerá algunos de los plugins más conocidos con distintos fines.

MAQUETACIÓN

Por otro lado si su interés está más cerca de la maquetación de libros, revistas, folletos, etc., entonces su libro ideal es "Aprender InDesign CC 2016 release con 100 ejercicios prácticos".

InDesign es el programa líder en el sector del diseño gráfico para diseñar y maquetar composiciones de todo tipo, desde libros hasta revistas, folletos publicitarios, etc. Con este manual aprenderá a utilizar este impresionante software, mejorado y ampliado, con sus propias creaciones. En esta versión de InDesign, Adobe ha incluido distintas novedades, tanto en su interfaz como en sus herramientas.

Con este libro:

- Diseñe fácilmente atractivas composiciones para la edición digital e impresa
- Genere rápidamente documentos PDF interactivos
- Obtenga elegantes composiciones de página
- Cree documentos complejos con tablas, numeraciones...
- Corrija errores durante la maquetación gracias a la Comprobación preliminar interactiva

COLECCIÓN APRENDER...CON 100 EJERCICIOS

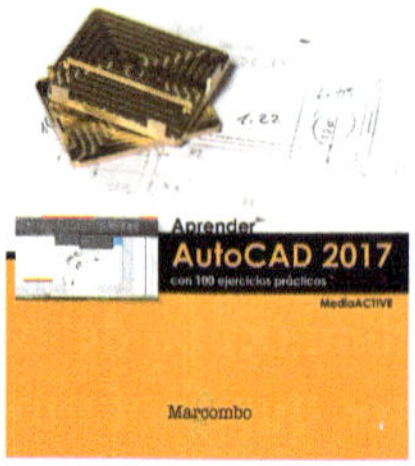

DISEÑO Y CREATIVIDAD ASISTIDOS

Hoy en día, gran parte del trabajo de los diseñadores gráficos se lleva a cabo con la inestimable ayuda de las herramientas digitales, en constante evolución. A ellas están dedicados los títulos de esta categoría.

- 3ds Max 2017
- AutoCAD 2017
- Flash CC
- Illustrator CC
- InDesign CC
- Photoshop CC
- Retoque fotográfico con Photoshop CS6

INTERNET

Gracias a Internet, millones de personas de todo el mundo tienen acceso fácil e inmediato a una cantidad enorme y diversa de información en línea. Consulte estos manuales para conocer sus múltiples utilidades.

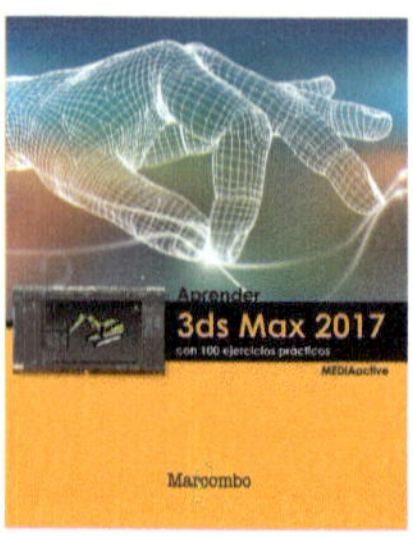

- Dreamweaver CC
- Internet Explorer 10
- Windows Live

OFIMÁTICA

El término Ofimática se refiere al equipamiento utilizado para crear, guardar, manipular y compartir digitalmente información, tanto a nivel profesional como a nivel particular. En esta categoría agrupamos los títulos:

- Access 2016
- Office 2016
- PowerPoint 2016
- Word 2016
- Word y PowerPoint 2016

SISTEMAS OPERATIVOS

Los sistemas operativos se encargan de gestionar y coordinar las actividades realizadas por un ordenador. Estos manuales describen las principales funciones de Windows.

- Las novedades de Windows 7
- Windows 7 Multimedia y Nuevas tecnologías
- Windows 10